国際通貨体制の動向

奥田宏司

International Monetary Systems
Okuda Hiroshi

日本経済評論社

まえがき

　本書は前書『現代国際通貨体制』（日本経済評論社，2012年）に引き継いで，2010年以後の現代国際通貨体制の動向を分析するものである．前書の「はしがき」において，筆者は「2010年代の国際通貨体制は大きく変化していくだろう」と記したが，本書はその大きな変化の2016年までの分析に当てられている．

　現代国際通貨体制は南北アメリカ，アジア，中東，ロシア，南アなどにおいてはドル体制，ヨーロッパ（ロシアを除く）においてはユーロ体制の，2つの体制から構成されている．ドル体制とはどのような通貨体制であるかは以前の拙書（『ドル体制とユーロ，円』日本経済評論社，2002年）の序章において，また，ユーロ体制については前書『現代国際通貨体制』の第5章で論述している．しかし，この「まえがき」でも簡単に記しておこう．

　ドル体制とは，金と交換されない不換のドルが基軸通貨として機能する国際通貨体制と，その国際通貨体制の上に成立しているドルを中心とした短期ならびに中・長期の国際信用連鎖が形成する国際金融の体系であり，IMF，世界銀行等もその体制維持のための不可欠の機関となっている．なお，基軸通貨とは，為替媒介通貨機能，基準通貨機能，為替介入通貨機能，準備通貨機能等の国際通貨の諸機能をあわせもっている通貨である（前掲『ドル体制とユーロ，円』第2章参照）．

　他方，1999年以降，ドル体制と同様な意味でユーロ体制が形成されてきている．ロシアを除くヨーロッパのほぼ全域において，ユーロにはなお不十分さがある（ヨーロッパ等の外国為替市場での為替スワップ取引においてユーロはドルに対してかなり劣位である）とはいえ基本的には基軸通貨として機能してきており，その上で，ユーロでの国際信用連鎖が形成されてきている．さらに，ECB，EU諸機関がユーロ体制を維持すべく機能している．かくして，ユーロ体制が成立しているのであるが，現時点では，ドル体制とユーロ体制に目立っ

た対立関係はない（原油取引のユーロ建化などのそれを生み出す契機が皆無とはいえないが）．ユーロ諸国はアメリカの経常収支赤字のファイナンスも行なっている．

本書では，以上のようにドル体制，ユーロ体制を把握したうえで，2010年以後の現代国際通貨体制の動向を分析するものである．以下，簡単に本書の構成について述べておこう．

第1章においては外国為替市場におけるドル，ユーロ，円，人民元等の諸通貨の2016年時点における地位を明らかにし，2010年以後のドル体制，ユーロ体制の分析の出発点とする．第2章においては，アメリカの国際収支構造の変遷，米経常赤字のファイナンス，ドル信用の国際連鎖形成の概要を示しながらドル体制の持続についての楽観論を検討し，その検討と合わせてアメリカ国際収支の「概念上の区分」（これがどのようなものであるかは第2章第3節）を行ない，ドル体制が動揺するという状況下ではどのような事態が進行するのかの見通しを行なう．第3～5章においては，アメリカの国際収支構造の変遷，米経常収支赤字のファイナンス，ドル信用の国際連鎖形成の詳しい状況を論じる．

第6章ではギリシャ危機によって表面化したユーロ体制の動揺，ユーロ体制の現実を明らかにする．ユーロ通貨統合は域内における資本移動の活発化によって当初は成長を促したが，ヨーロッパの南北間のインバランス要因を次第に醸成した．しかも，ユーロ決済機構（TARGET）はインバランスの実態をしばらくは表面化させず，また，ECBの設立によって各国の中央銀行は「最後の貸し手機能」を失うに至ったことを指摘する．これらのことを踏まえ，本章ではギリシャは巨額のTARGET Balanceを抱え，ギリシャ中央銀行は「最後の貸し手機能」を失っていたから，内外においてユーロ離脱の議論が盛んになってもユーロ離脱は現実の選択肢になりえなかったことを示す．ユーロ体制を扱った章は本書ではこの章のみであるが，前書の第5章から第8章までの論述を踏まえたうえでのこの第6章の分析によって，現時点でのユーロ体制の基本点が把握しうるであろう．

第7章は人民元の国際化を扱っている．外為市場における人民元の地位は第1章において明らかになっている．人民元は世界8位の地位に上昇してきてい

る．リーマン・ショックによって中国のドル準備の一部に損失が出たために，中国は人民元の国際化を進めていく．香港等での人民元取引の増加，人民元のクロスボーダー決済の進展，対内外証券取引の進展，人民元の SDR 構成通貨への算入等，09 年以降，国際化が目立ってきている．しかし，その国際化は当局によって管理されたものである．また，アジア・インフラ投資銀行，一帯一路構想は中国の巨額のドル準備を世界戦略へ利用しようとするものであろう．われわれは，人民元の国際化の現段階とその性格を正確に把握する必要がある．

　第 8 章から第 11 章は日本の国際収支構造，対内外投資の分析に当てられている．前書ではアジア通貨危機後の「円の国際化構想」，東アジアにおける通貨・為替制度との関連で円の分析を行なっているが，日本の国際収支構造，対内外投資，円の為替相場については本格的には取り扱っていない．それらを筆者が扱ったのは，以前の拙書『円とドルの国際金融』（ミネルヴァ書房，2007年）以来である（拙書『ドル体制と国際通貨』ミネルヴァ書房，1996 年では 1980年代から 90 年代前半期の円を分析しているので同書も参照されたい）．そこで，本書は 2010 年以降の分析を基本にしているが，第 8 章には 2005-07 年の国際収支構造の分析についても収めることにした．国際収支の各項目の通貨区分の詳細を明らかにしているからである．第 8 章から第 10 章においては，日本の国際収支の諸項目の通貨区分を明らかにすることとともに，その分析の意義を示したい．しかし，第 8，9 章で行なった国際収支の各項目の通貨区分についての統計は乏しく，いくつかの恣意的要素を含まざるを得なかった．したがって，誤差が伴うものである．また，読者には込み入った統計数値を追っていただくことになり，恐縮する次第である．

　第 11 章ではアベノミクス，異次元の金融政策の下での為替相場（とくに原油輸入の影響），対内外投資（15 年以降の経常黒字と対外投資の復活の下での「円投」とスワップ・コストの関連），異次元の金融政策の「負の遺産」を論じている．さらに，補論 I，II は「リフレ派」の考えの変遷，経常収支，財政赤字とマネーストックの関連を扱っている．これらは直接的には国際通貨・金融の分野に関する内容ではないが，異次元の金融政策を理解するためには不可欠のテーマと考えたからである．

　以上が本書の内容である．筆者は初めての拙書（『多国籍銀行とユーロカレン

シー市場』同文舘，1988 年）以来，ドル体制の分析を，また，1999 年以降はユーロ体制の分析をライフワークとしてきた．本書は 2010 年以後 16 年までの分析になっているが，今後もドル体制，ユーロ体制は変化が絶えないだろう．筆者は一応の定年（65 歳）を終え特別任用教授として研究を続けているが，若い研究者の中からドル体制，ユーロ体制の本格的な分析を行なう人が出てくることを期待している．私の研究において参考にしている諸論文でも若い人の意欲的な研究が少ないし，学会での報告テーマをみても現実感のないテーマが並んでいるように思える．任期制のポストが広がり，若い人の研究条件が悪くなってきていることも影響しているのであろうか．若い人の研究の前進のためにできることがあれば力を傾けたいと思っている．

　最後になったが，日本経済評論社の皆さんに謝意を表したい．出版状況がますます厳しくなる中で，これまでの 2 冊に引き続き今回も出版を引き受けていただき感謝に堪えない．とくに，清達二氏には出版の承諾から章，節などの表記，校正等において多くの助言をいただいた．心からお礼を申し上げる．

　本書は，定年後の特任教授の時期に紀要などに書いてきたものをまとめたものであるが，教授会等の諸会議出席の義務から「解放」され，研究の環境を与えていただいた立命館大学の教職員の皆さんにもお礼を申し上げたい．また，研究に集中できる生活をおくることができたのは家族の支えがあったものと思っている．

　2017 年 9 月 23 日

宇治・黄檗の自宅から男山，天王山を望みつつ

奥　田　宏　司

vii

目　次

まえがき

第1章　外国為替市場における主要通貨の地位
－2016年の世界の外国為替取引－ ……………………… 1

1.　2016年4月の世界の外国為替取引 …………………… 3
　（1）　取引規模，機関別取引の推移　3
　（2）　通貨別取引，通貨ペア別取引　6
　（3）　為替種類別の諸通貨の対ドル，対ユーロ取引　9
　（4）　世界の各市場の取引状況　14

2.　イギリス市場とアメリカ市場 …………………………… 16
　（1）　イギリス市場　16
　（2）　アメリカ市場　19

3.　イギリス以外のヨーロッパ諸市場の取引 ……………… 22
　（1）　ユーロ地域の諸市場　23
　（2）　非ユーロ地域の市場　25

4.　アジア，環太平洋地域の諸市場の取引 ……………… 28
　（1）　シンガポール市場　28
　（2）　香港市場　30
　（3）　日本市場　33
　（4）　オーストラリア市場　35

5.　まとめ ………………………………………………… 35

第2章　アメリカ国際収支構造の変遷と対米ファイナンス ………… 41

1.　アメリカ国際収支構造の変遷 ………………………… 41
　（1）　アメリカ国際収支表の発表形式の変化　41

（2) 今日までのアメリカ国際収支構造の変遷の概要　45

　2. オイルマネー，中国の外貨準備と地域別国際収支 ……………… 51

　　（1) オイルマネーと中国のドル準備について　51

　　（2) アメリカの地域別国際収支　53

　3. ドル体制と対米ファイナンスをめぐって ………………………… 58

　　（1) 対米ファイナンスの持続性についての楽観論　58

　　（2) アメリカ金融収支の諸項目における概念上の区分　65

第3章　グローバル・インバランス論と対米ファイナンス
　　　　－「円投」と「債務決済」－ ……………………………………… 71

　1. グローバル・インバランス論 …………………………………… 72

　　（1) 経常収支と貯蓄・投資バランス論　72

　　（2) 貯蓄・投資バランス論の限界とブラウン氏の議論　75

　2. 対米ファイナンスにおける日本と中国のちがい ……………… 79

　　（1) 日本の対米ファイナンス　79

　　（2) 中国の対米ファイナンス　86

　3. 2000年以降の米経常赤字と中国の対米ファイナンス ………… 88

　　（1) 中国の国際収支構造と対米ファイナンス　88

　　（2) 対米ファイナンスにおける日本と中国のちがい　90

　4. リーマン・ショック後のドル準備保有リスクと中国の反応 …… 93

第4章　アメリカの量的金融緩和政策と国際信用連鎖 ……………… 101

　1. リーマン・ショック以後の財政政策と量的緩和政策 ………… 102

　2. リーマン・ショック以後の新たな国際信用連鎖の形成 ……… 112

　3. アメリカの経常収支赤字と対外投資 …………………………… 116

　4. まとめ ……………………………………………………………… 128

第5章　オイルマネー，ドル準備の減少と対米ファイナンス
　　　　－国際マネーフローの変容－ ………………………………… 133

　1. アメリカにおける過剰資金と原油価格の連関 ………………… 134

目　次　　ix

(1)　QE 政策による過剰資金の形成と原油価格（2009-14 年）　135

(2)　シェール・オイルの開発と原油価格　140

(3)　アメリカとサウジアラビアがライバル関係に　143

2.　中国の経済減速と外貨準備の減少　………………………………　145

(1)　中国の外貨準備の減少　145

(2)　人民元相場の下落の影響　148

3.　アメリカへの資金流入の減少と米経常赤字のファイナンス　…　150

(1)　アメリカへの資金流入の減少　150

(2)　米経常赤字のファイナンスの変容　152

4.　2015, 16 年のアメリカ国際収支の「概念上の区分」　…………　155

第 6 章　南欧危機とユーロ体制の現実
　　　　―ギリシャ危機を踏まえて―　………………………………　163

1.　ユーロ通貨統合とインバランス要因の形成　………………　164

(1)　ユーロ通貨統合とインバランス要因の形成　164

(2)　統合後のユーロ各国の経済成長　167

(3)　スペイン，ギリシャの国際収支　168

(4)　南欧危機のアジア通貨危機との類似点　169

2.　ユーロの決済機構と TARGET Balances　…………………………　170

(1)　ユーロの決済機構（TARGET）　170

(2)　TARGET Balances の形成と国際収支　172

(3)　各国中央銀行の「最後の貸し手機能」の喪失　175

3.　ギリシャ危機の展開と銀行等および中銀のバランスシート　…　177

(1)　ギリシャの銀行等のバランスシート　177

(2)　ギリシャ中央銀行のバランスシート　182

(3)　ECB の信用供与　185

(4)　ギリシャの国際収支　189

4.　南欧危機とユーロ体制の現実：まとめに代えて　………………　190

第7章　人民元の「管理された国際化」 …………………………………… 199

　1.　香港での人民元取引 ……………………………………………… 201

　　(1)　香港等での人民元取引と人民元の特別の供給ルート　201

　　(2)　クロスボーダー人民元決済　207

　　(3)　日本と中国の間の人民元決済と円/人民元の直接取引　215

　2.　人民元の香港相場と上海相場 …………………………………… 218

　　(1)　2つの相場と人民元決済　218

　　(2)　香港市場での為替スワップを利用した「裁定取引」　224

　3.　対内外長期資本取引の規制緩和 ………………………………… 227

　　(1)　対内外証券投資　227

　　(2)　人民元決済・対内外直接投資　232

　4.　人民元の「管理された国際化」：まとめに代えて ……………… 235

第8章　2005-07年の日本の国際収支構造 ………………………………… 245

　1.　2005年から07年までの日本の経常収支 ……………………… 245

　　(1)　国際収支構造の変化　245

　　(2)　ドル建貿易赤字の増大　248

　　(3)　対外投資収益収支　249

　2.　2006年，07年の投資収支の諸特徴 …………………………… 252

　　(1)　証券投資　252

　　(2)　「その他投資」　258

　　(3)　地域別国際収支　265

　3.　国際収支の各項目の通貨区分と為替需給 ……………………… 268

　　(1)　貿易収支と投資収益収支の通貨区分　268

　　(2)　投資収支の通貨区分　273

　　(3)　2006，07年における通貨別の日本・国際収支構造の意味　275

第9章　2013年の日本の国際収支構造と為替需給 ……………………… 285

　1.　経常収支の通貨区分 ……………………………………………… 288

(1)　通貨別・地域別貿易収支　288

　　　(2)　投資収益収支，経常収支の通貨区分　292

　　2.　2013 年上半期の投資収支の通貨区分と為替需給 ……………… 295

　　　(1)　国内非銀行部門の投資収支の諸取引　295

　　　(2)　銀行の投資収支の諸取引　300

　　　(3)　海外部門が必要とする円貨資金　301

　　　(4)　為替調整，本支店勘定，誤差　302

　　3.　2013 年下半期の投資収支の通貨区分と為替需給 ……………… 306

　　　(1)　国内非銀行部門の投資収支の諸取引　306

　　　(2)　銀行の投資収支の諸取引　307

　　　(3)　海外部門が必要とする円貨資金　308

　　　(4)　為替調整，本支店勘定，誤差　309

　　4.　むすび …………………………………………………………… 310

第 10 章　国際収支の通貨区分と為替需給の分析の意義 ……………… 315

　　1.　国際収支表と非銀行部門の為替取引 ………………………… 316

　　　(1)　諸通貨での国際諸取引と国際収支　316

　　　(2)　資金の支払・受取および資金の流出入と銀行の為替持高　319

　　2.　国際諸取引と銀行の為替調整取引 …………………………… 321

　　　(1)　顧客の直物取引，先物取引と銀行の為替調整取引　321

　　　(2)　顧客のスワップ取引と為替調整取引　325

　　3.　小結と残った論点についての説明 …………………………… 329

　　　(1)　小結　329

　　　(2)　残った論点についての説明　330

第 11 章　量的・質的金融緩和政策と為替相場，対外投資 ………… 339

　　1.　2013 年からの物価上昇，為替相場 ………………………… 340

　　　(1)　アベノミクスの提唱と物価上昇への期待感　340

　　　(2)　日米の金融政策のスタンス，経常収支の動向と為替相場　343

　　2.　為替相場を左右する諸要因と国際収支動向 ………………… 346

(1) 為替相場を左右する諸要因　346

(2) 貿易取引が記録される時点と為替取引の実行時点とのズレ　347

(3) 日本の貿易におけるユーザンスの利用　349

(4) 原油・天然ガスの輸入とユーザンスの利用　352

(5) 国際収支の他の諸項目　355

(6) 各時期の為替相場変動とそれを規定した諸要因　358

3. 日銀による多額の国債等の購入とその諸結果 ………………… 360

(1) 日銀による国債等の大量購入　360

(2) 異次元の金融政策の限界とその「遺産」　366

(3) 「負の遺産」と財政収支　370

(4) 異次元の金融政策と対内外投資　374

補論 I　「リフレ派」の主張の変遷 …………………………………… 385

(1) フリードマン流の哲学と岩田規久男氏の主張　385

(2) 強いコミットメントへの強調と期待・予想　389

(3) 予想物価上昇率の低下からマイナス金利へ　391

補論 II　財政赤字とマネーストック …………………………………… 395

(1) マネーストックの増加の諸要因　395

(2) 財政とマネーストック，マネタリー・ベースの変化　398

(3) 国債発行とマネーストック，マネタリー・ベースの変化　398

あとがき　405

初出一覧　408

索引　410

第1章

外国為替市場における主要通貨の地位
―2016 年の世界の外国為替取引―

　本章では，世界の外国為替市場におけるドル，ユーロ，円，人民元などの諸通貨取引額の比重を再確認しながら国際通貨としての主要通貨のそれぞれの役割の段階的ともいえる差異を，また，その他諸通貨，新興諸国の通貨の現状と地位を把握しようとするものである[1]．

　本書の「まえがき」において，基軸通貨とは，外国為替市場における為替媒介通貨としての機能，さらに，基準通貨，介入通貨，準備通貨などの国際通貨の諸機能をあわせもっている通貨であると規定したが，本章では第 1 に，ドル，ユーロが地域と機能の十全さにおいてどこまで為替媒介通貨機能をもっているのかを明らかにしたい[2]．次に，円や人民元の外国為替市場におけるウェイトを明確にしながら，それらの通貨の国際通貨としての現状における限界を示したい．第 3 に，新興諸国通貨の状況を人民元との対比でとらえたい．

　筆者はこれまで，BIS，各国通貨当局による 3 年ごとの外国為替市場調査の資料をもとに世界の外為市場における主要通貨の動向を検討してきた[3]．また，ドル，マルク，ユーロの為替媒介通貨の機能を論じる際ごとに外国為替市場の分析を行なってきた[4]．以前の諸論稿においては，以下の諸点を明らかにすることが主要な目的であった．①ドルが全世界的に 1980 年代の終わりのころまで唯一の為替媒介通貨としての機能を保有していたこと，② 1990 年代にマルクが為替媒介通貨としての機能を一部もち始めてきたが，どこまで十全なものかを示すこと，③マルクを引き継いだユーロは直物取引では為替媒介通貨機能を高めロシアを除く欧州のほぼ全域において基軸通貨としての機能をもっていることを示すと同時に，為替スワップ取引ではユーロの機能は欧州の外為市場においてもドルと比べてかなり低水準であることを示すことである．本章にお

ける 2016 年の分析も，視点は基本的に同じである．

　本章では，3 年ごとに BIS と各国中央銀行が公表する外国為替取引に関する
サーベイを基本資料として用いる．BIS は 2016 年 9 月 1 日に暫定的なサーベ
イ[5] を公表し，同日各国中央銀行も個別に自国市場での為替取引の資料を公表
した．筆者はそれらの統計を用いた分析をすでに行っている[6]（以下では同論
文を「2016 年の外為市場論文」と記す）．その後，同年 12 月 11 日に BIS は改
定値とより詳しい統計値を公表した[7]．ただし，暫定値と改定値の差はごく小
さく，暫定値を使っても事態の評価にはほとんど支障がない．本章では，第 1
節において 2016 年 12 月の BIS のより詳しい *Global Survey* を使って分析を試
みている．しかし，16 年 12 月の BIS の統計を利用しても分析に限界がある．
世界の各市場における諸通貨のドル，ユーロ，円との通貨ペアの取引が直物取
引，アウトライト先物取引，為替スワップなどの為替種類別に公表されていな
いのである．種類別ではなく，それらの合計で公表されている．これが公表さ
れていなければ，例えば，ヨーロッパの各外為市場においてユーロが直物取引
でどれだけの為替媒介通貨機能を果たしているのか，為替スワップ取引ではど
うなのか等について，はっきりとしたことがわからない．そこで，第 2 節以下
の各市場の分析では，BIS 統計よりも各国中央銀行が公表している統計値を利
用した．しかし，各国中銀がすべて十分な統計値を公表しているわけではなく
限界がある．もうひとつ，本章で多くの統計を掲げるのは煩雑であるから，第
1 節に関する統計値については表を掲げるのを控え，数値だけを本文に記す場
合もあることをお断りしておきたい．割愛した諸表については前掲拙稿「2016
年の外為市場論文」にも掲げているので参考にしていただきたい．

　本章は，以上の外為取引調査[8] をもとに，主要通貨，新興諸国の通貨の現状
と地位を把握しようとするものであり，その把握に限定される[9]．世界各国の
外国為替市場の詳細な分析は稿を改めてなされなければならない．

　さて，2013 年以来の世界経済における諸変化が世界の外為市場における諸
取引の変化をもたらしているはずである．2013 年以来の世界経済における諸
変化は，第 1 に南欧危機以来のヨーロッパ経済の停滞がなお継続しており，こ
のことがユーロ取引の規模を小さくしているであろう．第 2 に，人民元の「管
理された国際化」が 2013 年以後急速に進展してきており，主要な外為市場，

アジア外為市場における人民元取引規模が大幅に増加しているはずである．第3に，人民元の地位の上昇とは逆に，原油などの諸資源価格の下落，アメリカの「出口政策」の影響を受けて中国以外の新興諸国の諸通貨の取引額が伸び悩むか，やや減少しているであろう．第4に，前回の外為市場の一斉調査が行なわれた2013年4月は日本政府による「アベノミクス」が本格的に実施され始めた時期で円取引が活発化したが，今回の16年4月には「アベノミクス」に対する期待感が遠のき，円取引が沈静化しているものと考えられる[10]．

　本章では，これらの世界経済における諸変化を受けて，2016年時点における世界の外為市場の状況，諸通貨の地位の変化がどのようなものであるのか，その概観をとらえたい．逆に，この概観をえることで現時点での世界経済の状況もよりはっきりと把握できるものと思われる．

1.　2016年4月の世界の外国為替取引

(1)　取引規模，機関別取引の推移

　世界の外国為替取引に関するBIS統計については上述したが，前回以来，2016年の世界の外国為替取引額はやや減少した．13年の取引総額は5兆3570億ドル（4月中の1日平均額，以下でも同じ）であったのが，16年は5兆670億ドルで2900億ドルの減少である（表1-1）．その減少の大部分は直物為替取引で3950億ドルの減少である．直物取引，アウトライト先物取引，為替スワップ取引等の区分をみると，世界の全為替取引のうち16年に直物は32.6%と13年の38.2%よりも比率を下げ，為替スワップが13年の41.8%から16年の46.9%に高まっている．アウトライト先物は若干比率が高まっている．以上のことは短期資本の調達・運用，ヘッジ等のためにより多くの為替スワップ取引が利用されているからであろう．通貨スワップ，外為オプションの取引は伸長しているという事態になっていない．それらの取引は先物，為替スワップと比べて契約に時間がかかり，迅速さと簡便さに欠けているからであろう．とはいえ，それらを利用しているのはほとんどが報告金融機関，その他の金融機関であり，裁定取引などのための短期資金の調達・運用，ヘッジ等に為替スワップ，アウトライト先物の代替手段として利用されていると考えられる．

4

表 1-1 世界の外国為替取引額の推移[1)2)]（各年 4 月の 1 日平均）

(10 億ドル)

	2007	2010	2013	2016
直物取引	1,005	1,489	2,047	1,652
アウトライト先物	362	475	679	700
為替スワップ	1,714	1,759	2,240	2,378
通貨スワップ	31	43	54	82
オプションなど	212	207	337	254
報告金融機関	1,392 (41.9)	1,545 (38.9)	2,072 (38.7)	2,121 (41.9)
その他の金融機関	1,339 (40.3)	1,896 (47.7)	2,812 (52.5)	2,564 (50.6)
非金融機関顧客	593 (17.8)	532 (13.4)	472 (8.8)	382 (7.5)
総　計	3,324	3,973	5,357	5,067

注：1）　ネット・ネットベース，2007 年は 54 カ国・地域，2010，13 年は 53 カ国・地域，2016 年は
52 カ国・地域.
　　2）　カッコは全体に対する比率.
出所：BIS, *Triennial Central Bank Survey, Foreign exchange turnover in April 2016, September
2016, Annex tables revised on 11 December 2016*, Table1, 4 より.

　取引機関別では報告金融機関との取引額（2 兆 1210 億ドル）が前回よりも
若干増大し，比率も 41.9% と前回よりもやや高くなっている．それに対して
「その他の金融機関」との取引額（2 兆 5640 億ドル）が 2480 億ドルの減少と
なって比率も 50.6% と 1.9 ポイント下げている．非金融機関顧客との取引額
（3820 億ドル）は 900 億ドルの減少で比率は 7.5% とさらに低くなっている．
世界の外国為替取引が貿易や直接投資等の実需からますます離れていっている
ことがわかる．
　表 1-2 により機関別の為替種類別取引をみると，報告金融機関との取引では
為替スワップの取引（1 兆 2050 億ドル）が直物取引（6050 億ドル）の 2 倍，
アウトライト先物取引（1890 億ドル）の 6.4 倍で，大手銀行は為替調整取引を
行ないつつ総合持高をゼロにしながらの対外短期投資を行なっているものとみ
られる．また，その他金融機関との取引では為替スワップ取引（1 兆 260 億ド
ル）が多くなっているが，直物取引が 9300 億ドル，アウトライト先物取引も
4310 億ドルとなって，その他金融機関が盛んに短期資本取引を行ない，為替
スワップ，アウトライト先物を資金調達・運用手段，ヘッジ手段に利用してい
ることが知れる．非金融機関顧客は金融機関と比べると為替取引額が少なく，
直物，アウトライト先物の比率がやや高い．非金融機関顧客も為替スワップ取

表 1-2 世界の外国為替取引額[1]（2016 年 4 月の 1 日平均）

(10 億ドル)

	合計	直物取引	アウトライト先物取引	為替スワップ取引	通貨スワップ取引	為替オプション取引
外国為替取引の総計	5.067 (5.088)[2]	1.652 (1.654)[2]	700 (700)[2]	2.378 (2.383)[2]	82 (96)[2]	254 (254)[2]
ドル	4.438	1.385	600	2.160	74	218
ユーロ	1.591	519	178	807	22	64
円	1.096	395	151	458	18	74
ポンド	649	211	92	305	10	30
オーストラリア・ドル	348	143	41	138	7	20
カナダ・ドル	260	105	34	103	4	14
スイス・フラン	243	57	30	150	2	5
人民元	202	68	28	86	3	18
スウェーデン・クローナ	112	34	13	59	1	5
その他通貨	1.195	388	232	490	23	61
報告金融機関	2.121	605	189	1.205	38	84
ローカル	673	204	59	374	14	23
クロスボーダー	1.447	402	130	831	24	61
その他の金融機関	2.564	930	431	1.026	37	141
ローカル	901	334	158	344	13	52
クロスボーダー	1.664	596	273	682	24	89
非金融機関顧客	382	117	80	147	7	30
ローカル	224	82	55	66	3	17
クロスボーダー	158	35	25	81	4	13

注：1）　ネット・ネットベース.
　　 2）　BIS による 2016 年 9 月の発表による数値.
出所：BIS, *Triennial Central Bank Survey, Global foreign exchange market turnover in 2016, Tables revised on 11 December 2016*, Table 1, （　）の数値は，BIS, *Triennial Central Bank Survey, Foreign exchange turnover in April 2016*, Sep, 2016, Table 4 より.

引を利用しながら裁定取引などの短期資本取引を一部行なっているのであるが，貿易や直接投資等の長期投資の実需取引のために為替取引を行なっているからである．

　また，ローカル取引とクロス・ボーダー取引の比率は全為替取引のクロス・ボーダー取引の比率は 10 年に 64.9%，13 年に 57.8% と低下し 16 年には 10 年の水準に近くなり 64.6% に上昇している（数値は暫定値──「2016 年の外為市場論文」の第 1 表）．表 1-2 には 16 年の機関別で示されている．対報告金融機関取引ではクロス・ボーダーの比率は，直物で 66%，アウトライト先物で

69%，為替スワップで 69%，全体で 68%，対その他金融機関取引では，それ
ぞれ 64%，63%，66%，65%，対非金融機関顧客取引では，それぞれ 30%，
31%，55%，41% となっている．非金融機関顧客の直物取引，アウトライト
先物取引では国内の銀行等との取引（ローカル取引）が 70% 前後を占めてい
るのである．

(2) 通貨別取引，通貨ペア別取引

　2016 年の世界の外国為替取引の通貨区分は表 1-2 に示されている．ドルが
一方となっている取引額は全為替種類で 4 兆 4380 億ドル，ユーロが一方にな
る取引額（1 兆 5910 億ドル）の 3 倍近くになっている．ユーロに次いで円が 1
兆 960 億ドル，ポンドが 6490 億ドルなどとなっているが，注目すべきは人民
元が 2020 億ドルに伸びてきて，世界 8 位の通貨になってきていることである．
しかし，人民元の取引額は円のそれの 5 分の 1 以下であり，ポンドはもちろん，
オーストラリア・ドル，カナダ・ドル，スイス・フランの取引額を下回ってい
る[11]．

　表 1-2 では経年変化が把握できないが，BIS の *Global Survey*（Table25）
では，各通貨が一方となる取引額とその世界の全為替取引額のうちの比率が経
年で示されている[12]．それによると，ドルは 13 年の 4 兆 6620 億ドル，87%
で 16 年にもほとんど変わらず 4 兆 4380 億ドル，88% でランク 1 である．次
いでユーロが一方となる取引比率は 13 年の 1 兆 7900 億ドル，33% から 16 年
は 1 兆 5910 億ドル，31% でランク 2 であるが，比率がユーロ危機以後低落し
てきている．円も 13 年には 1 兆 2350 億ドルで前述のような理由で比率が
23% に上昇したが 16 年には 1 兆 960 億ドル，22% に低下している．ポンドは
13 年の 6330 億ドル，12% から 16 年に 6490 億ドル，13% になっている．こ
れら 4 通貨で全体（200%）の 154% を占めている（13 年は 155%）．

　次いで，16 年に比率でポンドの半分強を占めているのがオーストラリア・
ドル，3480 億ドル，6.9% で，以下，カナダ・ドル，2600 億ドル，5.1%，ス
イス・フラン，2430 億ドル，4.8% となり，さらに，人民元が 2020 億ドルで
ランク 8 までに地位を上昇させていることが 16 年ではとくに目立つ．人民元
は 10 年には 340 億ドル，0.9%（世界 17 位）であったのが 13 年には 1200 億

ドル，2.2%，9位に，16年には2020億ドル，4.0%，8位にまで比率を高めている（人民元の地位の上昇の詳細については後述）．また，人民元の比率上昇に連動してシンガポール・ドル，香港ドルも比率を上昇させている（13年と比べて前者は0.4%，後者は0.3%の上昇）．韓国ウォンも1.6%と10年ごろの比率（1.5%）を取り戻している．

それに対して，メキシコ・ペソ，トルコ・リラ，インド・ルピー，ロシア・ルーブル，ブラジル・レアルなどの新興諸国の通貨は比率で13年の水準をやや下げているか，その水準にとどまっているかぐらいである．ロシア・ルーブルは原油価格の低落の影響であろう，大きく比率を下げている（13年の860億ドル，1.6%から16年に580億ドル，1.1%に）．一方，非ユーロ・EU諸通貨，スウェーデン・クローナ（1120億ドル），ノルウェー・クローネ（850億ドル）はやや取引の増加がみられる[13]．ユーロ不安からそれら諸通貨への資金の流れがあるのであろう．

表1-2には各通貨の為替種類区分が示されているが，ほとんどの通貨で為替スワップの取引額がアウトライト先物の取引額はもちろん直物の取引額を上回っている．ドルでは為替スワップは2兆1600億ドル，直物は1兆3850億ドル，ユーロでは為替スワップは8070億ドル，直物が5190億ドル，円では為替スワップが4580億ドル，直物が3950億ドルなどとなっており，人民元でも為替スワップが860億ドル，直物が680億ドル，スウェーデン・クローナでは為替スワップは590億ドル，直物が340億ドルなどである．

しかし，表1-2には示されていないが，新興諸国などのいくつかの通貨では直物取引が為替スワップ取引を上回っている．メキシコ・ペソでは直物が430億ドル，為替スワップが360億ドル，韓国ウォンでは直物が290億ドル，為替スワップが140億ドル，インド・ルピーでは直物が190億ドル，為替スワップが130億ドル，ブラジル・レアルでは直物が130億ドル，為替スワップが10億ドルなどとなっている[14]．これらの新興諸国などでは国によって異なるが何らかの短期資本取引規制がとられており，為替スワップ取引が少なく直物取引が多くなっているのである．

次にペア別の外為取引の13年からの変化であるが，これについては，拙稿「2016年の外為市場論文」の第3表で示している．*Annex Survey*（Table3

——改定値）でもほとんど差異はないので改めて表を掲げるのは控えたい．た
だし，*Annex Survey* Table3 は直物，スワップなどの為替種類別には示されて
いない．全種類の合計である（表 1-3，1-4，1-5 により 16 年については為替
種類別に把握できる——後述）．ごく簡単に記しておこう．ドル／ユーロ（13
年に 1 兆 2920 億ドル，16 年に 1 兆 1720 億ドル），ドル／ポンド（13 年に 473
0 億ドル，16 年に 4700 億ドル）はほとんど変化がないが，ドル／円（13 年に
9800 億ドル，16 年に 9010 億ドル），ドル／オーストラリア・ドル（3640 億ド
ル，2620 億ドル）の取引額が減少している．目立つのは，ドル／人民元が 10
年には 310 億ドルに過ぎなかったのが 13 年には 1130 億ドル，16 年に 1920 億
ドルに達していることである．同時に人民元取引のほとんどすべてが対ドル取
引であることも注目される（後述）．人民元の伸長に連動してドル／シンガポ
ール・ドル（13 年に 650 億ドル，16 年に 810 億ドル），ドル／香港ドル（13
年に 690 億ドル，16 年に 770 億ドル）の取引も増大している．それに対し，
ドル／メキシコ・ペソ（13 年に 1280 億ドルから 16 年に 900 億ドル），ドル／
ロシア・ルーブル（13 年に 790 億ドル，16 年に 530 億ドル）はかなりの減少
がみられる．他に目立つ取引はドル／韓国ウォンの取引が増大している（13
年に 600 億ドル，16 年に 780 億ドル）．また，ドル／スウェーデン・クローナ
の取引がギリシャ危機以降，一貫して増加している（13 年の 550 億ドル，16
年 660 億ドル）．

　次に，対ユーロ取引であるが，ユーロ／ポンドは 13 年に 1020 億ドル，16
年に 1000 億ドルでほとんど変化がないが，ユーロ／円（13 年 1480 億ドル，
16 年 790 億ドル），ユーロ／スイス・フラン（710 億ドル，440 億ドル），ユー
ロ／オーストラリア・ドル（210 億ドル，160 億ドル）がかなり減少している．
これもギリシャ危機以降のユーロ不安を反映して，日本，スイス，オーストラ
リアからユーロ地域への資金移動が減退しているのであろう．それに対して，
ユーロ／スウェーデン・クローナの取引（280 億ドル，360 億ドル），ユーロ／
ノルウェー・クローネの取引（200 億ドル，280 億ドル）が増大している．こ
れもユーロ不安を反映してユーロからこれら北欧諸通貨への資金移動があるも
のと予想される．人民元，ロシア・ルーブルも含め新興諸国の諸通貨の対ユー
ロ取引はほとんど見られない[15]．最後に対円取引であるが，16 年には「アベ

ノミクス」（＝「異次元の金融緩和政策」）への期待感が薄れるにつれ，全体としては減少してきている．BIS の統計では円の対ドル，対ユーロを除く取引は13 年に 1530 億ドルであったのが，16 年には 950 億ドルに減少している[16]（後述）．

(3) 為替種類別の諸通貨の対ドル，対ユーロ取引

次に 16 年の諸通貨の為替種類別にドル，ユーロ，円との取引をみよう．ド

表 1-3 ドルと諸通貨の取引[1]（2016 年 4 月の 1 日平均）

(10 億ドル)

	直物取引	アウトライト先物取引	為替スワップ取引	通貨スワップ取引	オプション取引
①ユーロ	345.3	116.2	652.0	17.9	40.5
②円	307.6	115.1	396.1	17.4	64.6
③ポンド	142.3	60.5	237.0	8.3	21.6
④オーストラリア・ドル	94.4	27.9	121.9	6.7	11.1
⑤カナダ・ドル	86.5	25.6	90.0	4.0	12.2
⑥人民元	61.3	26.2	26.2	2.5	17.7
⑦メキシコ・ペソ	40.7	10.7	33.3	0.2	5.2
⑧ニュージーランド・ドル	27.0	8.0	38.0	1.2	3.4
⑨シンガポール・ドル	24.5	6.5	45.3	1.7	2.7
⑩韓国ウォン	25.0	33.8	13.7	1.0	4.4
⑪ロシア・ルーブル	22.3	5.2	24.6	0.5	0.8
⑫インド・ルピー	18.7	22.1	12.8	0.3	2.3
⑬香港ドル	17.6	4.5	53.1	1.0	0.9
⑭トルコ・リラ	17.5	4.6	34.9	4.1	3.2
⑮南ア・ランド	14.1	3.8	20.0	0.3	1.7
⑯ブラジル・レアル	11.3	24.0	0.5	1.7	7.9
⑰台湾ドル	8.8	12.7	8.0	0.1	1.4
⑱スイス・フラン	35.5	20.1	120.4	1.4	3.0
⑲スウェーデン・クローナ	10.9	6.0	47.6	0.6	0.8
⑳ノルウェー・クローネ	9.9	4.6	32.3	0.4	0.7
㉑ポーランド・ズロティ	3.2	1.8	13.9	0.3	0.3
㉒その他通貨[2]	16.0	7.1	22.2	0.3	0.5
㉓残余[3]	45.2	52.8	58.0	1.7	11.4
㉔総計	1,385.4	600.0	2,160.2	73.8	218.4

注：1) ネット・ネットベース．
　　2) その他報告諸国の通貨．
　　3) 残りの諸通貨．
出所：BIS, *Global Survey*, 11 Dec, 2016, Table 3.1～3.12 より．

10

表1-4 ユーロと諸通貨の取引[1]（2016年4月の1日平均）

（10億ドル）

	直物取引	アウトライト先物取引	為替スワップ取引	通貨スワップ取引	オプション取引
①ドル	345.3	116.2	652.0	17.9	40.5
②円	36.9	14.4	23.2	0.4	4.2
③ポンド	35.9	16.1	40.0	1.9	6.0
④オーストラリア・ドル	8.6	2.7	3.5	0.2	1.1
⑤カナダ・ドル	6.3	2.8	4.5	0.1	0.5
⑥人民元	1.0	0.4	0.6	0.03	0.1
⑦スイス・フラン	15.7	5.2	21.9	0.2	1.0
⑧スウェーデン・クローナ	19.2	4.6	7.9	0.2	3.9
⑨ノルウェー・クローネ	14.8	2.2	9.1	0.1	1.7
⑩ポーランド・ズロティ	7.5	1.7	3.5	0.05	0.6
⑪デンマーク・クローネ	3.1	1.5	7.9	0.06	0.04
⑫ハンガリー・フォリント	2.2	0.8	1.1	0.04	0.5
⑬トルコ・リラ	1.1	0.5	1.3	0.08	0.6
⑭その他通貨[2]	4.7	0.9	3.7	0.1	0.3
⑮残余[3]	17.0	7.5	27.1	0.9	3.2
⑯総計	519.4	177.5	807.1	22.3	64.3

注：1) 2) 3)　前表と同じ.
出所：*Ibid.*, Table 4.1～4.9 より.

ル，ユーロの為替媒介通貨としての機能を知るためにはこの統計の分析は欠かせない（表1-3，表1-4）[17]．表1-3の②欄と④～⑰欄，また表1-4の②欄，④～⑥欄の諸通貨はドル体制の中に包摂されていると考えられる諸通貨である．それに対して，表1-3の⑱～㉑欄，表1-4の⑦～⑫欄の諸通貨はユーロ体制の中にあると考えられる諸通貨である．表1-3，表1-4から以下の諸点が指摘できる．

　第1に，表1-3の②欄と④～⑰欄の諸通貨はドルとの取引が圧倒的である．表1-3のドルとの取引が示されている⑦～⑰欄の諸通貨は，表1-4においてユーロとの取引額がつかめない．BISは個別通貨としては統計値をあげていないのである．⑦欄のメキシコ・ペソ以下の諸通貨はユーロとの取引がきわめて少ないのである．また，表1-4に人民元の項目（⑥）があるが，人民元とてユーロとの取引額は，直物でドルとの取引額の60分の1程度ときわめて少ない額になっている．

　⑥～⑰欄の諸通貨は，直物だけでなくアウトライト先物，為替スワップなど

のすべての為替種類において対ドル取引がほとんどなのである．アジア，中南米はもちろん，ロシア，南アにおいてはドルが唯一の為替媒介通貨であり，ドル体制の中に完全に包摂されている．

　第2に，それに対して円，ポンド，オーストラリア・ドル，カナダ・ドルは，ドルとの取引額が圧倒的であるがユーロとの取引額も一定額になっている．ポンドは，直物ではユーロとの取引額はドルとの取引額の25％にのぼっているし，アウトライト先物では27％，為替スワップでは17％になっている．ポンドとユーロとの交換ではドルが為替媒介に入ることはほとんどないと考えられる．為替スワップでポンドのユーロとの取引額がドルとの取引額の17％になっていることは，ポンドの裁定取引の相手通貨は大部分がドルであるといっても，ポンドとユーロとの短期の直接的な裁定取引がある程度行なわれていることをうかがわせるものであろう[18]．

　円，オーストラリア・ドル，カナダ・ドルの直物，アウトライト先物でのユーロとの取引額はドルとの取引額の比率において10％前後である．それらの通貨の自国市場においては，ユーロとの取引額の比率はかなり高まり（のちに論じる），それらの通貨のユーロとの交換ではドルが媒介にならず直接行なわれる部分がかなり多いといえるであろう．しかし，他市場においては（とくにアジアのシンガポール市場など），それらの通貨とユーロとの交換では，なお，ドルが為替媒介に使われていることも多いであろう．さらに，為替スワップではそれらの通貨のユーロとの取引額の比率はドルとの取引額の5％程度に低下する．それらの自国市場でもその比率はそれほど高まらない（後述）．したがって，それらの通貨とユーロとの直接的な裁定取引はごくまれにしか行なわれないものと考えられる．それら通貨を利用したほとんどすべての裁定取引がドルとのものであろう．

　第3に，表1-3の⑱〜㉑欄の非ユーロ・欧州諸国の通貨は，ユーロとの取引額が直物ではドルとの取引額を上回るか，スイス・フランのように半分近くにのぼっている（表1-4）．直物ではスウェーデン・クローナ，ノルウェー・クローネ，ポーランド・ズロティは対ユーロ取引額が対ドル取引額の2.5倍から1.5倍になっている．それらの通貨の自国市場では倍率がもっと大きくなっていよう（第3節）．それら諸通貨の間の交換では，ユーロが為替媒介通貨とし

12

て用いられていると考えられる．表1-4に挙がっているデンマーク・クローネ，ハンガリー・フォリントについては表1-3では個別項目がないが，これら2通貨についてもスウェーデン・クローナ，ノルウェー・クローネと同様のことが言えよう（トルコはEU加盟候補として話題に上がることもあったが，トルコ・リラは表1-3の⑭欄，表1-4の⑬欄にあるように対ドル取引が直物でも圧倒的である）．

しかし，スウェーデン・クローナ，ノルウェー・クローネ，ポーランド・ズロティなどの為替スワップ取引では対ドル取引額が対ユーロ取引額をはるかに上回っている．後者の前者に対する比率は順に17%，28%，25%である．為替スワップでポンドのユーロとの取引額がドルとの取引額の17%になっていることを前述したが，ポンドと同様にこれら通貨の裁定取引の相手通貨は大部分がドルであるが，ユーロとの短期の直接的な裁定取引もある程度行なわれているといえよう[19]．

表1-5には円と諸通貨との取引額が示されている．残念ながら，BISは意図的かどうかはわからないが，この表にポンドを挙げていない．イギリス市場で円／ポンド取引は直物で92億ドル，為替スワップで20億ドルである（表1-7）から，BISは円とポンドの取引額を表1-5に挙げるべきだった．円とポ

表1-5　円と諸通貨の取引[1]（2016年4月の1日平均）

(10億ドル)

	直物取引	アウトライト先物取引	為替スワップ取引	通貨スワップ取引	オプション取引
ドル	307.6	115.1	396.1	17.4	64.6
ユーロ	36.9	14.4	23.2	0.4	4.2
オーストラリア・ドル	18.1	4.7	6.4	0.04	2.0
カナダ・ドル	3.2	1.5	1.5	0	0.4
ニュージーランド・ドル	1.9	0.6	2.3	0	0.07
ブラジル・レアル	0.06	0.6	0	0	0.2
トルコ・リラ	0.5	0.2	2.7	…	0.04
南ア・ランド	0.5	0.2	2.6	0	0
その他通貨[2]	11.1	7.6	12.9	0.06	0.6
残余[3]	15.1	6.3	10.1	0.2	1.4
総計	394.9	151.1	457.9	18.1	73.5

注：1）2）3）表1-3と同じ．
出所：*Ibid.*, Table 5.1〜5.6より．

ンドの取引については，イギリス市場，日本市場などのいくつかの個別市場で
考察する以外にない（後述）．ポンドとの取引額を表1-5は挙げていないので，
表1-5ではドル，ユーロとの取引を除けば，オーストラリア・ドル，カナダ・
ドルなどの太平洋沿岸の諸通貨が中心となる．とくに，オーストラリア・ドル
との取引が注目される．直物では円とオーストラリア・ドルとの直接交換がか
なり進んでおり，ドルを為替媒介通貨に用いることは少ないと考えられる．為
替スワップでも一定の取引がみられることから，直接的な裁定取引が部分的に
行なわれているのであろう．日本市場，オーストラリア市場では円とオースト
ラリア・ドルの取引のウェイトがさらに高まろう（後述）．

表 1-6　世界の各外為市場の規模[1][2]

(10億ドル)

	2010	2013	2016		
			全通貨	自国通貨／ドル	自国通貨／ユーロ
①イギリス	1,854	2,726	2,406	306	64
②アメリカ	904	1,263	1,272	(1,102)[4]	283
③シンガポール	266	383	517	34	n.a.
④香港	238	275	437	54	n.a.
⑤日本	312	374	399	248	22
⑥フランス	152	190	181	79	(25)[5]
⑦スイス	249	216	156	43	11
⑧オーストラリア	192	182	121	49	2
⑨ドイツ	109	111	116	51	(17)[5]
⑩デンマーク	120	117	101	n.a.	7
⑪カナダ	62	65	86	47	2
⑫オランダ	18	112	85	33	(14)[5]
⑬中国	20	44	73	53	0.8
⑭ロシア	42	61	45	33	n.a.
⑮スウェーデン	45	44	42	13	5
⑯ノルウェー	22	21	40	10	5
⑰総計[3]	5,045	6,686	6,514	n.a.	n.a.

注：1)　ネット・グロスベース，すべての為替種類．
　　2)　各年4月の1日平均．
　　3)　その他の市場を含む．2010, 13年は53カ国・地域，16年は52カ国・地域．
　　4)　ドルとユーロを含む諸通貨の取引．
　　5)　ユーロとドルを除く諸通貨の取引．
出所：*Ibid*., Table19, 7.1～7.4, 8.1～8.3より．

(4)　世界の各市場の取引状況

　各国の市場規模別を示したのが表1-6である．圧倒的な規模をもつのはイギリス市場（16年に2兆4060億ドル）であるが13年と比べて16年には取引額が3000億ドル減少している．第2位はアメリカ市場で13年とほぼ同じ取引額（1兆2720億ドル）となっている．日本市場は10年には第3位であったのが13年には4位となり，16年には5位となっている（3990億ドル）．シンガポール市場が第3位（5170億ドル），香港市場が第4位（4370億ドル）に浮上している．また，中国市場が第13位（730億ドル）に位置するようになってきた．これらのことを促進させた要因として人民元の「国際化」があるものと考えられる[20]．中国本土と香港およびいくつかの海外諸国との間の種々の証券投資制度の構築（QFⅡ，QDⅡ，RQFⅡ，RQDⅡ，上海・香港相互株式投資制度などの当局による管理された証券投資制度の整備）による人民元に関連する証券投資の増大に伴う人民元とドルの取引，ドルと諸通貨の取引の増大，09年以来の中国本土と香港等の間の人民元決済の拡大[21]がシンガポール市場，香港市場，中国市場の規模を拡大した要因である．しかし，とくに，シンガポール市場についてはそれだけではないだろう．

　日本市場の停滞には円取引の伸び悩みもあろうが，それに加えてシンガポール市場規模の拡大には以下のことも関連しているものと考えられる．すなわち，東アジア，環太平洋地域での外為取引が東アジアのオフショア市場をより多く利用する傾向が出てきたことによるものである．日本も含め，東アジア，環太平洋地域に所在している金融機関がドル／円，ドル／諸通貨の取引を，従来，イギリスやアメリカ，日本に所在している金融機関と行なっていたが（クロス・ボーダー取引），それを一部シンガポール，香港に所在している金融機関と行なう（クロス・ボーダー取引）ようになってきたことが考えられる（時差も考慮されて）．オーストラリア市場が取引規模を減少させているのも同様の理由であろう．さらに，それらを促進しているのがすぐ上に記した「人民元の国際化」であろう．

　東アジア，環太平洋地域での外為取引でオフショア市場を利用する事態は，ヨーロッパではすでに早くから生じていた事態である．ユーロ地域の中心国ドイツの外為市場規模は16年に第9位（13年までは10位）であり，フランス

市場がユーロ地域の最大市場（第6位，13年は第7位）であるが，フランス市場規模は日本市場の2分の1である．ヨーロッパではユーロの取引のほとんどがイギリス市場で行なわれてきた．後述のようにユーロ地域の各市場ではドル／ユーロ取引が大部分で，それもほとんどはユーロ地域に所在している金融機関が主にイギリスに所在している金融機関と対ドルでユーロや諸通貨の取引（クロス・ボーダー取引）を行なっている．また，非ユーロ・欧州諸国は貿易や投資などの国際取引の半分以上をユーロ建で行なっており，そのためにユーロ地域側ではなく非ユーロ・欧州諸国の側から自国通貨をユーロに転換する必要が生じるが，非ユーロ諸国に所在している金融機関は自国通貨とユーロの取引のほとんどをイギリスに所在している金融機関と行なっている（クロス・ボーダー取引）のである．このようにして，ユーロ地域の外為市場規模がそれほど大規模にならず，また，非ユーロ・欧州諸国は外為取引をイギリスにつないでいるために，イギリス市場規模が膨らむとともに，ユーロはイギリス市場での取引を軸に（つまりイギリス市場はユーロの取引のハブ市場）欧州全体において為替媒介通貨として機能しているのである[22]．

　以上のような諸理由によって，イギリス市場が何故第1の地位を占めているのか，日本市場の地位が相対的に低下していること，シンガポール市場，香港市場，中国市場の地位が上昇してきたこと，また，ドイツの市場規模が比較的小さいことがわかるであろう．

　表1-6についてはもう1点，指摘しておかなければならない．それは，とりわけ，日本市場，中国市場，ロシア市場において自国通貨とドルとの取引が圧倒的部分を占めていることである．日本市場は大きな市場をもちながら，その取引の62%以上が円／ドルの取引になっている．中国市場，ロシア市場では自国通貨とドルとの取引が73%である．フランス市場，ドイツ市場ではユーロとドルの取引が44%と比較的に比率が高いが日本市場ほどではない（ユーロ地域でドルとユーロの取引比率が高くなるのは前述）．シンガポール市場，香港市場では自国通貨のドルとの取引が少なく（7%，12%），オフショア市場としての性格を有しているのがこの表でわかる．なお，アメリカ市場ではドルを一方とする取引が87%（ドルとユーロを除く諸通貨の取引は64%），フランス市場，ドイツ市場，オランダ市場においてはユーロとドルを除く諸通貨の取

16

引が 14%，15%，16% となっている．ユーロ地域内の主要市場においてユーロとドルを除く諸通貨の取引はそれほど大きくない．このことについては第 3 節でも論じよう．

2. イギリス市場とアメリカ市場

前節で全世界の外為市場におけるドル，ユーロ，非ユーロ・欧州諸通貨，円，オーストラリア・ドル，人民元，新興諸国通貨の取引状況をみた．このことを受けて，以下では各市場におけるそれら諸通貨の地位，とくにドル，ユーロの為替媒介通貨としての機能の十全さの度合い，各市場の諸特徴を見ていきたい．しかし，*Global Survey* において各市場ごとの統計値を示している Table6〜10 では，表 1-3，4，5 で示されたようなドル，ユーロ，円と諸通貨の取引状況を直物，為替スワップなどの為替種類別には示していない．つまり，各国市場における，例えば，ドル／ユーロ，ユーロ／ポンドの取引について，直物取引，為替スワップ取引などの為替種類別の額を把握することができない．*Global Survey* の Table6〜10 では各通貨の取引はすべての為替種類を合わせた合計額しか示されていないのである．

そこで，各国中央銀行が 16 年 9 月 1 日に公表した資料をもとに各市場の取引をみる以外にない．とはいえ，デンマーク，オランダなどのヨーロッパのいくつかの中央銀行，中国の人民銀行などは資料を公表しておらず，ドイツなどは極めて概括的な統計しか公表していないし，直物，スワップなどの為替種類別の統計値を公表していない．それらの市場の統計については *Global Survey* の Table6〜10 を使うことも考えられるが，他市場との比較性，連続性がなくなることに加えて，かえって煩雑になるので，本節では各国中央銀行等が公表している統計をすべて利用することにしよう．

(1) イギリス市場

まずはイギリス市場である．イングランド銀行が 16 年 9 月 1 日に公表した資料は概括的な資料であるので，ロンドン外国為替統合常設委員会（London Foreign Exchange Joint Standing Committee）の資料により取引状況をみよう

17

表1-7 イギリス市場（各年4月の1日平均取引額）

（億ドル）

	直 物			スワップ		
	2010	2013	2016	2010	2013	2016
①ドル／ユーロ	2,261	2,670	1,726	2,554	3,314	3,683
②ドル／円	674	2,308	1,481	816	1,436	1,242
③ドル／ポンド	769	908	726	1,118	1,620	1,474
④ドル／オーストラリア・ドル	338	745	498	483	616	450
⑤ドル／カナダ・ドル	225	313	396	283	308	282
⑥ドル／スイス・フラン	278	241	186	378	634	739
⑦ドル／ニュージーランド・ドル	65	129	151	122	168	139
⑧ドル／スウェーデン・クローナ	30	30	43	197	221	253
⑨ドル／ノルウェー・クローネ	21	24	34	148	203	166
⑩ドル／ポーランド・ズロティ	11	12	15	81	101	85
⑪ドル／ロシア・ルーブル	26	143	73	58	87	55
⑫ドル／メキシコ・ペソ	67	169	182	42	88	82
⑬ドル／トルコ・リラ	52	79	102	72	194	275
⑭ドル／人民元	6	33	185	11	42	93
⑮ドル／シンガポール・ドル	50	79	143	81	103	122
⑯ドル／南ア・ランド	43	100	82	59	134	87
⑰ユーロ／ポンド	280	253	213	243	272	222
⑱ユーロ／円	402	609	174	66	73	69
⑲ユーロ／スイス・フラン	190	190	90	110	132	91
⑳ユーロ／スウェーデン・クローナ	43	77	107	19	23	19
㉑ユーロ／ノルウェー・クローネ	30	62	89	10	14	13
㉒ユーロ／ポーランド・ズロティ	35	40	45	12	14	14
㉓ユーロ／オーストラリア・ドル	14	48	42	20	36	18
㉔ユーロ／カナダ・ドル	18	24	27	12	26	15
㉕ポンド／円	59	88	92	21	22	20
㉖ポンド／オーストラリア・ドル	8	18	19	9	13	6
㉗ポンド／カナダ・ドル	7	19	10	3	7	10
㉘ポンド／スイス・フラン	11	14	9	7	18	15
総　計	6,423	10,056	7,547	7,562	10,625	10,415

出所：London Foreign Exchange Joint Standing Committee, *Semi-Annual Foreign Exchange Turnover Survey*, の各号の Table la, 1d より．

（表1-7）．

　イギリス市場は前述のようにユーロ取引のハブ市場であるばかりでなく，それ以上にドル取引のハブ市場である．アメリカ，シンガポール，香港，日本，フランス，オーストラリア，ドイツなど各国に所在している金融機関がロンド

ン所在の金融機関と対ドル外為取引（クロス・ボーダー取引）を行なっている．その結果，イギリス市場の規模がガリバー的に大きくなるだけでなく種々の外為取引が実行されている．このことにより，ドル，ユーロの為替媒介通貨機能が成立している．

　イギリス市場での通貨別取引は，直物取引ではドルとユーロ，円，ポンド，オーストラリア・ドル，カナダ・ドル，スイス・フラン，ニュージーランド・ドルなどの先進諸国通貨との取引が大きな額になっている．また，ドルと東アジア，中南米の諸通貨（人民元，シンガポール・ドル，メキシコ・ペソ）ばかりでなく，ドルとトルコ・リラ，南ア・ランドの取引も多額にのぼっている．他方，ドルのヨーロッパ諸通貨（スウェーデン・クローナ，ノルウェー・クローネ，ポーランド・ズロティ）との取引ではユーロとこれら通貨の取引額を下回っている．しかし，ユーロとロシア・ルーブルの取引はほとんどみられない．以上のことから，ドルはアジア，中南米，中東，アフリカ，ロシアの諸通貨間の交換において唯一の為替媒介通貨として機能していることがわかる．

　ユーロの直物取引（ドル／ユーロを除く）では，対ポンド，円，スイス・フランなどとの取引が多額になっており，ユーロとこれら通貨の交換ではドルが為替媒介通貨として利用されることはほとんどない．しかし，重要なこととして指摘しなければならないことは，スウェーデン・クローナ，ノルウェー・クローネ，ポーランド・ズロティとの取引額がドルとそれら通貨の取引額を上回り，ロシア・ルーブルを除くポンド，スイス・フランを含むヨーロッパ諸通貨間の交換ではドルよりもユーロが為替媒介通貨としてより多く利用されていることがわかる．このことは，のちにスウェーデン，ノルウェー，ポーランドなどの市場をみることにより鮮明になるであろう．また，オーストラリア・ドル，カナダ・ドルとも一定額の取引が進んでいるが，これら諸通貨とユーロの交換では一部ドルが為替媒介に使われていよう．しかし，円を除くアジア，中南米，ロシア等の諸通貨の取引額は極めて少額である．これら通貨間の交換ではドルが唯一の為替媒介に利用されている．

　スワップ取引ではこれまでと同様に対ドル取引が圧倒的になっている．ドルとユーロ，ポンド，円，スイス・フランなどだけでなく，オーストラリア・ドル，カナダ・ドル，ニュージーランド・ドルとの取引はもちろん，スウェーデ

ン・クローナ，ノルウェー・クローネとの取引も多額にのぼっている．トルコ・リラ，シンガポール・ドル，それに人民元，南ア・ランド，メキシコ・ペソとの取引も増大してきている．ドルと全世界の諸通貨との間で裁定取引などの短期資本取引が行なわれ，そのためのドルの資金調達・運用に，さらにヘッジ手段にドルを一方とする為替スワップ取引が多用されているのである．

ユーロの為替スワップ取引では，主要通貨のポンド，円，スイス・フランとの取引でもそれらの対ドル取引額と比べると16年もかなり少額にとどまっている．ドル／ポンドの取引が1474億ドルに対し，ユーロ／ポンドの取引は222億ドルと約7分の1，ドル／スイス・フランの取引が739億ドルに対し，ユーロ／スイス・フランの取引は91億ドルで約8分の1，ドル／円の取引が1242億ドルに対し，ユーロ／円の取引は69億ドルにとどまっている．スウェーデン・クローナ，ノルウェー・クローネの対ユーロ・スワップ取引は16年も10年の水準とほとんど変わらない．ユーロの短資市場規模が拡大していないこと，南欧危機以後のユーロの停滞が反映しているものと思われる．ユーロと新興諸国通貨の為替スワップ取引はほとんどみられない．ユーロとの裁定取引などの短期資本取引はポンド，スイス・フラン，円などに限定されており，スウェーデン・クローナ，ノルウェー・クローネなどとの短期資本取引はまれに行なわれているに過ぎないと言えよう．

イギリス市場におけるポンドとドル，ユーロを除く諸通貨との取引は対円取引が最大で，オーストラリア・ドルなどの他の諸通貨との取引はまだ少額である．ポンドと円の直物取引ではドル，ユーロを媒介にせずとも直接に交換されることが一定程度進んでいると言えよう（日本市場で再述）．

(2) アメリカ市場

アメリカ市場の取引が表1-8に示されている．市場規模は直物ではイギリス市場の規模の77%，為替スワップでは38%である[23]．アメリカ市場でのペア別取引をみると，取引額がイギリス市場と比べるとやや少額になるが，おおよそイギリス市場のそれと変わらない．イギリス市場と同様にアメリカ市場もハブ市場である．

直物取引ではドルを一方とする取引が全取引の84%になっている（13年も

表1-8 アメリカ市場（各年4月の1日平均取引額）[1]

(億ドル)

	直 物			スワップ		
	2010	2013	2016	2010	2013	2016
①ドル／ユーロ	1,635	1,557	1,308	697	921	986
②ドル／円	619	1,396	1,052	333	476	679
③ドル／ポンド	418	498	599	282	357	451
④ドル／カナダ・ドル	289	348	448	333	368	373
⑤ドル／オーストラリア・ドル	278	465	321	166	200	172
⑥ドル／メキシコ・ペソ	…	289	211	…	272	167
⑦ドル／スイス・フラン	188	166	154	211	199	143
⑧ドル／ニュージーランド・ドル	…	92	95	…	89	46
⑨ドル／シンガポール・ドル	…	42	71	…	36	41
⑩ドル／トルコ・リラ	…	37	67	…	19	25
⑪ドル／人民元	2.0	10	66	0.1	17	40
⑫ドル／南ア・ランド	9.9	50	56	8.3	43	23
⑬ドル／スウェーデン・クローナ	13	32	55	41	61	96
⑭ドル／ブラジル・レアル	18	32	50	5.0	1.8	2.2
⑮ドル／ノルウェー・クローネ	…	25	46	…	43	48
⑯ドル／香港ドル	20	29	34	20	24	39
⑰ドル／ロシア・ルーブル	…	34	18	…	5.2	7.2
⑱ドル／韓国ウォン	3.4	5.9	16	1.0	0.6	0.4
⑲ドル／ポーランド・ズロティ	…	8.4	15	…	16	16
小　計[2]	3,750	5,208	4,886	2,400	3,234	3,456
⑳ユーロ／円	183	303	119	3.2	17	50
㉑ユーロ／ポンド	133	112	87	23	25	38
㉒ユーロ／スウェーデン・クローナ	24	43	72	1.9	3.3	7.1
㉓ユーロ／ノルウェー・クローネ	…	34	58	…	3.2	4.1
㉔ユーロ／スイス・フラン	117	98	55	4.7	17	21
㉕ユーロ／オーストラリア・ドル	10	39	37	1.6	3.7	5.0
㉖ユーロ／カナダ・ドル	14	25	29	31	11	14
㉗ユーロ／ポーランド・ズロティ	…	12	18	…	2.0	3.4
小　計[2]	606	725	624	59	94	315
㉘円／オーストラリア・ドル	22	65	51	0.7	6.3	7.8
㉙円／カナダ・ドル	…	9.5	12	…	2.3	2.5
㉚円／ニュージーランド・ドル	1.6	6.7	6.0	0.1	0.9	3.7
小　計[2]	n.a.	125	156	n.a.	16	65
総　計[3]	4,511	6,194	5,810	2,550	3,410	3,918

注：1) ニューヨーク連銀は各年の4月中の取引額を示しているが，本章の他の諸表と比較できるよ
　　　うにアメリカ市場の営業日数（21日）で除して示した．
　　2) その他の通貨の取引額を含んでいる．
　　3) ドル，ユーロ，円が一方にならない取引額を含んでいる．
出所：Federal Reserve Bank of New York, *The Foreign Exchange and Interest Rate Derivatives Markets: Turnover in United States*, April 2010（Sep. 1, 2010），April 2013（Sep. 5, 2013），April 2016（Sep. 1, 2016）の Table A1～A2 より．

84％）．対ドル直物取引ではユーロ，円，ポンドの取引が 3 大取引となっているが，次にカナダ・ドルの取引がオーストラリア・ドルの取引を上回っている．それ以外の通貨の取引では，メキシコ・ペソの取引がイギリス市場と同様にスイス・フラン，ニュージーランド・ドルの取引を上回っている．さらに，シンガポール・ドル，トルコ・リラ，人民元，南ア・ランド，ブルジル・レアルなどの新興諸国通貨の取引がスウェーデン・クローナ，ノルウェー・クローネの取引を上回っているか同じ規模になっている．

　ドルが一方となる為替スワップ取引は，アメリカ市場で行なわれる全為替スワップ取引の 88％ であり，13 年の 95％ よりもやや低下しているが，額はやや増加している．また，ユーロを一方とする為替スワップ取引額も 16 年にやや増加している．ドルの対ユーロ，円，ポンド，カナダ・ドル，オーストラリア・ドルが大きな取引額になっているのは当然としても，メキシコ・ペソの取引がオーストラリア・ドルの取引額とほぼ同じでスイス・フランを上回っていることが注目される．また，スウェーデン・クローナ，ノルウェー・クローネ，シンガポール・ドル，人民元，香港ドルとの取引も増大している．スウェーデン・クローナ，ノルウェー・クローネについてはイギリス市場でもドルとの取引額が大きくなっている（表 1-7）．ユーロの短資市場がドルの短資市場と比較してなお小規模にとどまっており，ポンドも含めて非ユーロ・EU 諸通貨の裁定取引などの短期資本取引が依然としてドルとの間で行なわれているからである．

　人民元，香港ドルの取引額の増大は，前述したように人民元の「国際化」によるものであり，シンガポール・ドルの場合にはそれと連動して増加しているものと考えられる．ドルは，2016 年時点でもヨーロッパの諸通貨も含めて全世界の通貨との間での裁定取引など短期資本取引の主要対象になっているのである．

　アメリカ市場でもユーロの取引は直物では減少している．増加しているのはスウェーデン・クローナ，ノルウェー・クローネ，ポーランド・ズロティといった非ユーロ・EU 諸通貨との取引で，円，ポンド，スイス・フランとの取引では大きく減少している．イギリス市場と同様，16 年にもスウェーデン・クローナ，ノルウェー・クローネ，ポーランド・ズロティの対ユーロ取引はこれ

らの通貨の対ドル取引よりも多くなっていることも注目しておく必要がある。ロシア・ルーブルを除く欧州諸通貨の直物取引ではユーロの方がドルよりも為替媒介通貨として利用される機会が多いといえる。

対ユーロ・スワップ取引についてはアメリカ市場では円，ポンド，スイス・フランなどでも，また，スウェーデン・クローナ，ノルウェー・クローネ，ポーランド・ズロティでも増大している。これはアメリカの諸金融機関が行なう取引がやや増大し，その増大の一部がイギリス市場よりもアメリカ市場で行なわれているからであろう（表1-7と比較されたい）。

円を一方とする取引は10年以後，直物でも為替スワップでも環太平洋地域の先進諸国通貨との間でやや増大してきており，円とこれら諸通貨の交換ではドルを為替媒介通貨として利用することが依然として多いが，一部直接的に行なわれているのであろう。

3. イギリス以外のヨーロッパ諸市場の取引

それではイギリス以外のヨーロッパ市場の状況はどうであろうか。シンガポール市場，香港市場が第3位，第4位の市場規模をもつようになってきているのであるが，第2位の通貨であるユーロの地位を明確にするためには，ヨーロッパの諸市場をみなければならないからである。とはいえ，ヨーロッパ各国の中央銀行は外為取引の状況についてきわめて概略的にしか公表していなかったり，デンマーク，オランダなどのようにまったく公表していない諸国もある。表1-7，1-8で示されていたように南欧危機以後，ユーロの対ドル，対ポンド，対円，対オーストラリア・ドルなどとの取引の規模はやや縮小してきているが，大きく後退するという状況ではない。また，イギリス市場，アメリカ市場をみることによって，これまでと同様に非ユーロEU・諸通貨は直物取引では対ドル取引額よりも対ユーロ取引額の方が大きく，直物取引ではユーロがより多く為替媒介通貨として利用されていることが知れた。このことが非ユーロ・EU諸市場をみることによってより鮮明になるであろう。

表 1-9 フランス市場[1]

(10 億ドル)

	2013	2016
ドル / ユーロ	81.3	79.3
ドル / 円	17.8	22.9
ドル / ポンド	17.6	14.5
ドル / スイス・フラン	11.2	11.8
ユーロ / ポンド	9.2	9.5
ドル / オーストラリア・ドル	9.0	6.4
ユーロ / 円	5.0	5.8
ドル / カナダ・ドル	5.3	4.9
ユーロ / スイス・フラン	3.1	3.1
ドル / スウェーデン・クローナ	3.0	2.2
ドル / ノルウェー・クローネ	1.6	1.4
ユーロ / スウェーデン・クローナ	1.1	0.8
ユーロ / ノルウェー・クローネ	0.8	0.8
総　計	189.9	180.6

注：1) すべての外国為替種類．それぞれの年の 4 月の 1 日平均取引額．
出所：Banque de France, *BIS Triennial Survey of Foreign Exchange and Derivatives Market Activity-April 2016, Main results for the Paris financial center*, 1 Sep. 2016, Table5 より．

(1)　ユーロ地域の諸市場

　ユーロ地域で最大の市場規模をもっているのは表 1-6 で明らかなようにフランス市場である．フランスはこれまで十分な取引状況を公表してこなかったが，16 年の状況については以前よりも詳しい状況を公表している（表 1-9）．と言っても，直物，先物，為替スワップの区分はない．表 1-9 をみると，取引の圧倒的な部分はドル / ユーロで 16 年に 44％（13 年は 43％）で，次いでドルと円，ポンド，スイス・フランと続き，これらにドルとオーストラリア・ドル，カナダ・ドルを加えると全体の 77％（13 年は 75％）となり，フランス市場は対ドル取引がほとんどなのである．ドル / ユーロを除くとユーロの取引は対ポンド，円，スイス・フランが一定額示されているが，ユーロとスウェーデン・クローナ，ノルウェー・クローネとの取引額はそれぞれ 8 億ドルにとどまっている（16 年）．

　ドイツは EU の中核的な国であるが，ドイツ市場はフランス市場よりも規模が小さく世界 9 位の規模にとどまっている（表 1-6）．ユーロ地域の諸市場の規模が比較的小さいのは，ユーロ地域間の国際取引には外為取引が伴わないこ

表 1-10　ドイツ市場[1]

(10 億ドル)

	2013	2016
ユーロ / ドル	46	52
ユーロ / その他	19	16
ドル / その他	42	44
その他	3	5
合　計	111	116

注：1)　各年の 4 月の 1 日平均取引額，通貨スワップ，外為オ
プションを含むすべての為替種類．
出所：Deutsche Bundesbank, *Foreign exchange and deriva-
tives turnover of banks in Germany in April 2013 and
2016*, 1 Sep. 2016 より．

と，非ユーロ・欧州諸国がユーロ諸国とユーロ建の国際取引を行なっても為替
取引は非ユーロ諸国の方で生じ，それらの諸国の金融機関等はユーロと自国諸
通貨の為替取引をロンドン，アメリカへつなぐことが多い（クロス・ボーダー
取引）からである．

　さて，ドイツ・ブンデスバンクによるドイツの外為取引状況についての公表
は最低限のもので，通貨別取引の状況は表 1-10 がすべてである．ユーロ / ド
ルの取引が最大で，次にドル / その他の取引となっていて，ユーロ / ドルを除
くユーロ / その他の取引は 16 年には 160 億ドル，14%（13 年は 190 億ドル，
17%）にとどまっている．ドルを一方とする取引が 13 年に 880 億ドル，79%，
16 年に 960 億ドル，83% になっている．

　フランス市場，ドイツ市場はユーロの為替媒介通貨機能を実現させる市場に
なってはいない．むしろ，ドイツ，フランスはアメリカ，イギリス，日本など
の環太平洋地域との諸国際取引に伴う外為取引の大半をイギリス市場，アメリ
カ市場で行ない，残った外為取引を完結させるために自国市場を利用している
のではないだろうか．

　フランス市場，ドイツ市場に次いでユーロ地域で市場規模が大きいのはオラ
ンダ市場であるが（表 1-6），オランダの中央銀行は資料を公表していない．
市場規模はかなり小さいが（13 年に 240 億ドル，16 年に 180 億ドル）[24]，やや
詳しい資料を公表しているのがイタリア中央銀行である（表 1-11）．直物取引
ではドル / ユーロの取引が大部分であるが，次にユーロ / ポンドとなり，ユー

表 1-11 イタリア市場[1]

(億ドル)

	直　物	先物・スワップ	オプション	その他
ユーロ / ドル	13.3	83.0	3.5	4.2
ユーロ / 円	0.8	6.4	0.3	…
ユーロ / ポンド	2.7	19.4	0.5	1.2
ユーロ / スイス・フラン	0.7	2.8	0.03	0.2
ユーロ / その他	3.2	7.4	0.6	0.4
ドル / 円	0.5	6.7	0.3	0.2
ドル / ポンド	0.7	6.4	0.08	0.0
ドル / スイス・フラン	0.08	3.8	0.03	…
ドル / その他	1.2	10.6	1.1	…
その他	0.1	0.9	0.0	0.0

注：1）　2016年4月の1日平均取引額．原表は2016年4月の取引額を示しているが，本章の他表と
比較可能にするために本表は営業日数（20日）で除してある．
出所：BANCA D'ITALIA, *Turnover of foreign exchange and derivatives constracts in Italy-April
2016*, Appendix Table A.1 より．

ロ / その他も一定額にのぼっている．ドル / ユーロ以外のドルが一方となる取引はかなり少ない．先物とスワップでもドル / ユーロの取引がきわめて大きいが，ユーロ / ポンドの取引はドル / ポンドの取引を上回まっており，ユーロと円，スイス・フランなどの取引も一定額みられ，ドルが一方となる取引に集中している状況ではない．市場規模が小さいとはいえイタリア市場では多様な外為取引が行なわれているのである．逆説的であるが，イタリアがドイツ，フランスほどユーロ地域の中心国でないことがこのようにドイツ市場，フランス市場以上に多様な取引が行なわれている理由であろう．

(2)　非ユーロ地域の市場

次に，非ユーロ・EU諸国の市場を挙げよう．デンマーク中央銀行は資料を公表していないので，次に市場規模が大きいスウェーデン市場（規模は13年に440億ドル，16年に420億ドル──表1-6）をみよう（表1-12）．直物では16年にユーロ / スウェーデン・クローナの取引が，わずかであるがドル / ユーロの取引を上回り，ドル / スウェーデン・クローナの3倍近くになっている．また，ユーロ / ノルウェー・クローネの取引もユーロ / スウェーデン・クローナの取引の半分ほどになっている．明らかに，直物ではユーロ取引がドル取引

26

表 1-12 スウェーデン市場[1]

(10億スウェーデン・クローナ)

	直　物		スワップ	
	2013	2016	2013	2016
ドル / ユーロ	16.6	13.0	52.5	72.2
ユーロ / スウェーデン・クローナ	9.9	13.1	25.1	22.9
ドル / スウェーデン・クローナ	2.5	4.5	56.9	97.8
ユーロ / ノルウェー・クローネ	n.a.	6.5	2.2	n.a.
ドル / ノルウェー・クローネ	n.a.	n.a.	20.1	12.5
ドル / ポンド	2.9	2.3	21.9	11.7
ユーロ / ポンド	1.3	2.0	n.a.	n.a.
ドル / 円	5.1	1.9	n.a.	4.4
ドル / オーストラリア・ドル	2.5	1.0	1.8	n.a.
合　計[2]	59.3	53.7	206.0	230.4

注：1)　それぞれの年の4月の1日平均取引額.
　　2)　その他の取引を含む.
出所：Sveriges Riksbank, *The Riksbank's survey of the turnover in the foreign exchange and fixed-in-come markets in Sweden*, 5 Sep. 2013, 1 Sep. 2016, Table 2, 合計は Table 1 より.

をかなり上回っており，ユーロが為替媒介通貨機能を果たしていることがわかる．しかし，為替スワップではドルを一方とする取引がスウェーデン・クローナだけでなく，ユーロ，ノルウェー・クローネ，ポンド等において多額になっており，ドルの為替スワップ取引を利用しながらドル資金の短期調達・運用，ドルと諸通貨の間の裁定取引等が行なわれているものと考えられる．ユーロ / スウェーデン・クローナの取引は，ドル / スウェーデン・クローナの23% ほどにとどまっている．とはいえ，ユーロ / スウェーデン・クローナの取引が229億クローナもあるということは，ユーロ / スウェーデン・クローナの為替スワップを利用して短期のユーロ資金の調達・運用，ユーロとスウェーデン・クローナとの間の裁定取引がある程度行なわれていることを示すものであろう．しかし，16 年には 13 年と比べてユーロ / スウェーデン・クローナの取引がやや減少し，ドル / スウェーデン・クローナの取引が増大しているのは，南欧危機後のユーロの事態を反映しているのであろう．

　次に市場規模が大きいのはノルウェー市場（16 年に 400 億ドル——表 1-6）である．同国の中央銀行は資料を公開しているが，残念ながら通貨ペア別の取引については資料を示していない[25]．そこで非ユーロ・EU 諸市場の中では比

27

表 1-13　ポーランド市場[1]

(%)

	直　物		アウトライト先物		スワップ	
	2013	2016	2013	2016	2013	2016
ユーロ / ポーランド・ズロティ	55	61	61	29	13	18
ドル / ポーランド・ズロティ	15	13	25	21	52	44
ポーランド・ズロティ / その他	5	5	12	6	2	1
ユーロ / ドル	17	13	1	29	16	27
ドル / その他	3	3	2	7	13	8
ユーロ / その他	5	5	0	2	3	3
その他	0	1	0	5	0	0

注：1)　各年4月の取引の比率.
出所：Narodowy Bank Polski, *Turnover in the Domestic Foreign Exchange and OTC Derivatives Markets in April 2016*, Figure 1 より.

　較的市場規模が大きくて資料が公開されているポーランド市場（13年の規模80億ドル，16年は90億ドル[26]）をみることにしよう.

　表1-13をみるとおおよそポーランド市場の特徴はスウェーデン市場のそれとあまり変わらない. 直物ではユーロ / ポーランド・ズロティの取引が61%で，ドル / ポーランド・ズロティの取引（13%）を大きく上回っている. ユーロが直物取引において為替媒介通貨機能を果たしていることが確認できる. アウトライト先物でもポーランド・ズロティはドルとの取引よりもユーロとの取引がやや比率が高い（13年には61%であったが16年には29%に低下しているが）. しかし，為替スワップではドルとズロティの取引（44%）がユーロとズロティの取引（18%）のなお2.4倍（13年には4倍であったが）に，また，ドルとユーロ，その他の諸通貨の取引も合わせて35%になっている. 種々の短期資本取引では依然として主にはドルとの間でなされていることがしれよう[27].

　ヨーロッパ市場の最後にロシア市場をみよう. 表1-14である. この表はBIS基準ではなくインターバンク市場取引だけが示されている. ロシア市場では13年と同様に直物取引がほとんどであり，ドル / ロシア・ルーブルの取引が大部分となっている. さらに，16年には取引全体が大きく減少してきている. BISの統計ではロシア市場は10年に420億ドルであったのが13年には610億ドルに増加し，16年には450億ドルに減少している[28]. ロシアの輸出の

表 1-14 ロシア市場[1]

(億ドル)

	直 物		先 物[2]	
	2013	2016	2013	2016
ドル / ロシア・ルーブル	540	261	23	7
ユーロ / ロシア・ルーブル	72	30	2	0.7
ドル / ユーロ	102	51	3	4
ドル / ポンド	9	9	0.3	0.8
ドル / 円	9	2	0.4	0.1
ドル / スイス・フラン	5	2	0.7	0.6
ドル / カナダ・ドル	2	2	0.04	0.02
ドル / オーストラリア・ドル	1	1	0.2	0.04
ドル / 人民元	n.a.	2	n.a.	0.4
ユーロ / ポンド	2	0.2	0.09	0
ユーロ / スイス・フラン	2	0.2	0.07	0.07

注：1)　それぞれの年の 4 月の 1 日平均取引額，インターバンク取引．
　　2)　スワップ取引を含む．
出所：Bank of Russia, *Main Indicators of Foreign Currency Market Turnover in 2013, Main indicators of Russian Federation's foreign exchange market turnover in 2016* より．

大宗が原油・天然ガスであり，この市場規模の変化は原油価格の推移によるものであろう．ロシア市場は他のヨーロッパ市場と異なり完全に「ドル圏」に属しており，しかもローカルな市場であるといえよう．

4.　アジア，環太平洋地域の諸市場の取引

　東アジア，環太平洋地域の諸市場は第 3 位のシンガポール市場，第 4 位の香港市場，第 5 位の日本市場，それに第 8 位のオーストラリア市場と，全体として大きな規模をもつ諸市場となっている．しかも，これらの市場ではドルの取引がきわめて高い比率を占めている．16 年に目立つことは，これらの市場においてイギリス市場，アメリカ市場と同様にドル / 人民元の取引が増加してきていることである．

(1)　シンガポール市場

　シンガポール当局（MAS）は 13 年までは限られた資料しか公表しておらず，13 年までは筆者はシンガポール外国為替市場員会（The Singapore Foreign Ex-

表 1-15　シンガポール市場（2016 年 4 月の 1 日平均）
（億ドル）

	直　物	スワップ
ドル / シンガポール・ドル	86	308
ドル / 円	217	954
ドル / ユーロ	176	328
ドル / ポンド	114	124
ドル / オーストラリア・ドル	111	309
ドル / 人民元	79	202
ドル / カナダ・ドル	49	29
ドル / 韓国ウォン	36	3
ドル / インド・ルピー	33	2
ドル / ニュージーランド・ドル	27	50
ドル / 新台湾ドル	27	3
ドル / スイス・フラン	24	50
ドル / 香港ドル	21	99
ドル / メキシコ・ペソ	5	1
ドル / スウェーデン・クローナ	3	7
ドル / トルコ・リラ	3	10
ユーロ / シンガポール・ドル	3	0.9
ユーロ / ポンド	26	5
ユーロ / 円	25	7
ユーロ / オーストラリア・ドル	8	0.9
ユーロ / スイス・フラン	7	0.6
ユーロ / スウェーデン・クローナ	5	0.3
ユーロ / カナダ・ドル	4	0.4
ユーロ / ノルウェー・クローネ	4	1
円 / オーストラリア・ドル	18	6
円 / カナダ・ドル	7	1
円 / ニュージーランド・ドル	2	3
総　計[1]	1,253	2,664

注：1）　その他取引を含む.
出所：MAS, *Singapore Reinforces Position as the Largest FX Center in the Asia-Pacific and Third Largest Globality*, 1 Sep, 2016, Table 1～3 より.

change Market Committee）の資料を用いていたが，MAS は 16 年については詳細な資料を公開した．それによる統計が表 1-15 である．直物ではドルとの取引が，円（217 億ドル），ユーロ（176 億ドル），ポンド（114 億ドル），オーストラリア・ドル（111 億ドル），シンガポール・ドル（86 億ドル），人民元（79 億ドル）カナダ・ドル（49 億ドル）などとなっている．ユーロとの取引で

30

はポンド（26億ドル），円（25億ドル）オーストラリア・ドル（8億ドル），スイス・フラン（7億ドル）などと，対ドル取引と比べるとかなり少額である．円との取引はオーストラリア・ドル，カナダ・ドルとの取引が次第に増加してきていることが確認できる．

　他方，為替スワップ取引では，ドルと円（954億ドル），ユーロ（328億ドル），オーストラリア・ドル（309億ドル），シンガポール・ドル（308億ドル），人民元（202億ドル），ポンド（124億ドル），香港ドル（99億ドル），ニュージーランド・ドル（50億ドル），スイス・フラン（50億ドル）などとなっている．ユーロとの取引はドル／ユーロの取引を除いてきわめて少ない額となっている．

　以上のように，シンガポール市場ではドル／円の取引が際立っており，ドル／円以外にもドルと東アジア，環太平洋地域の諸通貨の取引が多い．ユーロの取引はドル／ユーロの取引以外にはほとんどない．さらに，2つのことを指摘しておきたい．1つはシンガポール市場規模の膨張についてである．前述したように東京市場，オーストラリア市場，アメリカ市場での取引の一部がシンガポール市場に移っていること，そのことが，シンガポール市場規模を世界の第3位に押し上げた一因であると考えられる．

　もう1つは，同市場において人民元が先進諸国通貨に並ぶ地位に上昇してきていることである．すでに前に述べたように，中国当局はリーマン・ショック以後，対内外証券投資の諸制度を整備し，それを受けて中国当局の「管理の上」での対内外証券投資額が増加してきた．また，中国当局は09年に経常取引の人民元決済を認め人民元決済額が増加してきた[29]．これらの措置を受けて，全世界的に人民元の為替取引が増大してきているが，それがシンガポール市場に及んでいるのである．しかも，シンガポール市場は香港市場に次いで台湾市場と並ぶオフショア人民元取引のセンターになっている[30]．そのためシンガポールを経由する中国本土との間の証券投資などが進行し，シンガポール市場において人民元取引に関連する諸取引が増大していると考えられる．

(2)　香港市場

　次は香港市場であるが，為替種類別は公表されていない（表1-16）．市場規

表 1-16 香港市場

(億ドル)

	2013	2016
ドル / 円	457	925
ドル / 人民元	486	760
CNH	306 ⎞	671 ⎞
CNY	181 ⎠	88 ⎠
ドル / ユーロ	330	575
ドル / オーストラリア・ドル	208	317
ドル / シンガポール・ドル	122	227
ドル / ポンド	150	209
ドル / 韓国ウォン	80	157
ドル / ニュージーランド・ドル	59	111
ドル / カナダ・ドル	57	74
ドル / 新台湾ドル	46	69
ドル / インド・ルピー	35	55
ドル / スイス・フラン	35	36
ドル / その他	103	173
小　計	2,167	3,689
ユーロ / 円	24	26
ユーロ / ポンド	6	8
ユーロ / オーストラリア・ドル	3	5
ユーロ / その他	9	20
小　計	43	60
円 / オーストラリア・ドル	14	16
円 / カナダ・ドル	0	2
円 / ニュージーランド・ドル	1	2
円 / その他	6	18
小　計	21	38
香港ドル / ドル	473	538
香港ドル / 人民元	5	7
CNH	4 ⎞	6 ⎞
CNY	1 ⎠	1 ⎠
香港ドル / その他	22	15
小　計	499	560
総　計[1]	2,746	4,366

注：1）　その他取引を含む.
出所：Hong Kong Monetary Authority, *Results of the BIS Triennial Survey of Foreign Exchange and Derivatives Market Turnover*, 1 Sep, 2016

32

模が 16 年は 13 年の 1.6 倍の 4366 億ドルに達している。そのほとんどは対ドル取引で香港市場でもドル／円の取引（925 億ドル）がトップになっているが，ドル／人民元の取引が 760 億ドルと迫っている（後述）。ついで，ドルとユーロ（576 億ドル），香港ドル（538 億ドル）が続き，オーストラリア・ドル，シンガポール・ドル，ポンド，また，韓国ウォン，新台湾ドル，インド・ルピーの取引も増加している。それらの通貨の対ユーロ，対円の取引額はかなり少ない。

ドル／人民元取引が 2010 年以降急速に増大している（10 年の 107 億ドル[31] から 13 年に 486 億ドル，16 年には 760 億ドル）のは，前述のように，中国当局がリーマン・ショック以後，「人民元の国際化」措置を進め，対内外証券投資，経常取引の人民元決済が大きく進展してきたからである[32]。とくに，香港は「一国二制度」のもと，香港における人民元預金が増大し，人民元のオフショア取引の最大市場となって，本土との間での証券投資，香港を経由する海外と中国との証券投資が進んできた。また，本土と香港の間の経常取引の決済はもちろん海外諸国と本土との人民元決済も大部分が香港を経由して行なわれてきている。さらに，中国への直接投資のためのドル等の人民元への転換も多くが香港で行なわれている。これらのことを受けて香港での人民元の為替取引が急増しているのである。

しかし，中国当局は本土内の銀行に外国の銀行による決済のための口座設定を認めていない（香港等にクリアリング銀行を設立）。したがって，香港を含む海外の銀行と中国本土との短期資本取引は実施がむずかしい。それゆえ，香港には人民元の 2 つの相場が成立することになった[33]。1 つは香港の銀行が香港のクリアリング銀行と行なう為替取引（CNY）の相場で，これはクリアリング銀行が人民銀行，本土の銀行と行なう為替取引の相場に規定されている。もう 1 つは，香港の諸銀行間で自由に行なわれる為替取引（CNH）の相場である。もちろん，「2 つの」人民元の間の裁定取引も行なわれる[34]（14 年から 15 年にかけては CNY の方が CNH よりも人民元高であった[35]）。13 年から 16 年にかけては人民元のうち CNH の方が倍以上に取引額が増大し，CNY の方は減少している。香港の諸銀行間の人民元為替取引が盛んになっているのである。

第1章　外国為替市場における主要通貨の地位　　　33

　しかし，15 年の夏以来，中国の経済減速が明確になり，株価の下落，中国
からの海外資金の流出，人民元相場の下落，中国の外貨準備の減少を受けて香
港での人民元預金が 15 年秋から急速に減少してきている．それは 15 年夏ごろ
までは 1 兆元程度に達していたが，それ以後減少し，16 年春には 8000 億元を
割り[36]，16 年 7 月には前月より 6.2% 減少の 6671 億元になっている[37]．この
ような事態が進展する前の 15 年春には香港の為替市場規模は 16 年 4 月のそれ
よりも大きなものになっていたことが予想される．同時に，中国経済のこのよ
うな事態が続いていけば香港やシンガポールの為替市場規模は今後 16 年春よ
りも小さくなっていくであろう．

(3)　日本市場

　次に日本市場であるが，日本市場は 16 年に 13 年よりも市場規模が若干大き
くなったが順位は 10 年の第 3 位から 16 年には第 5 位に落ち込んでいる．シン
ガポール，香港市場の規模が飛躍的に大きくなっているからである（表 1-6）．
また，日本市場はドル／円の取引に集中している（表 1-17）．ドル／円の取引
が直物では 13 年には 61% が，16 年には 66%，為替スワップではそれぞれ
52%，59% と 16 年に比率が高まっている．大きな市場規模をもつ主要市場に
おいて，これほど自国通貨とドルの取引が高い比率を占めている市場はない．
日本市場はその意味ではローカルな市場であり，市場規模が大きくとも環太平
洋地域・東アジアにおけるハブ市場としての機能を果たすよりも，日本の銀行，
その他の金融機関，非金融機関が必要とする為替取引を実施する市場という性
格をもっているといえよう．しかも，ローカル取引の比率が対金融機関取引で
高まっている．13 年には 19.8% であったのが，16 年には 29.2% になってい
る[38]．

　さて，直物でのドル／円以外の取引は，ユーロ／円，ドル／ユーロ，円／オ
ーストラリア・ドルの取引と続いているが，ドル／円の取引とは大きな格差が
ある．為替スワップでも，ドル／円の次にドル／ユーロ，ドル／ポンド，ユー
ロ／円，ドル／オーストラリア・ドル，円／オーストラリア・ドルになってい
るがドル／円の取引とは格差が大きい．また，ユーロを一方とする取引よりも
円を一方とする取引がやや多くなっている．とくに，オーストラリア・ドル，

表 1-17 日本市場（4月中の1日の平均取引額）

(億ドル)

	直 物		スワップ	
	2013	2016	2013	2016
ドル／円	953	727	883	1,222
ドル／ユーロ	87	56	234	255
ドル／オーストラリア・ドル	57	23	105	78
ドル／ポンド	23	20	92	84
ドル／カナダ・ドル	7	9	25	6
ドル／人民元	0.8	8	1	7
ドル／シンガポール・ドル	4	7	4	6
ドル／韓国ウォン	1	5	0	0.3
ドル／ニュージーランド・ドル	7	4	20	31
ドル／香港ドル	5	3	5	6
ドル／スイス・フラン	5	2	31	14
ドル／その他	12	11	51	21
ユーロ／円	226	73	69	79
ユーロ／ポンド	2	2	10	6
ユーロ／オーストラリア・ドル	3	1	3	1
ユーロ／その他	2	2	9	6
円／オーストラリア・ドル	82	55	52	47
円／ポンド	46	40	26	65
円／ニュージーランド・ドル	9	9	11	18
円／カナダ・ドル	5	5	5	10
円／トルコ・リラ	1	4	9	19
円／南ア・ランド	6	4	23	20
円／その他	11	25	11	25
その他	5	3	14	11
総　計	1,566	1,099	1,696	2,057

出所：日本銀行「外国為替およびデリバティブに関する中央銀行サービスについて（2013年4月中，2016年4月中　取引高調査）について：日本分集計結果」A1～A3より．

ポンドの取引ではそうである．直物では円とオーストラリア・ドル，ポンドの取引がドルとそれらの通貨の取引を上回り，為替スワップでも円との取引がドルとの取引に迫ってきている．円とオーストラリア・ドル，ポンドの取引では，ドルないしユーロを為替媒介通貨にせずとも，直接に交換される機会が直物，為替スワップとも多くなってきているといえよう．

35

表1-18 オーストラリア市場（各年4月の1日平均）

(億ドル)

	直 物		スワップ	
	2013	2016	2013	2016
①オーストラリア・ドル/ドル	126.5	77.2	576.9	348.9
②ドル/ユーロ	77.0	28.3	116.1	144.4
③ドル/ニュージーランド・ドル	27.2	19.6	125.5	91.3
④ドル/円	76.1	34.7	122.4	107.0
⑤ドル/ポンド	30.9	15.3	55.7	40.0
⑥ドル/カナダ・ドル	14.2	11.1	24.7	25.0
⑦オーストラリア・ドル/円	11.7	11.4	12.0	4.0
⑥オーストラリア・ドル/ユーロ	10.7	6.0	6.4	4.4
⑨オーストラリア・ドル/ニュージーランド・ドル	9.0	6.8	3.6	3.1
⑩オーストラリア・ドル/ポンド	8.3	2.4	11.5	1.8
⑪ユーロ/円	11.9	3.1	0.9	1.0
⑫ユーロ/ポンド	6.0	1.8	1.3	0.6
⑬ユーロ/スウェーデン・クローナ	0.8	1.9	0	0.01
総 額	477.5	267.7	1,152.4	806.8

出所：Australian Foreign Exchange Committee, *Semi-Annual Reports on Foreign Exchange Turnover*, April 2013, April 2016 より.

(4) オーストラリア市場

　表1-18はオーストラリア市場である．16年は13年と比べて取引が全体的に大きく減少している．とくに，直物取引の減少が．一次産品の貿易が停滞しているからであると考えられる．しかし．一次産品の貿易が多いことから，オーストラリア市場では直物でもスワップでもドルとの取引が圧倒的である．また，オーストラリア・ドルのユーロとの取引よりも，オーストラリア・ドルの円との取引の方が大きくなっている．概してオーストラリア・ドルを一方とする取引の方が，ユーロを一方とする取引よりも大きくなっている．オーストラリア・ドルの円，ニュージーランド・ドル，ポンドとの直物取引ではドルを媒介にすることが多いであろうが，ある程度の直接交換が行なわれていると考えられる．

5. まとめ

　2016年の世界の外為取引額は13年よりも約2700億ドル減少した．本章の

36

冒頭に記したように，主には小康状態にありながらもなおユーロ不安が継続していることを受けてのユーロ取引の減少，原油等の諸資源価格の下落，アメリカの「出口政策」の影響を受けて中国以外の新興諸国の諸通貨の取引額が伸び悩むか，やや減少していること，さらに，日本のアベノミクスへの期待感が13年時よりも大きく後退したことにより円の取引が減少していることが反映している．

　以上のような諸事態があるが，ドル，ユーロの地位に大きな変化が生じているとはいえない．また，円はイギリス市場，アメリカ市場，日本市場，オーストラリア市場等でオーストラリア・ドル，ポンドとの直接交換がやや進展しているとはいえても，東アジアの新興諸国通貨との直接交換が進んでいるわけではない．新興諸国通貨は，10年から13年にかけてはメキシコ・ペソ，人民元，トルコ・リラ，ロシア・ルーブル，ブラジル・レアル，南ア・ランドなどの諸通貨の取引額がかなり増加したが，16年には人民元以外には取引額を増加させた通貨はほとんどない．人民元は，本章の各所で論じたようにリーマン・ショック以後中国当局によって人民元を国際化させる諸措置がとられ，対内外投資，経常取引の人民元決済が増加し，それらを受けて人民元は15年秋にはSDRの構成通貨にも加えられることになった．このようなことを背景に16年には人民元外為取引が増加した．しかし，人民元の国際化は当局によって管理されたものであり，また，15年夏以来の中国経済の減速，海外資金の流出と外貨準備の減少，人民元相場の下落によって，今後，人民元為替取引額が引き続き増大していくかについては注視される必要があろう．

　　注

1)　筆者は，BISと各国中央銀行による3年ごとの外国為替市場調査に基づいて主要諸通貨の地位の変化を分析してきた．以下をみられたい．『ドル体制と国際通貨』ミネルヴァ書房，1996年の第5章，『ドル体制とユーロ，円』日本経済評論社，2002年の第4〜8章，『円とドルの国際金融』ミネルヴァ書房，2007年，第10章，『現代国際通貨体制』日本経済評論社，2012年，第5章など．なお，2010年，13年については本章のようにやや詳細に分析している．以下をみられたい．「2010年の世界の外為市場における取引の諸特徴」『立命館国際研究』23巻2号，2010年10月，「2013年の世界の外国為替市場における取引」『立命館国際地域研究』第39号，2014年3月．本章は以下の拙稿をもとに補筆したものである．「2016年の世界の外

国為替取引」『立命館国際地域研究』第 45 号，2017 年 3 月.

2) 基準通貨，介入通貨，準備通貨としてのドル，ユーロの役割については，別のところで論じているので本書では取り扱わない．以下の拙書をみられたい．『ドル体制とユーロ，円』日本経済評論社，2002 年の第 2 章，『現代国際通貨体制』日本経済評論社，2012 年の第 5 章．奥田，横田，神沢編『国際金融のすべて』法律文化社，1999 年の第 2 章（奥田稿）．同編『現代国際金融』法律文化社，2006 年の第 2 章（奥田稿）など.

3) 注 1 の拙書，拙稿をみられたい.

4) 以下を参照されたい．『ドル体制と国際通貨』第 1 章において 1980 年代後半のロンドン外為市場，第 5 章においてマルクの為替媒介通貨化と為替調整取引を論じた．また，『ドル体制とユーロ，円』の第 2 部「マルクの基軸通貨化と欧州通貨統合」の諸章，『現代国際通貨体制』の第 5 章などにおいて外為市場について論じた.

5) BIS, *Triennial Central Bank Survey, Foreign exchange turnover in April 2016*, September 2016.

6) 「2016 年の世界の外国為替取引」『立命館国際地域研究』第 45 号，2017 年 3 月.

7) 2016 年 12 月に公表された改定値は以下に示されている．*Triennial Central Bank Survey, Foreign exchange turnover in 2016, September 2016, Annex tables revised on 11 December 2016*（以下ではこの *Survey* を *Annex Survey* と記す）．なお，暫定値との差異は極めて少額である（表 1-2 参照）．したがって，暫定値にもとづく分析が主要諸通貨，新興諸国の地位の評価を変えるものではなく，そのまま通用する．なお，2016 年 9 月の暫定値を用いた拙稿を以下では「2016 年の外為市場論文」と記している．12 月に公表されたもう 1 つのより詳しい統計値を示す文献は以下である．*Triennial Central Bank Survey, Global foreign exchange market turnover in 2016, Tables revised on 11 December 2016*，である．以下では 12 月に公表されたこの *Survey* を *Global Survey* と呼ぶ．本章第 1 節は主にこの *Global Survey* を資料として利用している.

8) BIS の統計値については前注で記したが，9 月 1 日に多くの中央銀行が行なった資料公表は限定的なものである．イングランド銀行の公表統計は 10 年までのものよりも簡単になり，本章ではロンドン外国為替統合常設委員会（London Foreign Exchange Joint Standing Committee）の詳しい公表統計を利用した．ニューヨーク連銀，日本銀行，スイス・ナショナル銀行，チェコ・ナショナル銀行は従来から詳しい資料を，また，16 年にシンガポールの MAS がこれらとほぼ同じレベルの資料を公開している．直物，先物，為替スワップ等の為替種類の区分，取引相手機関の区分，取引の通貨ペア区分，ローカル取引とクロス・ボーダー取引の区分，取引形態の区分等である．他の中央銀行が公表している資料はこれらの区分においてレベルは種々であるが限界がある.

9) 世界の多くの外為市場の取引状況についての詳しい紹介はかえって煩雑になり，本章の課題である主要な諸通貨の地位の変化についての把握が困難になるからである.

10) BIS, *Triennial Central Bank Survey, Foreign exchange Turnover in April 2016*,

September 2016 でもそのような指摘がある．pp.3-4 を参照されたい.

11) 2016 年に人民元が SDR の構成通貨になったが，世界の外為市場における人民元のウェイトはなおこのような状況にある.

12) 暫定値との比率の差は極めて小さい（拙稿「2016 年の外為市場論文」第 2 表）.

13) BIS, *Global Survey*, Table25,「2016 年の外為市場論文」第 2 表も見られたい.

14) BIS の 9 月公表の暫定の *Survey* の Table5，12 月公表の *Annex Survey*，Table5 より．2 つの統計値にほとんど差がない.

15) BIS の *Annex Survey* ではユーロ／人民元の取引は 13 年に 10 億ドル，16 年に 20 億ドルとなっている．きわめて少ない額である．ロシア・ルーブル，韓国ウォン，シンガポール・ドル，香港ドルなどの対ユーロ取引は BIS の統計にも示されていない.

16) BIS, *Annex Survey*, Table3 より.

17) 9 月公表の暫定の *Survey* では為替種類別の統計値は得られない．全為替種類のペア別の経年変化がみられるだけである（拙稿「2016 年の外為市場論文」第 3 表参照）.

18) 前掲拙書『現代国際通貨体制』第 8 章参照.

19) しかし，スウェーデン・クローナ，ノルウェー・クローネ，ポーランド・ズロティのユーロとの直接的な裁定取引が 2010 年以後さらに進んできているとはいえない（拙稿「2010 年の世界の外為市場における取引の諸特徴」『立命館国際研究』23 巻 2 号，2010 年 10 月の第 13 表，第 15 表などとの比較参照）.

20) 拙稿「人民元の現状と「管理された国際化」」『立命館国際地域研究』第 43 号，2016 年 3 月，本書の第 7 章に収録.

21) 同上をみられたい.

22) 1990 年代におけるドイツ・マルクの西欧における為替媒介通貨化も，同様にイギリス外為市場を軸に進んでいったのである．このことについては拙書『ドル体制とユーロ，円』日本経済評論社，2002 年，第 6 章「西欧外国為替市場の中核としてのロンドン市場」をみられたい.

23) イギリス市場の統計はロンドン外為市場統合常設委員会のもので，BIS の統計と同じ基準で作成されているのではないから，イギリス市場とアメリカ市場の規模比較は暫定的なものである.

24) BIS, Sep. 2016, Table6 より.

25) ノルウェー市場規模は 13 年の 210 億ドルから 16 年に 400 億ドルに膨張し（BIS, Sep. 2016, Table6），うちドルを一方とする取引が約 40%，ユーロを一方とする取引が 30% 弱，ノルウェー・クローネを一方とする取引が 20% 弱，その他が約 10% である（Norges Bank, *Activity in the Norwegian foreign exchange and derivatives markets in April 2016*, chart4 より）.

26) BIS, Sep. 2016, Table6.

27) 本章では紙幅の関係で表として挙げていないが，チェコ市場（市場規模は 40 億ドル）でも同じ状況を確認できる．直物ではチェコ・コロナとユーロの取引（64 億ドル—4 月中の取引額，以下も同じ）がドルとの取引（13 億ドル）を上回り，ドル

とユーロの取引も 21 億ドルにとどまっている．他方，為替スワップではチョコ・コロナとドルの取引が 348 億ドル，ユーロとの取引が 98 億ドル，ドルとユーロとの取引が 122 億ドルとなっている（Czech National Bank, *Triennial Central Bank Survey of Foreign Exchange and Derivatives Market Activity* (*2016*)，TableA1〜3 より．

28）　BIS, Sep. 2016, Table6 より．

29）　前掲拙稿「人民元の現状と「管理された国際化」」（本書第 7 章）参照．

30）　しかし，2015 年の 6 月以後シンガポール市場におけるオフショア人民元市場は縮小してきている．人民元預金は 13 年 6 月に 1330 億元，14 年 6 月に 2240 億元，15 年 6 月に 2340 億元であったのが，15 年 12 月には 1890 億元，16 年 6 月には 1420 億元に縮小している（MAS, *RMB Statistics*－2016 年 9 月より）．シンガポール市場における人民元オフショア取引の減少が続けば同市場における人民元外為取引の 16 年 4 月の額が維持されるかについては注目しておかねばならないだろう．

31）　前掲拙稿「2013 年の世界の外国為替市場における取引」『立命館国際地域研究』第 39 号の第 4 表参照．

32）　前掲拙稿「人民元の現状と「管理された国際化」」（本書第 7 章）をみられたい．

33）　拙稿「香港での人民元取引と対外的な人民元決済の限界」『立命館国際地域研究』第 36 号，2012 年 10 月（本書第 7 章）参照．

34）　同上拙稿，93-97 ページ，本書 218-224 ページ参照．

35）　注 29 の拙稿の第 8 図（本書の図 7-9）．

36）　Bloomberg News（2016 年 6 月 2 日），http://www.bloomberg.co.jp/news/articles/2016-06-02/O84BHM6KLVRK01（2016 年 9 月 19 日検索）に示されている Yuan's Shrinking Share Erodes PBOC's Efforts to Push Global Use より．

37）　China Press 2016：IT（http://chinapress.jp/02_4/50896（2016 年 9 月 19 日検索）

38）　日本銀行「外国為替およびデリバティブに関する中央銀行サーベイについて」2016 年 9 月 1 日，図表 2 より．

第**2**章
アメリカ国際収支構造の変遷と対米ファイナンス

　本章では，今世紀に入ってからのアメリカの国際収支構造の変遷をあとづけ，対米ファイナンスの状況がどのように変化してきているかを見定めることが課題である．本書は，前拙書がリーマン・ショック直後の 2010 年頃までを分析しているので，それ以後の変化を明らかにすることが中心となる．とくに，オイルダラー，中国のドル準備の対米ファイナンスにおける役割の変化が重要である．そのために，それ以前の変遷・経緯も確認しておく必要があった．

　また，前拙書に引き続き，アメリカの経常赤字は問題なくファイナンスされ続けられるという「対外純負債の持続可能性」論＝もう 1 つの「ドル体制の安泰論」についても検討を加えることが必要であった．その検討を行なったあと，ドル体制が永遠に持続可能性ではないことを示すためには，前拙書で筆者が示したアメリカ資本収支の「概念上の区分」を改めて確認しておく必要があった．

　以上が本章の課題であるが，本論に入る前に IMF のマニュアルが変更され，国際収支の発表形式が 2014 年から変更されたことについて述べておかなければならない．米商務省は IMF マニュアルに準拠する以外も，いくつかの変更を加え，とくに，総括表（Table1.1 および 1.2）において「在米外国公的資産」（＝ドル準備）が明示されなくなった．それ故，本章の冒頭でアメリカ国際収支表の発表形式の変化について簡単に論述しておきたい．

1.　アメリカ国際収支構造の変遷

(1)　アメリカ国際収支表の発表形式の変化
表 2-1 に 2000 年，04 年から 13 年までのアメリカの国際収支が示されてい

42

表 2-1 アメリカ

	SCB ライン	2000	2004	2005	2006
経常収支	77	−4,163	−6,293	−7,398	−7,985
貿易収支	72	−4,469	−6,664	−7,841	−8,388
サービス収支	73	696	615	762	864
所得収支	12, 29	192	641	676	433
移転収支	35	−582	−886	−995	−894
民間投資収支		4,362	1,302	4,218	3,135
直接投資		1,621	−1,702	764	−17
対外投資	51	−1,592	−3,162	−362	−2,449
対米投資	64	3,213	1,460	1,126	2,432
証券投資		2,620	3,046	3,315	2,599
対外投資	52	−1,279	−1,705	−2,512	−3,651
対米投資	65, 66	3,899	4,751	5,827	6,250
非居住者ドル紙幣保有	67	−34	133	84	22
対外非子会社収支[2)]		319	133	−16	635
対外投資	53	−1,388	−1,526	−712	−1,813
対米投資	68	1,707	1,659	696	2,448
銀行収支		−164	−308	71	−401
債　権	54	−1,334	−3,660	−2,076	−5,021
債　務	69	1,170	3,352	2,147	4,620
金融派生商品（ネット）	70	n.a.	n.a.	n.a.	297
米の公的準備資産	41	−3	28	141	24
政府の対外資産	46	−9	17	55	53
在米外国公的資産	56	428	3,978	2,593	4,879
統計上の不一致	71	−614	939	260	−89

注：1）　四捨五入のため若干の誤差がある．「その他資本収支」（ライン 39）は含まれていない．
　　2）　非銀行部門の非関連・非居住者との取引．
　　3）　暫定値．
出所：*Survey of Current Business*, July 2013（2000-12 年），April 2014（2013 年）の Table1 より．

る．これは旧の発表形式の表で，表 2-2 には新形式で 13 年から 16 年までが示されている．米商務省は 2014 年から新形式で国際収支表を公表することになった．12，13 年については新旧の両形式で表が得られるので 13 年については本章の表 2-1，2-2 で示している．なお，「民間投資収支」などにおけるプラス，マイナスについては新旧で注意が必要である．新形式で示されている表 2-2 の「民間投資収支」におけるプラスは純資金流出，マイナスは純資金流入，各項目の米債権側のプラスは資金流出，マイナスは資金流入，米債務側のプラスは

の国際収支[1]

(億ドル)

2007	2008	2009	2010	2011	2012	2013[3]
−7,134	−6,813	−3,816	−4,495	−4,577	−4,404	−3,793
−8,227	−8,340	−5,106	−6,502	−7,441	−7,415	−7,039
1,237	1,317	1,269	1,508	1,873	2,068	2,290
1,006	1,461	1,236	1,777	2,326	2,239	2,287
−1,149	−1,252	−1,216	−1,278	−1,335	−1,297	−1,332
1,592	7,104	−7,385	336	4,174	−355	623
−1,923	−190	−1,600	−952	−1,788	−2,219	−1,662
−4,140	−3,291	−3,104	−3,011	−4,090	−3,883	−3,596
2,217	3,101	1,504	2,059	2,302	1,664	1,934
3,058	1,946	−2,406	3,002	−102	2,085	−1,424
−3,665	1,973	−2,270	−1,391	−1,438	−1,448	−3,889
6,723	−27	−136	4,393	1,336	3,533	2,465
−107	292	126	283	550	571	377
1,823	−4,247	1,636	990	102	−652	−1,266
−9	4,562	1,541	313	41	−257	−618
1,832	−315	95	680	61	−395	−648
−1,321	1,138	−5,589	−3,126	5,062	−69	4,617
−6,497	5,421	−2,347	−5,068	2,159	3,805	2,522
5,176	−4,283	−3,242	1,942	2,903	−3,874	2,095
62	−329	448	141	350	−71	−19
−1	−48	−523	−18	−159	−45	31
−223	−5,296	5,413	75	−1,037	853	20
4,810	5,546	4,803	3,983	2,538	3,939	2,837
957	−552	1,508	116	−928	−59	285

資金流入，マイナスは資金流出である．しかし，「統計上の不一致」のプラスは資金流入，マイナスは資金流出，「米の公的準備資産」のマイナスは準備資産の減少である．また，「米の対外国公的機関債務」のプラスは債務の増加，マイナスは債務の減少である．

　さらに，旧形式の表2-1における「在米外国公的資産（ライン56）」は新形式では「米の対外国公的機関債務」として Table9.1 で示されることになった．そして，それは新形式の Table1.1 のライン24 の一部として，さらに，「米の

表 2-2　アメリカの国際収支 (2)

(億ドル)

	SCB ライン	2013	2014	2015	2016
経常収支	30	−3,768	−3,895	−4,630	−4,812
貿易収支	32	−7,026	−7,415	−7,626	−7,499
サービス収支	33	2,242	2,331	2,622	2,494
第1次所得収支	34	2,245	2,380	1,824	1,806
第2次所得収支	35	−1,229	−1,192	−1,450	−1,612
民間投資収支[1]		−855	−812	−2,616	−6,695
直接投資		1,120	2,254	−308	−778
対外投資	20	3,992	3,572	3,486	3,475
対米投資	25	2,872	1,318	3,794	4,253
証券投資		2,218	−756	−3,153	−5,489
対外投資	21	4,762	5,381	1,540	207
対米投資	A[1]	2,544	6,137	4,693	5,696
その他投資		−4,193	−2,310	845	−428
対外投資	22	−2,284	−995	−2,709	−393
対米投資	B[2]	1,909	1,315	−3,554	35
金融派生商品	28	22	−544	−254	220
米の公的準備資産	23	−31	−36	−63	21
米の対外国公的機関債務	C[3]	3,095	1,004	−981	−2,389
統計上の不一致	29	−187	1,491	2,678	748

注：1)　A は Table1.1 のライン 26 から Table9.1 のライン 2 を引いた額（表 2-3 参照）.
　　2)　B は Table1.1 のライン 27 から Table9.1 のライン 18 を引いた額（表 2-3 参照）.
　　3)　C は Table9.1 のライン 1 の額.
　　4)　（−）はネットでの資金流入.
出所：*S.C.B.*, July 2015（2013-14 年）, July 2016（2015 年）, April 2017（2016 年）.

対外国公的機関債務」のうち「証券での債務」（Table9.1 のライン 2）は Table1.1 のライン 26 の一部に，「米の対外国公的機関債務」のうち「その他債務」（Table9.1 のライン 18）は Table1.1 のライン 27 の一部に含まれることになった．それ故，Table1.1 のライン 24 の額から Table9.1 のライン 1 を差し引いた額が「米の対民間債務」となり，Table1.1 のライン 26 の額から Table9.1 のライン 2 の額を差し引いた額が「米の対民間証券債務」となり，Table1.1 のライン 27 の額から Table9.1 のライン 18 の額を差し引いた額が「米の対民間・その他債務」となる．それを示したのが本章の表 2-3 である．

　表 2-4 は表 2-1，表 2-2 を別の形式で米の国際収支を，経常収支（1 欄），民間対米投資（2 欄），在米外国公的資産（米の対外国公的機関債務，第 3 欄），

45

表 2-3　米の対外国公的機関債務と対民間債務

(億ドル)

	2013	2014	2015	2016
①米の対外債務[1]	10,420	9,774	3,952	7,594
②米の対外国公的機関債務[2]	3,095	1,004	−981	−2,389
③①−②（米の対民間債務）	7,325	8,770	4,933	9,983
④①のうちの証券の債務[3]	5,020	7,050	2,509	2,709
⑤②のうちの証券の債務[4]	2,476	913	−2,184	−2,987
⑥④−⑤（米の対民間証券債務）	2,544	6,137	4,693	5,696
⑦①のうちの「その他投資」の債務[5]	2,528	1,406	−2,351	632
⑧②のうちの「その他投資」の債務[6]	619	91	1,203	597
⑨⑦−⑧（米の対民間その他債務）	1,909	1,315	−3,554	35

注：1)　Table1.1 のライン 24.
　　2)　Table9.1 のライン 1.
　　3)　Table1.1 のライン 26.
　　4)　Table9.1 のライン 2.
　　5)　Table1.1 のライン 27.
　　6)　Table9.1 のライン 18.
出所：*S.C.B.*, July 2015（2013-14 年），July 2016（15 年），April 2017（16 年）.

米の民間対外投資（4欄），統計上の不一致（5欄）として示している．第2欄と第4欄の差額が「民間投資収支」である．この形式で米国際収支を示すことにより対米ファイナンスの状況がより簡明に把握しうるだろう．なお，2013年以降については，第4欄の民間対外投資のプラス，マイナスの表示に気を付ける必要がある．13年からプラスは米からの対外投資である．

　以上のことを踏まえて，表2-1，表2-2，表2-4をもとにアメリカ国際収支構造の変遷の概要を示そう．2007年まで，また，08年から10年までの国際収支構造の概要は前著で示しているので[1]，ここではごく簡単に記しておこう．

(2)　今日までのアメリカ国際収支構造の変遷の概要

①　07 年までの国際収支

　表2-1から，2007年までの米国際収支構造のいくつかの特徴が指摘できる．第1に，90年代末から増加していた経常収支赤字は2000年代になって急速に増大している．2000年に4000億ドルを超えていたが，04年に6300億ドル，06年には8000億ドル近くの歴史的な水準に達した．この赤字のファイナンスの持続可能性（＝「ドル危機」の発生可能性）が議論されたのも，その議論の

46

表 2-4 アメリカの国際収支 (3)

(億ドル)

	(1) 経常収支[1]	(2) 民間対米投資[2]	(3) 在米外国公的資産[3]	(4) 米の民間対外投資[4]	(5) 統計上の不一致[5]
2000	−4,163	9,955	428	−5,593	−614
01	−3,967	7,548	281	−3,772	−168
02	−4,578	6,792	1,159	−2,913	−426
03	−5,187	5,802	2,781	−3,275	−124
04	−6,293	11,354	3,978	−10,054	939
05	−7,398	9,881	2,593	−5,663	260
06	−7,985	15,772	4,879	−12,934	−89
07	−7,134	15,836	4,810	−14,312	957
08	−6,813	−1,232	5,546	8,666	−552
09	−3,816	−1,652	4,803	−6,179	1,508
10	−4,495	9,356	3,983	−9,157	116
11	−4,577	7,152	2,538	−3,328	−928
12	−4,404	1,500	3,939	−1,783	−59
13	−3,768	7,325	3,095	6,470	−187
14	−3,895	8,770	1,004	7,958	1,491
15	−4,630	4,933	−981	2,317	2,678
16	−4,812	9,983	−2,389	3,289	748

注：1) 2000-12 年は Table1 のライン 77，13-16 年は Table1.1 のライン 30.
　　2) 2000-12 年は Table1 のライン 63，13-16 年は Table1.1 のライン 24 から Table9.1 のラインを差し引いた額.
　　3) 2000-12 年は Table1 のライン 56，13-16 年は Table9.1 のライン 1. 13 年以降は「米の対外国公的機関債務」.
　　4) 2000-12 年は Table1 のライン 50，13-16 年は Table1.1 のライン 20〜22，13 年以降におけるプラスは資金流出.
　　5) 2000-12 年は Table1 のライン 71，13-16 年は Table1.1 のライン 29.
出所：*S.C.B.*, July 2013（2000-12 年），July 2015（13-14 年），July 2016（15 年），April 2017（16 年）.

正しさは別にして肯けるところである[2]．第2に，民間投資収支黒字幅が2000年を最高額に以後減少していき経常赤字を大きく下回わるようになった．第3に，代わって経常赤字ファイナンスにとって重要になってきたのがドル準備（＝在米外国公的資産）である．04 年に経常赤字が 6300 億ドル，民間投資収支黒字が 1300 億ドル，ドル準備（＝在米外国公的資産）が 4000 億ドル，経常赤字が最大になった 06 年には経常赤字が 8000 億ドル，民間投資収支黒字が 3100 億ドル，ドル準備が 4900 億ドルである．

　ドル準備はのちにみるように中国のドル準備が増大しているためである．中国の貿易はこの期間ほとんどすべてがドル建で行なわれており，その黒字が増

大していくのと，中国が厳しい対外投資規制を維持しており投資収支も黒字で，増大していく経常黒字に加えて投資収支の黒字もドル準備となっていくのである（中国の国際収支表は後掲表3-5，表5-4）.

　上のように，急増する米経常赤字をファイナンスしている最も大きな項目はドル準備であるが，民間の対米投資が07年にかけて増大していることにも注目しておく必要がある．03年にそれは5800億ドルであるが06，07年に1兆5800億ドル前後になっている（表2-4）.のちに論じるように，海外からの対米投資は一般的には4つの部分から構成されているが，この時期には主に2つの部分から構成されている．1つは「債務決済」部分である．米の経常赤字は「非居住者・ドル預金」として米の対外債務がいったん形成され，それが原資となって種々の対米投資に転態していく．これが米による「債務決済」と呼ばれるものである．中国のドル準備の増加も民間対米投資ではないが，「債務決済」と同等の部分と考えてよいだろう[3].

　もう1つはアメリカ諸金融機関のドル建対外投資によって形成された「代わり金」が種々の対米投資となっていく部分である．海外部門はアメリカの金融機関等からドル資金を調達し（海外部門の債務），そのドル資金を対米投資に当てるのである（海外部門の債権）.サブプライム・ローンが伸長している07年には，*Survey of Current Business*（July 2009, Table10）によると，在米銀行のドル建・債権（フロー）が07年に自己勘定で5000億ドル弱，顧客勘定で約1200億ドル，あわせて6200億ドル近くにのぼっている．これがいったん「代わり金」となり，それからいろいろな対米投資に転化していくのである（国際収支ではアメリカは債権と債務の両建となり，収支は均衡）.

　主に上の2つの構成部分からなる対米投資が06，07年には1兆6000億ドル弱になりながら，米の民間対外投資も1兆3000億ドルから1兆4000億ドルに伸び（表2-4），アメリカを軸に全世界的な国際的マネーフローが形成されているのである．

②　08，09年のアメリカ国際収支の異常

　リーマン・ショックによって08年から国際収支構造は大きく変化するが，その前年の07年にサブプライム・ローン問題が顕在化し国内の消費が減少し

始めているとはいえ，08年の経常赤字の減少はわずかである．08年の米国際
収支構造は米国発の金融危機に規定された歴史的な構造となった．民間の対米
投資はなくなってしまい，マイナス，つまり引き揚げで1200億ドルになって
いる．一方，アメリカの対外投資はプラス，つまり，8700億ドル弱の対外投
資の引き揚げとなっている．民間投資収支黒字の主たる部分はこの対外投資の
引き揚げによって生み出され，この黒字が主となって経常赤字をファイナンス
している（表2-4）．08年にはもう1つ大きな特徴がある．それは，07年まで
は少額しか記録されていなかった「米政府の対外資産」（表2-1のSCBライン
46）が，08年に5300億ドルのマイナスにのぼり，他方，ドル準備（ライン
56）は07年よりも少し多い額の5500億ドルになりながら，前者がドル準備を
相殺していることである．このような国際収支構造は何故生じたのだろうか．

　アメリカ金融機関はリーマン・ショックを契機とする金融危機の勃発によっ
てかつてない規模で債権回収に迫られた．他方，海外の金融機関は短期のドル
資金を米の諸金融機関から調達し，それでもってサブプライ・ローンを含んだ
種々の金融商品を購入していたところ，その諸金融商品が大幅な価格下落にあ
い，それらの金融商品を売却することでアメリカの諸金融機関への債務返済が
出来なくなった．通常の状態であれば金融機関どうしが資金を融通しあう短資
市場から金融機関は資金調達を行なうのであるが，07年のサブプライム・ロ
ーン問題の発生により短資市場の異常が現出していたが，08年9月のリーマ
ン・ショックによってその異常は頂点に達した[4]．世界の諸金融機関は短資市
場からドル建資金の調達が不可能になり，一挙に「ドル不足」が発生したので
ある．アメリカ発の金融危機が発生していながらドル相場が大きく下落しなか
ったのには以上のような事態が主因となっている．

　このような状況のなかでドル資金の調達の困難に陥った諸金融機関，とりわ
けヨーロッパの金融機関にドル資金を供給する目的でアメリカの中央銀行
（FRB）と海外の先進各国・中央銀行との間でスワップ協定が結ばれた[5]．海
外の中央銀行はFRBからドル資金を受け取り，見返りに自国通貨を供与する
のである．海外の中央銀行はそのドル資金を自国の金融機関に融資し，アメリ
カ以外の諸金融機関はそれでもってアメリカの金融機関へドル債務（米から見
れば債権）を返済したのである．回りまわって，アメリカの金融機関の債権回

第 2 章　アメリカ国際収支構造の変遷と対米ファイナンス　　　　49

収（＝ヨーロッパ等の金融機関のドル資金の返済）を，FRB がドル資金を供
与して支援したことになる．08 年の国際収支に見られる対米投資の急激な減
少，米の対外投資の引き揚げ（＝債権回収），「米政府の対外資産」（ライン
46）はこのような事情によるのである（「米政府の対外資産」のうちほとんど
がライン 49 の「米政府の外貨保有」である[6]）．スワップ金額全体の 70% 以
上がヨーロッパ向けであり[7]，ヨーロッパでの「ドル不足」が深刻であったの
がわかる．ユーロの対ドル相場も 08 年秋から低下していっている．スワップ
協定によって日本の民間金融機関もドル資金を調達しているが[8]，ヨーロッパ
のような「ドル不足」が生じたからではない．円相場はユーロとは逆に強くな
っている．日本の金融機関は有利な条件でドル資金調達を行なったのだと考え
られる．
　さて，09 年には国際収支構造がまた変化している．09 年にアメリカ経常赤
字が前年の 53% に減少している（3800 億ドル）．しかし，そのファイナンス
は 07 年までとは異なっている．海外からの対米投資が引き続きマイナス，つ
まり，海外の投資家による対米投資の引き揚げが続いている（1650 億ドル）
が，他方，米の対外投資がプラスからマイナスに，つまり，前年の 8700 億ド
ルの引き揚げから 6200 億ドルの投資に変わっている（表 2-4）．経常赤字と民
間投資収支をあわせると，1 兆 1000 億ドルの赤字になる．この赤字は「米政
府の対外資産」（＝米政府の外貨保有）の減少（5400 億ドル）とドル準備
（4800 億ドル）によってファイナンスされている（表 2-1）．「米政府の対外資
産」（＝米政府の外貨保有）の減少は前年のスワップ協定に基づく FRB から
各国中央銀行へのドル資金供与を海外の中央銀行が返済していることによって
生じている．09 年にはヨーロッパ等のアメリカ以外の金融機関が前年に自国
の中央銀行から受けたドル資金を返済するために，対米債権を回収，さらにア
メリカの民間部門から巨額の資金調達を行ない，自国の中央銀行に返済してい
るのである．そのドル資金を海外の中央銀行は FRB に返済し，同時に米政府
の外貨保有が減少しているのである．したがって，09 年のような国際収支構
造は 09 年に限って生まれるものである[9]．

50

③ 10-13 年の国際収支

　以上のようなアメリカの諸金融機関による債権回収と中央銀行間のスワップ協定を主な要因とする 08 年，09 年の国際収支構造が一段落したのち，アメリカ国際収支構造はどのようなものになっていったのであろうか．

　10 年以後，リーマン・ショックを経て経常赤字はかなり減少し 4000 億ドル前後で推移している．他方，民間投資収支は 11 年を除き大きな資金流入超過（表 2-1 ではプラスで表示，表 2-2 ではマイナスで表示）はみられない．表2-1，2-2 では把握しにくいが，表 2-4 により 12 年を除き対米投資が復活してきているが，米の対外投資（表 2-4 では 13 年からプラスで表示）も 10 年，13年には大きな額になっていて民間投資収支は小さな額になっている（12 年は対外投資が対米投資を上回り，ネットで資金流出となっている）．全体的に見ると 07 年までと比べると規模はやや小さくなっているが，アメリカを軸にする国際マネーフローが概ね回復しているとはいえよう．そして，経常収支赤字はほとんどがドル準備（＝「在米外国公的資産」）によってファイナンスされている．10，12 年に経常赤字が 4500 億ドル弱になっているが，ドル準備が 4000億ドルにものぼっている．のちにみるように中国の対米ファイナンスの役割が大きくなっているのである．

④ 14-16 年の国際収支

　14 年からまたアメリカ国際収支構造が変化している．その変化は，第 1 にドル準備（＝「米の対外国公的機関債務」）が急減し，15 年からは引き揚げになっていることである．第 2 に，原油価格が 14 年から急落し（後掲図 5-1），オイルマネーのアメリカへの還流が大きく減少し，海外からの対米投資も EU，日本などからのものに変化してきている（ドル準備の減少，オイルマネーの消滅に伴う米経常赤字のファイナンスについては第 5 章で論じる）．表 2-4 においては，14 年の対米投資は減少していないように見えるが，投資国・地域は異なってきているのである（次節で論述）．第 3 に，「統計上の不一致」が 14年から巨額になり，これが経常赤字のかなりの部分をファイナンスするかたちをとるようになっている．「統計上の不一致」の中には，当局が捕捉しにくいごく短期の資金流入が含まれているのであろうが，「統計上の不一致」が経常

赤字のファイナンスの主要な項目になるというのは，国際収支表への信頼を損なうものであろう．以上の諸点については，のちにも触れるだろうから，ここでは概括的な指摘にとどめておきたい．

2. オイルマネー，中国の外貨準備と地域別国際収支

(1) オイルマネーと中国のドル準備について

前節において，アメリカ国際収支構造の変遷の概要をみたが，リーマン・ショック時を除く07年までと10年から13年にかけて，オイルマネーの還流と中国のドル準備が米経常赤字のファイナンスにとって重要な役割を果たした．そして，14年以後は，この2つが大きく減少しアメリカ国際収支構造が変化している．それ故，改めて，オイルマネーの還流と中国のドル準備をみておきたい．

原油価格は04年には1バーレル当たり40ドルを下回っていたのが以後急上昇し，08年には133ドルを超え（後掲図5-1），膨大な額のオイルマネーのアメリカへの流入があった．オイルマネーはイギリス，バハマ・ケイマンなどのオフショア市場を経由して種々の形態での対米投資となってアメリカへ還流してくる（後述），他方，中国等の経常黒字の急増大（後掲表3-5）を反映してドル準備（＝「在米外国公的資産」）が06，07年には5000億ドル近くなり，米経常赤字のファイナンスに民間投資収支黒字以上の重要な役割を果たすようになった．

リーマン・ショック後の2010-13年のアメリカ国際収支構造は，04-07年の時期と比べて金額がやや減少しながら04-07年の諸特徴を基本的には継承していると前記したが，それは，リーマン・ショックによって急落した原油価格が10年以後1バーレル＝100ドル前後へと急上昇し（後掲図5-1），そのオイルマネーの還流と中国を主とするドル準備が2500億ドル強〜4000億ドル弱の水準で維持されているからである．原油価格の上昇によってオイルマネーの還流が復活しているが，民間対米投資の10年からの増加にそれが反映している（表2-4）．

原油価格の変動がアメリカ経常赤字のファイナンスにどのような影響を及ぼ

すのか概要を述べておこう．世界各国は原油代金を支払い，産油国はその原油代金でもって輸入・サービスの支払等の経常的支払にあて，残ったオイルマネーをイギリス，バハマ・ケイマン諸島等のオフショア市場へ大部分運用している．オフショア市場はその資金を種々の米証券等へ投資するとともにユーロダラー貸付等にあてる．産油国がオイルマネーをアメリカへ直接に運用する額は少ない（後述）．世界的に原油取引はドル建であり，オイルマネーはそれがユーロなどに転換されなければオイルダラーとして，アメリカの原油輸入額だけでなくアメリカ以外の国の輸入額もすべてアメリカに還流する．したがって，原油価格が高水準で推移してきた08年前期までと10年後期から14年中期まではオイルダラーは対米ファイナンスに重要な役割を果たしたのである．

　他方，中国の国際取引は09年まではほとんどがドル建であり，09年から人民元決済が認められ14年には中国の貿易における人民元決済は約25%になっている（第7章参照）が，なお圧倒的部分がドル建で取引されている．そのために，中国の経常黒字の増大に加えて対外投資規制が厳しく投資収支においても資金流入なっているから中国のドル準備が急増していく．

　中国のドル準備と対米ファイナンスについては以下のようにいえよう．中国の経常取引は09年まではほとんどすべてがドル建で行なわれており，それ以後一部が人民元による決済になっている（後述）．また，中国のドル準備は対米取引だけで形成されているのではなく，中国の全世界との経常取引，資本取引によって生まれている．中国の国際収支表（表3-5）によれば07年の外貨準備の増加は4607億ドルにのぼっている．そのほとんどがドル準備である．その半分強が直接アメリカにおいて保有されており，残りの半分近くがユーロダラー市場において保有されているのである．アメリカとは関係ない中国と第三国との国際取引から生まれる中国の経常黒字も中国のドル準備となり，アメリカに還流してきて米経常赤字をファイナンスするのである．ユーロダラーとして保有される中国のドル準備は，ロンドン，香港，シンガポール等のアメリカ以外に所在する金融機関の対米資産（米の対外民間債務）となってアメリカ経常赤字のファイナンスに寄与する．しかし，ユーロダラーとして保有されるドル準備はアメリカの国際収支表においては「在米外国公的資産」としては表示されないことに注意が必要である．

(2)　アメリカの地域別国際収支

　かくして，リーマン・ショック時を除く13年以前にはオイルマネーと中国を主とするドル準備がアメリカ経常赤字のファイナンスに重要な役割を果たしたのであるが，それがアメリカの地域別国際収支にも表れている．まずは2013年までの地域別国際収支である（表2-5）．なお，このアメリカの表については若干の注意が必要である．各国の対米証券投資が過小に評価されがちとなっているからである．というのは，例えば，米居住者の発行した証券をロンドンの金融機関が購入しそれを日本の金融機関へ販売した場合にも，アメリカの国際収支表では，それはアメリカの対日債務とならないで対英債務となるからである．日本の国際収支表では，米居住者発行の証券を日本の居住者が購入した場合は対米投資となる．したがって，日本の財務省による対米国際収支表と表2-5とは統計値に差がある．

　さて，EUは2005年から13年までリーマン・ショックの08年を除きEUの対米投資が米の対EU投資を上回っている．しかし，10年までその大部分はイギリスによるものである．07年にEUの対米投資は1兆ドルを超え，逆に米の対EU投資は8500億ドルであるが，英の対米投資は6300億ドル，米の対英投資は4300億ドルである．ユーロ地域からの対米投資は3500億ドル，米の対ユーロ地域投資は4000億ドルである．イギリス市場の比重の高さは以下のことによっている．イギリスはオフショア市場としてアメリカへの投資の経由基地の役割をもち，産油国などから大量の資金流入があり，その資金がアメリカに向かっているのである．さらにアメリカなどからEUや日本，その他諸国への投資の経由基地としての役割をももっている．

　ところが，08年には様相が大きく変化している．EUの対米投資はマイナス，つまり引き揚げが3420億ドルにものぼり，逆に米の対EU投資も4460億ドルの引き揚げになっている．しかも，その大部分はイギリスが関与している．イギリスの対米投資は3150億ドルの引き揚げ，米の対英投資はそれよりも2000億ドルほど大きい5210億ドルの引き揚げになっている．つまり，英の金融機関による米の金融機関へのドル返済（米の対英投資の引き揚げ）が巨額になったために，英の金融機関は米への投資の引き揚げによって米金融機関の債権回収（英金融機関から見れば返済）に対応しているのであるが，それでもドル資

54

表 2-5 アメリカの地

	EU					ユーロ地域				
	05	07	08	10	13	05	07	08	10	13
①外国の対米投資[3]	455	1,019	−342	397	453	148	350	−7	2	295
②米の民間対外投資[4]	−138	−848	446	−248	−299	−20	−392	−83	−16	−340
③②−①(収支)[5]	317	171	104	149	154	128	−42	−90	−14	−45
④経常収支[6]	−142	−42	−12	−107	−8	−101	−39	−12	2	−12

	日本					中東				
	05	07	08	10	13	05	07	08	10	13
①外国の対米投資[3]	61	68	120	170	32	19	39	75	−3	6
②米の民間対外投資[4]	−49	49	47	−126	−60	−9	−13	16	−6	−3
③②−①(収支)[5]	12	117	167	44	−28	10	26	91	−9	3
④経常収支[6]	−99	−110	−91	−76	−91	−49	−49	−71	−32	−33

出所：*S.C.B.*, July 2006（05年），July 2008（07年），July 2009（08年），July 2011（10年），April 2014

金が不足し，前述したように FRB とのスワップ協定に至るのである．

　10 年にはリーマン・ショック後の影響が残り，ユーロ地域と米との相互投資は極めて少ない額になり，他方，英と米の相互投資の方は規模がやや小さくなりながらも復活し，13 年にも額はかなり小さくなるが，英からの対米投資は 1460 億ドルにのぼっている．13 年にはユーロ地域の対米取引が増加している．しかし，その資金は米からの調達で米の対ユーロ地域への投資が 3400 億ドルにものぼっている．リーマン・ショック前の 07 年の状況に戻っている．

　イギリスと同様の役割をもっているのが「その他西半球」である．この地域はバハマ・ケイマン諸島のオフショア市場であり，05，07 年には大量のオイルマネーがバハマ・ケイマン諸島に流入し，それがアメリカに向けられている（イギリス，バハマ・ケイマン諸島などのカリブ海地域から米への証券投資については前書図 4-1 参照）．リーマン・ショックまでの時期，原油価格の上昇に見合ってイギリス，バハマ・ケイマン諸島を経由してオイルマネーがアメリカに還流し，それが米経常赤字をファイナンスする重要な役割を果たしていることが知れよう．表 2-5 によると 05 年にこの地域の対米投資は 1000 億ドルを超え，米のこの地域への投資（500 億ドル弱）を大きく上回り，07 年にはこの地域の対米投資は 3600 億ドル，米のこの地域への投資は 1500 億ドルで，対米ファイナンスにおいてきわめて大きな役割を果している．しかし，08 年に

第2章 アメリカ国際収支構造の変遷と対米ファイナンス

域別国際収支[1](1)

(10億ドル)

イギリス					その他西半球[2]					中国				
05	07	08	10	13	05	07	08	10	13	05	07	08	10	13
298	629	−315	394	146	109	358	−2	89	−10	193	236	443	120	215
−106	−426	521	−213	54	−46	−153	−76	−226	64	−4	2	12	−19	−23
192	203	206	181	200	63	205	−78	−137	54	189	238	455	101	192
−21	11	9	−1	15	−5	8	24	37	60	−220	−290	−309	−300	−327

注:1)（＋）（−）は旧形式
　　2)　バハマ・ケイマン諸島など.
　　3)　ライン55
　　4)　ライン50
　　5)　（＋）はネットでの米への資金流入.
　　6)　ライン76 又は77
（13年）.

はリーマン・ショックによって原油価格が急落しオイルマネーが消滅してアメリカへの資金還流としての「その他西半球」の役割がなくなり，それ以後も「その他西半球」はアメリカを中軸とする国際マネーフローにおけるその役割を変化させてきている．オイルマネーのアメリカへの還流の基地としての役割よりもアメリカからEU，日本等への資金流出の基地としての役割が重きをなすようになってきている．

　以上のイギリス，バハマ・ケイマンに対して，イギリスを除くEU（大部分がユーロ地域）は05年を除き対米ファイナンスの役割を担っていないし，日本のその役割も限定的である．05年に日本の対米投資が米の対日投資を少し上回っているが，米の対日経常赤字が1000億ドル近くになって，日本の対米ファイナンスとしての役割を果たしていない．07年には日本の対米投資が米の対日投資を上回り対米ファイナンスの役割を担っているが，07年は米の対日投資の引き揚げがあり，それもあって米への資金流入が1170億ドルになっている．しかし，それも米の対日経常赤字を少しだけ上回るにとどまっている．08年には対米投資が増加しているが，それは，日本の金融機関のサブプライム・ローンに関連する対米投資がヨーロッパの金融機関と比べて少なくリーマン・ショックからの影響が少なかったからである．それゆえ，08年においてのみ対米ファイナンスの役割を果たしている．10年にも日本の対米投資が米

の対日投資を 440 億ドルほど上回っているが，米の対日経常収支赤字が 760 億ドルにのぼっており，日本の対米ファイナンスの役割は見られない．13 年は日本の全世界に対する経常黒字が大きく減少したこともあって対米投資が大きく減少している．

中国は 05 年の対米投資（中国には厳しい対外投資規制があり，中国の場合はほとんどがドル準備である）が 2000 億ドル近くで，他方，米の対中・経常赤字は 2200 億ドル近くになっていて中国の対米ファイナンスはまったくないように見える．しかし，中国のドル準備による対米ファイナンスはこの表にあらわれるだけではない．中国の国際諸取引は 2009 年まではほとんど全部がドル建で行なわれており（この年から一部人民元決済が行なわれる），全世界に対する経常黒字に加えて対外投資規制のために投資収支も中国への資金流入になり巨額のドル準備が形成されていった．その一部は米における「在米外国公的資産」（＝中国のドル準備の一部）になっていったが，他のかなりの部分がユーロダラーなどとして米以外に所在する金融諸機関へ運用されるか，他国の中央銀行への貸付等として保持されている．中国の国際収支表に示される外貨準備（後掲表 3-5）と表 2-5 の①欄の金額の差額がほぼアメリカ以外で保有されているドル準備である．中国の国際収支表によると外貨準備は 05 年に 2500 億ドルとなっており 05 年時点ですでに中国は対米ファイナンスの役割を担っている．後掲表 3-5 によると 08 年に中国の外貨準備は 4800 億ドル近くになり，他方，表 2-5 によると対米経常黒字は 3000 億ドル強であるから，対米ファイナンスの額は 1800 億ドルほどにもなる．しかも，表 2-5 の①欄は 4430 億ドルにものぼり（したがってこの年の中国のドル準備はほとんどが米で保有されている），表 2-1 の在米外国的資産は 5500 億ドル強であるから，中国の 08 年の米でのドル準備はその約 80％ にも達する．

表 2-5 では 10 年に対米投資（ほとんどがドル準備）が 1200 億ドル，米の対中経常赤字が 3000 億ドルであるが，中国の国際収支表では外貨準備は 4700 億ドルであり，中国のドル準備の大部分がユーロダラーなどの形をとりながら中国の対米ファイナンスは大きな額になっている．13 年にも表 2-5 では対米投資が 2150 億ドル，米の対中経常赤字が 3300 億ドルであるが，中国の外貨準備は国際収支表では 4300 億ドルにのぼっており，引き続き対米ファイナンスの

役割を果たしている.

　最後に，中東に触れておこう．07，08 年に中東諸国からの対米投資がやや増加したが，13 年にかけて極めて少額で推移している．中東諸国はオイルマネーのほとんどすべてをヨーロッパ，バハマ・ケイマンなどのオフショア市場における諸金融機関に運用し，対米投資として直接的な運用はほとんどないと考えられる.

　2014-16 年については表 2-6 である．14 年後半期からの原油価格の低落，中国のドル準備の減少によってアメリカの地域別国際収支も大きく変化している．第 1 に，イギリス，「その他西半球」からの対米投資が急減している．イギリスの対米投資は 14 年にはまだ 1100 億ドルにのぼっていたが 15 年には投資の引き揚げが 530 億ドル，「その他西半球」は 14，15 年に投資の引き揚げになっている．中東地域も 15 年に対米投資を引き揚げている．オイルダラーは完全に消滅したといえるだろう．第 2 に，中国の対米投資（ほとんどがドル準備）は 14 年には 970 億ドルで，中国の国際収支表の外貨準備は 1200 億ドルほどであり，対米経常黒字が 3400 億ドルであるから，中国の対米ファイナンスの役割は消えている．15 年には対米投資（ほとんどドル準備）が 2120 億ドルもの引き揚げになっており，中国の国際収支表をみても外貨準備が 3400 億ドルほど減少している．中国の対米ファイナンスの役割は完全に消滅した.

　第 3 に，代わってユーロ地域からの対米投資が増加しており，ユーロ地域の収支は 15 年には 2000 億ドル近くにものぼり，米経常赤字のファイナンスにおいて最大地域となっている．第 4 に，14 年まで日本の経常収支黒字が小さくなっていたこともあって対米投資はそれほど伸びておらず，逆に 15 年には米の対日投資が増加していることから日本は対米ファイナンスの役割を担っていない．しかし，16 年には日本の対米投資が大きく増加している．日本の経常黒字が復活しそれがアメリカに向かっているのである．「円投」の増大である（第 11 章において再述）.

　オイルダラーの消滅，中国のドル準備の減少という事態の中で，対米ファイナンスを担う地域・国がユーロ地域，日本になってきているのである.

表 2-6　アメリカの地

	EU			ユーロ地域		
	14	15	16	14	15	16
①外国の対米投資[3]	559	252	545	423	288	472
②米の民間対外投資[4]	322	225	234	334	92	129
③②-①(収支)[5]	-237	-27	-311	-89	-196	-343
④経常収支[6]	3	-11	-6	-7	-37	-24

	日本			中東		
	14	15	16	14	15	16
①外国の対米投資[3]	44	66	184	51	-18	-16
②米の民間対外投資[4]	51	107	73	10	2	12
③②-①(収支)[5]	7	41	-111	-41	20	28
④経常収支[6]	-84	-83	-78	-26	7	7

出所：*S.C.B.*, July 2016（2014-15 年），April 2017（16 年）．

3.　ドル体制と対米ファイナンスをめぐって

(1)　対米ファイナンスの持続性についての楽観論

　本章の前節までにおいてアメリカの国際収支構造と地域別国際収支の概要をみてきたが，それは，ドル体制の展開と動揺過程を分析するためにはアメリカ国際収支構造の変遷過程を明らかにしなければならなかったからである．とくに，経常収支赤字の増大とそのファイナンスのあり様について分析しなければならない．ところが，その赤字は自動的にファイナンスされるといういくつかの主張があり，それらの検討を行なわなければならなかった．筆者は前の拙書[10]の第2章において，2つの「自動的ファイナンス論」について論じた．1つは，ドルは国際通貨であり，それゆえ米経常収支赤字は西欧諸国や日本に対する赤字も含めて「債務決済」が行なわれて経常収支赤字が巨額になってもドル危機は発生しないというものであった．もう1つはI－Sバランス論に基づくもので，I－Sバランス論によると一国の総貯蓄と総投資の差額が経常収支赤字あるいは黒字に等しくなり，結局，経常赤字は外貨準備を含む「広い意味での」資本収支黒字（現在の金融収支の赤字）となり，経常赤字はファイナンスされるという主張であった．

域別国際収支[1](2)

(10億ドル)

	イギリス			その他西半球[2]			中国		
	14	15	16	14	15	16	14	15	16
	110	−53	56	−25	−13	−54	97	−212	−250
	−16	−46	98	133	13	−91	36	−19	0
	−126	7	42	158	−26	−37	−61	193	250
	25	43	36	77	70	55	−343	−362	−334

注：1)　(＋)(−) は新形式.
　　2)　バハマ・ケイマン諸島など.
　　3)　Table1.3 のライン 84. 米の対外国公的機関債務を含む.
　　4)　Table1.3 のライン 61. 米の公的準備資産を含む.
　　5)　(＋) は米からのネットでの資金流出，(−) は米へのネットでの資金流入.
　　6)　Table1.3 のライン 101.

　本章ではさらに，もう１つの，アメリカの対外純債務残高の増加は管理可能であるという理論について検討しよう．そのあと，前拙書でも論じたアメリカ投資収支の諸項目における概念上の区分について再度論じよう.

　竹中正治氏は米の対外純債務残高の増加は管理可能であるという試算を提出された．この推移が氏の試算どおりであれば，ドル危機は生じないしドル体制は安泰だということになる．そこで，氏の見解と試算を検討しよう[11]．竹中正治氏が示された対外純債務の対 GDP 比率の検討は魅力あるものであり，氏の手法には十分な検討を要するものである．しかし，結論部分には問題を感じる．氏の手法をそのまま利用したとしても，氏の主張とは逆の結論が得られるのではないだろうか.

　竹中氏は，「対外純負債が持続可能である」ということは経済の規模（GDP）に対する対外純負債の比率が発散していかないことを意味すると述べられる（行天豊雄編著『世界経済は通貨が動かす』PHP 研究所，2011 年，279 ページ）．そして，長期にわたる対外資産・負債のシミュレーションを一定の想定のもとに行なわれ，米国の貿易収支（経常移転収支を含む）が対名目 GDP 比率で 4％ 程度のマイナスが持続しても米国の対外純負債は GDP 比率でみて改善，安定化しうるとされる．その理由は，対外資産と負債の間に「総合投資リターン」（所得収支の受取と支払にキャピタルゲイン・ロス[12] を含む）がある

からである．つまり，対外投資リターンが対外負債コストを上回って，「莫大な所得収支黒字と評価益（キャピタル・ゲイン）が貿易収支赤字の累積を相殺するからである」（同書，280 ページ）．

さらに，氏は補論においてより詳しく 3 つのケースを想定される．その想定が引用した表 2-7 のケース 1～3 である．そして，それぞれのケースごとに予想される対外純資産・負債の推移が同じく引用した図 2-1 である．ケース 1 とケース 2 において氏は「対外純負債が持続可能である」と主張される．これらの想定の現実性については後述することにして，筆者なりに竹中氏が考えられている見解を整理してみよう．

もちろん，対外純債務の絶対額が大きくとも GDP が大きければ対米投資の持続は可能である．経済規模が大きければ海外からの投資受入れの「余地」は大きくなるからである．財政規模が大きくなり国債発行額も大きくなりうるし，金融機関や企業の社債，株式発行額も大きくなりうるからである．それゆえ，竹中氏が主張されるように GDP に対する純負債の比率が重要な指標になりうる．しかし，「総合投資リターン」の格差のために所得収支が黒字になったとしても，その黒字が貿易赤字等をカバーして経常収支が黒字にならない限り純債務は増加していく．その純債務額の増加率よりも GDP の増加率（成長率）が高ければ，GDP に対する純債務の比率は低下していき，対外純債務は持続可能である．しかし，逆に，純債務額の増加率よりも GDP の増加率（成長率）が低ければ，対外純債務の増が持続不可能になる．

したがって，検討しなければならない変数は 3 つである．第 1 は米国の貿易

表 2-7　竹中正治氏の 3 つのケースの想定

将来試算の想定	ケース 1		ケース 2	ケース 3
貿易収支（含む経常移転収支）の名目 GDP 比率	−3.45%	1989-2008 年平均値	−4.00%	−4.00%
名目 GDP 成長率	5.16%	同上	4.75%	4.75%
総合対外資産リターン	9.30%	同上	7.00%	5.00%
総合対外負債リターン	5.30%	同上	4.00%	5.00%
対外資産 GDP 比率	137.7%	2008 年末実績		
対外負債 GDP 比率	161.7%	同上		
対外純負債 GDP 比率	−24.0%	同上		

出所：行天豊雄編著『世界経済は通貨が動かす』PHP 研究所，2011 年，284 ページ．

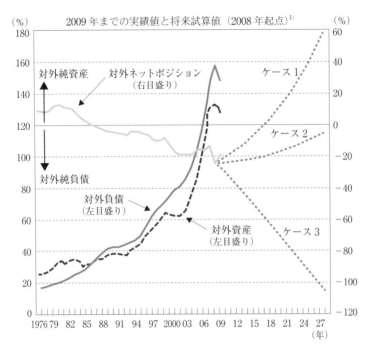

図 2-1 米国の対外資産，負債，ネットポジション（GDP 比率）

注：1) 竹中正治氏による試算．
出所：同上，284 ページ，ただし，BEA Department of Commerce，実績値は 2010 年 6 月発表データに基づく．推計額は 2009 年 6 月発表データに基づいた試算．

収支赤字（経常移転収支赤字を含む）の額である．第2に「総合投資リターン」の格差（対外投資リターンが対外負債コストを上回る）から生じる所得収支黒字額であり，この黒字額によってその分貿易収支赤字額（経常移転収支赤字を含む）がカバーされるが，前者の黒字が後者の赤字をカバーできなければ経常収支は赤字となる．経常赤字によって対外純債務の増加が必然化される．経常収支赤字＝「広義の資本収支」（ドル準備を含む，現在の金融収支）におけるネットの資金流入であるから，経常赤字＝対外純債務の増加である．第3にGDP の増加率（成長率）である．経常収支赤字額（＝対外純債務の増加額）の対 GDP 比率が低下していけば，対米ファイナンス（＝対外純負債）は持続可能といえるのである．

確かに，竹中氏の言われるように米は対外純債務国でありながら，所得収支（第1次所得収支）は黒字で推移してきた（表2-1，表2-2）．その根拠はリターンの差異であることも確かである．しかし，所得収支黒字でもって貿易赤字をファイナンスできていない．83年以来ずっと米の経常収支は赤字であった．したがって，経常赤字のファイナンスは続けられなければならなかったのである．ということは，対外純債務額は年々増加していったのである．問題は，この増加率がGDPの増加率（成長率）を上回るかどうかである．

　そこで竹中氏が提示されている3つのケースを検討しよう．表2-7である．ケース1は，貿易収支（経常移転収支を含む）赤字の対GDPの比率が3.45%，名目GDP成長率が5.16%，「総合リターン」の格差が4%となっている．ケース2ではそれぞれ，4%，4.75%，3%となっている[13]．これらの率の想定は楽観的ではないだろうか．

　現実的には，貿易収支赤字の名目GDP比率は，竹中氏はケース1では1989-2008年の平均値を想定されているが，89-97年の貿易収支赤字は2000億ドル未満で推移しており，98年以後赤字が急増していく．04年で6600億ドルを超え，05年には8000億ドル近くになっている．2010年の赤字は04年の水準である．したがって，ケース1の貿易収支赤字の名目GDP比率は楽観的すぎるし，ケース2，ケース3でもその比率は4%となっており楽観的であろう．10年の貿易赤字は04年の水準であるから，貿易収支赤字の名目GDP比率は7%近くになろう．

　リーマン・ショック以後の貿易収支を確認しておこう．2010年に貿易赤字は6500億ドル，11年から7000億ドルを超えるようになっている．前記した竹中氏の3つのケースよりもかなり悪い状況である．

　次に所得収支（13年以後は第1次所得収支）をみよう．受取が07，08年には8000億ドル強で09年に6000億ドル強に減少し，13年に8000億ドル弱，14年に8200億ドルに回復している．他方，支払は07，08年に7000億ドル前後であったのが，09年に4800億ドルに減少，以後増大していき，13年に5700億ドル，14年に5900億ドル近くになっている．収支黒字は，08年の1500億ドル近くから11年に2300億ドルに増加するが，それ以後際立った増加はみられない．14年に2380億ドル，15，16年に1800億ドルである[14]．そ

れ故，竹中氏が想定されている「総合リターン格差」が 4〜3% というのは高すぎであろう．また，リターン格差は氏が言われるようにほとんどが直接投資によっている．直接投資収益の受取は 08 年に 4100 億ドル強，11 年に 4800 億ドル弱，14 年に 8200 億ドル弱，15 年は 7800 億ドル弱，支払はそれぞれ 1300 億ドル弱，1700 億ドル弱，5700 億ドル弱，5800 億ドル強で，収支は 2800 億ドル，3100 億ドル，2500 億ドル，1900 億ドルとなっていて，「リターン格差」が傾向的に増大するようには思われない．所得収支黒字が貿易収支赤字をとてもカバーできるものではないのである．

経常収支もリーマン・ショック直後の 09 年に 3600 億ドルに減少したが，10-12 年に 4500 億ドル前後，13 年から 14 年まで 4000 億ドルを割ったが 15 年に再び 4600 億ドルにまで増加している（表 2-1，表 2-2）．したがって，経常赤字は海外からドル準備も含めて種々の対米資産の増加によってファイナンスされなければならない．対外純債務は増加していかざるを得ない．また，米の名目 GDP 成長率は 08 年以後かなり低く，08 年に −0.29%，09 年に −2.78%，10 年に 2.53%，11 年に 1.60%，12 年 2.22%，13 年 1.68%，14 年 2.37%，15 年 2.60% となっている[15]．

以上のように竹中氏のケース 1，ケース 2 の想定は無理である．そもそも，氏の論調が正しければ，「総合投資リターン」格差が過去 20 年間にも存在したのであるから，対外純債務は 2012 年の時点で改善されているはずである．氏の図 2-1 の曲線はかなり異なろう．現実はせいぜいケース 2 とケース 3 の中間のどこかの曲線をたどることになるのではないだろうか．ドル危機がただちに発生するとはいえないまでも対外純債務が大きく減少していくことはないと考えられる．「対外純負債が持続可能である」とは言いがたく，米経常収支赤字のファイナンスの課題は消失せず，世界経済・政治において想定外の危機が生じればファイナンスは厳しくなりうることを忘れてはならないだろう．

以上で竹中氏の主張に対する検討はほぼ出来たのであるが，以下のことについてさらに述べておきたい．竹中氏は「対外純負債の持続可能性」＝「ドルシステムの安全弁」としてドル相場の下落をあげられる（前掲書，292-295 ページ）が，このことについての検討も必要であろう．

次の項で詳しく論じたいが，年々の対外純債務（負債）（＝ドル準備を含む

「広義の資本収支赤字」＝現在の金融収支）は種々の構成部分をもっている．まず，ドル相場の変動によって直接的な影響を受ける対米投資と影響を受けにくい対米投資がある．非居住者が外貨（ユーロ，円，ポンド等）をドルに換えて行なう対米投資は，ドル安傾向が顕著になれば為替リスクが発生するから低調になる．同様に，ドルを外貨に換えて行なわれる米居住者の対外投資はドル相場が下落すれば為替益が発生するから増加する傾向にある．したがって，ドル安傾向が続けば民間ベースの対米ファイナンスが困難になり，通貨当局による為替市場介入（ドル準備の増加）が必要になってくる．

　他方，対外純債務のうちの「債務決済」にあたる部分（ドル建経常黒字保有諸国のドル建対外投資）はドル相場の影響が少ない．「債務決済」自体は，ドル建貿易黒字保有国の黒字額が増加していけば，それに応じて増加していく．対外純債務のうち「債務決済」部分は貿易通貨としてドルが利用され続けられるかどうかということと，ドル建黒字保有諸国がいったんはドル建投資を行なったのち，そのドルを外貨に換えて米以外の諸国への投資に切り替えるかどうかによる[16]．この切り替えにはドル相場が影響するが，これはドル資産の保有が民間部門か公的部門かによって影響が異なろう．ドル建経常黒字がドル準備になっている部分（中国等の）は，ドルを外貨に転換すればさらなるドル下落を生み出してしまうからドルを外貨に換えることがむずかしい．したがって，ドルを外貨に換えて米以外の諸国への投資に切り替えられる部分は，ほぼ民間部門が保有しているドル建経常黒字の部分に限られる．

　確かにドル下落は総合リターンの格差を大きくするであろう．総合リターンの格差は直接投資によるところが大きく，競争力のある米多国籍企業の収益によるものである．直接投資は為替相場の影響を受けることが少ないが，為替相場の変化によって評価損益が大きくなろう．ドル相場の下落は直接投資残高および米居住者のドル以外の諸通貨での対外証券投資・貸付等の残高の評価益をもたらすし，外貨で表示される収益，配当・利子等をドルに換算すればより多くのリターンが得られる．さらに，外貨をドルに換えての海外の民間対米投資を抑制しドル準備を増加させるから，総合リターン格差を大きくするであろう（ドル準備のリターンは低いから）．しかし，1983年以来，海外投資収益収支（第1次所得収支）の黒字が貿易収支赤字を補って経常収支が黒字になったこ

とはない.

　また，上に述べたように，ドル下落は中国等の為替介入によりドル準備増を
もたらしてきたから，ドル準備による米経常赤字のファイナンスはドル体制の
持続的安定に不安を投げかける面もある．ファイナンスが民間ベース，市場ベ
ースでないのであるから．上にみたように純債務がいくつかの部分から成り立
っており，為替相場の影響が異なるから，ドル安が順調な対米ファイナンスを
維持させるとは限らないのである．竹中氏が「総合投資リターン」の格差と所
得収支に議論を集中されるために，ドル相場の下落が所得収支黒字の拡大，キ
ャピタル・ゲインをもたらし，「ドルシステムの安全弁」として強調されるこ
とになるのではないだろうか．ドル相場の下落が民間部門の対米投資を減少さ
せ，むしろ，対米ファイナンスそのものを困難にさせることもありうる．それ
ゆえ，米政府はときに「強いドル」を強調するのである．

(2)　アメリカ金融収支の諸項目における概念上の区分

　アメリカ国際収支の分析は，収支表の諸項目の金額の分析にとどまることな
く概念的な区分を行なう必要がある．概念的な区分とはどのようなものかにつ
いては後にみるが，その前に世界の通貨別貿易収支を確認しておかなければな
らない．このような指摘はこれまでなされたことがまったくないが，概念的な
区分を行なって米国際収支を分析するためにもこの確認は必要である．「概念
的な区分」「世界の通貨別貿易収支」については，前拙書の第3章，第4章に
おいてかなり詳しく論じたが，本書のドル体制分析においても不可欠であるの
で少し簡潔にしながら再度示しておきたい．

　モデル的な図が前拙書の図3-1（62ページ）と表3-1（63ページ）に示され
ていた．このモデルは「3地域2通貨モデル」で示されており，アメリカはす
べてドル建で貿易を行なっているとしている．ところで，EU諸国と日本はド
ル建貿易黒字をもつことなくドル建では赤字である．日本の通貨別貿易収支は
本書第8，9，11章で示されているし，ドイツ，フランス，イギリスの貿易の
通貨区分は前拙書の表2-2（47ページ）で示されている．これらEU諸国の自
国通貨での輸出が輸入を上回っており，ドル建では輸入が輸出を上回っている．
そうであるとすれば，ドル建黒字をもっているのは米，EU・日本を除く「そ

の他諸国」（産油国，中国を含む）であり，EU・日本はドル以外のユーロ，円などで黒字をもっており，「その他諸国」はドル以外のその他通貨で貿易赤字をもっていることになる．

いま，全世界での輸出額，輸入額が10兆ドルとし，うち65％がドル建とする（全世界では輸出額と輸入額は等しい）．また，ドル建輸出の地域区分は，米が全輸出の20％，「その他諸国」が32％，EU・日本が13％，その他通貨建輸出の地域区分は，EU・日本が全輸出の19％，「その他諸国」が16％（米の輸出はすべてドル建）とする．ドル建輸入では米が30％，「その他諸国」が20％，EU・日本が15％，その他通貨建輸入の地域区分はEU・日本が15％，「その他諸国」が20％（米の輸入はすべてドル建）とする．現実に近い以上の仮定を置けば，3地域のドル建，その他通貨建の輸出額，輸入額，通貨別貿易収支が算出される．それが前拙書の図3-1と表3-1である．

以上は貿易収支の通貨区分であるが，経常収支全体の通貨区分に関する統計は日本においても西欧諸国においても存在しない．そこで，やむをえず以下では以上の貿易収支の諸数値を経常収支のそれに見立てて論を進めていく．さて，アメリカ国際収支の概念的区分を示せば，以下のようである．

アメリカがドル建で輸入すると，その輸入額に相当する非居住者の「ドル預金」（米にとっては対外債務）がまず形成される．非居住者はそれを使って米などからのドル建輸入に使うだろうし，ドル建経常黒字を保有している「その他諸国」はその黒字を種々の対米投資，ドル準備として保有するだろう（これが「債務決済」である）．しかし，一部のドル建黒字はドル以外の通貨に転換されるだろう．また，アメリカはドル建で種々の対外投資を行なっている．その「代わり金」は「ドル預金」のままアメリカに残る（米のドル建対外投資とドル建対米投資の両建の資産・負債の形成，「代わり金」の一部が外貨に転換されなければ対外投資と対米投資の収支は均衡）．とはいえ，ドル建対外投資の一部は外貨に転換されうる．ときに「基軸通貨発行特権」という何か特別の内容をもつような印象を与える用語が使われるが，その内容はいま述べた「債務決済」と基軸通貨による対外投資と対外債務の形成にすぎない．一方，対米投資には「債務決済」以外の部分が含まれている．EU・日本はドル建経常黒字を保有していないから，EU・日本の対米投資・ドル準備保有は外貨をドル

に転換して行なわれている．さらに，アメリカの対外投資の一部は，ドルを外貨に転換して行なわれるし，外貨を借り入れ，それを対外投資に当てる投資もある．

以上のように，米の対外債務と対外債権は種々の構成部分から成り立っている．これらの構成部分を符号で表わそう．

A_1： ドル建経常黒字をもっている諸国の民間部門がもつ「ドル建預金」，種々の対米投資へ．債務決済の一部分．

m_1： ドル建黒字保有国は「ドル預金」の一部を自国通貨や外貨に転換（「漏れ」）．

A_2： ドル建経常黒字を保有している諸国のドル準備．アメリカにとっては「債務決済」のもう1つの部分．うち，ユーロダラー市場で保有されるドル準備が A_2e（米所在金融機関のユーロダラー市場に対する債務となり，その部分は米国際収支表にはドル準備（＝「在米外国公的資産」）としては現われない），米国内で保有されるドル準備が A_2d．$A_2 = A_2d + A_2e$．

b_1： ドル建経常黒字をもたない日本や西欧主要国の民間部門が，円やユーロ等をドルに換えて行なう対米投資．

b_2： これら諸国の通貨当局が行なう為替市場介入（ドル準備の増加，自国通貨売・ドル買）も，ドル建経常黒字をもたないのであるから通貨当局が円やユーロ等をドルに換えて行なう対米資産（ドル準備）の保有となる．ただし，ヨーロッパ中央銀行はユーロを維持するための為替市場介入をほとんど行なっていないから，b_2 のほとんどは日本，スイス，スウェーデンなどのドル準備（ユーロダラー市場での保有は b_2e，米国内での保有は b_2d，$b_2 = b_2d + b_2e$）．

a： 米のドル建対外投資（ドル建対外投資の「代わり金」（＝対外債務）が同時に形成）．

m_2： ドル建対外投資の「代わり金」は一部外貨に転換される（a からの「漏れ」）．

c： 米が外貨を調達し（米の債務），それを対外投資に当てる（両建での形成）

d： ドルを外貨に換えて行なう米の対外投資

a： EU・日本のドル建経常赤字（EU・日本の統合されたもの，3地域2通貨モデル）.

β： EU・日本のドル以外の諸通貨での経常黒字（EU・日本の統合されたもの，3地域2通貨モデル）. EU・日本の経常収支黒字は（$\beta - a$）となる（同）.

X： 米の公的準備資産の変化（通常は変化が小さい）.

以上の符号をもとに，ドル準備，米の公的準備資産を含む「広義の資本収支」（=「金融収支」）のうち，対米投資（ドル準備を含む）は次のようである.

$$(A_1 - m_1) + A_2 e + b_1 + b_2 e + (a - m_2) + c + (A_2 d + b_2 d)$$

他方，米の対外投資（米の公的準備資産を含む）は，$a + c + d + X$ である. したがって，「広義の資本収支（金融収支）」は，

$$[(A_1 - m_1) + A_2 e + b_1 + b_2 e + (a - m_2) + c + (A_2 d + b_2 d)] - (a + c + d + X)$$
$$\cdots\cdots\text{式①}$$

となる. 整理すると，

「広義の資本収支（金融収支）」$= (A_1 + A_2) + (b_1 + b_2) - (m_1 + m_2) - (d + X)$

であり，米経常収支赤字（=「金融収支」）を A とすると，

$$A = (A_1 + A_2) + (b_1 + b_2) - (m_1 + m_2) - (d + X) \qquad \cdots\cdots\text{式②}$$

である.

一方，$(A_1 + A_2) = A - (\beta - a)$ である. なぜなら，前拙書の表3-1をもとに考える（簡単化のために前述のように貿易収支＝経常収支としている）と，「その他諸国」はドル以外の通貨で4000億ドルの赤字をもっており，ドル建黒字を外貨に転換しなければならない. また，EU・日本はドル建赤字を2000億ドルもっており，外貨をドルに転換しなければならない. これらを考慮すると，「その他諸国」が米から債務決済を受ける額（$A_1 + A_2$）は現実には $A - (\beta - a)$ となってしまう[17]. したがって，式②は，

$$A = A - (\beta - a) + (b_1 + b_2) - (m_1 + m_2) - (d + X) \qquad \cdots\cdots\text{式③}$$

となり，米経常赤字がファイナンスされる条件は，

$$0 = -(\beta - a) + (b_1 + b_2) - (m_1 + m_2) - (d + X)$$

つまり，

$$(b_1 + b_2) = (\beta - a) + (m_1 + m_2) + (d + X) \qquad \cdots\cdots 式④$$

となることである．

さて，「広義の資本収支（金融収支）＝経常収支」（式②）の構成部分には「債務決済」部分（$A_1 + A_2$）が含まれている．この部分が大きく，これからの「漏れ」（＝m_1）が小さければ米経常赤字のファイナンスは「安定」する．しかし，「債務決済」が大規模に継続していくと米の対外純債務額が累積され，各国のドル債権が「飽和状態」に達すると m_1 も増大していく可能性が出てくることになる．また，経常赤字がファイナンスされるためには（$b_1 + b_2$）（＝外貨をドルに換えての対米投資）が一定額に達し，ドルから外貨に換えられて流出する資金（$m_1 + m_2 + d$）が賄われる必要がある．その点を，角度をかえてみたのが式④である．経常赤字がファイナンスされるためには，

$$(b_1 + b_2) = (\beta - a) + (m_1 + m_2) + (d + X)$$

も満たされなければならない．すなわち，EU・日本の外貨をドルに換えて行なわれる対米投資（b_1），保有されるドル準備（b_2）が，EU・日本の経常黒字（ドル以外の通貨で構成される），ドルから外貨への2つの「漏れ」，米のドルを外貨に換えての対外投資，米の公的準備資産の変化（通常は米の公的準備資産は少額）を賄うのである．

これら2つの式（②，④）は恒等式であるといっても 5000 億ドル近い米経常赤字が持続していけば，これらの式の諸条件を満たすことには困難が伴うこともありうる．その場合には，b_2（主に日本，スイス，スウェーデンなどのドル準備）の増大，（$d + X$）のマイナス化，つまり，米によるドルを外貨に転換して対外投資に当てていた部分の回収，公的準備資産の減少が一定規模になり，ドル危機的な現象が生まれることにもなる[18]．

注

1) 拙書『現代国際通貨体制』日本経済評論社，2012 年，第 1 章，25-41 ページ．なお，以下で前拙書というのはこの本を示す．

2) R. Duncan, *The Dollar Crisis*, 2003, 徳川家広訳『ドル暴落から世界不況が始まる』日本経済新聞社，2004 年など．また，持続可能を主張しているのが本章第 3 節で論じる竹中正治氏である．

3) 日本のドル準備は，日本がドル建貿易黒字をもたないことから，円をドルに換えての対米債権となる（このことについては次の節を参照されたい）．

4) Libor－OIS スプレッドを示した前著の図 4-4（111 ページ）をみられたい．

5) 前著の表 1-24（40 ページ）をみられたい．

6) 08 年のライン 46 は 5296 億ドルになっているが，ライン 49 は 5298 億ドルである．

7) 前著の表 1-24 をみられたい．

8) 08 年 9 月 22 日に 40 にのぼる金融機関が日本銀行の「米ドル資金供給オペの対象先公募」にあがっている（日本銀行金融市場局）．

9) 09 年までの国際収支構造についての詳しい分析は前拙書を参照いただきたい．

10) 前掲拙書『現代国際通貨体制』第 2 章．

11) 竹中氏の基本的見解はすでに 2007 年 9 月の『国際金融』（1180 号）に掲載された論文において示されていた（「米国の対外純債務の持続可能性とドル相場」）．この論文で展開された論調は，行天豊雄編著『世界経済は通貨が動かす』PHP 研究所，2011 年の第 6 章第 3 節にも改訂されながら収録されている．そこで，以下では主に後者の著書に記されている内容を検討することにしよう．

12) しかし，キャピタルゲイン・ロスの国際収支表の取扱は以下のようになっている．それらが実現している場合は投資収支（経常収支にではなく）に計上され，実現されていない場合は国際収支統計には含まれない（日本銀行・国際収支統計研究会『入門国際収支』東洋経済新報社，2004 年，302-303 ページ）．それ故，竹中氏が「総合投資リターン」のうちに所得収支の受取と支払だけでなくキャピタルゲイン・ロスも含まれるのは，「独自な」扱いである．

13) 前掲，行天豊雄編著『世界経済は通貨が動かす』283-287 ページも参照．

14) *SCB* の各号より．収支については表 2-1，表 2-2 をみられたい．

15) http://ecodb.net/country/US/imf_growth.html（2017/04/08）

16) 後述の m_1 である．

17) 詳しくは，同上拙書『現代国際通貨体制』第 3 章，63 ページ，70-72 ページ．

18) 詳しくは同上書，第 3 章，「あとがき」参照．なお，オイルマネー，中国のドル準備が大きな比重を示す時期とそうでない時期の対比を示すために，概念上の区分に基づくアメリカ国際収支の 1997 年と 2006 年の概要を次章で示した．

第3章
グローバル・インバランス論と対米ファイナンス
―「円投」と「債務決済」―

　世界には経常収支の赤字諸国と黒字諸国が存在している．この赤字額と黒字額がともに増大していく事態をさして「グローバル・インバランス」なる事態といわれ，それを「貯蓄・投資バランス論」から論じられるのが「グローバル・インバランス論」である．とくに，今世紀に入ってアメリカの経常収支赤字が増大し，06年には8000億ドル近くになり，他方，中国の経常収支黒字が08年には4000億ドルを上回るようになって，「グローバル・インバランス」なる事態が脚光を浴びるようになってきた．しかし，「グローバル・インバランス」なる事態は1980年代から生まれている（図3-1）．1980年代，1990年

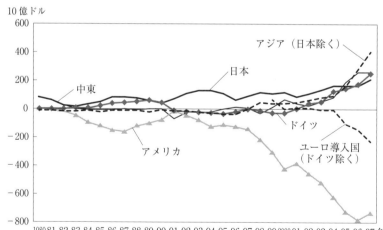

出所：奥田，神澤編『現代国際金融第2版』法律文化社，2010年，15ページ（田中綾一氏の稿）．原資料は IMF, *World Economic Outlook* Database.

図 3-1　主要国・地域の経常収支

代にはアメリカと日本とのあいだにインバランスが増幅していた．1980年代のグローバル・インバランスは1991年にいったん消滅し，1992年から再びグローバル・インバランスが発生する．それも1997年ごろには小さくなるが，それ以後，アメリカと中国・日本を含むアジア諸国，中東産油国のあいだに新たなより規模の大きいグローバル・インバランスが形成されていく．

グローバル・インバランスなる事態はいつの時代にも発生しうることを踏まえつつ，グローバル・インバランス論の適否，意義と限界を論じたい．そのような論議は前の拙書『現代国際通貨体制』（日本経済評論社，2012年）の第2章でも論じているが，本章はそれをさらに掘り下げる議論であり，また，同書の第1部「アメリカ経常収支赤字のファイナンスとドル体制」の議論のさらなる展開でもある．とくに，日本と中国の対米ファイナンスの違いを明確にすることによって2000年代におけるアメリカの経常赤字と中国の経常黒字が急膨張した特殊な要因を明らかにできるものと考えられる．

さらに，本章では詳述できないが，米中間のグローバル・インバランスの進行による今世紀に入って以後の中国のドル準備の急増が，アジア・インフラ投資銀行（AIIB）構想，一帯一路構想の資金的基礎をなしてきたこと，アジア・インフラ投資銀行がアジア開発銀行の運営と存立を問うものになる可能性，さらには世界銀行の運営に影響を及ぼす可能性があることを，つまり，2015年以後，中国のドル準備がやや減少してきているとはいえ，中国のドル準備を利用したAIIB構想，一帯一路構想はドル体制の基盤を蝕む可能性があることを指摘しておきたい．

1. グローバル・インバランス論

(1) 経常収支と貯蓄・投資バランス論

「国民経済計算」の理論に基づいて改めて経常収支を把握しておこう[1]．

符号は以下のとおりである．C：民間消費，G：政府支出，I：民間投資，X：財・サービスの輸出，M：財・サービスの輸入．

一国の生産活動により生み出された総生産物（国内総生産，GDP）は国内の民間部門の消費（C）と政府部門の消費（G）によって消費されるか，投

資（I）されるか（以上は内需，$C+G+I$），海外で消費される（外需，$X-M$，貿易・サービス収支）．すなわち，

　　国内総生産（GDP）＝$(C+G+I)+(X-M)$　　　　　　　　　　……式①

である．

　この式①を変形すれば，

　　貿易・サービス収支（$X-M$）＝GDP $-(C+G+I)$

となるが，この式の右辺の（$C+G+I$）は「国内アブソープション」と呼ばれる（例えば，福田，照山『マクロ経済学入門第4版』有斐閣アルマ，2011年，387ページ）．つまり，貿易・サービス収支黒字とは国内で生産された財・サービスの一部が国内で需要されず，海外で需要されるのであり，その赤字は，国内で生産された財・サービス以上の国内需要がある事態なのである．福田，照山両氏によれば，アブソープション・アプローチの考え方は各国の景気に関連しながら経常収支が変動することを示すという（同ページ）．

　生産活動の結果としての付加価値は生産要素の提供にしたがって雇用者報酬，利子・配当の形で分配されるが，生産要素の提供は国内だけでなく海外からも行なわれる．海外との要素所得の受払いが国際収支表の所得収支になる．国内総生産に所得収支を加えたものが国民総生産（GNP）である．すなわち，

　　国民総生産＝内需（$C+G+I$）＋貿易・サービス収支（外需）＋所得収支

　　　　　　　　　　　　　　　　　　　　　　　　　　　　　……式②

である．さらに，総国民可処分所得は，国民総生産（GNP）に無償援助，贈与等の海外からの対価を伴わない所得移転（経常移転収支）が加えられたものである．すなわち，

　　総国民可処分所得＝$(C+G+I)$＋貿易・サービス収支＋所得収支

　　　　　　　　　　＋経常移転収支

　　　　　　　　　＝$(C+G+I)$＋経常収支　　　　　　　　　……式③

である．

　一方，

　　総国民可処分所得＝消費（$C+G$）＋貯蓄（S）　　　　　　……式④

である．したがって，

　　$(C+G+I)$＋貿易・サービス収支＋所得収支＋経常移転収支

$$= 消費 （C+G）+貯蓄 （S）$$

である．また，

経常収支＝貿易・サービス収支＋所得収支＋経常移転収支

であるから，

$$経常収支 = (C+G+S) - (C+G+I) = S-I \qquad ……式⑤$$

となる．この式での S には民間部門の貯蓄だけでなく政府部門の貯蓄（$T-G$）も含まれている（T：税収入，G：政府支出）．したがって，この式を民間部門と政府部門に分け，（$S-I$）を民間部門の部分とすれば，式⑤は，

$$経常収支 = (S-I) + (T-G) \qquad ……式⑥$$

となる．

これが（$I-S$）バランス論，あるいは貯蓄・投資バランス論といわれるものである．先ほどの福田，照山氏は「貯蓄・投資バランス・アプローチでは，民間の貯蓄が投資を上回ることや財政赤字が減少することが経常収支が黒字になる原因と考えるのである」（前掲書，388 ページ）と述べられる．

しかし，式①～⑥はいずれも恒等式である．あらゆる場面で，あらゆる時点で常に左辺＝右辺が成立する．式⑥において，経常黒字の場合は貯蓄が投資を上回っており，右辺が生まれておれば左辺が生まれる．結果的に，事後的にこの式が成立しているのである．経常黒字が生まれていても，国内投資が低調な場合もあり，貯蓄が高い場合もありうる．「貯蓄・投資バランス・アプローチ」「アブソープション・アプローチ」といっても，時どきの諸事態を考慮して一面を強調していっているといえよう．貯蓄・投資バランスの式が恒等式であることついては後述しよう．

また，経常収支黒字であれば同額の対外資産が存在し，経常赤字であれば同額の対外負債が存在する．すなわち，［経常収支＋資本収支＝0］なのである（この資本収支は外貨準備等を含む「広義の資本収支」，現在の金融収支に近く，資本移転等収支，誤差脱漏も含む）．したがって，経常黒字国からは対外投資が行なわれ，経常赤字国へ資金が流入し，世界の経常赤字全体がファイナンスされるとされる[2]．須田美矢子氏が［国際収支＝経常収支＋資本収支＝0］という式を示して「資本収支が一国の観点からのネットの資本移動の大きさとなり，それは事後的には，経常収支の大きさに一致する」（『ゼミナール国際金融

入門』日本経済新聞社，1996 年，189-190 ページ）といわれるが，この引用のように この式も恒等式であり，事後的に成立しているのである．

また，須田氏は次のようにいわれる．「各国の投資・貯蓄を合わせて，世界を一国と考えたグローバルな観点から貯蓄・投資を見ていく……．グローバルにみると世界が一国となるので，結果的には貯蓄と投資は一致するはずである」（須田，195 ページ）．この引用は全世界においては経常黒字諸国の黒字額と経常赤字諸国の赤字額は等しく，合計すれば 0 になるということを意味している[3]．

これをアメリカと中国に当てはめれば，アメリカの赤字は中国の黒字があるから，逆に中国の黒字はアメリカの赤字があるからということになる（同義反復）．そして，経常収支の黒字国と赤字国のインバランスを埋め合わせるのが資金移動である．各国とも［経常収支＋資本収支＝0］が成立しているのであるから，黒字国から赤字国へ資金移動がおこり，世界の赤字諸国（アメリカの赤字も）は黒字諸国からファイナンスされ，全世界的にはインバランスは均衡するというのが「グローバル・インバランス」論である．

(2)　貯蓄・投資バランス論の限界とブラウン氏の議論

以上のことはそれ自体としては正しい．なんら間違いはない．これから述べていくように，いろいろな経緯を経てという前提であるが，最終的には，「グローバル・インバランス」論のいうごとく経常黒字諸国と経常赤字諸国のインバランスは埋め合わされる．しかし，この I−S バランスの式が恒等式であることから，それが表わす実際の事態の解明には限度がある．この論の限界については本章の注 3 をみられたい．

［経常収支＝国内貯蓄−国内投資］という式自体は何度もいうように恒等式である．つまり，あらゆる場面で，あらゆる時点で左辺＝右辺が成立するということであり，式自体は因果関係を説明するものではない．また，［経常収支＋資本収支＝0］という式も恒等式であるから，この式からは経常収支が資本収支を規定するとも，資本収支が経常収支を規定するとも一概にはいえない．それぞれの状況によって規定関係は様々である．それが事後的に成立するということである[4]．恒等式の右辺，左辺およびそれらの諸項を成立させている諸

事情は多様であり，別途考察しなければならない．それらはときどきによって異なる．しかし，どのような諸事情があっても，事後的に恒等式は成立するのである．

グローバル・インバランス論だけに頼れば，アメリカの赤字は中国の黒字があるから，逆に中国の黒字はアメリカの赤字があるからという同義反復の説明になってしまう．貯蓄・投資のバランス論における同義反復を脱するためには，何か他の諸要因を導入するか，因果関係が成立していく具体的過程を明らかにしなければならない．

日本の金融機関の調査部のエコノミストであったブレンダン・ブラウン氏は，「アメリカの巨額の赤字はだいたいが海外の大きな<u>自律的な</u>貯蓄余剰を反映したものである」（ブレンダン・ブラウン，田村勝省訳『ドルはどこへ行くのか』春秋社，2007年，111ページ，下線は引用者）と述べて，アメリカの赤字の原因が海外の「自律的」な貯蓄余剰であるとしている点で多くのグローバル・インバランス論と変わらないが，氏の議論からわれわれが「同義反復」から脱するヒントが得られるかもしれない[5]．次の文書である．「貯蓄余剰国とアメリカの間の民間資本移動をバランスさせ，すべての諸国で対内均衡を成立させるような，中立金利と均衡為替相場の組み合わせがきっと存在するに違いない」（同上書，111ページ）．

ここに引用した文章の含意を好意的に解釈し，一部，含意を修正すれば，以下のようにいえるかもしれない．第1に，氏はアメリカにおける貯蓄不足の「自律性」を否定し海外だけに貯蓄余剰の「自律性」を認めていたが，アメリカの「自律的」な貯蓄不足と海外での「自律的」な貯蓄余剰の双方の「自律性」を認めよう[6]．はじめから，アメリカの貯蓄不足＝海外諸国での貯蓄余剰とはしないのである．第2点は，そのうえで開放体制下において「自律的」な貯蓄余剰と「自律的」な貯蓄不足をつなぐものが資本移動であると考える．第3に，この資本移動により「均衡」が生まれ，このときの金利と為替相場が氏のいう「中立金利」であり「均衡為替相場」なのである．しかし，「これは結果としての均衡であって，通常は長期間にわたって作用する，複雑なさまざまな力の働きに左右される．たいていの場合は，均衡ではなくて，むしろ不均衡が常態なのである」（同上書，8-9ページ）．つまり，「均衡」が生まれるまでの

市場金利，実際の為替相場と「中立金利」「均衡為替相場」は乖離しており，貯蓄余剰と貯蓄不足，資本輸出，資本輸入の「両方向の因果関係が作用している」（同上，12ページ）のである．そして，その作用の結果として「一般均衡」が生まれるのである．また，均衡が形成されるまで，「長期的な貯蓄過不足の変化が時として急激で，経済コストをともなう大きな為替相場の変動を誘発するとしても，それはしかたがない！」（同上書，174ページ）と，ブラウン氏はドル危機的様相が発生することも実質的に認めている．

　かくして，ブラウン氏の議論を筆者流に好意的に再解釈して再度述べれば次のようになる．経常黒字の形成，経常赤字の形成におけるそれぞれの一定の「自律性」を前提に，双方の貯蓄・投資の過不足が資金移動を発生させ，それが双方の貯蓄・投資のバランスを再調整し，最終結果として「均衡」が生まれ，世界的な貯蓄＝投資が実現するということになる．そのときの為替相場，諸金利が「均衡相場」，「中立金利」なのである．以上のように考えることによって前述の「同義反復」が克服できよう．ただし，この場合には，全世界的な開放体制が構築されていなければならない．資本取引の諸規制は完全に取り除かれており，通貨当局による為替操作がないということが前提になる．

　しかし，それは明らかに現実ではない．したがって，筆者はさらに以下のように言い換えなければならないと考える．すなわち，全世界的に開放経済体制が実現している下においては，貯蓄余剰，貯蓄不足がそれぞれ「自律的」に形成されるところから為替諸相場の変動，諸金利の変動が生じ市場ベースの民間資金移動が起こるが，全世界的には開放経済体制は築かれていないから双方のインバランスは市場ベースの民間資金移動では完全に解消されず，当局の為替市場介入が不可避となる．つまり，黒字諸国と赤字諸国のインバランスは，市場ベースの民間資金移動と外貨準備の増減の2つの全体的な資金移動によってともかくも解消されていくことになる．民間資金も外貨準備も含めすべての資金移動（資本取引の規制があれば，その分は外貨準備の変動となる）が，黒字国と赤字国の貯蓄・投資の再調整を促し，全世界の貯蓄と投資が一致するのである．「均衡相場」，「中立金利」などはありえない．そうだとすれば，民間資金移動を妨げる各国の諸規制，外貨準備の変化をもたらす各国の為替・通貨制度を踏まえることが必要になり，それらの分析が必要となる．つまり，市場ベ

ースの民間資金移動と各国の諸規制，各国の為替・通貨制度をもとに増減する外貨準備の解明によって，黒字諸国と赤字諸国のインバランスがやっと解消されていく経緯が把握できるのである．

さらに，ブラウン氏によれば，資本取引の自由化が確保されて開放体制が構築されていれば，民間資金移動はスムースに進み，結局，「一般均衡」が形成されて「均衡為替相場」「中立金利」が生まれるとされるが，必ずしもそうではない．ブラウン氏もそうであるが，マクロ経済学に全面的に依拠している研究者は世界の国際諸取引においてどのような通貨が利用されているかを問わない．後述するが，日本の貿易収支黒字は円建で存在している．その円資金が対外投資に当てられるのであるから，何らかの事情（事情は多様）によりいったん円高局面が進行するとなると，円をドル等の外貨に転換して対外投資するには為替リスクが発生し投資が抑制される．それゆえ，資本取引の自由化が進んでいる場合でも，民間資金移動がスムースに進み得ない場合があるのである．その場合には，当局による為替介入が必要になろう[7]．

さらに，貯蓄・投資バランス論は，経常収支の諸項目，金融収支の諸項目については何も明らかにしない．貯蓄・投資バランス論からは，貿易収支なのか所得収支なのか，直接投資なのか証券投資なのか外貨準備なのか等の内訳がわからない．各国間の資金移動が民間資金なのか外貨準備なのか，I－Sバランス論は問題にできないことを前にみた．海外からの民間資金で赤字国がファイナンスされる場合と外貨準備によってファイナンスされるときは，国際金融の諸事態は異なっていよう．通貨危機が生じているかもしれない．

また，一国の黒字，赤字がどの国・どの地域に対して発生しているのかもわからない．どの国からの資金移動からもわからない．さらに，前述のように実際は世界の国際諸取引は種々の通貨で行なわれていて，どの通貨で経常収支の諸項目，金融収支の諸項目が生まれているのかもわからない[8]．

グローバル・インバランス論によれば，アメリカの赤字は中国の黒字があるから，逆に中国の黒字はアメリカの赤字があるからという同義反復の説明になってしまいがちである．何度もいうが，貯蓄・投資バランス論は事後の帰結を示すだけであることを忘れてはならない．筆者はブラウン氏を参考にしながら，全世界的に貯蓄と投資が均衡していく経緯・過程を明らかにしようとした．そ

のためには，世界市場においては諸国家，諸国民経済，諸通貨が存在すること
を前提にしなければならないのである．

2. 対米ファイナンスにおける日本と中国のちがい

先に全世界的には開放経済体制は築かれていないから黒字諸国と赤字諸国の
双方のインバランスは市場ベースの民間資金移動では完全に解消されず，当局
の為替市場介入による資金移動が不可避となると記した．また，市場ベースで
の民間資金移動も為替相場，諸金利の状況によっては十分に進まず，当局の為
替介入を必要とする場合があることを予言した．本節ではこれら2つの代表的
な事例として中国と日本を取り上げたい．前者の事例が中国であり，後者の事
例が日本の場合である．対米ファイナンスの大きな役割を担った両国であるが，
時期的には日本が先であるので日本の事例からみていこう．

(1) 日本の対米ファイナンス

一番先に指摘しなければならないのは，日本の対米国際収支表により対米フ
ァイナンスの日本の位置を確認することである．表3-1，表3-2をみられたい．
1980年代後半（1986-89年）では，対米・経常収支黒字額を上回る対米・長期
資本収支赤字があり[9]，対米・基礎的収支が赤字になっている．そのうえドル
準備も多額になっており日本が重要な対米ファンナンスの役割を果たしていた
ことがわかる．ところが，1990-92年には長期資本収支赤字は経常収支黒字を
下回り，ドル準備も減少している．この期間，米の経常収支赤字は急減してお
り[10]，ファイナンスの必要がないのである．日本の対米ファイナンスが復活す
るのは1993年である．米へのネットでの資金流出（基礎的収支に外貨準備を
加算，350億ドル）は米経常赤字全体の（820億ドル[11]）の約43%となってい
る．しかし，94年には日本は対米経常黒字の全額をファイナンスしていない．
また，1995年から1997年上期[12]までは対米経常黒字全額のファイナンスが行
なわれているが，1998年から2002年までは対米・投資収支赤字と外貨準備の
合計が対米・経常収支黒字を下回っており，全額のファイナンスは行なわれて
いない．とくに，99年のファイナンスはドル準備だけのものとなっていてフ

表3-1　日本の対米国際収支（1）

(億ドル)

	経常収支	長期資本収支			基礎的収支	参　考
			資　産	負　債		外貨準備[1]
1983	192	−55	−70	15	136	−12
84	350	−148	−154	6	202	−18
85	417	−332	−354	22	86	−2
86	538	−657	−592	−65	−119	−157
87	567	−610	−506	−105	−44	−392
88	513	−995	−1,258	263	−79	−162
89	475	−539	−571	33	−64	128
1990	377	−117	−164	47	259	78
91	400	−184	−350	167	217	81
92	445	−272	−228	−44	173	3
93	508	−589	−339	−250	−80	−269
94	550	−134	−233	99	416	−273

注：1)　（−）は増加.
出所：日本銀行『国際収支統計月報』より.

ァイナンス額は小さくなっている.

　2003, 2004 年は外貨準備の増加が極めて大きな額になっていて対米・経常黒字の約2倍になっているが, 2005 年から 2007 年には投資収支赤字と外貨準備の増加の合計が対米・経常黒字を下回って日本の対米ファイナンスとしての役割はない. 2008 年, 2010 年, 2011 年に対米・投資収支赤字が大きくなって対米ファイナンスが進行しているようにみえるが, 対米・投資収支の赤字は主に負債が大きな赤字（アメリカの日本への投資の引き揚げが 2008 年には 10 兆 3500 億円, 2010 年は 14 兆 6000 億円で, 2011 年には 20 兆 8000 億円弱）になっているからであり, 対米・投資収支赤字が大きくても, それは本来のファイナンスではないだろう. さらに, 2011 年には東北の大震災の影響を受けた急激な円高の進行によって大規模な為替介入が実施され, 外貨準備の増加が大きな額になっている. しかし, 2011 年からは日本の貿易収支自体が赤字（対米で黒字であるが）になり対米ファイナンスはありえなくなった.

　以上のように, 日本の対米ファイナンスの役割は途切れ途切れで継続的ではない. 1990 年代以降には対米投資収支赤字は 1980 年代後半と比して概して小さい. やや大きくなっているのは 93 年, 96-98 年ぐらいである. また, ドル

81

表 3-2　日本の対米国際収支 (2)

(100 億円)

	経常収支	投資収支	資　産	負　債	参　考 外貨準備[1]
1995	376	−163	−459	296	−542
96	405	−331	−801	470	−394
97	611	−446	−1,048	602	−77
98	872	−701	−892	191	100
99	828	700	202	499	−880
2000	969	−366	−202	−164	−526
01	1,002	−315	−540	225	−494
02	1,030	−179	72	−251	−580
03	925	205	−10	215	−2,153
04	969	−304	−632	328	−1,727
05	1,112	−178	259	−437	−246
06	1,308	−317	196	−513	−372
07	1,307	−350	552	−902	−430
08	1,111	−1,325	−290	−1,035	−320
09	700	−306	956	−1,262	−253
10	715	−1,076	383	−1,459	−379
11	592	−971	1,108	−2,079	−1,379
12	726	−439	425	−864	305
13	891	919	657	262	−385

注：1）（−）は増加.
出所：日本銀行『国際収支統計月報』，『国際収支統計季報』，時系列統計デ
　　ータの検索サイト（2012 年，2013 年）より.

準備が増加していてもかなり少額にとどまっている年がある．さらに，増加があっても介入は特定の時期に集中している．例えば，2002 年の為替介入は表 3-3 のようになっている．2002 年の為替介入は 4-6 月だけで 4 兆 162 億円

表 3-3　2002 年の日本の為替介入

(億円)

1－3 月	0
4－6 月	40,162
7－9 月	0
10-12 月	0
計	40,162

出所：財務省「外国為替平衡操作の実施状況」より.

となっている．他方，表 3-2 では外貨準備の増加は 5 兆 8000 億円になっている．その差額は主にはドル準備高から利子が生まれて増加しているのであり為替介入によるものではない．さらに，財務省の公表では介入は特定の時期に集中しており，日常的に行なわれているのではない．2002 年第 2 四半期に行な

表3-4 2002年第2四半期の為替介入
(億円)

5月22日	5.871 （ドル買）
23日	4.991 （同）
31日	10.312 （同）
6月 4日	3.727 （同）
24日	4.290 （同）
26日	5.687 （同）
28日	5.046 （同）
28日	238 （ユーロ買）
計	40.162

出所：同上より.

われた為替介入の日は表3-4に示されている[13]. 介入が行なわれたのは，5月22日，23日，31日，6月4日，24日，26日，28日である. これらの日本の外貨準備の増加，為替介入の諸特徴は，のちに述べる中国の日常的な為替介入と異なり，対米ファイナンスの差異となる.

次に明らかにしなければならないことは，日本の輸出・輸入における通貨区分である. 筆者はこの比率をこれまで何回も示してきた[14]. 日本の輸出における円建比率は1970年代末に20%近くになり80年代以降今日まで40%弱で推移し，約50%がドル建，10%前後が「その他通貨」建となっている. 輸入においては円は80年代に10%前後，90年代になってやっと20%を超えるようになった. 輸出額，輸入額が簡単にわかるから，輸出額，輸入額にこれらの比率をかけると，円建貿易収支は大きな黒字，ドル建収支は少し赤字，「その他通貨」建収支は一定額の黒字と計算できる[15].

筆者と少数の研究者以外に他の論者はこのことを論じないが，日本の貿易収支黒字は円建で存在し，ドル建収支は1990年代の前半などに黒字が少しだけ存在していたが，1990年代後半から2000年代には赤字になっているのである. その他通貨建では一定額の黒字がずっと続いてきた[16]（図3-2）. 地域的にみると，対米ドル建黒字は，「その他の先進諸国」（オーストラリア，ニュージーランド，カナダ等）と中東産油国に対するドル建赤字によって消えている[17]（図3-3）. したがって，日本の対外投資の原資はほとんどが円建なのである. ドル建黒字がないのであるから，日本の対米ファイナンスはいわゆる「債務決済」ではない.

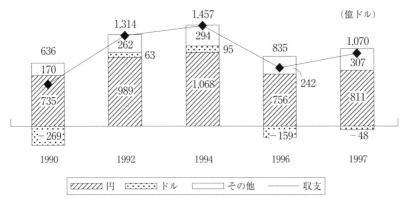

注：1) 四捨五入のため若干の誤差がある．
　　2) 92年以後は9月の比率を基準に計算．
出所：奥田，横田，神沢編『国際金融のすべて』法律文化社，1999年，58ページ，通産省の統計，日銀統計より．

図 3-2　日本の通貨別貿易収支

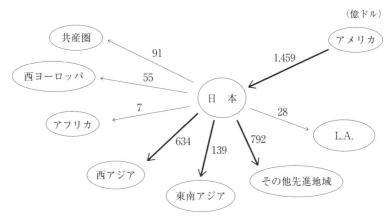

注：通産統計では，輸出については地域ごとの比率が件数比率でしか得られない．この図には「その他」，「国際機関」は含まず．件数比率での日本の赤字205億ドル，金額比率での赤字123億ドル．
出所：拙著『ドル体制と国際通貨』ミネルヴァ書房，1996年，84ページ，通産省「輸出確認統計」，「輸入報告統計」より作成．

図 3-3　地域別ドル建貿易収支（代金の流れ，1987-90年の累計）

さて，それでは，日本は円建対外投資を増大させてきたのだろうか．また，海外諸国は対日・円建貿易赤字をどのように決済してきたのだろうか．日本の円建貿易黒字に相当する円建対外投資があれば，海外諸国はその円資金でもって対日・円建貿易赤字を決済することができる．現実に日本の円建投資は一定額存在する[18]．しかし，その額は日本の円建貿易黒字額には及ばない．また，通貨スワップにより海外諸国が取り入れた円資金は多くがドル等の外貨に転換されてしまい[19]，円建貿易赤字の決済には使われない．海外諸国は，通貨スワップを考慮した日本の実質的な円建対外投資と円建貿易赤字の差額については，ドル等の外貨を円に換えて決済するほかない．そうすると，海外の銀行は円の売持になる．海外の銀行は持高を解消するためには邦銀に対してドル売・円買を行なわなければならないが，邦銀がそれに応じるためには邦銀はドルの売持になっていなければならない．それは日本の経常収支が黒字でしかも円建で存在しているから，資本収支で生じていなければならない．日本は円をドル等の外貨に転換して対外投資（＝「円投」，円投入・外貨建対外投資）を行なっているのである[20]（図3-4）．しかし，「円投」は円高になれば為替リスクが発生し減少する．そのためにさらなる円高が生じる（円高の「悪循環」）[21]．円高が急激に発生していけば，通貨当局による為替介入が不可避となる．ドル準備が増加するが，もちろんこれは「債務決済」ではない．円建黒字をドルに換えての外貨準備であるからである．

　以上のような次第で，一部の「その他通貨」での経常黒字を除くと，日本には，

　　　　経常黒字（ほとんどが円建）＝円建・対外投資＋「円投」（円を外貨に換えての投資）＋外貨準備

という式が生まれることになる．さらに，日本の対外投資には海外で外貨を調達し，それを対外投資に当てる「外貨－外貨」投資がある（もちろん，収支は均衡する）．この投資を加えると，日本の対外投資は3つのパターンになるのである[22]．そこでこの式にこれを加えれば，

　　　　経常黒字（ほとんどが円建）＝ⓐ円建・対外投資＋ⓑ「円投」＋ⓒ「外貨－外貨」投資（収支はゼロ）＋ⓓ外貨準備

　　　　　　　　　　　　　　　　　　　　　　　　　　　　……式⑦

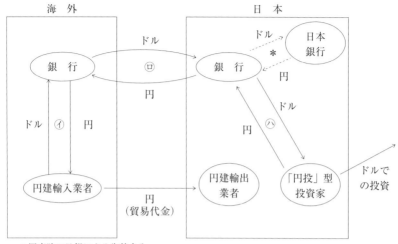

＊円高時の日銀による為替介入.
出所：図3-2と同じ，60ページ．筆者作成.

図3-4　円建貿易黒字の大部分の決済

ということになる．この式は日本の全世界に対するものであるが，アメリカに対する「広義の資本収支」赤字については，ⓐの円建・対米投資はほとんどないであろう．アメリカの円建貿易は少額の赤字である（表8-5，表9-6）が，それはドルを円に換えての決済になっているであろうからである．したがって，対米ファイナンスは，ⓑ〜ⓓから構成されている．ⓒについては，日本にとっては収支は均衡するが，日本の金融機関等がアメリカ以外の海外からもドル資金を調達し，そのドルをアメリカに投資するから対米ファイナンスになるのである．

　日本の対米ファイナンスについて再度まとめれば以下のようになる．日本のファイナンスは民間資金が主体であり，前述のように日本の対米・ドル建経常黒字は，EUを除く「その他先進諸国」（オーストラリア，ニュージーランドなど）と中東の産油諸国へ支払われてしまい，日本のドル建経常収支は1980年末以降はいくつかの年を除けば少しの赤字になった．したがって，日本の対米ファイナンスにはいわゆる「債務決済」はなく，①全世界から得られた円建経常黒字（アメリカからも少額の黒字）をドルに換えての対米投資（「円投」），

②西欧等のユーロダラー市場等も含め海外からドル資金を調達しそのドル資金
の対米投資（「外貨−外貨」投資，この投資の主体は金融諸機関とりわけ銀行
で，この額が増加したことから BIS の自己資本比率規制導入の契機となった），
③円高の進展などで「円投」が少なくなり，それがさらなる円高の進展をもた
らすことによる当局の為替市場介入，以上の３つのルートによる．

(2)　中国の対米ファイナンス

　以上，縷々述べてきた日本の対米ファイナンスに対して中国はどのような対
米ファイナンスを行なっているのであろうか．中国は貿易における通貨区分を
公表していないが，中国の貿易は，香港などにおいてクロスボーダー人民元決
済が認められる[23] 2009 年以前にはほとんどすべてがドル建で行なわれている
と考えられる．しかも，中国は資本取引についての諸規制を継続しており，中
国からの対外投資はきびしい管理の下におかれ，最近まで対外投資はほとんど
行なわれず，逆に直接投資を中心に中国への投資があるから，中国の投資収支
は 2000 年以後ずっと黒字である（2015，16 年の収支は表 5-4）．したがって，
中国の貿易収支黒字を主とする経常収支黒字はただちに外貨準備の増加となる．
表 3-5 に示されているように，経常収支黒字と投資収支黒字（ネットでの資金
流入）があいまって，2003 年から外貨準備が急膨張していく．しかも，その
外貨準備のほとんどすべてはドルであろう．つまり，表 3-5 の経常黒字は全世
界に対するものであるから，中国は対米経常黒字以上の対米ファイナンスを行
なっている．
　以上のことから，中国には次のような式が成り立つ（誤差・脱漏を除く）．
　　経常収支黒字＋資本収支の黒字＝外貨（ドル）準備

表 3-5　中国の国際収支

	2000	2003	2004	2005	2006	2007	2008
経常収支	205	459	687	1,341	2,327	3,540	4,124
投資収支	20	528	1,107	969	486	920	433
外貨準備	−107	−1,166	−1,898	−2,510	−2,847	−4,607	−4,796

出所：IMF, *International Financial Statistics*, Yearbook, 2008, p. 220 (2000, 2003), Aug. 2011, p. 334

である（もちろん，この式は対米だけでなく全世界に対するものである）．中国の貿易業者は銀行に対しドルを売り人民元を買うが，人民元を供給できるのは中国の銀行だけである．また，資本収支（「その他資本収支」を含む）黒字は大部分が直接投資であるからドル建ではなく人民元建であるが，直接投資等のために人民元を非居住者へ供給できるのはこれまた中国の銀行である．つまり，中国の銀行は，増大していくドル建経常黒字に加えて中国への直接投資等のための人民元の供給のために，きわめて多額のドルの買持をもつことになる．中国の銀行に生まれるこの巨額の持高のために日常的に人民元高の「圧力」が存在するが，持高は中国の諸銀行間で解消することができない．当局による為替介入が不可避となる．しかも，経常黒字は貿易が中心であるから，当局の為替市場介入は日常的で大規模に実施されざるを得ない．つまり，中国の場合は，ドル建経常黒字がドル建の民間対米投資になって対米ファイナンスが進行する（これは民間資金の「債務決済」）のではなく，ドル準備の膨張による「債務決済」というパターンになる．

　さて，中国が日常的に多額の為替介入を行なうということは，ドル準備増による米経常赤字のファイナンスがストレートになされるということである．前述のブラウン氏がいう完全な開放体制下における民間資金による「一般均衡」が生まれる（貯蓄・投資のバランスの形成）には時間がかかるが，中国の当局による為替市場介入は即時的にファイナンスが進むということである．再度，強調するために述べれば，黒字諸国と赤字諸国のあいだに民間資金の市場ベースの資本移動が行なわれて黒字諸国と赤字諸国のあいだの為替相場，諸金利の変動を経て「一般均衡」が生まれるには一定の時間がかかるのに対して，中国当局による持続的な為替市場介入は，アメリカの赤字をただちにファイナンス

						(億ドル)
	2009	2010	（2010）	2011	2012	2013
	2,611	3,054	(2,378)	1,361	2,154	1,828
	1,769	2,214	(2,822)	2,600	−360	3,232
	−4,005	−4,717	(−4,717)	−3,878	−966	−4,314

(2004-10 年)，Jan. 2015, p. 225（2010-13 年）より．

することになり，ファイナンスは安定する．

3. 2000年以降の米経常赤字と中国の対米ファイナンス

(1) 中国の国際収支構造と対米ファイナンス

日本の対米ファイナンスの主体の中心は民間の対米投資であるが，その原資は円建経常黒字であり，その円をドルに換えての投資（＝「円投」）となる．したがって，何らかの要因によっていったん円高になると，為替リスクのために「円投」が伸び悩み対米ファイナンスが十分に進行せず，さらなる円高が発生し対米ファイナンスが滞る．資金移動の主体が民間資金であることから，ブラウン氏がいう「一般均衡」の成立に時間がかかる上に，資金移動の原資が円建で存在していることから「一般均衡」の成立は難しくなる．そのために，後追い的に通貨当局の為替介入が常時にではなく断続的に実施され，ドル準備の増加が対米ファイナンスを進行させる．

このように，日本の対米ファイナンスではインバランスの均衡化に時間がかかるということに加えて，日本の為替介入が後追い的で途切れ途切れで対米ファイナンスが不十分になりがちである．その場合，アメリカの金利は上昇気味となり，生産と消費の拡大にストップがかかり，経常赤字も減少気味になってくる．他方，日本では円高が生じ，生産と消費が抑制され経常黒字の増大が抑えられる．日米の双方で生産と消費が落ち込み，双方のインバランスの幅は縮小気味になっていくのである．

他方，前述のように中国の為替介入は日常的で継続的である．中国の場合は対アメリカだけでなく全世界に対するドル建経常黒字に加えて投資収支の黒字が，当局の日常的な為替介入によりドル準備となっていくのであるから対米ファイナンスは即時で「完全」なものになっていく．そのために，アメリカの経常収支赤字が増大していってもアメリカの金利上昇は生じず，生産と消費の持続的な拡大が進んでいき，さらなる経常赤字が続いていく．

中国当局の為替介入によるドル準備の膨張の経緯についてはやや詳細に知られなければならない．中国の強い対外投資規制のもとで，ほとんどの中国の銀行がドルの買持，中国の銀行全体では巨額の買持となるが，その解消のために

第3章　グローバル・インバランス論と対米ファイナンス　　89

外国の銀行は為替取引の相手となりえない[24].　中国の通貨当局（人民銀行）に
よる為替市場介入によってのみ持高は解消されるのである．中国の銀行のドル
売り相手は中国当局だけであるから介入相場は通貨当局の意図次第で決められ
る（その相場を基準に貿易業者等への為替相場も決まっていく）．したがって，
当局の為替介入によりファイナンスが「完全」に進んだとしても，その介入相
場はブラウン氏のいうような民間ベースの資金移動から形成される「均衡為替
相場」にはなりえない．どの為替相場でもファイナンスが「完全」に進むので
あるから．

　それゆえ，米政府による中国の為替政策（人民元を割安で推移するように操
作しているという）への批判は，批判が当たっていても中国への「圧力」には
なりにくい（それに対して，日本へは「円高圧力」をかけることにより日本当
局の為替介入を誘導でき，米赤字のファイナンスを進めることになる）．しか
も，中国は2005年までドル・ペッグ制を採用してきたが，中国のドル建経常
黒字と投資収支黒字によって中国の銀行に発生したドルの買持は，ドル・ペッ
グ制のために「自動的」に為替介入が進んで米へのファイナンス（「債務決
済」）は「完全」な形で進行していった．2005年以降の管理された人民元安で
の為替介入においても，ドル建経常黒字の全額に加えて投資収支の黒字がドル
準備に転換されていくのであるから，米へのファイナンスが「完全」な形で進
行していくこと自体には基本的には変わりがない．米へのファイナンスが「完
全」であるから，アメリカ金利は低位なままになり，生産と消費の抑制は発生
せず経常収支赤字は継続していく．

　一方，中国の為替介入は人民元安で進められるから，中国の輸出業者はより
多額の人民元での輸出代金を回収でき，それを各層に配分することができる．
その帰結は中国の消費，生産の拡大＝成長率の上昇につながることになり，ま
すます，中国の貯蓄・投資のインバランスを増大させていく．

　2000年からの米経常赤字の急膨張と中国の経常黒字の急増大が対応してい
ったのは，以上の中国の日常的で多額の為替介入＝対米ファイナンスの「完
全」によるものである．日本の円建経常黒字が民間の対米投資になる環境のも
とではこのような双方の急膨張は生じ得ないものであった．

(2) 対米ファイナンスにおける日本と中国のちがい

上述してきたことから，日本が対米ファイナンスに関与していた時期と中国が対米ファイナンスの中心になる時期とではアメリカの国際収支構造は異なっているはずである．対米ファイナンスに占める外貨準備の比率が 2000 年代に入って高くなる．表 3-6 を示そう[25]．これは，日本が対米ファイナンスにおいて重要な役割を担っていた 1980 年代後半とその役割が大分低下した 1997 年，それに中国が対米ファイナンスの中心になってからの 2006 年（アメリカ経常赤字が歴史上最大額になった年）のアメリカ国際収支を示している．

アメリカの経常赤字は 1983 年から増大していくが 1985 年は 1254 億ドルであり，そのファイナンスのほとんどは民間投資収支の黒字で行なわれ（経常赤字に対するその比率は 87%），ドル準備（＝在米外国公的資産）はまったくファイナンスの役割を果たしていない．これは，1985 年までドル高で推移し，「円投」「マルク投」などが対米証券投資の形態で進行したからである．それに対して 1987 年は 1980 年代でアメリカ経常赤字が最大になった年であるが，そ

表 3-6 アメリカの国際収支

(億ドル)

	1985	1987	1997	2006
経常収支	−1.254	−1.671	−1.405	−8.026
貿易収支	−1.222	−1.596	−1.967	−8.395
サービス収支	45	114	907	802
投資収益収支	197	79	62	481
民間投資収支	1.097	1.159	2.252	2.838
直接投資	66	310	10	−17
対外投資	−134	−272	−1.050	−2.449
対米投資	200	582	1.060	2.432
証券投資	639	292	2.253	2.599
対外投資	−75	−53	−1.190	−3.651
対米投資	714	345	3.443	6.250
対外非子会社収支	−5	113	−90	635
銀行収支	397	444	79	−401
債権	−13	−421	−1.411	−5.021
債務	410	865	1.490	4.620
統計上の不一致	234	−44	−1.278	−47
在米外国公的資産	−20	477	189	4.879

出所：*Survey of Current Business* の各号より．

の年におけるファイナンスに占める民間投資収支黒字の比率が69%に低下し，ドル準備が477億ドルに増大して経常赤字に対する比率は29%になっている．他方，日本の外貨準備（ほとんどがドル準備）は392億ドルになっており（表3-1），全世界のアメリカでのドル準備保有のうち82%を占めるまでになっている．1985年秋の「プラザ合意」以後，急激なドル安が進行して「円投」が大きく減少して日本の当局による多額の為替介入が行なわれているのである．

1997年にはアメリカの経常収支赤字は1987年よりもやや少なくなり，民間投資収支黒字が経常赤字以上の額になっている．日本，西欧諸国の経常黒字の増大[26]のもと，アメリカ経済の好調と1995年の「協調的為替・金融政策」の実施[27]以後のドル高・高い米金利を受けて，円，西欧諸通貨のドルに換えての対米投資が増大していったのである．しかし，日本のネットでの対米投資は対米・経常黒字を下回って「完全」な対米ファイナンスを行なっているとはいえない（前述，表3-2）．なお，中国は，まだ経常黒字が少額にとどまり（297億ドル[28]），対米ファイナンスにおいて重要な役割を果たすまでにはなっていない．

ところが，2006年には最大の米経常赤字が記録され（8026億ドル），そのファイナンスの半分以上がドル準備（4879億ドル，61%）によるものとなっている（表3-6）．他方，中国の経常黒字は2327億ドル，外貨準備の増加は2847億ドル（表3-5）となっている（中国のドル準備の一部はユーロダラー市場で保有されており，その部分はユーロダラー市場からの対米投資になる）．中国のドル準備が対米ファイナンスの大きな部分となっていることが改めて確認できよう．

しかし，先進諸国などの対米投資によるアメリカの民間資本収支の具体的有り様はアメリカの国際収支表からは十分に把握できない．円や西欧諸通貨をドルに換えての対米投資とドル建経常黒字をもっている諸国の民間資金による対米投資＝「債務決済」の区分，アメリカのドル建対外投資の「代わり金」による対米投資（「ドル─ドル」投資）などが国際収支表をみても把握できないからである．そこで，民間投資収支の内訳とドル準備を「概念的」に示す必要がある．それは，本書の第2章第3節第2項で行なわれている[29]．

この概念的区分を受けて，推定を行ないながら1997年と2006年のアメリカ

表3-7 1997年のアメリカ国際収支の概念的概算値

(億ドル)

(1) 経常収支（SCBライン76）	$-1,400$
(2) 民間投資収支	$2,500$
①対米投資（SCBライン63）	$7,400$
ア）「債務決済」のうち民間債務部分（A_1+A_2e）及び漏れ（m_1），（A_1+A_2e）$-m_1$	$1,000$
イ）米のドル建投資により発生する「代わり金」（a）と漏れ（m_2），$a-m_2$ $a-3.300$，$m_2-1.000$	$2,300$
ウ）外貨をドルに換えての対米投資（b_1+b_2e）	$3,200$
エ）米による「外貨－外貨」投資のための外貨資金調達（c）	900
②米の対外投資（SCBライン50）	$-4,900$
ア）ドル建対外投資（a）	$-3,300$
イ）米による「外貨－外貨」投資（c）	-900
ウ）米によるドルを外貨に換えて対外投資（d）	-700
(3) ドル準備（＝在米外国公的資産，A_2d+b_2d，ライン56）	200
(4) 米の公的準備資産など（X，ライン41, 46）	0
(5) 統計上の不一致（ライン70）	$-1,300$

出所：拙書『現代国際通貨体制』83ページより，ただし，一部修正．*S.C.B.*, July 2000 をもとに筆者が作成．

表3-8 2006年のアメリカ国際収支の概念的概算値

(億ドル)

(1) 経常収支（SCBライン77）	$-8,000$
(2) 民間投資収支＝（A_1+A_2e）＋（b_1+b_2e）－（m_1+m_2）$-d$	$2,900$
①対米投資（SCBライン63）	
——（A_1-m_1）＋A_2e＋（$a-m_2$）＋b_1+b_2e+c	$15,800$
ア）「債務決済」に当てられる対米投資（A_1+A_2e），A_1からの「漏れ」（m_1）を200とすると，（A_1+A_2e）$-m_1$	$3,000$
イ）米のドル建投資の「代わり金」（a）とそれからの「漏れ」（m_2），m_2 を400とすると$a-m_2$	$9,600$
ウ）EU・日本の外貨をドルに換えての対米投資（b_1+b_2e）	$1,000$
エ）米による外貨の借入（c）	$2,200$
②米の対外投資（SCBライン50）	
——$a+c+d$	$-12,900$
ア）米のドル建投資（a）	$-10,000$
イ）ドルを外貨に換えての投資（d）	-700
ウ）外貨を借入れての対外投資（c）	$-2,200$
(3) ドル準備（在米外国公的資産，A_2d+b_2d，SCBライン56）	$4,900$
(4) デリバティブ（SCBライン70）	300
(5) 公的準備，その他（X，SCBライン39, 41, 46）	40
(6) 統計上の不一致（ライン71）	-20

出所：同上，104ページより，ただし，一部修正．*S.C.B.*, July 2009 をもとに筆者が作成．

の国際収支の概算値を示したのが，表 3-7[30] と表 3-8[31] である．1997 年は日本，西欧諸国が対米ファイナンスの中心で，円，マルクなどの外貨をドルに換えての対米投資（b_1+b_2e，b_1 がほとんど）が約 3200 億ドルと対米投資の中で最も大きい金額となっている．民間資金の「債務決済」（$A_1+A_2e-m_1$）はそれほど大きな額になっていない（約 1000 億ドル）．日本，西欧以外の「その他先進諸国」のドル建経常黒字がそれほど大きくなく，民間資金の「債務決済」はほとんどがイギリス，バハマを経由するオイルマネーであろう．さらに，中国等の新興諸国のドル建経常黒字もまだこの時期には大きくなく[32]，対米ファイナンスの役割は低かったことからドル準備は 200 億ドルときわめて少ない額になっている．しかし，この時期においてもアメリカのドル建対外投資によって形成される「代わり金」（$a-m_2$）を利用した対米投資（ドル−ドル投資）が 2300 億ドルとかなり大きい金額なっている．

　2006 年には 5 つの特徴がある．第 1 にドル準備の急膨張と第 2 にオイルマネーの巨額の流入である．前者は 5000 億ドル近くになり，後者（ほとんどが A_2e となる）は 3000 億ドル近くにのぼっていよう[33]．第 3 の特徴はアメリカによる巨額のドル建対外投資（a――1 兆ドル）と，それによって形成される「代わり金」を原資とする巨額の対米投資（$a-m_2$――9600 億ドル）である．サブプライムローン問題の出現の前年である 2006 年には，ヨーロッパをはじめ先進諸国の金融機関がアメリカの金融機関からきわめて大きい額のドル資金を調達し，その資金を種々の米証券に投資していたのである（債権・債務の両建であるからほぼ均衡）．これは，貯蓄・投資バランス論からは把握できない事象である．第 4，それに対して，円・ユーロなどの外貨をドルに換えての対米投資（b_1）は 1997 年の 3200 億ドルから 1000 億ドル程度に減少している．第 5，オイルマネー以外にドル建黒字を保有しているアジア諸国などはドル準備を増大させたが，民間資金の対米ファイナンス（A_1 の一部）は 1997 年と同様にそれほど大きくはない．

4. リーマン・ショック後のドル準備保有リスクと中国の反応

　本章の最後にリーマン・ショック後の日本と中国の巨額のドル準備保有に伴

うリスクと対応について述べておこう．日本の当局は民間のネットでの対外投資（円建投資，「円投」）の額が経常黒字額に及ばないことから生じている円高の進行時にドル買の介入を行なうことから，少ない円資金でドル準備を増加させることになる．為替介入の後，円安・ドル高になっていくとドル準備の「評価益」は増大することになる．しかし，例えば，1ドル＝100円の時期に介入され，相場が一時的に落ち着いても，その後に80円などと円高になっていけば，過去に介入されて形成されたドル準備については「評価損」が生まれる[34]．しかし，ドル準備を円に現実に転換することはありえないとはいえ，2013年以後のように日本の経常黒字が少額になり円高が発生しにくい状況，円安になっていく状況では，過去の円高時に介入されて形成されたドル準備高には多額の「評価益」が生まれよう．

それに対して，中国当局は人民元上昇の「圧力」がある中でも人民元に割安の為替介入を行なうから多額の人民元を供給してきた．それが中国の成長を促したことは事実であるが，ドル・ペッグ制から離脱し管理された「変動相場制」へ移行したに後に，ゆるやかであれ人民元高・ドル安になっていくと，中国当局のドル準備高には大きな「評価損」が発生していくことになる．そこで，中国はドル準備の多様な運用に迫られ，米国債だけでなく政府機関債，地方債などへの運用を行なうことになる．また，ドル運用のための政府機関（政府系ファンド，SWF）の設立を行なうようになる．しかし，運用には限界がある．リーマン・ショック時のように政府機関債，地方債での損失が大きくなると，中国の大量のドル準備保有は多額の損失を生むことになる．リーマン・ショック後に中国要人による現在の国際通貨制度への批判がなされたり，人民元貿易の拡大をめざす政策を打ち出すことになる[35]．さらに，豊富なドル準備を中国の世界戦略に用いようとして，アフリカ諸国，南アジア諸国への「援助」がなされることになる．アジア・インフラ投資銀行構想もその一環である[36]．

アジア・インフラ投資銀行構想が実現しそれなりに機能していけば，アジア開発銀行の運営と「存立」が問われ，世界銀行の運営にも大きな影響を与えよう．それらの国際機関はドル体制を支える機関として機能してきたのであるが，先進資本主義国の民間資金に主に依存していた対米ファイナンスが，中国をはじめ新興諸国によるドル準備を急増させる対米ファイナンスに移っていったこ

第3章　グローバル・インバランス論と対米ファイナンス　　95

とからドル体制を徐々に掘り崩していく契機が客観的には作り出されてきたとはいえよう[37]．

注

1)　日本銀行・国際収支統計研究会『入門国際収支』東洋経済新報社，2000年，39-42ページ参照．筆者の次の拙稿も参照されたい．「経常収支，財政収支の基本的把握──「国民経済計算」視点の意義と限界」『立命館国際研究』26巻2号，2013年10月．

2)　I−Sバランス論に依拠しながら，赤字諸国の赤字が「自動的」にファイナンスされるという議論についての検討は，拙書『現代国際通貨体制』日本経済評論社，2012年，第2章第2節，第3節を参照されたい．

3)　これはいわば当たり前のことであろう．筆者は，拙書『現代国際通貨体制』の図3-1（62ページ）と表3-1（63ページ）において，世界全体の輸出と輸入が同額であるとしているが，経常収支の黒字，赤字でも同じである．また，例えば，日本の経常収支が均衡しているとすれば，貯蓄＞投資の都道府県と貯蓄＜投資の都道府県があったとしても，日本全体では貯蓄＝投資であるというのと同じであろう．一国のレベルでは都道府県単位で貯蓄＞投資，あるいは貯蓄＜投資であることは問題にならない．それが各国間になれば問題になる．「そこ」が問われなければならないが，I−Sバランス論では「そこ」が問われないままである．世界では諸国家，諸国民経済，諸通貨の存在を前提にしなければならないのに一国ではそれらが問題にならないだけなのである．I−Sバランス論の恒等式とはそのようなものである．I−Sバランス論の「一般論」に解消せず，諸国家，諸国民経済，諸通貨を問題とするところからより深い分析が可能となる．

4)　吉冨勝氏は，アジア通貨危機を論じる際の「第1の視角は，国際金融論とバランスシート論を併せ持ったマクロ経済学的な視点である．とりわけ，国際収支勘定では，資本収支の運動が原因となって経常収支の変動という結果を作り出す……資本収支の運動→経常収支の変動という因果関係であって，通常考えられる経常収支の赤字→資本の流入という因果関係とは正反対である」（『アジア経済の真実』東洋経済新報社，2003年，12-13ページ）と述べられる．しかし，経常収支勘定を示す貯蓄・投資のバランスの式から「国際収支勘定では，資本収支の運動が原因となって経常収支の変動という結果を作り出す」とはいつもいえるわけでない．逆の場合もありうるのである．したがって，アジア通貨危機の際に「資本収支の運動が原因となって経常収支の変動という結果を作り出」したとするなら，それをもたらすなにか特別の諸要因が働いていたとしなければならず，それらの諸要因を探す作業が必要となる．その要因としては，1980年代の末から進められてきたアジア諸国における資本取引の諸規制の緩和が大きく関与しているし（拙書『円とドルの国際金融』ミネルヴァ書房，2007年，第8章，第9章），1995年の「協調的為替・金融政策」への転換がドル高・ドル金利高を生み出し，国際マネーフローの流れを改変させたという事情が重要であろう．アメリカ以外の先進諸国からアメリカへのマネーフロ

ーが進み，また，アメリカを含む先進諸国から新興諸国へのマネーフローが進む環境が作られたのである（同上拙書，第5章参照）．

　もう1点，吉冨氏が強調されるのは，ダブル・ミスマッチである．つまり，「満期上のミスマッチ」と「通貨上のミスマッチ」である（前掲吉冨書，13ページ）．「アジア通貨危機が発生する以前，東アジア諸国をはじめとする新興国の多くは慢性的に経常収支が赤字で，資本流入が続いていた」（前掲，福田・照山による著書，391ページ）が，福田，照山両氏が言われる資本流入に，吉冨氏が強調される2つのミスマッチがあるのであるが，これらのミスマッチは経常収支勘定＝貯蓄・投資のバランスから導き出せるものではない．

5)　ブラウン氏への筆者の批判の詳細は拙書『現代国際通貨体制』第2章第3節を参照．

6)　リーマン・ショック時のアメリカの「自律性」については以下のように考えられるであろう．サブプライム・ローン問題，リーマン・ショックに至る経緯には，アメリカの消費拡大とそのファイナンスが容易であったという事情が背景にあった．ところが，リーマン・ショックによってアメリカの消費が減少し，経常赤字が減少したが，これらはアメリカ側の「自律性」である．リーマン・ショックを受けて中国は，財政規模を拡大して内需を拡大しようとした．その結果，中国の経常収支黒字は2009年から10年にかけて減少している．2009年のアメリカ経常赤字，中国の経常黒字のそれぞれの減少はアメリカに起因するものであるが，最終的には，2国の貯蓄・投資バランスは資本移動を通じて均衡している．つまり，いつ，どのような事態が起こっていても貯蓄・投資バランスは資本移動を通じて成立しているのである．

7)　後述するが，ドル・ペッグ制によるドル準備の増加は民間資金による米へのファイナンスよりもファイナンスはストレートである．そのもとでは，ドル建経常収支黒字＝ドル準備となり，かえって「自律性」が失われる．米経常赤字のストレートなファイナンスを通じて米の消費を増大させ，中国などの対米輸出を増大させていく．さらに，2000年代に入って，アジア諸国の通貨がシンガポール・ドルを介して人民元相場に連動していった（拙書『現代国際通貨体制』の第10章参照）ことはアジア諸国の対米ファイナンスをストレート気味にして，アメリカの消費拡大とアジア諸国からの対米輸出の増大をもたらした．

8)　したがって，I−Sバランス論に依拠しているかぎり，外国為替論，国際通貨論を展開することは不可能になってくる．なぜなら，I−Sバランス論では諸通貨で行われる諸取引の国際決済のありよう，銀行に形成される為替持高とその解消のための為替調整取引が問題にならず，したがって，為替媒介通貨も解明されないままになる．R.I.マッキンノンの『国際通貨・金融論』（日本経済新聞社，1985年）の訳者（鬼塚，工藤，河合）の次の言葉が興味を引く．「国際金融の多くの教科書や参考書は開放マクロ経済分析を中心にしているのに対して，本書はこのようなアプローチを避け，むしろ外国為替市場を舞台とする主要な経済主体の諸活動と，この活動が国際金融や国際貿易の効率性に与える影響に焦点を合わせている」（323ページ）．

9)　上回る部分はアメリカ以外からの短期借とアメリカへの長期貸の「外貨−外貨」

投資である．これについては後述する．

10）　拙書『現代国際通貨体制』19 ページの表 1-10.

11）　同上．

12）　1997 年の第 4 四半期には北海道拓殖銀行，山一證券，三洋証券などの破綻を受け，97 年下半期には対外投資の状況が変わった（97 年上半期の対米国際収支については，前掲拙書『円とドルの国際金融』の 138 ページ，表 5-9 をみられたい）．

13）　2002 年以外にも，例えば 1999 年の第 2 四半期に行なわれた介入額は 3 兆 392 億円であったが，介入が行なわれたのは，6 月 10 日，14 日，18 日，21 日であった．また，多額の介入が行なわれた 2003 年 1 月の介入日は 15 日から 29 日であり，2 月も 24 日から 28 日などとなっている（他の月も毎日ではない）．さらに 4 月には介入はない．

14）　拙稿「日本の通貨別貿易収支と対米ファイナンスについての覚書」『立命館国際研究』2 巻 1 号，1989 年 5 月の 18 ページの第 1 表，拙稿「日本の "Last Resort" としての役割と 3 つジャパンマネー」同上，3 巻 4 号，1991 年 3 月の 22 ページの第 1 表，拙書『円とドルの国際金融』の 34 ページの表 2-4，280 ページの表 11-1，282 ページの表 11-3，拙書『ドル体制とユーロ，円』の 324 ページの第 11-3 表，などを見られたい．

15）　拙稿「日本の通貨別貿易収支と対米ファイナンスについての覚書」の 18 ページの第 2 表，拙書『ドル体制と国際通貨』ミネルヴァ書房，1996 年の 83 ページの表 3-8，拙書『円とドルの国際金融』の 34 ページの表 2-5，拙書『ドル体制とユーロ，円』の 334 ページの第 11-1 図，などをみられたい．

16）　このことをはじめて指摘したのは次の拙稿である．「日本の通貨別貿易収支と対米ファイナンスについての覚書」『立命館国際研究』2 巻 1 号，1989 年 5 月．

17）　拙稿「日本の通貨別貿易収支と対米ファイナンスについての覚書」の 19 ページの第 3 表，第 1 図，拙書『円とドルの国際金融』の 35-36 ページの図 2-1〜図 2-3，拙稿「ドル建貿易赤字，投資収支黒字，「その他投資」の増大」『立命館国際研究』21 巻 3 号，2009 年 3 月の 142 ページの第 4 表など．

18）　拙書『ドル体制と国際通貨』の 86 ページの表 3-9，拙書『ドル体制とユーロ，円』の 323-324 ページの第 11-2 表，第 11-4 表，前掲拙稿「ドル建貿易赤字，投資収支黒字，「その他投資」の増大」の 161 ページの第 21 表など．

19）　『国際金融』1989 年 4 月 15 日，64-65 ページ．

20）　詳細は，奥田，横田，神沢編『国際金融のすべて』法律文化社，1999 年，第 3 章（とくに，57-65 ページ），奥田，神澤編『現代国際金融第 2 版』法律文化社，2010 年，第 3 章（とくに，59-65 ページ）参照．

21）　円安・ドル高時には逆のことが生じ，「円投」が増大していく．「悪循環」については前掲『国際金融のすべて』61-65 ページをみられたい．

22）　なお，円建投資については，「代わり金」が生まれるから投資収支はいったん均衡するが，「代わり金」が非居住者によって円建経常収支赤字の支払に利用され（「代わり金」の消滅），非居住者にとっては債務のみが残り，日本の円建投資となる．また，「外貨－外貨」投資は「短期借・長期貸」となっている部分が多く，日本の経

常黒字を上回る長期資本収支赤字の一部がそれに相当している（拙書『ドル体制と国際通貨』第3章，とくに77-82ページ参照.

23)　拙稿「香港での人民元取引と対外的な人民元決済の限界」『立命館国際地域研究』第36号，2012年10月，この論文は本書第8章に所収，参照.

24)　中国の貿易業者と中国への人民元建投資を行なおうとする投資家へ人民元を供給できるのは中国の銀行だけで，外国の銀行はドル買・人民元売の為替取引には参加しようがない.

25)　*SCB*はのちに以前の統計値を訂正することが多いから，この表の数値と表2-1の数値に差がある.

26)　日銀『日本経済を中心とする国際比較統計』1999年，145ページ.

27)　詳しくは拙書『円とドルの国際金融』第5章参照.

28)　日銀，前掲『日本経済を中心とする国際比較統計』145ページ.

29)　詳細は拙書『現代国際通貨体制』第3章参照.

30)　拙書『現代国際通貨体制』83ページの表3-5（数値の根拠については同80-84ページ参照）の数値を修正. 本章の表3-7ではオイルマネーのアメリカへの還流をやや大きく，外貨をドルに換えての対米投資をやや少なくした. なお，表3-6においては債務側に「紙幣」が除外されている. それを含めると，表3-6の1997年の民間投資収支は2500億ドルの黒字となる. また，*SCB*の統計値はのちに改訂されることが多い.

31)　この表は拙書『現代国際通貨体制』の104ページの表4-4（数値の根拠は同書，92-103ページ参照）から一部数値を修正. 注33をみられたい.

32)　日本の経常収支黒字は96年に658億ドル，97年に945億ドル，中国のそれは72億ドル，297億ドルである――日銀『日本経済を中心とする国際比較統計』1999年，145ページ.

33)　（$A_1 + A_2e - m_1$）――その大部分はオイルマネーのイギリス，バハマ・ケイマンを経由する対米ファイナンスと中国等のドル準備のユーロダラー市場での保有（A_2e）である. この（$A_1 + A_2e - m_1$）は拙書『現代国際通貨体制』の表4-4では少額の推定になっていた. 本章では表3-8のように修正する. 他方，EU・日本の外貨をドルに換えての対米投資（b_1）は大きく減退しているであろう（本章表3-8のように修正）. それら地域の対米投資はほとんどが「ドル－ドル」投資になっていると考えられるからである.

34)　日本の当局による為替介入に伴う「外国為替資金特別会計」の状況については代田純「日本銀行の為替介入と外国為替資金特別会計」『経済』2013年8月号参照.

35)　拙稿「香港での人民元取引と対外的な人民元決済の限界」『立命館国際地域研究』第36号，2012年10月，本書の第7章に再編して所収，参照.

36)　1997年の日本政府によるアジア通貨基金（AMF）構想，その後のチェンマイ・イニシャティブ時には考えられなかった事態である（これらについては拙書『円とドルの国際金融』の第9章，拙書『現代国際通貨体制』の第9章参照）.

37)　中国の人民元を国際通貨に高めようとする構想にはまだまだ長い年月が必要であろう. 本書の第7章をみられたい. いくら中国のGDPが大きくなっていっても，

それだけで人民元の国際通貨化が進むものではない．以前の拙稿（「現代国際通貨体制の分析と諸範疇の明確化」『立命館国際研究』25 巻 3 号，2013 年 3 月，53 ページ）で記したように，外国の銀行が中国の銀行に口座設定ができ，口座間の振替，口座残高の補充（短期資本取引の自由）ができなければならない（戦後直後のポンドを想起されたい）．人民元の国際通貨化には外国為替市場の整備と変動相場制への移行，資本取引諸規制の撤廃，短期・長期の金融市場の整備が必要であり，さらに，諸市場を担っていく銀行マン，ディーラー等のソフト面の養成にはかなりの期間が必要である．この点，アジア・インフラ投資銀行の場合には，構想実現がドル準備の利用であるから人民元の国際通貨化よりも容易であろうといえるであろう．

第4章
アメリカの量的金融緩和政策と国際信用連鎖

　安倍晋三首相が日本銀行の黒田・新総裁を任命し，日銀が「異次元の金融政策」（QQE）を実施し始めて間もない 2013 年 6 月 23 日，国際決済銀行（BIS）は『83 回年報』においてアメリカ連邦準備制度理事会（FRB）をはじめとする先進各国の中央銀行がリーマン・ショックの 2008 年以来採用してきた「非伝統的金融政策」（＝「量的金融緩和政策」）の持続不可能なことを論じ，それからの脱却を提案する[1]．BIS は「現在の事態は金融的刺激策だけでは対応できない．問題の根本は金融的事象ではないから」[2]という．この BIS の提起に対応するかのように，バーナンキ FRB 議長は非伝統的金融政策（QE）からの「出口」の時期を探り始めた．同年 5 月，6 月の議会証言などにそれが示されている．しかし，非伝統的金融政策からの「出口」への言及は先進諸国の株価はもちろん新興諸国の株価，諸通貨の下落が起こり，新たな新興諸国の危機を発生させかねない事態になった．

　リーマン・ショックが基軸通貨国アメリカで起こった 1929 年以来の経済危機であり，その影響が全世界的に及んだのと同様に，リーマン・ショック後の基軸通貨国アメリカの財政・金融政策は，影響を全世界に及ぼし新たな信用連鎖が大規模に全世界的に展開していった．したがって，それらの政策からの脱却（＝「出口」）も全世界に大きな影響を及ぼす可能性がある．実際，「出口」についての FRB 議長の発言があって，13 年 5 月に新興諸国の通貨，株式，債券のトリプル安が発生したのである．本章は「出口」政策の全世界への影響を視野に入れながら，非伝統的金融政策＝量的金融緩和政策の導入以来の国際信用連鎖の諸相を明らかにすることを主題としたい．

　ところで，アメリカの非伝統的金融政策から供給された資金の一部がグロス

では海外へ投資されていくのであるが，BISやIMFの文書，またBIS文書を参考にしたと思われる緒論稿においては，非伝統的金融政策によって創出されたドル資金がアメリカから溢れだしていく（＝Spilloverして）かのようなイメージがある[3]．アメリカは経常収支赤字をもっており，ネットでの対外投資は不可能である．また，ドル資金が投資に当てられる場合と，ドルが外貨に換えられて対外投資が行なわれる場合とでは，アメリカ国際収支に与える影響は異なる．これらのことを念頭に入れて，リーマン・ショック以降の財政政策と非伝統的金融政策が世界に新たな国際信用連鎖を形成していったことを分析しなければならない．つまり，Spilloversの意味を正確に把握する必要があるのである．その意味で本章は，BISやIMFの文書，またそれらを参考にしたと思われる緒論稿への批判的検討になろう．

　なお，08年のリーマン・ショックに引き続き，10年にギリシャ危機が勃発し，以後，ユーロ危機が深刻化していくが，本章の分析ではリーマン・ショック以後のアメリカの財政・金融政策の導入と，それを契機として形成されていった国際信用連鎖とその信用連鎖における不安定要素の醸成を主に論じていきたい[4]．ヨーロッパ中央銀行が採用した諸政策のギリシャ，ポルトガル等のユーロ地域，中東欧への影響については論じられていない（ギリシャ危機後のユーロ体制については本書第6章をみられたい）．

1.　リーマン・ショック以後の財政政策と量的緩和政策

　2007年のサブプライム・ローン問題の顕在化と08年のリーマン・ショックを受けて世界の経済成長率は09年に大きく低落した．図4-1にそれが示されている．世界全体でもマイナスになり，アメリカはマイナス3%，それ以上に日本，ユーロ地域は大きなマイナスとなった．新興諸国・地域[5]（EMEs，以下新興諸国と略す）も07年の9%近い成長率から3%前後に落ち込んだ．世界のほとんどの諸国で10年には07年水準に「回復」するが，それ以後は再び成長率は鈍化している．

　失業率も08年から高くなり，09年にはユーロ地域，アメリカはともに約10%にも達する．それ以後，アメリカの失業率はやや低下していくが，ユー

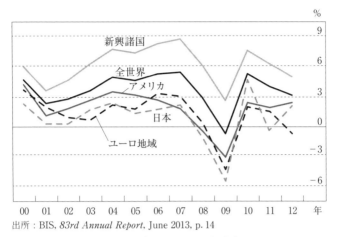
出所：BIS, *83rd Annual Report*, June 2013, p. 14
図 4-1 各国・地域の成長率

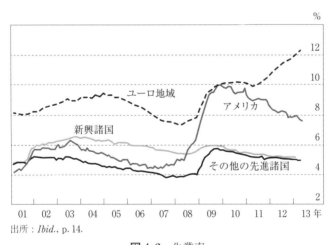
出所：*Ibid.*, p. 14.
図 4-2 失業率

ロ地域では 13 年まで上昇している．その他先進諸国，新興諸国の失業率は 08 年までの 4% 前後から 09 年には約 6% に，それ以後は約 5% で推移している（図 4-2）．

　以上のようなリーマン・ショックによる世界経済の停滞とその直後のユーロ危機に対してアメリカをはじめとする先進各国は，財政出動と中央銀行による

表4-1　先進諸国の財政状況

(%)

	財政収支[1]		国債残高[1]	
	2009	2013[2]	2009	2013[2]
フランス	−7.6	−4.0	91	114
ドイツ	−3.1	−0.2	77	88
ギリシャ	−15.6	−4.1	138	184
スペイン	−11.2	−6.9	63	98
日本	−8.8	−10.3	189	228
イギリス	−10.8	−7.1	72	109
アメリカ	−11.9	−5.4	89	109

注：1)　GDP に対する比率.
　　2)　OECD の推定.
出所：*Ibid.*, p. 40.

金融機関等の救済策および景気対策を実施していく.

　2008 年のリーマン・ショック以後，先進各国の財政赤字は急速に増大して
いった．先進各国の財政収支と国債残高の対 GDP 比が表 4-1 に示されている.
財政赤字は対 GDP 比で 09 年にアメリカは 11.9%，イギリスは 10.8% に，日
本も 8.8% に高まった．ドイツは比較的低く 3.1% である．13 年にはアメリカ
（5.4%），ドイツ（0.2%）ではかなり改善しているが，日本は 10.3% と高まり,
イギリスも 7.1% の高水準にある．国債残高の方は，対 GDP 比で 09 年から
13 年にかけていずれの国も上昇している．日本は 189% から 228% に，アメ
リカは 89% から 109% に，イギリスは 72% から 109% へ，ドイツは 77% か
ら 88% に上昇している.

　アメリカの財政状況を補っておこう．09 年から 10 年にかけて金融機関等へ
の救済支援と景気対策のために財政支出が急増する一方，財政収入は大きく落
ち込み，財政赤字は 09 年にこれまでにない規模に達している（図 4-3）．また,
連邦債残高も 09 年から 10 年にかけて急増している（図 4-4）．改めて，09 年
から 10 年にかけてアメリカ政府による金融機関等の救済支援と景気対策が未
曾有の規模にのぼったことがわかるであろう.

　以上のような先進各国の財政状況に対して先述の BIS 年報は次のように警
告を発する．「過度の国債残高は国債に対する市場の信用と信頼を失わせる.
……現在の債務水準を引き下げることにより，政府は次の金融・経済危機が勃

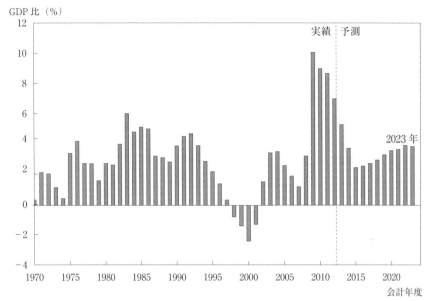

出所:『米国経済白書2013』『エコノミスト』臨時増刊, 97ページ.

図 4-3 アメリカ連邦財政赤字（1970-2023年）

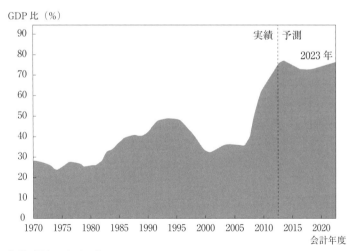

出所:同上, 98ページ.

図 4-4 アメリカ連邦債残高（1970-2023年）

発したときに再び対応力をもちうるのである」[6]．BIS はまた次のような趣旨を述べる．政府の借入は低金利政策によって可能となっており，低金利政策は財政収支の改善を遅らせている．そして，この低金利政策によって政府の借入が容易になっているのは一時的なものであり，リスクを伴うものである，と[7]．さらに，BIS は次のように述べる．「米国債の利回りが 3% 上昇すれば，米国債保有者は 1 兆ドルを失うであろう．それは GDP の 8% に相当するのである．フランス，イタリア，日本，イギリスの国債保有者は，利回りが 3% 上昇すればそれぞれの国の GDP の 15% から 35% に相当する損失を蒙るであろう」[8]．

　財政赤字に伴う国債発行を容易にする環境をつくるためには中央銀行の低金利政策が必要であることを BIS の文書によってみたが，同時にリーマン・ショック以後の景気停滞への対応のために米連邦準備制度理事会（FRB）などの先進国中央銀行はこれまでとは異なる「非伝統的な金融政策」（＝量的金融緩和政策，QE）を展開していった．

　先進各国の政策金利は図 4-5 のように，アメリカでは 2007 年から，イギリス，ECB などは 08 年の末に急落していった（日本はそれ以前からゼロ金利）．また，先進各国の中央銀行は銀行等から種々の証券，国債などを購入し中央銀行が保有する資産が 08 年以後急増し（図 4-6），12 年末には 10 兆ドル，GDP の 25% にも達しているという[9]．FRB について詳細を示したのが図 4-7 である．FRB はこれまで 3 段階にわたって量的緩和政策（QE）を実施してきた．08 年 11 月に第 1 段階（QE1），10 年 11 月に第 2 段階（QE2），12 年 9 月に第 3 段階（QE3）である．QE1 の初期にあたる 08 年 11 月には種々の流動債（All Liquidity Facilities）の購入が大規模に行なわれ FRB の資産が増加したが，09 年になると FRB の購入資産は主には不動産担保証券（MBS）になっている．QE2 の 10 年になると購入資産の大部分は財務省証券になり，QE3 では国債と MBS の購入が中心となっている．

　リーマン・ショック，ユーロ危機に伴う一部の金融資産の価格崩壊にもかかわらず，以上のような先進各国の財政・金融政策の結果，世界の諸金融市場に滞留する過剰資金は世界の GDP をはるかに超える規模に達していった（図 4-8）．2010 年時点のその内訳が次の図 4-9 に示されている．また，「ワールドダラー」という表現が使われることがある（図 4-10）．それは各国が保有して

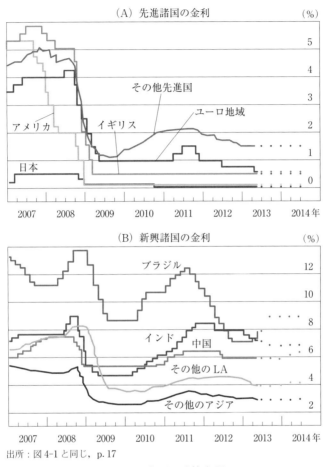

図 4-5 各国の政策金利

いるドル準備とアメリカのマネタリー・ベースの合計である．この用語の使い方についてはのちにみるように問題を含むが，世界の過剰流動性の増加過程を見るには1つの基準になりうるものであろう．「ワールドダラー」はアメリカ政府・FRBが諸金融機関への救済策を始めていった08年の秋ごろから急速に増大していっている．サブプライム・ローン問題が顕在化する前の2006年には約2兆ドルの水準であったのが，リーマン・ショック直前の08年夏に約2

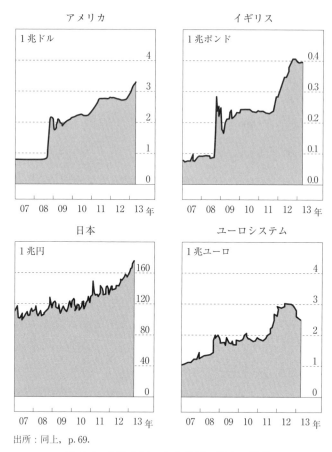

出所：同上，p.69．

図 4-6 先進各国の中央銀行の資産の推移

兆8000億ドルに増加し，それが2012年末には7兆ドルにも達する．08年秋からのFRBによる過剰流動性の供給と各国のドル準備が一挙に増加し，それらが国際的な過剰資金の増大と国際信用連鎖の形成につながっていることは想像できる．しかし，これは検証されなければならないことである（後述）．

ともかくも，図4-1にみられた2010年のV字形の成長率の「回復」は，このような諸金融機関への救済資金の供与と量的緩和の景気対策によるものである．しかし，図4-11にみられるように，民間・非金融部門への種々の信用供

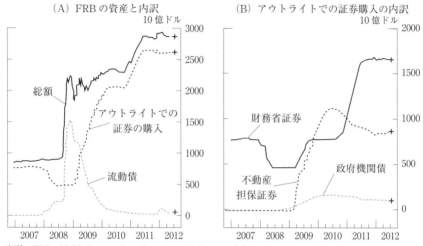

出所：FRB, *CLBS Report, Overview*, Aug. 2012, Flg 1 より．

図 4-7 FRB の資産の状況

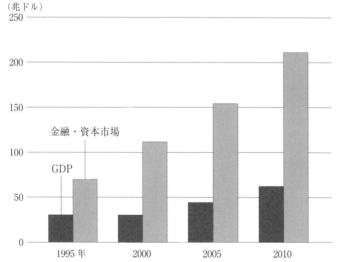

注：1) 金融・資本市場は銀行などの貸出残高，債券発行残高，株式時価総額の合計．
『朝日新聞』2012 年 2 月 29 日，原資料は国連，Mckinsey Global Institute.

図 4-8 世界の GDP と金融・資本市場の推移[1]

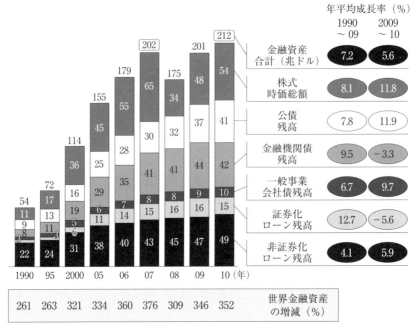

図 4-9　世界の金融資産残高の推移

与は 08 年以後先進各国とも伸びていない．製造業，サービス業などの非金融部門の設備投資などの水準が，サブプライム・ローン問題が顕在化する前の水準に回復していないことを示している．にもかかわらず，株価が急上昇し，国債利回りは急速に下落していっている（図 4-12）．先進各国の財政・金融政策によって創出された過剰流動性の大部分が株式市場と国債市場へ流入し，それらの価格が上昇しているのである．各中央銀行が自国の国債等を金融機関等から購入しているからである．それらの価格の上昇による「資産効果」の結果であろうか，アメリカの貿易収支赤字が，08 年に 8300 億ドルにのぼっていたのが 09 年には 5100 億ドルに減少したあと，10 年の 6500 億ドルから 11 年，12

注：ワールドダラーは，米国のマネタリーベース（M2）と海外公的機関が外貨準備の一環として保有する米国債の合計額として定義．実効ドルレートは，新興国通貨もその対象として含む「広義」ドルインデックス．
出所：『エコノミスト』2013年2月11日，12ページ，原資料はブルームバーグ，バークレイズ・リサーチ．

図 4-10 ワールドダラーとドル実効為替レートの推移

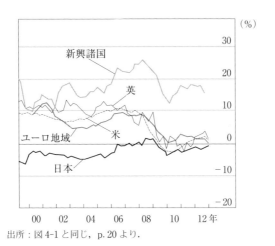

出所：図 4-1 と同じ，p.20 より．

図 4-11 民間非金融部門への信用供与（年々の変化）

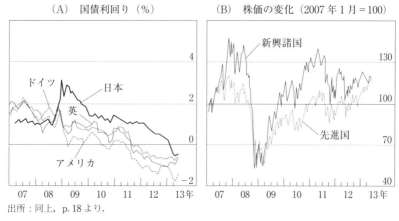

図 4-12 国債の利回りと株価の推移

年には 7400 億ドルを超える水準で推移している(表 2-1 参照).

2. リーマン・ショック以後の新たな国際信用連鎖の形成

　先に「ワールドダラー」の図を掲載した.この推移によって知れることは,FRB が金融機関等から種々の債券を購入してマネタリー・ベースが増加していること,および海外(多くは産油国,新興諸国,日本)の公的機関が多額のドル準備を蓄積していっていることである.アメリカ国内で過剰流動性が創出されれば,その一部はアメリカのグロスでの対外投資となっていくであろう.他方,新興諸国の経常収支黒字,あるいは赤字であってもそれを上回る規模で流入してきた資金の一部は逆にドル準備となってアメリカへ還流していく.つまり,「ワールドダラー」のうちのマネタリー・ベースは国際信用連鎖そのものではないが,国際信用連鎖を作っていく資金を生み出す源泉の一部を表現し,ドル準備の方は国際信用連鎖そのものの一部を表現している.
　したがって,アメリカのマネタリー・ベースとドル準備をあわせて「ワールドダラー」として一括するには問題が残ろう.再度,強調すれば,マネタリー・ベースの方は信用創造を経てマネーストック(=流動性)の増加を生じさせ,そのドル資金の大部分はアメリカ株式市場,債券市場等へ流入していき,

一部はドルのまま，一部は外貨に転換されてグロスの対外投資になっていく．他方，海外のドル準備は海外諸国の経常黒字がネットでの対外投資を上回るか，経常収支赤字以上に海外からのネットでの資金流入があって形成される．ドル準備は保有国の経常収支，投資収支が悪化しない限りアメリカから流出することはない．アメリカ国債，アメリカの銀行等に預金等として保有され続ける．また，ドル準備は新興諸国などの通貨当局が同国の銀行等に対して自国通貨を売りドルを買うことによって形成される．その際，「不胎化」がなされなければそれらの国のマネタリー・ベースが増加して過剰な資金が創出される可能性がある．先進諸国の場合は，通常「不胎化」されることが多いが途上国の場合，国債等の証券市場の未発展のために「不胎化」されないことが多い．以上のように，「ワールドダラー」として一括することは，ドル準備とアメリカのマネタリー・ベースの両者の形成のされ方，役割の違いを見失うことになりかねない．両者を別々に考察することで，リーマン・ショック以後の新たな国際信用連鎖の形成の実態をより深く明らかにできるのではないだろうか．

　世界の債券市場，株式市場の規模の推移が図 4-13 に示されている．12 年に債券市場は 100 兆ドルに達し，株式市場は 50 兆ドルを超えている．これはアメリカなどの先進諸国，新興諸国などを含む全世界の規模であるが，とりわけ，

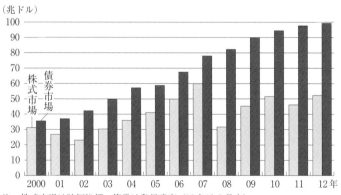

注：株式市場は時価総額，債券は発行残高（12 年は 3 月末）
出所：『エコノミスト』2013 年 9 月 24 日，27 ページ，ただし，BIS，ブルームバーグよりみずほ総合研究所作成．

図 4-13　世界の債券市場・株式市場の規模

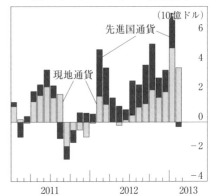

出所：BIS, *Quarterly Review*, March 2013, p. 12 より.

図 4-14　新興諸国へのファンド

　リーマン・ショック以後，アメリカ等の先進諸国から新興諸国への資金流出が脚光を浴びてきた．それは，新興諸国がリーマン・ショック以後の世界経済の牽引役を担ってきたからであり，新興諸国の経済発展の資金がどのように調達されたのか，その調達の仕方に問題がないのかが問われているからであろう．また，日本等の先進諸国がアメリカの経常収支赤字をいかにファイナンスするかという問題よりも，前者の問題がより重要視されているからである．それにアメリカ経常赤字を主にファイナンスするのは日本等の先進諸国ではなく，新興諸国，産油国になっているのである[10)].

　新興諸国の債券・株式ファンドへの純資金流入の状況が図 4-14 に示されている．11 年後半に減少したが，12 年はじめに復活し同年後半に大きく伸びている．12 年 12 月に約 160 億ドル，13 年 1 月には約 300 億ドルの規模にのぼっている．そして，新興国ファンドのうちではリスクの高い株式ファンドがより大きい部分を占めている．さらに，注意しなければならないのは，このファンドは株式であるから多くは現地通貨での投資となる．また，債券ファンドにおいても現地通貨建が 13 年はじめには半分以上になっている．1990 年代とは異なり投資家もしくはファンド組成機関は為替リスクを負いながら新興諸国の株式・債券への投資を行なっているのである．低利のドル，円等を現地通貨へ転

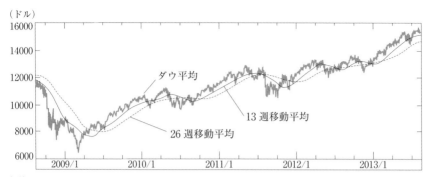

出所：http://stocks.finance.yahoo.co.jp/stocks/chart/?code＝（2013年8月11日）

図4-15　ニューヨーク・ダウ平均の推移

換しての「キャリー・トレード」になっていることについてはのちに再述しよう．

　それでは，これまでの諸図に示されている新たな国際信用連鎖の形成にアメリカ等の非伝統的な金融政策＝量的緩和政策はどのように関わったのだろうか．前述のようにBIS, IMFの文献等ではSpilloversともいわれる事態が述べられるが，これらの機関がいうSpilloversなる事態については正確さが求められる．アメリカから資金がネットで溢れ出る事態ではない．まずはこの事態を筆者の視点で要約的に記そう．

　アメリカの量的緩和政策の導入（08年11月）以後，09年の春からアメリカ株価は上昇を続け，NYダウは09年の冬の6000ドルから11年の初めには1万2000ドルのリーマン・ショック以前の水準に回復したのち13年夏には1万6000ドルに近づいている（図4-15）．この持続的なアメリカ株価上昇がアメリカの消費水準を維持し，成長率の回復に貢献したことは明らかであろう．それを反映するかのようにアメリカ貿易収支赤字も前述のような推移をたどっているのである．また，先進各国も含む全世界から資金をアメリカ株式市場へ引きつけたであろう．

　アメリカの消費の高まり，貿易赤字の増大は産油国・新興諸国の貿易黒字を増加させ，その大部分が「債務決済」となって産油国・新興諸国の結果的に対米投資，ドル準備となっていく．産油国の黒字のかなりの部分はいったんカリ

ブ海地域あるいはイギリスへの資金流出となり，カリブ海地域，イギリスから
アメリカへの投資になっていくが，新興諸国の黒字の大部分は直接に対米投資，
ドル準備となっていく．他方，アメリカの量的緩和政策の導入は，アメリカと
新興諸国との金利差を発生させ，アメリカから新興諸国への投資を引き起こす
とともにドル安と新興諸国通貨高を生み出していった．新興諸国は自国通貨高
を抑制するために金利を下げ，また，為替市場への介入を余儀なくされドル準
備保有が増加していった．これがアメリカを中心とする産油国，新興諸国の間
の信用連鎖形成の大筋である．

　さらにまとめると，量的緩和政策導入後のアメリカを中心とした国際信用連
鎖の構成部分は，①アメリカの量的緩和によって創出されたドル資金の一部が
原資となるアメリカからの対外投資，これはドル建であるから「代わり金」が
形成され，そのドル資金で対米投資が進行，収支は均衡，②アメリカのドル建
経常赤字の結果としての「債務決済」（＝産油国，新興諸国の対米投資），③新
興諸国等のドル建経常黒字の一部と新興諸国への大量の資金流入の２つを原資
とするドル準備の多額の形成，④ドル建経常黒字をもたない日本，西欧諸国[11]
によるアメリカ株価などの上昇を背景に行なわれる円，ユーロ等の外貨をドル
に転換してのアメリカ株式市場，その他証券市場等への投資，である．

　これらの国際信用連鎖の形成については次項でさらに詳述するが，このよう
にアメリカの量的緩和策の導入は図4-5にあったように新興諸国の金利をも低
下させ，全世界的な金融緩和が展開していった．新興諸国を含む全世界規模で
のバブル的な株価上昇，国債などの債券市場の活況，一部の国における住宅価
格の上昇が発生していったのである．

3. アメリカの経常収支赤字と対外投資

　これまでにみてきたように，基軸通貨国アメリカの非伝統的金融政策＝量的
緩和政策の導入によってアメリカ国内でドル資金が大量に供給されることにな
り，それが一部世界的な過剰資金の発生源となり新たな国際信用連鎖が形成さ
れていくのであるが，アメリカ自身は経常収支赤字をもっており，「米国の
QEで溢れだした流動性の高い資金は，水槽に溜まった水のようなもの」[12]と

いわれるように海外へ「溢れ出す」のだろうか．有利な投資先があればアメリカ国内資金はそのままネットで海外に向かいうるのだろうか．このことが問われなければならない．基軸通貨国のアメリカでさえ経常赤字の故に制約なくネットの対外投資が行なえるわけではないのである．BIS, IMF, またこれらに依拠した諸論稿はこの点が問われていないように思える．

表2-1にあったようにアメリカ経常収支は2010年以後4000億ドルを超える赤字となっている．したがって，この赤字はファイナンスされなければならない．民間資本収支の黒字（資金流入）が形成されても，それが経常赤字の全額をファイナンスできないか，民間資本収支が赤字（資金流出）になれば他の項目，とくに在米外国公的資産（ドル準備）が経常赤字のファイナンスを完成させることになる．つまり，民間資本収支とドル準備からなる「広義の資本収支」はいつも黒字になるのである．11年には民間資本収支が大きな黒字になり（4174億ドル），経常赤字の大部分をファイナンスしているが，10年にはそれは黒字であってもきわめて少ない額であり，12年にはわずかであるが赤字である．したがって，経常赤字の大部分はドル準備の増加によってファイナンスされている．

FRBの量的緩和政策によって大量のドル資金が国内で創出されても，そのままそれがネットでの対外投資にはならないのである．アメリカから対外投資がなされる場合，他のルートでのアメリカへの資金流入があるのである．それがなければドル相場は急落しドル危機が発生するはずである．したがって，量的緩和政策導入以後の国際信用連鎖の創出を分析するにはアメリカからの対外投資とアメリカへの投資，ドル準備の形成を同時に明らかにしていかなくてはならない．アメリカから新興諸国への対外投資が行なわれているとしたら，他国から資金流入があるはずである．それ故，アメリカの地域別・国際収支をみなければならない．

また，アメリカの対外投資がドル建で行なわれる場合とドルが外貨に転換されて対外投資になる場合とではアメリカ国際収支への影響において差異がある．ドル建対外投資の場合，その「代わり金」が形成され対外債権と対外債務が同時に生まれて，ドルでの投資受入国がそのドルを外貨に転化しなければ，アメリカのドル建対外投資があっても収支は均衡する．しかし，アメリカがドルを

表4-2 アメリカの地域別資本収支（2010-12年の累計）

(億ドル)

	(1) 対外投資 (SCBライン50)	(2) 対米投資 (SCBライン63)	(3)[1] 在米外国公的資産と対米投資 (SCBライン55)	(4)[2] (2)−(1) 民間投資収支	(5)[3] (3)−(1) 広義の資本収支
ヨーロッパ	−5.919	8.346	10.925	2.427	5.006
EU[4]	−6.248	—	8.418	—	2.170
イギリス	−3.785	—	4.036	—	251
ユーロ地域	−2.404	—	3.625	—	1.221
その他	329	—	2.507	—	2.836
カナダ	−3.211	2.935	3.049	−276	−162
LAと西半球	−161	81	1.490	−80	1.329
LA	−2.456	—	2.196	—	−260
その他西半球	2.295	—	−706	—	1.589
アジア・環太平洋地域	−5.427	4.836	9.540	−591	4.113
日本	−2.383	—	4.495	—	2.112
中国	−120	—	1.484	—	1.364
オーストラリア	−1.018	—	318	—	−700
その他	−1.906	—	3.243	—	1.337
中東	−10	217	1.038	207	1.028
アフリカ	−191	100	25	−91	−166
国際機関など	−613	1.837	1.837	1.224	1.224
総計	−15.533	18.352	27.906	2.819	12.373

注：1) SCBライン56（在米外国公的資産）とライン63（民間対米投資）の合計がSCBライン55である．また，本表の(3)−(2)は在米外国公的資産（ライン56）である．
　2) 本表の(2)−(1)は民間投資収支である．
　3) 本表の(3)−(1)は「広義の資本収支」である．
　4) イギリス，ユーロ地域を除くEU諸国を含む．
出所：S.C.B各号のTable12より作成．

外貨に転換して対外投資（＝「ドル・キャリートレード」など）を行なうと「代わり金」が形成されず資本収支は赤字となる．それ故，量的緩和政策以後のアメリカからの対外投資の通貨区分も明らかにしなければならない．

　以上のアメリカの地域別資本収支，アメリカの対外投資の通貨区分については BIS，IMF は分析しないが，われわれにとってはこの 2 つの分析が必要になる．前者の地域別・国際収支の方からみていこう．表4-2 にアメリカの地域・各国別資本収支の各項目の 2010-12 年における累計が示されている[13]．アメリカの対外投資（1 欄，SCBライン 50）は，地域の大分類ではヨーロッパ（5919 億ドル），アジア（5427 億ドル），カナダ（3211 億ドル）で大きな赤字，

第 4 章　アメリカの量的金融緩和政策と国際信用連鎖　　119

「LA・西半球」は少額の赤字（161 億ドル）となっている．SCB は第 1 欄については各国ごとに統計値を公表している．イギリス，カナダ，LA（その他西半球は含まない），ユーロ地域，日本，日本を除くアジア，オーストラリアでそれぞれ大きな額が示されている．他方，民間対米投資（2 欄，SCB ライン 63）は，大分類で多額にのぼっているのはヨーロッパ，アジアで，カナダも大きな額になっている．「LA・西半球」は少額にとどまっている．なお，「国際機関・未分類」が 2000 億ドルに近い数値になっているが，これは世界銀行，各地域の開発銀行などが世界各地の金融市場において調達した資金をアメリカの種々の証券等に運用しているからであると考えられる．しかし，民間対米投資（ライン 63）については SCB は各国ごとの統計値を秘匿しており把握できない．民間資本収支（第 4 欄）はヨーロッパ，国際機関等で大きな黒字があり，中東との収支で少しの黒字がある．アメリカへのネットでの資金流入になっているのである．また，アジア，カナダ，「LA・西半球」で赤字となっているが，大量の資金がアメリカから「溢れ出る」（spillover）ようにはなっていない．

　第 2 欄はカナダを除いて国別の統計値が公表されていないが，いくつかの地域についてはおおよその額が推定できる．というのは，第 3 欄は外国の在米資産であり，民間資産と公的資産との合計である．したがって，第 3 欄から第 2 欄を引けば，在米外国公的資産（ドル準備）が算出されるが，オフショア市場である「その他西半球」（＝カリブ海地域）とイギリスのドル準備保有は限られているし，イギリスのドル準備の大部分がユーロダラーの形をとっているものと考えられる[14]．ユーロ地域は為替市場介入をほとんど実施しないからドル準備の増減はほとんどないものと考えられる．そうだとすれば，カリブ海地域（その他西半球）とイギリス，ユーロ地域の第 3 欄は第 2 欄とほぼ等しいものとほぼ想定できよう．さらに，各国がドル準備をもっていても，それをユーロダラー市場で保有すればアメリカの国際収支表では在米外国公的資産にはならず，アメリカの民間対外債務（2 欄）に入ることに注意が必要である[15]．

　そのことはさておき，「その他西半球」（＝カリブ海地域）とイギリス，ユーロ地域の 3 欄は若干の差があろうがほとんど 2 欄と同額と考えてよい．ヨーロッパ，「LA と西半球」の統計値は表 4-3 のようになる．「その他西半球」はアメリカへの投資の引き揚げであり，アメリカも「その他西半球」への投資を引

表 4-3 アメリカの地域別資本収支（2010-12 年の累計）

(億ドル)

	(1) 対外投資 (SCB ライン50)	(2) 対米投資 (SCB ライン63)	(3)[1] 在米外国公的資産と対米投資 (SCB ライン55)	(4)[2] (2)−(1) 民間投資収支	(5)[3] (3)−(1) 広義の資本収支
ヨーロッパ	−5,919	8,346	10,925	2,427	5,006
イギリス	−3,785	4,036	4,036	251	251
ユーロ地域	−2,404	3,625	3,625	1,221	1,221
その他[4]	270	685	3,264	955	3,534
LA と西半球	−161	81	1,490	−80	1,329
LA	−2,456	787	2,196	−1,669	−260
その他西半球	2,295	−706	−706	1,589	1,589

注：1) 2) 3) は前表と同じ.
　　4) イギリスとユーロ地域を除くヨーロッパ諸国.
出所：前表と同じ.

き揚げており（相互の投資の引き揚げ），後者が上回ってアメリカの民間資本収支は 1589 億ドルの黒字（アメリカへのネットでの資金流入）となっている．逆に，アメリカの対 LA（その他西半球を除く）の民間資本収支は 1669 億ドルの赤字と大きくなる．1 欄と 3 欄の差額（＝「広義の資本収支」）もわずかに赤字（260 億ドル），LA のドル準備（3 欄から 2 欄を差し引く）の増は 1409 億ドルである．

　イギリス，ユーロ地域もほとんどドル準備の増減は考えられないから[16]，これらの地域の 3 欄の統計値は実質的に 2 欄の統計値に近くなり，イギリス，ユーロ地域を除くその他ヨーロッパの 2 欄，3 欄の統計値は表 4-3 のようになる．つまり，イギリスの対米民間投資は 4036 億ドルで 4 欄（アメリカの対英民間投資収支）はほぼ均衡（251 億ドルの黒字），ユーロ地域は対米民間投資額 3625 億ドルでアメリカのユーロ地域に対する民間資本収支は 1221 億ドルの黒字，「その他ヨーロッパ」の対米民間投資は 685 億ドルとなり，アメリカの同地域に対する民間投資収支は 955 億ドルの黒字，「その他ヨーロッパ」のドル準備増は 2579 億ドルと多額にのぼっている．ロシアなどの CIS 諸国が石油，天然ガス等の輸出でドル準備を増加させたものとみられる[17]．それ以上に，ユーロ危機によってスイス・フランが上昇し，それを抑制するためにスイス当局が為替市場介入を行ない，ユーロ準備とともにドル準備を増加させたことが考

えられる．IMF の *International Financial Statistics* によれば 10-12 年のスイスの外貨準備の増加は 3600 億ドルにのぼる．すべてがドル準備ではないが，これまでの準備構成を考えると半分近くがドル準備で[18]，一部分はユーロダラー市場で保有されているものと推定されるが，アメリカ国債等としてアメリカにおいてもかなりの額が保有されているものと考えられる．なお，ユーロダラーとしてのドル準備保有分は「在米外国公的資産」とはならず，表4-3の「その他ヨーロッパ」の2欄に含まれていよう．

他方，アジア・環太平洋地域の国別の対米民間投資の額（表4-2の2欄の統計値）を推定するのはヨーロッパ，「LA，西半球」よりも困難である．日本にはかなりの額の対米民間投資があり，また，多額のドル準備の増がある[19]．中国は若干の対米民間投資があるものの対外投資規制のために3欄の統計値のほとんどはドル準備であろう．オーストラリアの3欄の統計値はカナダと同様に大部分が2欄の統計値になっていてドル準備は少ないだろう．さらに，アジア・環太平洋地域の「その他」は韓国，台湾，インド，タイなどであるが，これらの諸国は対米民間投資を行なうばかりでなくドル準備も増加させているものと考えられる．

中東には民間の対米投資があり，アメリカの同地域に対する民間資本収支は黒字であるが，それ以上に多額のドル準備増（821 億ドル，第3欄と第2欄の差額）がある．表4-2にはみられないが，中東産油国は石油代金のうちの多くの部分をカリブ海地域，イギリスといったオフショア市場へ運用しており，これらのオフショア市場から対米投資になっていくのである[20]．したがって，この表に現れたドル準備は 800 億ドル強であるが，実際のドル準備の増加はこれをかなり上回るものと考えられる．また，イギリス，カリブ海地域のアメリカとの相互の民間投資の額が大きくなるのである（表4-3における1欄，2欄の統計値）．

アメリカとカリブ海地域（その他西半球）の資本取引はこの間，相互の資金引き揚げとなっておりアメリカの引き揚げが上回っているが，これはアメリカがカリブ海地域を経て世界の各国への投資を行なっていた部分を量的緩和政策後に引き揚げ，アメリカ国内への投資に切り換えたのであろう．また，カリブ海地域は産油国などからの資金でもってアメリカへ運用していたところ，アメ

リカがカリブ海地域から資金を引き揚げるようになった結果，その資金の手当を，アメリカからの資金引き揚げ，カリブ海地域がアメリカ以外に運用していた資金の引き揚げ，産油国等からの資金の流入によって行なっているものと考えられる．もう一方のオフショア市場であるイギリスは，産油国，イギリス以外の欧州各国からイギリスへ流入して来た資金をアメリカへ投資する一方，アメリカからの資金でもって欧州各国，新興諸国への投資を行なっているものと考えられる．

　以上のように，量的緩和政策導入後のアメリカを中心とする新たな国際的なマネーフローは，アメリカの量的緩和政策によって各国の諸金利，各国の株価，各通貨の為替相場等に大きな変化が生じ，各国の投資家ごとに世界中の金融諸商品には種々の利益の差が発生し複雑になって発生してきているのである．量的緩和政策によってアメリカからドル資金が「溢れ出る」というようなイメージは描けないのである．全世界の諸金利，諸証券価格，諸為替相場を変動させる諸要因がアメリカから全世界に波及していっている．Spillovers という用語を使うのであれば，その意味で正確に使うべきであろう．

　そこで，IMF の統計から改めて新興諸国への資金流入，外貨準備の増加，経常収支の状況を確認しておこう（表 4-4）．新興諸国への資金流入は，もちろんアメリカだけでなく日本，ユーロ地域，その他先進諸国，CIS，中国等からも流入している．このことを確認しておいたうえで，この表からアジアの途上国は経常収支が黒字の上にネットでの民間資金の流入が 09 年から急増し，その結果，外貨準備（ドル準備と考えてよい）の増加が高い水準で継続している．次に，「LA・カリブ海地域」は 2010 年から経常収支赤字が増加していっている状況下で，それを上回るネットでの民間資金の流入があり（アジアほどで多額ではないが），外貨準備（ドル準備）も増加している．ロシア等の CIS 諸国は経常収支が黒字で，ネットで民間資金が流出となっているが，前者が後者を上回って外貨準備が増大している．ロシア等の外貨準備は一部ユーロになってきているが[21]，ドル準備がかなりの比率を占めているだろう．「中東，北アフリカ，アフガニスタン，パキスタン」は原油価格の上昇で 11 年，12 年には約 4000 億ドルにも達する経常黒字が生まれている．民間資金，公的資金のネットでの年々の流出が合計 2000 億ドル弱にのぼっているが，黒字が資金流

123

表4-4 新興諸国（途上国）へのネット資金フロー

(10億ドル)

	2010	2011	2012
中東欧			
①民間資金フロー	83.0	94.2	62.2
②公的資金フロー	35.3	22.4	16.6
③外貨準備増減	−37.1	−12.5	−23.7
④経常収支	−82.9	−119.5	−79.3
CIS諸国			
①民間資金フロー	−25.4	−63.9	−41.1
②公的資金フロー	35.3	22.4	16.6
③外貨準備増減	−37.1	−12.5	−23.7
④経常収支	71.9	112.3	85.3
アジア（日本を除く）			
①民間資金フロー	390.5	366.5	110.4
②公的資金フロー	31.4	10.7	19.4
③外貨準備増減	−571.2	−439.9	−134.2
④経常収支	232.0	177.8	130.4
LAとカリブ海地域			
①民間資金フロー	130.5	200.4	136.2
②公的資金フロー	48.3	24.7	62.0
③外貨準備増減	−66.2	−85.9	−31.4
④経常収支	−60.7	−75.5	−99.5
中東，北アフリカ			
①民間資金フロー	9.5	−95.5	−45.5
②公的資金フロー	−49.1	−83.6	−132.1
③外貨準備増減	−96.4	−132.0	−166.5
④経常収支	189.1	408.3	393.1
サブサハラ・アフリカ			
①民間資金フロー	−16.3	−2.5	14.9
②公的資金フロー	33.2	30.8	33.6
③外貨準備増減	−1.7	−21.0	−19.1
④経常収支	−14.4	−17.6	−35.6

出所：IMF, *World Economic Outlook*, Oct. 2013, p. 174 （①②③)，April 2013, p. 164 （④).

出を上回り外貨準備（ほとんどがドル準備）が10年から急増している．*SCB*の資料では中東のドル準備は10-12年の累計で800億ドル強であった（表4-2)．この差額は，中東，北アフリカの大部分のドル準備がイギリス，カリブ海地域のユーロダラー市場で保有されて，*SCB*の公的外国資産（SCBライン56）には入らず，イギリス，カリブ海地域の金融機関がその資金をアメリカへ運用した時点で海外民間部門からアメリカへの資金流入となりSCBのライン

63 に表示されるからである．また，表 4-3 において，アメリカのカリブ海地域，イギリスに対する債務，債権のグロス額が巨額になっているのはそのためである．

　以上の IMF の統計から，結局は経常黒字国（中国，中東，日本，その他アジア諸国，CIS 諸国，ユーロ地域，その他先進諸国など）から外貨準備も含む資金がネットでアメリカを含む経常赤字国へ流入しているのである．改めて，まとめると国際信用連鎖の概要は以下のようにいうことが出来よう．①アメリカの量的緩和政策は，アメリカの金利を引き下げ，また，国内において多額のドル資金を供給することによってアメリカの株価，証券価格，金融諸商品価格の上昇をもたらし，海外からの資金流入を促進させた．ドル建経常黒字をもつ中国などの日本を除くアジア諸国，産油国等のドルでの黒字は種々のドル建投資，ドル準備となって「債務決済」が進行していった．また，ドルでの黒字をもたない日本，西欧諸国[22]の外貨をドルへ転換したうえでの対米投資も増加した．②アメリカなどの量的緩和政策は新興諸国との金利差（新興諸国の高金利），新興諸国通貨の為替高を生み，アメリカなどの先進諸国から新興諸国へ資金流出も大きく進んだ（かなりの額が現地通貨建）．③新興諸国への資金流入は多くの新興諸国が経常黒字をもっていることにより，あるいは，それが経常赤字を上回っていることから，ドル準備を増大させ，結果的にアメリカへの資金流入が進んだ．④結論として，アメリカの国際マネーフローにおける役割は，ネットでの資金供給国としてではなく[23]，世界のマネーフローの中心国としての役割であり，アメリカの量的緩和政策は世界のマネーフローを大きく起動させる役割をもったということであろう．前述したが，アメリカの量的緩和政策によって世界の諸金利，新興諸国を含む諸株価，諸為替相場等の変化が生じ，各国の投資家ごとに世界中の金融諸商品には種々の利益の差が発生し国際マネーフローが複雑に，しかも大規模に発生してきているのである．

　次に，検討しなければならないことは，アメリカの対外投資の通貨区分である．新興諸国への株式・債券ファンドを先にみた．株式への投資は基本的には現地通貨であり，債券ファンドにおいても現地通貨がかなりの比率を占めていた．先進諸国の量的緩和政策後の新興諸国への資金流入の多くが新興諸国のそれぞれの通貨であったのである．では，アメリカの対外投資の通貨区分はどう

であったのだろうか．ドル建の場合と外貨建の場合とでは，前述のようにアメリカ国際収支構造上に差異が生じる．在米銀行・ノンバンクの対外債権・対外債務（これら部門の証券投資等は含まず，SCBラインの54，69および53，68の額のみ）についてはドルと外貨の区分が *SCB* から把握できる．それが表4-5である[24]．在米銀行も在米のノンバンクもドル建では債権と債務の収支で黒字（資金流入）であるのに対して，外貨建では債権と債務の収支で赤字（資金流出）になっている．つまり，在米銀行・ノンバンクは低利のドルを外貨に換えて対外投資を行なっているのである（「ドル・キャリートレード」といわれる）．ドル金利が新興諸国金利よりも低く新興諸国通貨高が生じている環境においては，「ドル・キャリートレード」が有利で増加していくのである．

　しかし，これが大規模に進行していくと，「代わり金」が生まれないから対外債権に相当する対外債務が生まれず，資本収支は赤字なって経常収支赤字に加えてファイナンスは困難になる．したがって，ドル建の経常黒字をもたない日本や西欧諸国による円，ユーロ等の外貨をドルに換えての対米投資が進まないとドル相場の急落が発生することになる．先の表4-2，4-3にあったように，アメリカの対日本，対ユーロ地域の「広義の資本収支」（5欄），「民間資本収支」（4欄）は黒字であった．日本，ユーロ地域はドル建経常黒字をもたないから「債務決済」はありえず，また，これらの地域の対米投資のうちにはアメリカの金融機関等からドル資金を調達し，その資金でもってドル建投資を行なっている部分が大きいと考えられるが，5欄，4欄でアメリカの黒字であるということは，これらの諸国がユーロ，円などの外貨をドルに換えて対米投資（ドル準備を含む）を行なっていることを意味している．

　アメリカの経常赤字のファイナンス条件の1つとして，筆者は第2章第3節で以下の式を提示した[25]．

$$(b_1+b_2) = (\beta-a) + (m_1+m_2) + (d+X)$$

ここでの記号は以下のようである．

b_1：ドル建経常黒字をもたない日本や西欧主要国の民間部門が円，ユーロ等の外貨をドルに換えて行なう対米投資．

b_2：これらの諸国が行なう為替市場介入の結果としてのドル準備（ほとんどは日本，スイスなど）．ドル建経常黒字がないからこのドル準備も外貨

表 4-5　在米銀行とノンバンクの通貨

	債権				債務	
	2010	2011	2012	2010-12	2010	2011
対外投資[1]，対米投資[2]	−9,157	−3,328	−1,783	−14,268	9,356	7,152
在米銀行[3]	−5,068	2,159	3,805	896	1,941	2,903
ドル建	−4,743	2,503	3,726	1,486	2,244	2,197
外貨建	−325	−344	79	−590	−303	706
ノンバンク[4]	314	41	−258	97	679	60
ドル建	392	394	75	861	479	−127
外貨建	−78	−353	−333	−764	200	187
在米銀行とノンバンク	−4,754	2,200	3,547	993	2,620	2,963
ドル建	−4,351	2,897	3,801	2,347	2,723	2,070
外貨建	−403	−697	−254	−1,354	−103	893
その他の投資（全部門）	−4,403	−5,528	−5,331	−15,262	6,736	4,189
直接投資（ライン51, 64）	−3,011	−4,090	−3,883	−10,984	2,059	2,302
証券投資（同52, 65, 66）	−1,391	−1,438	−1,448	−4,277	4,393	1,336
その他（紙幣, 67）	0	0	0	0	284	550

注：1）　SCB ライン 50.
　　2）　SCB ライン 63.
　　3）　自己勘定と顧客勘定の計．SCB ライン 54（債権），69（債務）
　　4）　金融勘定と商業勘定の計．SCB ライン 53（債権），68（債務）
出所：表 2-1 および *S.C.B.*，各年の 7 月号，Table9～11 より作成.

　　をドルに換えての対米資産の増加となる.

a：西欧，日本のドル建経常赤字（西欧・日本の統合されたもの[26]）.

β：西欧，日本のドル以外の通貨での経常黒字（統合されたもの），$(\beta - a)$
　　は西欧，日本の経常黒字（統合されたもの）.

m_1：ドル建経常黒字国は保有するドルを一部外貨に転換する（漏れ）.

m_2：アメリカのドル建対外投資の「代わり金」の一部が借り手によって外
　　貨に転換される部分.

d：アメリカが行なうドルを外貨に転換しての対外投資.

X：アメリカの公的準備資産の変化（通常は小さい）.

　　アメリカの量的緩和政策後のアメリカの新興諸国への現地通貨での投資（ド
ル・キャリートレード）はこの式における d にあたり，日本の，西欧の円，
ユーロなどの外貨をドルに換えての対米投資，ドル準備は b_1，b_2 にあたる.

別国際取引

(億ドル)

		収支			
2012	2010-12	2010	2011	2012	2010-12
1,500	18,008	199	3,824	−283	3,740
−3,874	970	−3,127	5,062	−69	1,866
−3,567	874	−2,499	4,700	159	2,360
−307	96	−628	362	−228	−494
−395	344	993	101	−653	441
−357	−5	871	267	−282	856
−38	349	122	−166	−371	−415
−4,269	1,314	−2,134	5,163	−722	2,307
−3,924	869	−1,628	4,967	−123	3,216
−345	445	−506	196	−599	−909
5,768	16,693	2,333	−1,339	437	1,431
1,664	6,025	−952	−1,788	−2,219	−4,959
3,533	9,262	3,002	−102	2,085	4,985
571	1,405	284	550	571	1,405

右辺の $(\beta - a) + (m_1 + m_2) + X$ が変化なしとすれば，d の増加は b_1，b_2 によってファイナンスされているのである．これらがなければアメリカから新興諸国への「ドル・キャリートレード」は不可能であった．量的緩和政策によってドル資金が単純に「溢れ出る」ように「ドル・キャリートレード」は進行しないのである．

　以上によって，アメリカの量的緩和政策導入後に進行した新たな国際信用連鎖の状況が把握された．決してアメリカからドル資金が「溢れ出る」ような事態でない．このことを確認して，それでは次にアメリカによる量的緩和政策の「是正」（＝「出口」政策）は国際マネーフローにいかなる影響を及ぼすのだろうか．

4. まとめ

本章のはじめに記したように，バーナンキ FRB 議長は 2013 年 5 月 22 日に議会証言で，また 6 月 19 日の米連邦公開市場委員会（FOMC）のあと，量的緩和政策からの脱却（「出口」）について言及した．また，BIS は同年 6 月 23 日に『83 回年報』を公表し，前述のように先進各国の財政政策，量的緩和政策の持続不可能なことを論じた．『年報』は財政政策については「国債残高の水準を引き下げることにより，各国政府は次の金融・経済危機が勃発したときに再び対応力を持ちうるのである」[27]と述べ，金融政策については「現在の事態（2009 年以来の先進諸国の景気停滞——引用者）は金融的刺激策だけでは対応できない．問題の根本は金融的事象ではないから」[28]と述べる．また，本章第 1 節に引用したように長期金利が上昇すれば，各国金融機関が莫大な損失を蒙り，先進諸国が金融危機・経済危機に陥りかねないことを BIS は指摘した[29]．したがって，「出口」が日程にのぼるのは当然のことと考えられる．

ところが，バーナンキ FRB 議長が 2013 年春に「出口」に触れると，先進諸国の株価，為替相場はもちろん新興諸国の株価，諸通貨の下落が起こり，新たな新興諸国の危機を発生させかねない事態になった．そのために，FRB は「出口」をただちに実施することはできず，FRB が QE3 を終了させることができたのは 1 年半のちの 14 年 10 月であった．ゼロ金利政策の終了は 15 年 12 月になった．

アメリカの「出口」政策の実施は，アメリカの金利を上昇させ，また，ドル安が止まり，海外からアメリカへ資金を還流させ，一部の新興諸国から資金流出が生じ通貨安が生まれている．しかし，すべての新興諸国に同じ事態が発生しているのではない．本章第 3 節でみたように，ラテン・アメリカ諸国では経常収支赤字が継続しており，これまでは多額の資金流入によってファイナンスされてきたが，資金流出に転化すると外貨準備が失われる可能性がある．同じ事態にあるのが中東欧諸国とユーロ地域内のギリシャ，ポルトガル等である．これらのヨーロッパ諸国は経常収支赤字から脱却しきれていないし，それは主には西欧諸国からの多額の資金流入でファイナンスされてきた．しかし，アメ

第4章 アメリカの量的金融緩和政策と国際信用連鎖　　　129

リカの「出口」政策の影響は西欧に及び，中東欧，ギリシャ，ポルトガルなど
へのファイナンスはむずかしくなる可能性がある．それに対して，アジアの新
興諸国はインド，インドネシアなどを除き経常収支は黒字である．アジアの新
興諸国は経常黒字にもかかわらず多額の資金流入があって巨額のドル準備の蓄
積があり，「出口」政策への対応力を保持していると考えられる．新興諸国の
国際収支，経済構造の差異について注意を払う必要があろう．

　注
1)　BIS, *83rd Annual Report*, pp. 5-12.
2)　*Ibid.*, p. 11.
3)　*Ibid.*, pp. 20-23. IMF, *World Economic Outlook*, Oct. 2013, pp. 107-109. 邦語文
　　献では，例えば，中俊文「QE縮小観測に翻弄される新興国」『国際金融』1253号，
　　2013年10月1日，21ページ，『エコノミスト』2013年10月1日（同氏の稿）31ペ
　　ージ.
4)　本章では『83回BIS年報』の分析をそれなりに評価し，『年報』からの引用を多
　　数行なっている．しかし，リーマン・ショックとそれ以後のアメリカの金融政策の
　　ラテン・アメリカ，アジアの新興諸国への影響とユーロ危機のそれら諸国への影響
　　とは同等ではないにもかかわらず，『年報』ではその影響の差異について明確にされ
　　ず，先進諸国の金融政策の影響として一括されている．本章においてはその差異を
　　意識しながら，最低限必要な場合にのみユーロ危機の影響を論述することにし，主
　　にはアメリカの金融政策がもたらした国際信用連鎖，新たな諸問題を生み出す諸要
　　素の醸成を論じたい.
5)　新興諸国には以下の諸国を含む．アルゼンチン，ブラジル，チリ，中国，台湾，
　　コロンビア，チェコ，香港，ハンガリー，インドネシア，韓国，マレーシア，メキ
　　シコ，フィリピン，ポーランド，ロシア，サウジアラビア，シンガポール，南アフ
　　リカ，タイ，トルコ.
6)　BIS, *op. cit.*, p. 8.
7)　*Ibid.*, p. 8. このことから，BISは「金融引き締めを展望する場合，中央銀行は政
　　府や市場とのコミュニケーションをうまくとることが決定的に重要である」（p. 8）
　　と述べている．バーナンキ議長の2013年5月，6月の量的緩和縮小の発言を注視し
　　なければならないゆえんである.
8)　*Ibid.*, p. 8.
9)　*Ibid.*, pp. 10-11.
10)　本書第2章をみられたい．また，拙書『現代国際通貨体制』日本経済評論社，
　　2012年，第1章，とくに29-36ページ．しかし，西欧諸国，日本のユーロ，円等の
　　外貨をドルに換えての対米投資のファイナンスにおいてもつ意味も軽視されてはな
　　らない（後述）.

11) 日本，西欧主要国がドル建貿易黒字をもたないことについては，同上拙書『現代国際通貨体制』第2章，46-48ページ参照．各国の通貨別輸出・輸入比率をみられたい．

12) 前掲『国際金融』21ページ，『エコノミスト』2013年10月1日，31ページ．

13) SCBの統計の限界について，ここで簡単に述べておこう．SCBの地域・国別の国際収支表においてはアメリカ民間部門の対外投資（ライン50）は国別に明らかにされているが，在米外国公的資産（ライン56）と海外の民間部門による対米投資（ライン63）は大きな地域別が明らかにされているだけで国別には明らかにされていない．国別では在米外国公的資産と海外の民間部門による対米投資の合計（海外部門のアメリカ資産，ライン55）が記されているだけである．

14) IMFの International Financial Statistics によれば，イギリスの外貨準備は10-12年の累計で約300億ドルの増加となっている．しかし，そのすべてがドル準備ではなくこれまでのイギリスの外貨準備の構成を考えると（前掲『現代国際通貨体制』，153ページ参照），おそらく外貨準備の40％弱ぐらいがドル準備であろう．しかも，そのドル準備はユーロダラー市場で保有される部分が多いと考えられるから，「外国公的資産」となる部分は少額とみなして，表4-3におけるイギリスの3欄はほとんどが2欄と推定できよう．

15) 拙書『現代国際通貨体制』，73-74ページ参照．

16) イギリスの外貨準備については前の注14参照．なお，ユーロ地域の外貨準備の増はIMFに対するポジションの増加になっている（ECB, Monthly Bulletin, Oct. 2013, p. S68）．

17) ロシアは外貨準備に占めるユーロの比率を高めている（拙稿「基軸通貨ドルとドル体制の行方」『立命館国際研究』22巻3号，2010年3月，35ページ参照）が，半分強はドルであると考えられる．

18) 前掲拙書，153-154ページ参照．なお，ユーロ不安によりスウェーデンなども為替市場介入を行なっているが，介入通貨の大部分はユーロであり，ドル準備になる部分は少ないと思われる．

19) 2010年から12年9月までの日本の外貨準備（ほとんどすべてがドル準備）は，23兆2000億円（日本銀行『国際収支統計季報』より）にのぼっており，これはドル換算で2500億ドル以上になる．一部はユーロダラー市場で保有されているものと思われる（このことについては拙書『円とドルの国際金融』ミネルヴァ書房，2007年，184-187ページ，とくに表7-5参照）．

20) 前掲拙書『現代国際通貨体制』，92-93ページ．

21) 前掲拙稿「基軸通貨ドルとドル体制の行方」，35ページ参照．

22) 前出の注11参照．

23) そもそもアメリカは巨額の経常収支赤字をもち，それはファイナンスされなければならず，筆者はアメリカ経常赤字のファイナンス条件を2つの式に表わした．前掲拙書『現代国際通貨体制』第3章，76-79ページ，また，本書第2章の第3節参照．

24) 在米銀行・ノンバンクの通貨別対外債権・債務については以下のようである（詳

第4章 アメリカの量的金融緩和政策と国際信用連鎖   131

しくは前掲拙書『現代国際通貨体制』第3章参照）．①ドル建対外債権：国内のドル資金を原資としての対外投資．②ドル建対外債務：ドル建経常赤字の「債務決済」の一部として，ドル建対外債権の「代わり金」として，非居住者が外貨をドルに転換して運用．③外貨建対外債権：ドルを外貨に換えての対外投資，居住者が外貨資金を調達し，それでもって対外投資を行なう．④外貨建対外債務：対外投資のため外貨資金を調達．

25)   前掲拙書，69-79 ページも見られたい．
26)   2 通貨 3 地域のモデルである．注 10 の拙書 62-63 ページ参照．
27)   BIS, *op. cit.*, p. 8.
28)   *Ibid.*, p. 11.
29)   *Ibid.*, p. 8.

第5章

オイルマネー，ドル準備の減少と対米ファイナンス
―国際マネーフローの変容―

　2014年後半期からの原油価格の下落と中国の経済変調により世界各国の国際収支構造，国際マネーフローに大きな変化が生じている．サウジアラビア，中国等はもちろん，アメリカ，日本などの国際収支構造も変化してきている．

　原油価格の急落は，シェール・オイル開発と中国等の経済減速などによる原油需給の変化を根底的な要因としているが，需給関係の変化だけで2014年後半以降の原油価格の急落が生じるはずはない．アメリカ等の世界の過剰資金が大量に原油市場に流入していたのが流出していったと考えざるを得ない．そこで，リーマン・ショック以後の過剰資金の残存，非伝統的金融緩和政策（量的緩和政策，QE政策）による新規資金の形成を見なければならない．

　アメリカのリーマン・ショック以後の量的緩和政策（QE政策）は，本章で述べるようにマネタリー・ベースの大きな増加をもたらしたが，その増加に見合うほどにはマネーストックを増加させず信用乗数の急激な低下をもたらした．しかし，アメリカの場合にはドル建の原油市場などの大規模な1次産品市場が存在するために，それらの産品へ投資する諸機関・諸企業への市中銀行等の貸出がある程度増加し，それらの市場をほとんど持たない日本，規模の小さいそれら市場しか持たない欧州よりもマネーストックは少し多めに増加する可能性がある．米・欧・日の量的緩和政策を検討する際にはこのことを念頭に入れなければならない．ドルが基軸通貨としての優位性を確保しているのはこのことにもよる．

　中国の経済減速の要因については本章では本格的には対象にできないが，リーマン・ショック後の中央政府・地方政府の一丸となった成長率の維持政策が過剰投資，過剰インフラ状態を招来した結果と考えられる．そして，中国の経

済減速も原油価格の大きな下落の一因になっている.

　原油価格の急落に伴ってオイルダラーは急減し，さらに，中国の外貨準備も減少してきて国際マネーフローに変化が生じ，アメリカの経常赤字に対するファイナンスの変容が生じてきている．オイルダラーと中国の外貨準備が14年まで米経常赤字のファイナンスのほとんどを担ってきたが，これらがその役割を担うことは当面なくなった.

　本論でみるように，アメリカの石油関連・貿易収支はシェール・オイルの開発によって改善されてきているにもかかわらず石油関連以外の貿易収支赤字が増加して，アメリカの貿易収支は改善せず，そのために15，16年にも経常赤字は5000億ドル弱の水準で推移してきている．今後，成長率の低下により経常赤字は幾分減少することがあっても，対米ファイナンスの必要は依然としてあるのである.

　原油価格の急落は世界の経済成長を低くし，原油価格の急落にもかかわらず非産油の新興諸国，途上国の経常黒字もそれほど増大していない．そうだとすれば，アメリカへのファイナンスはどのように進むのだろうか．1990年代後半まで，対米ファイナンスにおいて重要な役割を果たしていた西欧，日本の外貨をドルに換えての対米投資が再び比重を高めるのであろうか[1]．FRBの「出口政策」が米と欧・日の金利格差とドル高をもたらせばその可能性があろう.

　最後に次のことも見落とせないかもしれない．シェール・オイル開発によって，これまで親密な関係にあったアメリカとサウジアラビアがライバル関係に移ったということである．そのことが中東地域においてどのような諸事態を生み出していくのか，注視していかなくてはならないだろう.

1.　アメリカにおける過剰資金と原油価格の連関

　図5-1に示されているように，原油先物（WTI）価格が2004年ごろから上昇し始め，2008年6月に130ドルを超えるピークを記録したのち，リーマン・ショックを受けて09年2月にいったん底値を付けた．その後，再び上昇し始め11年後半から14年前半ごろまでは100ドルを超す水準で推移し，14年後半から16年初めにかけて急落している.

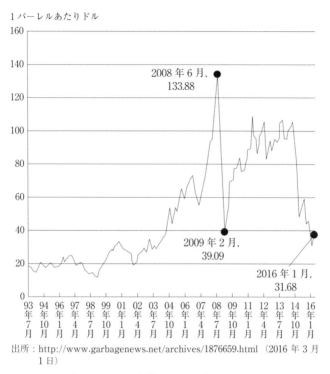

出所：http://www.garbagenews.net/archives/1876659.html（2016年3月1日）

図5-1　原油先物（WTI）価格の推移

　このような今世紀に入って以後の原油価格の大きな変動の要因は何であろうか．08年ごろまではBRICsの登場による原油需給関係の変化があろう．しかし，需給関係の変化だけで，原油価格が03年ごろの30ドルを少し超える水準から08年前半期の130ドルを超える水準までに上昇するものだろうか．また，需給変化だけで14年前半期の100ドルを超える水準から16年初めの32ドルまで急落するものだろうか．本節は，リーマン・ショック以後の原油価格の推移とシェール・オイルの開発，アメリカの非伝統的金融政策（量的緩和政策，QE政策）の連関を検討しようとするものである．

(1)　QE政策による過剰資金の形成と原油価格（2009-14年）

　リーマン・ショックにより世界の成長率は急落し（前掲図4-1），先進諸国

は軒並みマイナス成長，新興諸国の落ち込みも大きかった．この全世界の成長率の急落が原油の需給関係を変化させ，図5-1に見られるように原油価格を，130ドルを超える水準から09年はじめに一挙に40ドルまで落ち込ませた主要因であることは確かである．しかし，それにしても落ち込みの変化が大きすぎる．需給以外に落ち込みを加速させた要因を検討しなければならない．

08年6月から09年2月にかけての急落は，リーマン・ショック以前にアメリカ金融市場に滞留していた過剰資金が原油市場に流れ込んでいたのが，リーマン・ショックにより逆流したことによる．つまり，リーマン・ショック以前にアメリカ金融市場に形成・滞留されていた資金はサブプライム・ローン関連にだけ向かっていたのではなく，BRICsの台頭と原油の需要増を背景に原油市場へも向かっていたのであるが，その資金が原油市場から流出したのである．

ところが，リーマン・ショックを受けてアメリカ当局は大規模な財政支出と非伝統的な金融政策（QE政策）の導入を行ない，リーマン・ショックの危機からの脱出をはかろうとする．この財政・金融政策は，リーマン・ショックによって発生したはずの金融損失額[2]を小さなものにした可能性が高い．前掲図4-9を見られたい．これはアメリカだけでなく全世界の金融資産残高を示したものであるが，08年には確かに，リーマン・ショックによって残高が減少している．しかし，09年にはショック前の水準を回復し10年には残高が増大している．内訳をみると，証券化ローン残高と金融機関債残高の成長率が落ち込みはしたものの残高がかなり残存し，他方，公債残高，株式時価総額，非証券化ローン残高の成長率が高まっている．つまり，リーマン・ショック後の危機対策はリーマン・ショック前に形成された過剰資金をかなり温存するとともに，新たな諸形態で過剰資金を創成したのである．

アメリカの財政状況は前掲図4-3，4-4を見られたい．金融機関等への救済支援と景気対策のために連邦財政赤字が一挙に膨らんだのである．金融政策は，これからやや詳しく見ていくように新たな過剰資金を生み出すばかりでなく，金融緩和状況をつくりだして財政赤字を支えることにもなっていく．

アメリカにおいては量的緩和政策（QE政策）が08年11月に導入される．その導入によって形成されるFRBの総資産が前掲図4-7および表5-1に示されている．導入の初めには流動債の購入が大部分であったが，09年初めに不

動産（モーゲージ）担保証券が
増加し始め，10 年末から財務
省証券が増加している．13 年
末の 4 兆 750 億ドルにのぼる総
資産の 54% が種々の財務省証
券で，37% がモーゲージ担保
証券である．量的緩和政策が終
了した 14 年末もほとんど比率
が変わらない（総資産は 4 兆
5500 億ドル強）．FRB が財務
省証券，モーゲージ担保証券を

表5-1　FRB 資産の状況

（億ドル）

	2013 末	2014 末	2015 末
FRB 信用	39.894	44.697	44.484
証券	37.630	42.475	42.420
財務省証券	22.088	24.614	24.616
連邦機関証券	572	387	329
モーゲージ担保証券	14.969	17.474	17.475
その他	2.264	2.222	2.064
外貨，金，SDR	400	373	360
政府紙幣発行残高	455	463	476
総　計	40.749	45.533	45.320

出所：Federal Reserve Statistical Release, H.4.1（Factors Affecting Reserve Balances）より．

諸金融機関等から購入しているのである．これらの購入によって財務省による
国債発行が容易になり長期金利を押し下げるとともに，不動産が担保になって
いる諸金融機関の貸付・証券等が不良債権化することがなくなり，リーマン・
ショックまでの不動産投資に関連する過剰資金が温存されることになった．

　それだけではない．FRB が銀行等から財務省証券，モーゲージ担保証券を
購入することにより銀行等は多額の「FRB 預け金」（Reserves of depository in-
stitutions）をもつことになる．そして，次にこの「FRB 預け金」がマネタリ
ー・ベースの大部分となり信用創造を発生させてマネーストックをどれぐらい
増大させるかが検討されなければならない．表 5-2 を見られたい．この表は，
QE 政策が導入される直前の 08 年 10 月から QE 政策が終了（14 年 10 月）し
た直後の 14 年 12 月末までのマネタリー・ベースとマネーストック（M2）の
推移を示している．08 年 10 月のマネタリー・ベースは 1 兆 1300 億ドル，マ
ネーストック（M2）は 7 兆 9300 億ドル，信用乗数は 7.02 である．08 年末に
はマネタリー・ベースが 1 兆 6500 億ドルに急増し，一方 M2 は 8 兆 2000 億ド
ルにしか増加せず，信用乗数は 4.95 に落ち込んでいる．以後，12 年末にはマ
ネタリー・ベースは 2 兆 7000 億ドル弱，M2 は 10 兆 4000 億ドルとなり，信
用乗数は 3.89 に落ち込んでいる．QE 政策終了直後の 14 年末のマネタリー・
ベースは 3 兆 9000 億ドル，M2 は 11 兆 6000 億ドル強となり，信用乗数は
2.95 にまでに落ち込んでいる．

138

表5-2　アメリカのマネタリー・ベースとマネーストック

(億ドル)

	マネタリー・ベース (A)	マネーストック (M2) (B)	(B)／(A)
2008.10	11,303	79,292	7.02
08.12	16,509	81,728	4.95
09.12	20,180	85,309	4.23
10.12	20,102	88,169	4.39
11.12	26,109	96,371	3.69
12.12	26,759	104,023	3.89
13.12	37,175	109,849	2.95
14.12	39,345	116,253	2.95
15.12	38,358	122,994	3.21
① 08.10～14.12 の変化	28,042	36,961	
②変化の倍数	3.48 倍	1.47 倍	

出所：Federal Reserve Statistical Release, H.3（Aggregate Reserve of Depository Institutions and the Monetary Base）and H.6（Money Stock Measures）より.

　つまり，マネタリー・ベースは FRB による国債（財務省証券），モーゲージ担保証券の購入等によって 08 年 10 月から 14 年末の期間に 3.48 倍に増加し，その間に信用乗数は低下しているが，いく分かの信用創造が進行しマネーストックは 7 兆 9300 億ドル弱から 11 兆 6000 億ドル強に増加した（1.47 倍）．具体的には，銀行等が「FRB 預け金」を準備金として貸出を行ない，預金債務（M2 の大部分）をつくりだし，新たな資金が創造されているのである．この資金が種々の金融市場，原油市場等へ運用されていく．

　原油市場に流入した資金は，11 年から 14 年前半まで 1 バーレル＝100 ドル前後の原油価格の高位水準を維持していく．その間，中国経済も好調であり，シェール・オイルの開発もまだ途上（後掲図 5-3）にあって，原油の供給過剰に至っていなかったのである．

　高位水準の原油価格は多額のオイルダラーを形成していく．しかも，オイルダラーの総額はアメリカの原油輸入額以上の規模になり，アメリカにおける過剰資金を追加していく．以下の過程が進行していくのである．図 5-2 を見られたい．アメリカはもちろんアメリカ以外の諸国が産油国へ原油代金を支払う（①＋②）．しかも，原油貿易はほとんどがドル建で行なわれている．その結果，アメリカへはアメリカ以外の諸国が輸入した原油代金も含めてアメリカに還流する（オイルダラー）．したがって，原油価格が上昇するほどより多くのオイ

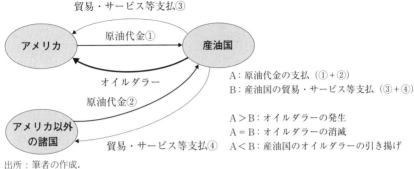

図 5-2　オイルダラーの発生と消滅

ルダラーが生まれアメリカに還流する．QE 政策で形成された過剰資金（M2）の一部が原油市場へ流れ込み原油価格が上昇すればより多くのオイルダラーがアメリカに流入して過剰資金が加増されるという循環が生まれるのである（「アメリカ過剰資金の循環」）．

なお，産油国の当局によるオイルマネーの運用は大半がイギリスやバハマ・ケイマンに所在する金融機関を通じるものになっている．それらの地域にある金融機関は産油国から委託（バハマ・ケイマンへの委託は実質的にはニューヨークの金融機関への委託）された資金の大半を対米証券投資，その他の形態でドルのまま運用している[3]．その結果，アメリカの国際収支表ではアメリカ民間部門の対外債務となり，アメリカ本土へのドル準備とは表示されない．

元に戻って，さらに次のこともいえる．原油などの大規模な一次産品市場がアメリカなどにあること，しかもそれらの産品がドル建で取引されていることが，アメリカでの投資対象を豊かにし，銀行の貸出を増加させマネーストック（M2，過剰資金）を増大させていくことになる[4]．これらの条件はアメリカ以外の先進諸国では乏しく，量的緩和政策が実行されてもアメリカほどのマネーストックの増加は進まないのである．リーマン・ショック以後の成長率においてアメリカのそれが相対的に高く推移してきた所以であろう（量的緩和政策の効果の差異）．ドルが基軸通貨であり続けるのはアメリカの経済規模が大きいだけでなく，原油などの大規模な一次産品市場がアメリカなどにあること，しかもそれらの産品がドル建で取引されており，アメリカでの投資対象を豊かに

140

していることに由来しているといえよう.

　非基軸通貨国の日本において量的緩和政策がアメリカほどに効果がなかったのは以上の条件の差があることに注目する必要がある. 米日の比較の意味で後掲の表 11-5 を示しておこう. この表は, 日本の「異次元の金融政策」が導入される前の 11 年末から 16 年 6 月までのマネタリー・ベースとマネーストック（M1＋準通貨＋CD）の変化を示している. 12 年に両者には大きな変化はない. しかし 12 年末から 16 年 6 月の期間に, マネタリー・ベースは 266 兆円以上増加しているのにマネーストックは 121 兆円弱しか増大していない. 信用乗数は 8.29 から 3.14 に落ち込んでいる. 日本の場合, 量的緩和政策をかなりのテンポで進めてもマネーストックはそれほど増加していない. マネタリー・ベースの増加よりもマネーストックの増加の方が小さい. アメリカの場合はマネタリー・ベースの増加額以上にマネーストックが増加しているのを先ほど確認した. また, QE 政策の期間にアメリカではマネーストックが 1.47 倍になっているのに反し, 日本の場合には「異次元の金融政策」が始まる直前の 12 年末から 16 年 6 月までの期間にマネーストックは 1.11 倍しか増加していない. このように, 日米の差異が出ている.

　なお, FRB は 14 年 10 月に量的緩和政策を終了させ, 15 年 12 月にゼロ金利政策もやめる「出口政策」を実施していく. その意図は, 本来の金融・財政政策の「有効性」を取り戻すということである. BIS は「83 回年報」（2013 年 6 月）において, 量的緩和政策の持続不可能なことを論じ, それからの脱却を提案していた[5]. そして, 次のように述べていた.「過度の国債残高は国債に対する市場の信用と信頼を失わせる. ……現在の債務水準を引き下げることにより, 政府は次の金融・経済危機が勃発したときに再び対応力をもちうるのである」[6]. そのうえで, 次のような趣旨を記している. 政府の借入は低金利政策によって可能となっており, 低金利政策は財政収支の改善を遅らせている[7].「現在の事態は金融的刺激策だけでは対応できない. 問題の根本は金融的事象ではないから」[8].

(2)　シェール・オイルの開発と原油価格

　さて, アメリカにおけるシェール・オイルの開発によって世界の原油の需給

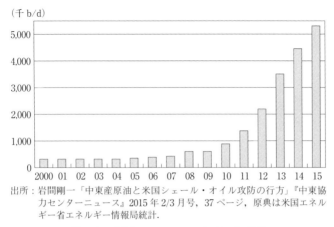

出所：岩間剛一「中東産原油と米国シェール・オイル攻防の行方」『中東協力センターニュース』2015年2/3月号，37ページ，原典は米国エネルギー省エネルギー情報局統計．

図 5-3 米国のシェール・オイル生産量

関係が変化しているのであるが，シェール・オイルの産出量は図5-3に示されている．この産出量の増大が世界的な原油過剰状態を作っていった．それに中国の経済減速の影響が加わり原油需給関係が変化していく．しかし，この需給の変化だけで14年後半以後の原油価格の急落は説明できないだろう．確かに，シェール・オイル開発と中国などの経済状況によって需給に変化してきたことが根本であるが，投資家がそれに大きく反応し原油市場から資金を引き揚げるという事態が14年後半以後の原油価格の急落を引き起こしているのである（16年1月には1バーレル＝32ドルへ）．ひるがえって，16年1月現在の原油価格は，過剰資金が流出したあとの原油の実際の需給関係をほぼ反映したものになっていよう．

　原油価格の急落は，オイルダラーを急減させた．サウジアラビアの国際収支表を見られたい（表5-3）．2011年から13年まで経常収支は大きな黒字（12年には最高額の1650億ドル弱）を記録していたが，14年には経常黒字が770億ドルに半減し（14年第4四半期には黒字はなくなっている），15年に入ると赤字に転落している．図5-1の原油価格は先物価格であるので，原油輸出額に反映するのは数か月遅れる．そのために，14年におけるサウジアラビアの輸出額の落ち込みは緩和されている．それほど大きくはない．大きく落ち込むのは14年第4四半期に入ってからである．14年第4四半期の輸出額は年換算で

表 5-3　サウジアラビアの国際収支

(億ドル)

	2012	2013	2014	2014 III	2014 IV	2015	2016
経常収支	1,648	1,354	769	166	14	−567	−249
貿易収支	2,466	2,226	1,839	464	281	443	584
輸出	3,884	3,759	3,423	874	672	2,035	1,823
輸入	1,418	1,533	1,585	411	391	1,593	1,239
サービス収支	−624	−648	−847	−249	−208	−736	−552
第 1 次所得収支	110	136	165	49	37	173	152
第 2 次所得収支	−304	−359	−387	−98	−97	−447	433
金融収支（外貨準備を除く）	64	574	589	126	170	429	−67
誤差・脱漏	−424	−86	−102	−72	35	−147	−612
外貨準備	1,158	691	75	31	−122	−1,154	−803

出所：IMF, *International Financial Statistics*, Aug 2015（2012-14 年）April 2017（2015），June 2017
（2016）より．

2700 億ドルと 13 年の輸出額の 70% 強にすぎない．輸入額は 14 年にもほぼ同
じ水準で推移しているから，14 年第 4 四半期の貿易収支黒字は年換算で 14 年
の半分にまで落ち込んでいる．第 1 次所得収支黒字，サービス収支の赤字，第
2 次所得収支赤字は 13 年から 15 年にかけてほぼ同じ水準で推移しているから，
結局，経常収支の変化を規定しているのは輸出額の変化だといえる．

　経常収支の悪化は，サウジアラビアの場合，外貨準備の増加テンポの落ち込
み（14 年），大きな減少（15 年）となっている．外貨準備の増加が 12 年には
1200 億ドルであったのが，13 年には 700 億ドル弱に，14 年には 75 億ドルに
（第 4 四半期にはすでに減少が始まっている，122 億ドル），そして，15 年には
1154 億ドルもの大きな減少になっている．オイルダラーが引き揚げられてい
るのである．

　再度図 5-2 を見られたい．産油国にはアメリカとそれ以外の国から原油代金
（①＋②＝A）が入るが，他方，財・サービスの輸入のための支払い，第 2 次
所得収支の赤字（③＋④＝B）があり，A＞B の場合，（A−B）がオイルダラ
ーとなってイギリス，バハマ・ケイマンの金融機関を通じるか，直接的にかは
別にしてアメリカに還流する．しかし，A＜B になればアメリカから資産の引
き揚げとなる．

2015 年からは A＜B の事態になってオイルダラーは消滅し，アメリカから資産が引き揚げられ一時アメリカ株価の下落を引き起こした．また，後述するが，オイルダラーの消滅によってアメリカ経常赤字の今後のファイナンスに困難が予想される．前述した「アメリカの過剰資金の循環」は，オイルダラーの消滅によって鈍い回転になっていると考えられる．さらに，FRB の QE 政策の終了，金利引き上げ（「出口政策」）によって，過剰資金の発生のテンポはやや抑制気味になっていよう．表 5-2 を再度見られたい．15 年にはマネタリー・ベースが少し減少し，M2 の増加のテンポも前年と同じ程度になっている．「アメリカの過剰資金の循環」がアメリカの先進諸国のなかでの相対的に高い成長率を実現してきたのであるが，オイルダラーの消滅によってこの「循環」のこれまで以上の進行がなくなり，「循環」の停滞が生じはじめると，アメリカの相対的に高い成長率も以前の率の達成が困難になろう．「出口政策」のアメリカの対外収支，経常赤字のファイナンスにとっての影響を論述しながら，それについては再度後述しよう．

(3)　アメリカとサウジアラビアがライバル関係に

2016 年 1-2 月の原油価格は先に記したように，原油の実際の需給をほぼ反映したものであろうが，その需給を左右している要因はさまざまである[9]．第 1 にシェール・オイル開発が考えられる（中国の要因については後述）．図 5-4，前掲図 5-3 に示されているようにアメリカの原油生産量が伸びており，その増産の大部分がシェール・オイルである．この開発が原油の世界的な需給関係を変化させたことは間違いないし，1970-80 年代には密接な協力関係の下で「密約」もあったとされる[10] アメリカとサウジアラビアの関係をライバル関係に転化させた．この関係の変化により，サウジアラビアは原油の減産に踏み込むことが出来なくなった．減産を行なって原油価格が上昇すればシェール・オイルの開発がさらに進み，原油供給においてアメリカの地位を高め，サウジアラビアの地位を低めることになるからである．

シェール・オイルの生産コストがサウジアラビアの生産コスト（1 バーレルあたり 4〜10 ドルとみられている[11]）よりもかなり高く，1 バーレルあたり 30 〜50 ドルと考えられている[12]．そのために，原油価格が 30 ドル台で推移して

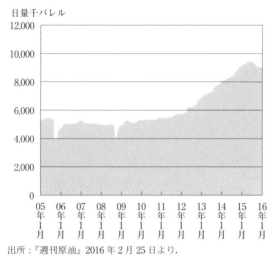

出所:『週刊原油』2016年2月25日より.
図 5-4　2005 年以降の米国原油生産量

いけば，シェール・オイルの開発企業の経営悪化が予想される．アメリカの石油関連企業の債務残高は，全産業部門の債務残高よりも09年を境に伸び率が高まってきており（図 5-5），とくに中堅企業の資産に対する債務の比率が高くなっている（図 5-6）．シェール・オイル企業に債務不安があったことは確かであろう．

　他方，シェール・オイルの減産が起こると，原油の需給関係は改善し原油価格が上昇に向かうことも考えられるが，シェール・オイルの生産コストは日々低減してきているという[13]から，サウジアラビア等は減産を行ないにくい．それゆえ，原油価格が 14 年以前のように高位水準を維持することは当面は考えられない．むしろ，シュール・オイルの生産コストの低減に左右されながらのシュール・オイルの生産量と産油国の減産の合意次第で 50 ドル前後で推移していくのではないだろうか．また，アメリカとサウジアラビアが原油をめぐってライバル関係に入っていく（アメリカの 15 年 12 月の原油輸出解禁はライバル関係をより厳しいものにしたであろう）ことによって，中東地域の政治的不安定が増す危険性もある[14]．さらに，長期的には産油国の一部はアメリカとの対抗上，欧州への原油輸出をユーロ建に変えていく可能性も考えられる．欧

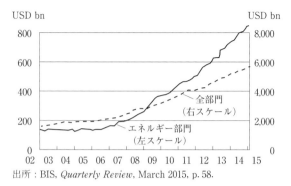

出所：BIS, *Quarterly Review*, March 2015, p. 58.

図 5-5　米企業の社債発行残高

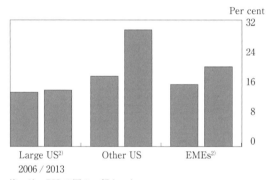

注：1）　BIS の図の一部カット．
　　2）　2013 年時点で 250 億ドル以上の資産を保有する企業．
出所：同上．

図 5-6　石油・ガス企業の資産に対する負債の比率[1]

州で消費される原油の取引がユーロ建になれば，ドルの基軸通貨としての優位性が低下しよう[15]．

2. 中国の経済減速と外貨準備の減少

(1) 中国の外貨準備の減少

以上に述べてきた要因以外に，15 年からの国際マネーフローと米経常赤字のファイナンスに大きな影響を与えているのは中国の経済減速に伴う外貨準備

146

表5-4 中国の国際収支

(億ドル)

	2010	2011	2012	2013	2014	2015	2016 Q1	2016
経常収支	2,378	1,361	2,154	1,482	2,774	3,306	393	1,964
貿易収支	2,455	2,361	2,977	3,590	4,350	5,670	1,039	4,941
サービス収支	−225	−541	−659	−1,236	−1,724	−1,824	−576	−2,442
第1次所得収支	−259	−703	−199	−784	133	−454	−41	−440
第2次所得収支	407	245	34	−87	14	−87	−28	−95
資本移転等収支	46	54	43	31	0	3	−1	−3
金融収支（外貨準備を除く）	−2,823	−2,600	360	−3,430	514	4,856	1,233	4,170
直接投資	−1,858	−2,317	−1,762	−2,179	−1,450	−621	163	466
資産	872	999	1,194	730	1,231	1,878	574	2,172
負債	2,730	3,316	2,956	2,909	2,681	2,499	411	1,706
証券投資	−241	−195	−478	−528	−824	665	409	622
資産	76	−62	64	54	108	732	220	1,034
負債	317	133	542	582	932	67	−189	412
金融派生商品	…	…	…	…	…	21	−10	47
その他投資	−724	−87	2,601	−722	1,787	4,791	672	3,035
資産	1,163	1,836	2,317	1,420	3,289	1,276	287	3,336
負債	1,887	1,923	−284	2,142	502	−3,515	−385	301
誤差・脱漏	−530	−138	−871	−629	−1,083	−1,882	−392	−2,227
外貨準備	4,717	3,878	966	4,314	1,178	−3,429	−1,233	−4,436

出所：IMF, *International Financial Statistics*, 2014 Yearbook（2010年），July 2015（2011-12年），
　　April 2017（2013-15年），June 2017（2016年）より．

の減少である．

　中国の詳しい国際収支を示した表5-4を見よう．15年においても経常収支黒字は3300億ドルを超えているが，金融収支（外貨準備を除く）が15年に入って大きなプラス（資金流出）に転換している．金融収支の内訳をみると，「その他投資」の負債がマイナス（海外資金の流出）になっていることが目立っており3500億ドル以上である．また，中国からの対外証券投資も増大している．さらに，居住者による資金の持ち出しを反映していると考えられる「誤差・脱漏」が14年から増大し，15年には2000億ドル近くにもなっている．中国から内外の民間資金が流出しており，逃避的な流出とみられる．

　以上の結果，外貨準備に大きな変化が現われている．13年まで多額の増加で13年には4300億ドルにもなっていたのが，14年に外貨準備の増加が1200

第 5 章　オイルマネー，ドル準備の減少と対米ファイナンス　　147

億ドルに落ち込み，15 年には 3400 億ドルの減少となっている．15 年に入って中国の国際収支構造が大きな転換点にあることを確認できよう．それが中国のどのような国内経済の変容によるものかは本章では対象外となるが，リーマン・ショック後の中央政府・地方政府による財政を使った景気対策が過剰投資・過剰インフラを発生させていることに起因していることは確かであろう．

　16 年には，経常黒字が 2000 億ドル弱に減少し，外貨準備を除く金融収支が 4200 億ドル近い大きな資金流出となっている．その主たるものは「その他投資」の資産が 3300 億ドルと大半を占めている．15 年には，「その他投資」の負債で流出であったのと対照的である．15 年には海外資金が流出したのに対し，16 年には国内資金が流出しているのである．居住者による資金の持ち出しを反映していると考えられる「誤差・脱漏」が 16 年にも 2200 億ドルを超えている．中国の居住者による海外への資金の持ち出しが止まらないものと思われる．その結果，外貨準備が 4400 億ドルを超える減少になっている．

　この海外資金の流出，国内資金の逃避は 1990 年代後半のアジア通貨危機と似た性格をもつものである．前の拙稿[16]で示したように，中国当局はリーマン・ショック以後，内外の証券投資を管理のもとにおきながら認可してきた．つまり，中国当局は海外の諸金融機関にライセンスを与え認可された金額内で対内証券投資を認め（QF II），本土内の諸金融機関にもライセンスを与え認可された金額内で対外証券投資を認めてきた（QD II）．また，ライセンスと運用枠を設定した下での中国本土と香港等のオフショア市場との間のクロスボーダー人民元建証券投資（RQF II，RQD II），さらに，上海と香港との間での「相互株式投資制度」（上海・香港ストックコネクト，投資枠の設定がある）を新設してきた（14 年 11 月）．これらの事態は人民元の「管理された国際化」といわれる事態である．これらの内外資本投資の認可後，いったん中国本土内に投資された資金が 15 年には大量に流出した．そればかりでなく，16 年には居住者による大量の資金逃避が生まれている．その結果，外貨準備も減少もかつてない額になっている．

　ただ，中国の場合，経常黒字が大きく，また，多額の外貨準備を保有しており，15，16 年の資金流出が中国経済に決定的な打撃を与えるという事態にはなっていない．この点でアジア通貨危機のような危機的な事態とは異なる．し

かし，このまま数年にわたって国内資金が流出し外貨準備が減少していけば，重大な局面を迎える危険性もあるだろう．

(2) 人民元相場の下落の影響

中国からの資金流出を受けて，図 5-7 に示されているように人民元相場が低下してきている．13 年秋には 1 ドル＝6.035 元の最高値を記録したのち，人民元相場はゆるやかに低落し，16 年 2 月末には 6.57 元にまで低落し，17 年初めには 7.00 元近くまでになっている．中国当局は 15 年 8 月には為替レートの基準値の改定に踏み切ったと報じられているし[17]，15 年秋以来，人民元相場維持のために当局による為替市場介入（ドル売・元買）が連続して実施されたという報道が伝わってくる[18]．

人民元相場の低落は，いくつかの面に影響が現われてくるだろう．対外的な面に絞って以下にみよう．第 1 は，人民元の「国際化」である．人民元の「国際化」は人民元相場の上昇を前提に進んできたものである．中国当局は資本取引に強い規制をとっていたのでリーマン・ショック前には人民元の海外流出はほとんど起こらなかった．ところが，リーマン・ショック後，当局は香港における人民元建債券の発行，人民元による経常取引の対外決済，QFⅡ，QDⅡ，RQFⅡ，RQDⅡ，「上海・香港相互株式投資制度」などの「管理の下」での人民元の国際化措置を進めてきた．それらを可能にしたものは，「一国二制度」にある香港の居住者による香港ドルの人民元への転換の認可（1 日当たり 2 万

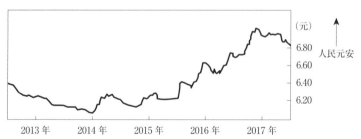

出所：http://jp.reuters.com/investing/currencies/quote?srcAmt=1.00&srcCurr=USD&destA...（2017 年 7 月 27 日）．一部改変．

図 5-7 米ドル―人民元の相場

元，14 年 11 月に上限の撤廃），各国との通貨スワップ協定などであるが，人民元の流出の主流は香港居住者の人民元への転換を通じてのものである．しかし，この転換は人民元相場が上昇しているときには香港居住者にとって有利であるが，人民元相場が下落すると為替損が発生し香港居住者による転換が不利となり，香港における人民元資金が減少して人民元の諸取引が減少していく．香港金融管理局（HKMA）によると，香港における人民元預金は 17 年 1 月には 5225 億元にまで落ち込んでいる[19]（14-15 年には 1 兆元近くあった）．人民元の「国際化」が進まなくなるのである[20]．

　次に中国の外貨準備による対米ファイナンスが減少するという事態である．中国の経常黒字の大半はドル建である．中国当局は，09 年にクロスボーダー人民元決済を認めるが，それ以前は国際取引のほとんどすべてがドル建であり，09 年以後も約 75% が外貨建であり，そのほとんどはドル建だと考えられる．また，表 5-4 が示すように金融収支（外貨準備を除く）も 13 年までは資金流入（赤字）で，経常黒字とあいまって膨大な外貨準備が形成された．そのほとんどがドル建であるからユーロダラー市場において保有される部分も含め，結局はアメリカに流入してアメリカの経常赤字をファイナンスすることになる[21]．ところが，15 年になって海外から中国へ流入していた資金が流出し，中国のドル準備が減少しているのである．16 年にはもっと大きい額のドル準備が減少して 15，16 年には中国による対米ファイナンスは行なわれていない．

　さらに，中国の世界戦略への影響が考えられる．中国は，リーマン・ショックによってドル準備の一部の損失を蒙ったが，ドル準備のこれ以上の累積を避けるために，人民元の「国際化」のための諸措置を実行し，また，ドル準備をアフリカ，南アジア等への援助資金に使ったり，アジア・インフラ投資銀行への資金拠出，さらには一帯一路構想へ使うなど中国の世界戦略に使用しようとしている．しかし，ドル準備が減少する事態になってきて，これらの戦略に以前想定されていたほどの額のドル準備を使うことが出来るのかという問題も出てきている．

3. アメリカへの資金流入の減少と米経常赤字のファイナンス

(1) アメリカへの資金流入の減少

さて，オイルダラーの消滅，中国の外貨準備の減少によってアメリカに流入する海外資金は大きく減少し，また，引き揚げられていく．アメリカの経常赤字が継続していくと，その赤字のファイナンスは変容せざるを得ない．シェール・オイルの開発と原油価格の急落によって，確かにアメリカの石油関連の貿易収支は改善している（図5-8）．13年第4四半期に石油関連の貿易収支は約500億ドルの赤字であったが，15年の第3四半期にはその赤字は200億ドルほどに減少している．しかし，非石油関連収支の赤字は13年第4四半期の1200億ドルぐらいから15年の第3四半期の約1700億ドルに増加して貿易収支赤字全体は微増している．

アメリカの国際収支全体を表示した表2-2，表5-5をみよう．経常収支赤字は13，14年に4000億ドル弱で15，16年は4000億ドルを大きく超え5000億

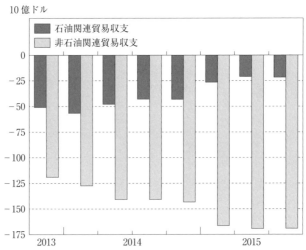

出所: *Survey of Current Business*, Jan. 2016. U.S. International Transactions, chart 5 より．

図 5-8　石油関連貿易収支と非石油関連貿易収支

ドル近くになっている．したがって，経常赤字はやはりファイナンスされなければならない．そこで金融収支（「投資収支」と対外国公的機関債務の計）の概要であるが，大きな構造変化が生じている．金融収支は13年に4000億ドルの資金流入であり経常赤字をファイナンスしているが，負債項目を見ると，外国公的機関に対する債務（ドル準備）が3100億ドルと金融収支全体の大部分になっている．負債項目のうち，外国公的機関に対する債務を除く「投資収支」の負債はオイルダラーの流入，ドル建黒字諸国のアメリカへの投資＝「債務決済」，さらに米のドル建投資の「代わり金」が転態した諸投資であろう．後述するように，ユーロ諸国，日本はドル建経常黒字をもっていないし，アメリカへのユーロ，円をドルに換えての投資を，あっても少額しか行なっていないからである．オイルダラー，「債務決済」，「代わり金」による諸投資（「投資収支」の対米投資）に外国公的機関に対する債務を合計すると，金融収支の負債総額は1兆ドル強の赤字となっている．

　ところが，14年から金融収支の構造は大きく変化してくる．通年の統計では把握しにくいので四半期ごとの国際収支表を提示しよう．表5-5である．第4四半期に外国公的機関に対する債務（ドル準備）は引き揚げ（149億ドル）となり，負債の「その他」も少額（726億ドル）となって負債全体が577億ドルにとどまり，金融収支全体の赤字（ネットの資金流入）は160億ドルときわめて少ない額になっている．この期の経常赤字は「統計上の不一致」（554億ドルの流入）とデリバティブ取引（317億ドルの流入）による資金流入によって埋め合わされるという異常なかたちをとっている（「統計上の不一致」の（＋）は資金流入）．このパターンは15年の第1四半期，第2四半期にややゆるむが，第3四半期により大きな規模で生まれている．ドル準備は1600億ドルの引き揚げとなり，金融収支の「負債」がマイナス（海外資金の引き揚げ）の357億ドルとなっている．他方，アメリカの対外投資が959億ドルもの引き揚げとなり，これが金融収支のマイナス（ネットの資金流入）を生み出し経常赤字の一定部分をファイナンスしている．第4四半期にもほぼ同様のパターンになっている．しかし，これではファイナンスしきれず経常赤字の埋め合わせの大部分が「統計上の不一致」[22]によるものとなっている．

152

表 5-5　アメリカ

	ライン[4] ①　②	2013	2014 I	II	III
経常収支	30.101	−3,768	−964	−920	−979
貿易収支	32.103	−7,026	−1,843	−1,881	−1,831
サービス収支	33.104	2,242	589	594	572
第 1 次所得収支	34.105	2,245	583	579	617
第 2 次所得収支	35.106	−1,229	−293	−213	−338
金融収支		−3,980	−1,202	−441	−49
資産[2]	19.61	6,439	1,517	2,391	3,596
負債[3]	24.84	10,420	2,719	2,833	3,645
対外国公的機関	Table9.1	3,095	204	441	508
その他		7,325	2,515	2,392	3,137
デリバティブ取引	28.99	22	61	−45	−243
統計上の不一致	29.100	−187	−176	434	687

注 : 1)　2014 年からの新形式.
　　2)　準備資産を含む.
　　3)　対外国公的機関に対する負債は Table9.1 のライン 1,「その他」は Table1.1（Table1.2）のライ
　　4)　①は Table1.1 のライン, ②は Table1.2 のライン.
出所 : *S.C.B*, July 2015, April 2016 より.

(2)　米経常赤字のファイナンスの変容

　以上のように，14 年後半からの原油価格の急落，中国の外貨準備の減少に
よってアメリカの金融収支は大きく変化し，経常赤字のファイナンスの状況が
変容してきている．他方，原油価格の急落によって非産油諸国の原油代金の支
払が少なくなり，ドル建対外収支は改善しているかもしれない．国際諸取引の
大部分をドル建で行なっている諸国のドル建収支の改善から，その一部が「債
務決済」などのかたちをとってアメリカに流入している可能性がある．つまり，
産油国が保有しているドルの非産油のドル建国際取引を行なっている諸国への
移転と対米投資の増加である．

　しかし，表 5-5 を見ても金融収支の負債項目のうち外国公的機関に対する負
債を除く「その他」負債は 14 年第 3 四半期までは大きな額であったが，それ
以後，かなり減少している．14 年第 3 四半期までは「その他」負債は大部分
がオイルダラーであったが，以後，それが減少して代わりに国際取引の大部分
をドル建で行なっている非産油諸国のドル建収支の改善から形成された「債務

第 5 章　オイルマネー，ドル準備の減少と対米ファイナンス　　153

の国際収支[1]

（億ドル）

| | 2014 | | 2015 | | | | 2015 |
IV	I~IV	I	II	III	IV	I~IV
−1,031	−3,895	−1,180	−1,108	−1,299	−1,253	−4,841
−1,860	−7,415	−1,922	−1,893	−1,905	−1,873	−7,593
576	2,331	579	562	519	535	2,196
600	2,380	501	531	454	428	1,913
−348	−1,192	−338	−308	−367	−343	−1,356
−160	−1,853	−198	−621	−602	−417	−1,838
417	7,921	3,215	1,427	−959	−1,261	2,422
577	9,774	3,413	2,048	−357	−844	4,260
−149	1,004	447	792	−1,594	−743	−1,099
726	8,770	2,966	1,256	1,237	−101	5,359
−317	−544	−401	18	7	123	−254
554	1,499	581	504	704	959	2,749

ン 24（84）から対外国公的機関に対する負債を差し引いたもの.

　「決済」が増大しているという統計値は出ていない.「その他」負債が大きく減
少しているのである.「統計上の不一致」のなかにその「債務決済」部分が含
まれている可能性がないわけではないが，それら諸国のドル建収支が改善して
いるという明確な証は確認できない. というよりも，原油価格の急落と中国の
経済減速によって，それら諸国の経済状況も悪くなり，経済成長が落ち込んで
いる可能性の方が大きいであろう. アメリカの金融収支の資産の数値が小さく
なり（14 年第 4 四半期には 417 億ドル），15 年第 3 四半期のように引き揚げと
なっているのは，アメリカの「出口政策」によって新興諸国，途上国からアメ
リカへ資金が逆流していることを示すもので，これらの諸国の経済成長が停滞
し対米投資も伸び悩んでいる.
　他方，ユーロ地域，日本はドル建の黒字を保有していないから[23]，原油支払
額の減少[24]はユーロ，円をドルに替えての原油支払額が少なくなるだけであ
り，これらの諸国のドル建収支の改善が対米投資に直結するものではない. 日
本の通貨別貿易収支は後掲表 11-3 に示されている. 13 年下半期に 12 兆 4000

表5-6 日本の対米国際収支[1]

(兆円)

| | 2014 | 2015 | | | | 2015 | 2016 |
		I	II	III	IV		
① 日本の対米投資	−3.05	5.65	−0.74	8.06	4.50	17.47	19.17
② 米の対日投資	−9.23	1.21	−1.80	1.22	1.40	2.03	−10.32
③ ①−②	6.18	4.44	1.06	6.84	3.10	15.44	29.49
④ 日本の対米経常収支	11.48	3.63	2.82	3.33	3.51	13.29	12.72

注:1) ①②欄は金融収支,ただし外貨準備は除く.
出所:財務省「地域別国際収支状況」より.

億円にものぼっていたドル建赤字は15年上半期に7兆7000億円に改善している.この改善のほとんどは「その他地域」に対するもの[25]で,「その他地域」は中東,中南米,オセアニアなどであるから,原油価格の急落によるものであることがはっきりしている.

アメリカの地域別国際収支を示す前掲表2-6を見ると,アメリカからユーロ地域への投資額が14年の3340億ドルから15年に920億ドルに減少し,逆に,ユーロ地域の対米投資が14年に4230億ドル,15年に減少したが,16年には4720億ドルに増加している.ユーロ地域はドル建貿易・サービス収支黒字をもっていないから,しかも,アメリカの対ユーロ地域へのドル建投資が一部あっても,それ以上にユーロ地域の対米投資があるから,ユーロ地域の対米投資はユーロをドルに換えての投資となる.一方,この表には15年の日本の対米投資はアメリカの対日投資を下回っているように示されているが,表5-6の日本の地域別国際収支表では15年第1四半期から対米投資が増加している[26].対米・金融収支のネット額(日本からの流出)で,15年第1四半期4兆4400億円,第2四半期1兆600億円,第3四半期6兆8400億円などとなっている.16年には収支で29兆円を超える対米投資となっている.このすべてが,円をドルに換えての対米投資ではないであろうが,かなりの部分は円をドルに換えての投資であろう(第11章で後述).

以上から,1990年代後半期までに見られた欧州,日本の欧州諸通貨,円をドルに換えての対外投資による対米ファイナンスのかたち[27]が「復活」しているのである.今後,FRBの「出口政策」の進展に伴い米と欧州・日本の金利差がさらに大きくなり,ドル高が進めばユーロ,円をドルに換えての対米投

第5章 オイルマネー，ドル準備の減少と対米ファイナンス　　155

資が増加する可能性があるだろう．とはいえ，ユーロ，円をドルに換えての対米投資は，金利差，為替相場に強く影響されるので，それらが今後どのように推移していくかを注視しなければならない．新興諸国・途上国の「債務決済」のかたちでの対米ファイナンスの地位が低下してきているから，EU，日本の対米投資が伸びなければアメリカ経常赤字のファイナンスが困難をきたし，米の対外投資の引き揚げがファイナンスの一部を担うことになろう．

4. 2015，16年のアメリカ国際収支の「概念上の区分」

以上，みてきたように種々の要因が複雑に絡みながら，2014年以後，国際マネーフローと対米ファイナンスの様相が変化してきており，これらが世界，アメリカの成長率にも影響を与えよう．本章で述べてきたことからいくつかの主要点が以下のように指摘できよう．

第1に，アメリカ，ヨーロッパ，日本で量的緩和の金融政策が導入されてきたが，改めて，中央銀行はマネタリー・ベースを直接左右させることはできるが，マネーストックを左右させることはなかなかむずかしいということが確認できよう．しかし，量的緩和政策が米日の間では少し異なる事態を生み出している．それは，アメリカ国内はもちろん世界の各地にドル建の原油などの1次産品市場等があり，それらの市場への投資のためのドル資金需要があって，アメリカのQE政策は日本の「異次元の金融政策」よりも多めのマネーストックを創出させることができ，そのことが日米間の成長率の差をも生み出した（基軸通貨国の有利さ）．

第2に，2014年後半までの原油価格の高水準とそれ以後の急激な下落は，シェール・オイル開発などの原油の需給関係の変化だけでなく，リーマン・ショックにもかかわらず，アメリカのなどの財政・金融政策により残存した過剰資金と，QE政策により新たに創出された過剰資金の動向によるものである．

第3に，シェール・オイルの開発によってアメリカとサウジがライバル関係に転化したことにより，原油価格が14年前半期以前のような高水準に戻ることはかなりの期間予想できないし，中東地域の政治的関係にも影響が出てくる可能性がある．また，OPECの一部には原油取引のユーロ建化を指向する諸

国も出てくる可能性があろう.

第4に，中国の外貨準備の減少と人民元相場の下落は，人民元のSDR構成通貨化にもかかわらず，リーマン・ショック後に当局が進めてきた「人民元の国際化」を遅らせることになろう．しかし，中国の外貨準備高は依然巨額であり，それを散布しながら中国の世界戦略を進めようとする政策は進められよう．

第5に，アメリカの「出口政策」は，新興諸国・途上国から資金を逆流させ（アメリカの金融収支の資産が15年第2四半期に減少し，第3四半期にマイナスになり，これが米経常赤字のファイナンスにつながっている），それらの地域の経済成長を低下させる可能性がある．また，「出口政策」はドル高と米と欧・日間の金利差を生み出し，オイルダラーの消滅，中国のドル準備の減少とあいまって，ユーロ，円をドルに換えての投資を増大させ，1990年代までの対米ファイナンスのパターンを「復活」させた．

以上の5点を「むすび」として指摘し，そのうえで，最後に第2章の末尾で行なったアメリカ国際収支の「概念上の区分」に基づき2015，16年の区分の概要を示しておきたい．15年の国際収支の諸特徴は以下である（符号については第2章第3節をみられたい）．まずは，米の対外投資の方から．①米の対外直接投資は3500億ドル（表2-2）であるが，直接投資は現地通貨であるからcあるいはdであり，aではありえない．②米の対外証券投資は1500億ドル（同）であるが，一部ユーロダラー債，外債などのドル建債（a）が含まれているようが，大部分は外国証券であるから外貨建である，したがって，一部はaであるが，大部分はcまたはdである．③米の「その他対外投資」は2700億ドルの引き揚げ（同）となっている．この大部分は銀行等によるものであるから，aまたはcがほとんどであろう．

以上から，米の対外投資の区分は，aについては，②の対外証券投資に一部にあるものの，③の「その他投資」の引き揚げによってこれまでには見られなかったマイナスになっていよう．cについては，直接投資（かなり大きな額），対外証券投資で大きな額になるが，一部「その他投資」の引き揚げで減少する．dについては直接投資，対外証券投資で一部存在しうるが，為替リスクが伴うからcよりも少ない額になろう．

次に対米投資であるが，④直接投資が3800億ドルにのぼっているが（表

2-2)，これは a，A_1，b_1 によるものである．しかし，上にみたように a は米の引き揚げ（マイナス）である．また，ドル建経常黒字を保有している途上国の直接投資（原資は A_1）は中国以外にはそれほど多くはないだろう．したがって，多くの部分は先進諸国の直接投資であり b_1 によるものとなる．⑤対米証券投資は 4700 億ドル（同）で，a，b_1，A_1+A_2e のいずれの可能性もある．しかし，a については同じ理由で 15 年についてはあり得ない．また，中国，産油国のドル準備が減少しているから A_1+A_2e はかなり少ないと考えられる．とはいえ，中国，中国・日本以外のアジア諸国の経常黒字があるから，一部は A_1+A_2e であろう．しかし，全体としては b_1 がかなり大きな額になっているはずである．⑥「その他投資」は 3600 億ドルの引き揚げ（同）になっているが，a，b_1，c もありうるが，ユーロダラーにおかれているドル準備（A_2e）の減少が大きくなっている可能性が高い．

　最後に，「債務決済」（A_1+A_2e）を考えよう．表 5-4，5-5 からサウジアラビア，中国の外貨準備（それらのかなりの部分はユーロダラー市場において保有，A_2e）の減は計で 4600 億ドルほどにのぼっている．他方，在米ドル準備の減少は約 1000 億ドルである．したがって，ユーロダラー市場でのドル準備保有（A_2e）の減は 3600 億ドルほどになっている．しかし，中国の経常黒字は 3300 億ドルにのぼり，それに照応して対外投資も大きな額になっている．かなりの額の A_1 が形成されているはずである．また，サウジアラビア，中国以外のドル建経常黒字保有国があるから，かなり恣意的であるが，A_1+A_2e をゼロとしておきたい．

　以上から，あいまいな恣意が含まれるが，以下のように暫定値を示そう．a はマイナスの 1600 億ドル，b_1 は 4000 億ドル，c は 2500 億ドル，d は 1400 億ドル，A_1+A_2e はゼロである（表 5-7）[28]．

　同じように 2016 年について考えよう．米の対外投資の方から．①米の対外直接投資は 3500 億ドル（表 2-2）であるが，直接投資は現地通貨であるから c あるいは d であり，a ではありえない．②米の対外証券投資は 200 億ドルにとどまっている（同）が，一部ユーロダラー債，外債などのドル建債（a）が含まれていようが，大部分は外国証券であるから外貨建である．したがって，一部は a であるが，大部分は c または d である．しかし，金額は極めて少ない．

表5-7 2015, 16年のアメリカ国際収支の概念的概算値[1]

(億ドル)

	2015	2016
(1) 経常収支（Table1.1のライン30）	−4,600	−4,800
(2) 民間投資収支	−2,600	−6,700
①対米投資（表2-2参照）	4,900	10,000
ア）債務決済（$A_1 + A_2e$）	0	1,000
イ）米のドル建投資によって発生する「代わり金」（a）	−1,600	−300
ウ）外貨をドルに換えての対米投資（b_1）	4,000	6,300
エ）米による「外貨−外貨」投資のための外貨資金調達（c）	2,500	3,000
②米の対外投資（表2-2参照）	2,300	3,300
ア）ドル建対外投資（a）	−1,600	−300
イ）米による「外貨−外貨」投資（c）	2,500	3,000
ウ）ドルを外貨に換えての対外投資（d）	1,400	600
(3) 米の対外国公的機関債務（Table9.1, A_2d）	−1,000	−2,400
(4) 米の公的準備資産（Table1.1のライン23, X）	0	0
(5) 統計上の不一致（Table1.1のライン29）	2,700	700

注：1）（−）（＋）は2014年以降の新方式.
出所：表2-2, 2-6, 表5-4, 5-5などをもとに筆者作成.

③米の「その他投資」の対外投資は400億ドルドルの引き揚げ（同）となっている．この大部分は銀行等によるものであるから，aまたはcがほとんどであろう．しかし，金額は小さい．

以上から，米の対外投資の区分は，aについては，②の対外証券投資が一部にあるものの，③の「その他投資」が引き揚げであるから少しの額の引き揚げになっていよう．cについては，直接投資で大きな額となっており，証券投資，「その他投資」自体がきわめて少ない額であるから，cのほとんどは直接投資であろう．dについては直接投資，対外証券投資（きわめて少ない額）で一部存在しうるが，為替リスクが伴うからcほどの大きな額にはならないだろう．

次に対米投資であるが，④直接投資が3800億ドルにのぼっているが（表2-2），これはa，A_1またはb_1によるものである．しかし，上にみたようにaは米の引き揚げ（マイナス）であるから，A_1またはb_1によるものとなる．⑤対米証券投資は5700億ドル（同）で，a，b_1，$A_1 + A_2e$のいずれの可能性もある．しかし，aについては同じ理由で16年についてはあり得ない．また，中国，産油国のドル準備が減少しているからA_2eはない．しかし，中国の直接投資が伸びている（表5-4）からA_1が一定額になっていよう．b_1が15年以上

第 5 章 オイルマネー，ドル準備の減少と対米ファイナンス

にかなり大きな額になっているはずである（表 2-6 によると EU，日本の対米投資は合計で 7300 億ドルとなっている）．⑥「その他投資」はほぼゼロになっている（同）．

最後に，「債務決済」（$A_1 + A_2e$）を考えよう．表 5-4，5-5 からサウジアラビア，中国の外貨準備（それらのかなりの部分はユーロダラー市場において保有，A_2e）の減は計で 5200 億ドルにのぼっている．他方，在米ドル準備の減少は約 2400 億ドルである．したがって，ユーロダラー市場でのドル準備（A_2e）の減は 2800 億ドルほどである．しかし，中国の経常黒字は 2000 億ドルにのぼっている．それに照応する A_1 が形成されているはずである．また，サウジアラビア，中国以外のドル建経常黒字保有国があるから，かなり恣意的であるが，$A_1 + A_2e$ をとりあえず 1000 億ドルとしておきたい．

以上から，多くの恣意が含まれるが，以下のように暫定値を示そう．a はマイナスの 300 億ドル，b_1 は少し過大気味だが 6300 億ドル，c は 3000 億ドル，d は 600 億ドル，$A_1 + A_2e$ は 1000 億ドルとしよう（表 5-7）．

15，16 年とも，債務決済（$A_1 + A_2e$）が大きく減少し，米国内に置かれている準備（A_2d）もかなり大きな額の引き揚げになっている．代わって西欧・日本等の外貨をドルに換えての対米投資が大きな額になっている．米のドル建対外投資も引き揚げになっていて，海外諸国が米の諸金融機関からドルを調達してドル投資に当てる「ドル－ドル」投資は消滅している．他方，米の対外直接投資のために，米企業は外貨を調達するだけでなくドルを外貨に転換もしている．今世紀に入って以後のオイルダラー，中国のドル準備による米経常赤字のファイナンスのパターンは大きく変化した．

さて，以上のように b_1 が 15，16 年に大きな額にのぼっており，急激なドル高が生じるはずなのに現実はそうではないから，その事情の説明が求められよう．簡単に「統計上の不一致」が小さい 16 年

表 5-8　ユーロ地域，日本の対外証券投資

	2014	2015	2016
ユーロ地域[1]			
収支	1,151	2,694	4,414
資産	4,413	3,825	3,762
日　　本[2]			
収支	−4.9	16.0	30.5
資産	12.2	36.9	33.4

注：1）　単位 億ユーロ.
　　2）　単位 兆円.
出所：ECB, *Economic Bulletin* 各号の Table2.10,
　　　財務省「国際収支状況（速報）」より.

160

について記すことにしよう.

　ユーロ，円等の外貨をドルに換えての対米投資（b_1）が6300億ドルにものぼっている. 参考のためにユーロ地域，日本の対外証券投資（全額が対米ではないが）を掲げておこう（表5-8）. 他方，ドルを外貨に換えての対外投資（d）が600億ドルで，投資収支では大きな不均衡がある. しかし，アメリカの大きな経常赤字がある. 今，アメリカの経常赤字（4800億ドル）がすべてドル建としよう[29]. ドル建で経常黒字を受け取るEU，日本を除く諸国はそれをユーロ，円等に転換するだろう. ドル建黒字を保有している諸国はEU，日本に対しては経常赤字をもっており，その赤字はユーロ，円等であり，それらの決済が必要であるからである[30]. かくして，ユーロ，円等の外貨をドルに換える額とドルをユーロ，円等に換える額がほぼ均衡して，b_1の大きな額にもかかわらずドル高は生じていないのである.

注

1)　日本の対米投資については，拙書『円とドルの国際金融』ミネルヴァ書房，2007年，第5章，とくに，130-142ページ参照.

2)　損失額については，神澤正典「危機後の世界への波及と基軸通貨のゆくえ」，奥田・神澤編『現代国際金融 第2版』法律文化社，2010年，250-251ページ参照.

3)　オイルマネーの運用は，一部はユーロなどに向かっている. やや古いがECBの次の文書の記述を見られたい. 「2002年以来，OPEC諸国は原油からあがる富をドル建から一部ユーロ建に移し替えている. 01年の第3四半期は12%であったのが，04年の第2四半期には25%に上昇し，逆にドル建は01年の第3四半期に75%であったのが，04年の第2四半期に61.5%になっている」（E. Mileva and N. Siegfried, *Oil Market Structure, Network Effects and the Choice of Currency for Oil Invoicing*, Dec. 2007, p. 12, ECB Occasional Paper Series No. 77）.

4)　原油などの一次産品市場がロンドンなどのアメリカ以外の地域に存在していてもドル建で取引されていれば，それらの市場にドル資金の流出入があり，ドルのマネーストックの増減に影響が出てくる.

5)　BIS, *83rd Annual Report*, June 2013, pp. 5-12. 拙稿「アメリカの量的緩和政策と新たな国際信用連鎖の形成についての覚書」『立命館国際研究』26巻3号，2014年2月（本書の前章に所収）を参照されたい.

6)　*Ibid*., p. 8.

7)　*Ibid*., p. 8.

8)　*Ibid*., p. 12. バーナンキ前FRB議長が13年5, 6月に「出口問題」を発言するのはこうしたことを受けてのことであったと思われる.

9) シェール・オイルの開発とアメリカの原油輸出の解禁，中国の経済減速，イランへの制裁の解除等が考えられる．

10) 「密約」については，拙書『多国籍銀行とユーロカレンシー市場』同文舘，1988年，80-87 ページを見られたい．

11) 岩間剛一「中東産原油と米国シェール・オイルの攻防の行方」『中東協力センターニュース』2015 年 2/3 月号，39 ページ．

12) 同上，40 ページ．

13) 同上，37 ページ．

14) 16 年 2 月にサウジアラビア，ロシア，カタール，ベネズエラの 4 カ国は原油生産を過去最高に近い 16 年 1 月の水準で凍結することに合意した（http://jp.reuters.com/article/oil-output-jdJPKCN0CP0YA（2016 年 3 月 4 日）．サウジアラビアがロシアなどと合意したことは，アメリカとのライバル関係が無視できない事態になってきていることではないだろうか．

15) ECB のいくつかの文書は，原油取引のユーロ建化について検討している．以下の文書である．E. Mileva and N. Siegfried, *Oil Market Structure, Network Effects and the Choice of Currency for Oil Invoicing*, Dec. 2007, ECB Occasional Paper Series No. 77, B. Eichengreen, L.Chitu and A. Mehl, *Network Effects, Homogeneous Goods and International Currency Choice: New Evidence on Oil Markets from an Older Era*, March 2014, ECB Working Paper Series No. 1651. しかし，ユーロ化は例外的にしか行なわれていず，とくに，ギリシャ危機後にはユーロ化はほとんど進んでいない．本章の注 3 も見られたい．

16) 拙稿「人民元の現状と「管理された国際化」」『立命館国際地域研究』第 43 号，2016 年 3 月．本書の第 7 章に所収．

17) http://www.jiji.com/jc/foresight?p=foresight_15401&r=y（2015 年 8 月 25 日）．

18) http://headlines.yahoo.co.jp/hl?a=20151031-00000000-reut-bus_all（2015 年 10 月 31 日）．朝日新聞（16 年 2 月 7 日）によると，オフショア市場でのドル売・元買の介入も繰り返され，15 年 12 月までの 1 年半に中国の外貨準備高は約 6600 億ドルも減少したという．

19) HKMA, Monetary Statistics for January 2017 より．

20) IMF 理事会は 15 年 11 月に人民元を SDR の構成通貨にすることを決定したが，もともと人民元は他の SDR 構成諸通貨のような資本取引の自由化が十分な通貨ではない．

21) 中国による対米ファイナンスの日本のそれとの差異については，次の拙稿を参照されたい．「グローバル・インバランス論と対米ファイナンスにおける日本と中国のちがい」『立命館国際研究』28 巻 1 号，2015 年 6 月．本書の第 3 章に所収．

22) 国際収支表の作成には種々の表を必要としており，それらの間には齟齬が伴い，どうしても「統計上の不一致」が生まれるのであるが，捕捉困難な流動・短期資金の流出入に起因する部分もあろう．しかし，2014 年以降の「統計上の不一致」の額がきわめて大きいという事態は国際収支表への信頼を損なうものであろう．

23) ユーロ地域の域外貿易とサービスに占めるユーロ建の比率は 14 年に輸出が

67.3%, 輸入が 48.8% で, サービスの輸出で 64.4%, 同輸入で 53.1% である (ECB, *The International Role of the Euro*, July 2015, p. 75). ドル建比率はわからないが, 14 年の輸出額が約 1 兆 9500 億ユーロ, 輸入額が約 1 兆 7100 億ユーロで, 収支は約 2400 億ユーロの黒字 (ECB, *Economic Bulletin*, April 2015) である. これらの数値から計算すればユーロ建貿易収支は 4800 億ユーロの黒字であるから, ドル建は赤字であろうと考えられる. 日本の貿易のドル建比率は, 輸出で 53.9%, 輸入で 71.1% である (15 年上半期, 財務省「貿易取引通貨別比率」より) から, ドル建では貿易収支は赤字である.

24) ユーロ地域の石油輸入額は 2013 年第 4 四半期に 815 億ユーロであったのが, 15 年第 1 四半期に 581 億ユーロ, 第 2 四半期に 569 億ユーロに減少している (ECB, *Economic Bulletin*, 各号の Statistics のそれぞれ 3.9 より). 日本については後掲表 11-4 を見られたい.

25) 拙稿「原油価格の低落と中国のドル準備の減少の中での対米ファイナンス」『立命館国際研究』29 巻 1 号, 2016 年 6 月, の第 7 表参照.

26) アメリカの国際収支表では, 日本のロンドン, バハマ・ケイマンを経由する対米投資は日本の対米投資とならない. 他方, 日本の国際収支表では「現地主義」がとられており, 例えば, ロンドンから米証券を購入した場合も対米投資となる.

27) 拙書『現代国際通貨体制』日本経済評論社, 2012 年, 第 3 章, 前掲拙稿「グローバル・インバランス論と対米ファイナンスにおける日本と中国のちがい」214-218 ページ, 本書の第 3 章の 90-93 ページ参照.

28) なお, m_1 は「債務決済」($A_1 + A_2e$) の部分がゼロもしくは少額であるから存在しないものとする. また, m_2 も a がマイナスであるから存在しないものとする. b_2d, b_2e も西欧諸国, 日本による為替介入もないものとしたからゼロである (現実には利子分はあるし, スウェーデン, スイス等が為替介入を行なっていようが, それはほとんど対ユーロであろう). さらに, 表 5-7 にはデリバティブ取引 (15 年に 254 億ドルの赤字, 16 年には 220 億ドルの黒字), 資本移転等収支は含まれていないから, すべての項目の合計はゼロにはならない.

29) アメリカも一部, ドル以外の諸通貨で経常赤字を保有している. 拙書『現代国際通貨体制』86 ページの注 1, 3, 本書の表 8-5, 表 9-6 をみられたい.

30) EU, 日本はドル建経常赤字と自国通貨での経常黒字をもっており, 全体として経常黒字をもっている. それらの決済については, 同上拙書, 第 3 章, 62-63 ページ, 70-72 ページ参照.

第**6**章

南欧危機とユーロ体制の現実
―ギリシャ危機を踏まえて―

　次にドル体制の分析からユーロ体制の現実に目を向けよう．本章のもとになった論文を執筆した直接的動機は，ギリシャへの緊縮政策の要求をギリシャの国民の立場に立って考えてみるということ，そのまま緊縮政策を受け入れると生活水準は大幅に切り下げられ，反対に拒否した場合，その後，どのような事態になっていくのか，ユーロ離脱という選択肢はありうるのか，それらを考えることであった．さらに，以上のこととともに，ギリシャ等の南欧危機を踏まえて，ユーロ通貨統合がそもそもユーロ諸国間の経済格差を解消し，ユーロ諸国間の協力や連帯を生み出すものであるのかどうかを検討する必要があるというのも動機になった．その検討には統合後のユーロ体制の現実を明らかにしなければならない．

　筆者は，以前，以下のように記していた．「ユーロ通貨統合はヨーロッパの社会的・政治的安定をめざしたものとはいえ，参加各国間に経済格差がある状態で行なわれ，通貨統合は格差を是正するどころか，ドイツなどの「北側」に有利に，スペインなどの「南側」に不利に作用し，格差を拡大する方向に作用することになった」[1]．この記述の事態をより掘り下げて究明する必要がある．この問題意識は星野郁氏の著書において次のようにいわれているのと相通じるものであろう．「ヨーロッパ統合の現実を冷静に見据え，その意義と限界，現状の問題点を明らかにすることこそが，われわれ第三国の研究者が果たすべき使命ではあるまいか」[2]．

　また，ユーロ体制の成立が，ドル体制と同様に「通貨・金融の権力構造」を創り出していないか，この検討も求められる．筆者はかなり前にこのことに言及していたが，南欧危機によってより明確になったものと考えられる．以下の

文章である．「ドル体制という時，何らかの「通貨・金融の権力構造」が形成されていなければならない……これと同じように「ユーロ体制」が成立しているのであろうか」[3]．「ユーロ導入に伴い，欧州中央銀行が設立され，ユーロ参加各国は独自の金融政策を放棄しECBの実施する金融政策に任している．したがって，そこには「協力」とともに強制力が働いている」[4]．「「ユーロ体制」は周辺国が通貨危機に見舞われた時に，体制としての諸特徴をあらわにするかもしれない」[5]．後者の引用で念頭におかれていた「周辺国」は非ユーロ・欧州諸国であり，それらの諸国はリーマン・ショック直後に諸困難に遭遇するが，ユーロ不安・危機はまずはユーロ域内の「南」諸国において勃発した．

　さて，本章は以上のような問題意識をもちながら，ユーロ体制成立以後，当初は統合によってユーロ各国の成長率が高まったが，同時にユーロ地域間の格差が拡大していった事実を確認し（第1節），そのあと，ユーロ決済機構（TARGET）の構築のゆえにユーロ地域間の最終決済のためには外貨準備を必要としなくなったことからTARGETが国際収支のインバランスを隠蔽する役割を果たしたこと，同じくECBとユーロ決済機構（TARGET）の設立により各国中央銀行は「最後の貸し手機能」を失い，危機の勃発の際にはユーロシステム（実質はECB）が「最後の貸し手機能」を果たすことになったことを明らかにする（第2節）．そして，第3節ではギリシャにおける財政粉飾を契機とする国債危機，銀行危機，経済危機への進展を示し，第4節で改めてユーロ体制の現実をまとめたい．

1. ユーロ通貨統合とインバランス要因の形成

(1) ユーロ通貨統合とインバランス要因の形成

　1999年のユーロ通貨統合は当初，ユーロ圏の経済成長をもたらし，経済政策の収斂を通じて長期的な安定を強化するものと期待されていた．たしかに，後述のように通貨統合によってドイツ，フランス等からスペイン，ギリシャ等への投資が増大していくことによって成長が促されたことは確かである．ところが，この過程は同時にユーロ諸国間に種々のインバランスを生み出す過程でもあった．以下，3点にわたってインバランス形成要因について述べよう[6]．

表 6-1　ユーロ各国の経常収支と貿易収支[1]

（億ドル）

	2000	2005	2007	2008	2009	2010	2011	2012	2013
ユーロ地域の全体	−838 （259）	192 （654）	249 （758）	−1,982 （−214）	−313 （558）	122 （211）	160 （33）	1,714 （1,169）	3,052 （2,228）
ドイツ	−323 （555）	1,406 （1,931）	2,491 （2,708）	2,281 （2,630）	1,886 （1,885）	2,122 （2,093）	2,472 （2,230）	2,554 （2,340）	2,740 （2,578）
オランダ	73 （178）	466 （476）	525 （574）	391 （618）	389 （511）	578 （532）	754 （585）	736 （555）	831 （667）
オーストリア	−14 （−40）	62 （−18）	132 （18）	201 （−6）	110 （−33）	131 （0）	66 （−55）	95 （−41）	112 （−1）
スペイン	−232 （−371）	−834 （−852）	−1,445 （−1,252）	−1,545 （−1,266）	−753 （−590）	−625 （−633）	−540 （−593）	−163 （−335）	107 （−151）
ポルトガル	−122 （−152）	−198 （−226）	−235 （−265）	−319 （−338）	−256 （−248）	−242 （−253）	−167 （−197）	−44 （−116）	12 （−96）
ギリシャ	−98 （−202）	−182 （−343）	−446 （−571）	−513 （−650）	−359 （−428）	−303 （−376）	−286 （−379）	−62 （−253）	18 （−229）

注：1）（　）内は貿易収支.
出所：IMF, *International Financial Statistics*, Yearbook, 2011（2000-09）, 2014（2010-13）より.

　第1に，表6-1を見られたい．ユーロ地域全体の経常収支は統合直後の数年間は赤字であったが，数年後には黒字に転化し07年まで黒字が継続した．リーマン・ショックによって08年は大きな赤字になるが，10年には赤字は消滅している．ユーロ地域全体の貿易収支は08年を除き黒字で推移している．

　ところが，ユーロ地域諸国の経常収支，貿易収支の状況は大きく2つの群に分かれている．ドイツ，オランダは一貫して貿易収支が黒字で08年にも赤字になっていない．もちろん，この両国は経常収支も黒字である．それに対して，スペイン，ポルトガル，ギリシャは通貨統合の初期（ギリシャのユーロへの参加は2001年）から貿易収支が赤字であり，リーマン・ショックの08年まで赤字幅が増大している．その08年に赤字幅が最大になり，その後も赤字幅が少し小さくなるものの，かなりの額の赤字が続いている．ドイツ，オランダとスペイン，ポルトガル，ギリシャの中間にあるのがオーストリアである．

　さて，ユーロ地域全体の経常収支の状況から，ユーロ相場は07年まで強含みで推移してきた．ところが，ユーロ相場は，通貨統合が行なわれなかった場合に想定されるマルク相場，ギルダー相場よりも安く，ペセタ，エスクード，ドラクマよりも高く推移してきたと考えられる．なぜなら，ユーロ相場はユー

ロ地域全体の経常収支の状態により規定されるのに対して，通貨統合がなければマルク，ギルダーはドイツ，オランダ一国の経常収支に規定されるからである．そのために，通貨統合によってドイツ，オランダは域外への貿易に有利に，スペイン，ポルトガル，ギリシャは不利な状況におかれたと考えられる．

また，スペイン，ポルトガル，ギリシャは通貨統合の故に，経常収支赤字にもかかわらず自国通貨の相場が切り下がることはなく，ドイツ，オランダ等のユーロ諸国に対する貿易赤字が減少する過程は進行しなくなった．以上のように，通貨統合によってドイツ，オランダなどの貿易黒字とスペイン，ポルトガル，ギリシャの貿易赤字が常態化する状況が作り出されたのである．スペイン，ポルトガル，ギリシャ等は「最適通貨圏」には含まれていないことが明らかである．

第2に，EU統合の進展によりEU諸国間の資本取引が全く自由になることに加えて，通貨統合によって為替リスクもなくなった．ドイツ，フランス等から大量の資金がスペイン，ポルトガル，ギリシャへ流入する環境が出来上がったのである．これは，1990年代のアジア通貨危機前のASEAN諸国の投資環境の形成に相当する（後述）か，それ以上の投資環境の出現である．ユーロ統合後，次の第3の要因がそれに加わり，大量の資金がスペイン，ポルトガル，ギリシャへ流入していく．

第3に，通貨統合によってユーロ地域において短期金利は統一される．それは次の節で詳論するユーロ決済機構（TARGET）の構築によって短資市場が統合されていくことにより実現されていく．他方，長期金利の方は縮まりつつも各国の経済格差により差異が残っていく．スペイン，ギリシャ等の長期金利は統合後急速に低下したとはいえ，ドイツ，フランス等よりも高位にとどまり，つまり，スペイン，ポルトガル，ギリシャにおいては長短金利差が大きく，このことと，上に述べた内外資本取引の完全自由化，為替リスクの消滅によってドイツ，フランス等からスペイン，ポルトガル，ギリシャへの資金移動が活発になり，それらの国の成長を促すとともにバブル的事象が発生する事態となった．

(2) 統合後のユーロ各国の経済成長

ユーロ各国の成長率を見よう（表6-2）．ユーロ統合の1999年からリーマン・ショックの2008年の期間および2008年からギリシャ危機が勃発した2010年の2つの期間が示されている．1999-2008年の期間，ユーロ地域全体の成長率は46.7%[7]，それに対してドイツの成長率は23.4%，オランダは54.3%，オーストリアは43.0%，スペインは87.6%，ポルトガルは45.3%，ギリシャは61.8%[8]などとなっている．概して，南欧諸国の成長率がユーロ地域全体のそれよりも高く，ドイツのそれは相対的に低い．ユーロ通貨統合が南欧諸国への資金流入をもたらし，それらの国の成長を促すとともにバブル的事象が発生する事態となったことは事実であろう．バブル的事象の一端としてスペインの住宅価格の上昇率を示しておこう．スペインの住宅価格の上昇率は05年に年率15%近くあったが，以後下落してリーマン・ショックの08年にほぼゼロ%になり09年以後は下落に転じている[9]．

ところが，リーマン・ショック後，ギリシャ危機勃発までの期間（2008-10年）の成長率はユーロ地域全体でマイナス0.4%とマイナスを記録することになった．各国別ではギリシャがマイナスの6.2%，スペインがマイナスの3.9%，オランダがマイナス1.6%，ドイツが0.5%などと，とりわけギリシャ，スペ

表6-2 ユーロ各国のGDPと成長率

（億ユーロ）

	1999	2005	2007	2008	2009	2010	2011	1999-2008の成長率[2]	2008-10の成長率[3]
ユーロ地域の全体	62.606	80.648	89.432	91.836	89.565	91.452	94.197	46.7	−0.4
ドイツ	20.072	22.385	24.359	24.778	23.950	24.897	26.060	23.4	0.5
オランダ	3.862	5.134	5.718	5.962	5.720	5.867	5.995	54.3	−1.6
オーストリア	1.980	2.436	2.720	2.831	2.747	2.852	2.992	43.0	0.7
スペイン	5.800	9.090	10.540	10.880	10.540	10.460	10.460	87.6	−3.9
ポルトガル	1.184	1.537	1.693	1.720	1.686	1.729	1.711	45.3	0.5
ギリシャ	1.464[1]	1.948	2.221	2.369	2.350	2.222	2.085	61.8	−6.2

注：1) ギリシャは2001年（ユーロに参加した年）の数値．
2) （2008年の値−1999年の値）÷1999年の値×100，%．ギリシャは2001-08年の成長率．
3) （2010年の値−2008年の値）÷2008年の値×100，%．
出所：前表と同じ．Yearbook 2011（1999-2009），2014（2010-11）．

インのマイナス成長がめだつ．表6-3に示されているように，スペインへの資金流入が07年，08年から減少し始め11年には流出となっている，ギリシャでは投資収支のうちの民間収支は10年，11年には流出となっている（表6-4)[10]．海外からの資金流入による高位の成長率の達成というパターンが崩壊しているのである．

(3) スペイン，ギリシャの国際収支

先にふれた南欧への資金流入の概要をスペインとギリシャの国際収支表によって確認しよう．まずはスペインの国際収支である（表6-3)が，2007，08年にかけて経常収支赤字が増大していっている．06年に877億ユーロ，07年には1053億ユーロに達し，それらの赤字をファイナンスしているのが投資収支黒字（資金流入）である．06年に1091億ユーロ，07年には867億ユーロである．この資金流入により経済成長が保障され経常赤字が増加しているのである．しかし，07年には経常赤字の全額を民間資金流入だけではファイナンスしきれず，不足分の大部分（186億ユーロ）をスペイン中銀のユーロシステムに対する債務（TARGET Balance——表6-3ではプラスで表示）283億ユーロでファイナンスされている．

08年に経常赤字は同水準で推移しながら投資収支の黒字はさらに減少し，中銀のユーロシステムに対する債務も増大している．以後，海外資金の流入に

表6-3 スペインの国際収支

(億ユーロ)

	2004	2006	2007	2008	2009	2010	2011
経常収支	−442	−877	−1,053	−1,047	−505	−470	−340
貿易収支	−537	−833	−911	−856	−416	−482	−19[3]
資本移転収支など	84	62	46	55	42	63	41
投資収支[1]	489	1,091	867	700	415	276	−795
誤差・脱漏	9	−18	−3	−10	−57	−27	3
中央銀行[2]	−140	−258	143	302	105	157	1.092
ユーロシステムに対する債務	−138	−123	283	317	61	98	1.241

注：1) スペイン中銀を除く，（＋）は資金流入，（−）は資金流出．
　　2) （−）は対外債権増，（＋）は債務増．
　　3) 2011年は貿易・サービス収支．旅行収支（＋322）を除くと，貿易収支は341億ユーロの赤字．
出所：Banco de Espania, *Economic Bulletin*, Economic Indicators 7.1, 7.2より．

表 6-4　ギリシャの国際収支（1）

（億ユーロ）

	2004	2006	2007	2008	2009	2010	2011
経常収支	−105	−237	−323	−348	−258	−240	−206
貿易収支	−254	−353	−415	−440	−308	−283	−272
資本移転収支など	24	30	43	41	20	21	27
投資収支[1]	78	204	274	299	244	220	178
政府債務[2]	−11	−5	−23	−6	−23	300	399

注：1）（＋）は資金流入.
　　2）「その他の投資」の負債に占める「政府債務」. IMF, EFSF からの融資, TAR-GET Balance を含む.
出所：ギリシャ中銀, Press Releases より.

よる経済成長が破綻して，09 年から経常収支赤字が半分以下に急減している.
11 年にはギリシャ危機がスペインにも波及し，スペインへの証券投資が 700
億ユーロの引き揚げ（表 6-3 には記載していないが同じ資料）となり，投資収
支が 800 億ユーロにちかいマイナス（資金流出）となっている. 経常赤字のフ
ァイナンスと資金引き揚げによるファイナンスのために中銀のユーロシステム
に対する債務が 1241 億ユーロという巨額に達している.

　ギリシャの国際収支は表 6-4 に示されている. ギリシャの場合はリーマン・
ショックによる資金流入の影響はそれほど大きくなく，資金流入は減少してい
ない. ところが，ギリシャの財政粉飾が明るみになった（09 年秋）翌 10 年に
は民間資金の流出が発生し「政府債務」が一挙に 300 億ユーロにものぼる.
「政府債務」には IMF, EFSF からの融資, TARGET Balance を含むと考え
られる（危機時のギリシャの国際収支については後述）.

(4)　南欧危機のアジア通貨危機との類似点

　本節第 1 項で少し触れたように，南欧危機には 1990 年代のアジア通貨危機
と類似のいくつかの点があった. 第 1 点目は，ともに内外資本取引の自由化と
為替リスクの解消である. アジアの場合には 1980 年代末から 90 年代前半に世
界銀行・IMF によって強力に内外資本取引の自由化がすすめられ，同時に 90
年代の危機まで「ドル・ペッグ制」が維持された. 事実上，為替リスクがない
ものと意識され，米・日との金利差とあいまって大量の資金が ASEAN 諸国
に流入し，「東アジアの奇跡」といわれるような高い成長を達成するとともに

バブルを発生させた[11].

ユーロ地域でも以上のことはほぼ同じであった．ユーロ諸国の場合には，EU統合の進展によってすでにEU諸国間には内外資本取引の自由化が達成されていたが，ユーロ通貨統合により為替リスクは完全になくなるとともに，短期金利はECBの金融政策によってほぼユーロ全域において統一されていくが，長期金利は各国間に金利差が残った．以上の環境の創出のもとで独・仏などから南欧地域に大量の資金が移動し，それがバブル的現象を引き起こし，リーマン・ショック，ギリシャの財政粉飾をきっかけに南欧危機へと発展していった．

第2点目は，ともに国際収支危機に陥っていたということである．アジア通貨危機の場合には，流入していた短資がタイでのバブル崩壊によって，突如，アジアから流出に転化し国際収支危機が発生し通貨危機が勃発した[12]．南欧危機の場合には資金流入が経常収支赤字をファイナンスしていたが，財政危機（＝国債デフォルト危機）により資金流出（＝投資収支危機）が発生した．ところが，南欧危機の場合には，国際収支危機がTARGET Balancesによって覆い隠され（ファイナンスされ），また，ユーロが統合された通貨であるため自国通貨の急落（通貨危機）としては現われなかった．他方，アジア通貨危機の場合には，流入してきた通貨が外貨であったために国際収支危機が直ちに通貨危機となって勃発した．したがって，南欧危機には国際収支危機を覆い隠すTARGETの分析が不可欠となる．

2. ユーロの決済機構とTARGET Balances

(1) ユーロの決済機構（TARGET）

2010年以降のギリシャ，スペイン等の南欧危機については，ユーロ決済機構（TARGET）の実態を抜きに論じることはほとんどできない．しかし，ユーロ統合が実現した1999年前後にTARGETについては論じられることは少なかった[13]．また，TARGETについて簡単な論究がなされてもTARGET Balancesについて論じられることはなかった．それは，当時のECBのTARGETに関する文書等においてさえもTARGET Balancesという用語が出てくることはなかったからでもある[14]．ECBの文書等ではじめてTARGET Bal-

第 6 章　南欧危機とユーロ体制の現実　　　　　　171

ances という用語が登場するのは 2011 年 10 月の月報（*Monthly Bulletin*）である．しかし，それは ECB に先立ちドイツ・ブンデスバンクが 2011 年 3 月の月報（*Monthly Report*）で TARGET Balances について論じ，ブンデスバンクの債権の TARGET Balance が 3000 億ユーロを上回っていること，他方，アイルランド，ギリシャ，ポルトガル，スペインなどの債務の TARGET Balances が増加していることを明らかにし，「2007 年以来のドイツの TARGET2 債権の増加はネットでの資本輸出と考えられる」[15] と記して，ユーロ諸国間での TARGET Balances の不均衡化が拡大していることを強調している．このブンデスバンクの月報によって ECB も TARGET Balances についての何らかの見解を公表せざる得なくなった．それが，2011 年 10 月の *Monthly Bulletin* における簡単な言及であった[16]．

　本節では，TARGET（TARGET は 2007 年から高度化されて TARGET2 に移行していったが，基本的な決済の在り方は従来のものと変わらないので，以下では TARGET2 も TAEGET と記す[17]）を通じるユーロの決済のあり様について簡単に示したあと，ユーロ諸国間の不均衡が TARGET Balances の累積となって現われることを今一度確認したい．

　TARGET を利用した国際決済は以下のようになる（図 6-1）．ここで注意しておかねばばらないことは，ユーロ地域の各銀行は各国の中央銀行に決済口座を有しており，ECB には有していないということである．それを踏まえて国際決済を見ていこう．A 国の a 銀行，B 国の b 銀行はそれぞれの中央銀行に通貨統合前に国内決済用に「預け金」をもっていたが，統合後，それを使って国内だけでなくユーロ域内の国際決済ができるようになったのである．a 銀行が他のユーロ参加国の b 銀行に対して支払を行なう際，各国中央銀行のグロス決済制度を経由しながら ECB が管理する TARGET を使って A 国中央銀行にある a 銀行の「預け金」が引き落とされ，B 国中央銀行にある b 銀行の「預け金」がふやされるのである．最後に，2 つの中央銀行は ECB に対して TARGET Balances が，つまり，A 国の中央銀行は ECB に対して債務が，B 国の中央銀行は ECB に対して債権が記帳される[18]．ユーロ地域内諸国間の国際決済ではユーロシステム（ECB とユーロ各国中央銀行）全体では債権・債務は均衡する．

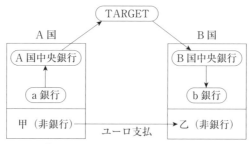

(1) A国の甲（非銀行部門）が種々の国際取引の結果，B国の乙（非銀行部門）へユーロでの支払を行なう（小切手，為替手形，振替通知を通じて）．それは最終的には甲がa銀行に設定している口座から金額が引き落とされ，乙がb銀行に設定している口座にその金額が振り込まれる．
(2) 甲から乙への支払は，a銀行からb銀行への送金が必要となるが，それはa銀行からA国中央銀行へ，A国中央銀行から欧州中央銀行（ECB）が管理するTARGETを通じてB国中央銀行へ，B国中央銀行からb銀行へと経由して行なわれる．
(3) その結果，a銀行がA国中央銀行に設定している口座からその金額が引き落とされ，b銀行がB国中央銀行に設定している口座に振り込まれる．
(4) 最後に，A国中央銀行とB国中央銀行の間での決済が必要になるが，B国中央銀行はECBへの債権（債権のTARGET Balance）を，A国中央銀行はECBに対して債務（債務のTARGET Balance）をもつことになる．これで国際取引の決済が完了する．
出所：筆者作成．

図6-1　TARGETを利用したユーロ決済

(2) TARGET Balancesの形成と国際収支

さらに，次の指摘が重要である．A国全体のユーロ建・経常収支と非銀行部門のユーロ建・資本収支の合計での赤字額よりも，A国の全銀行部門による他のユーロ諸国の銀行からのユーロ資金の調達額が下回った場合，A国中央銀行のTARGET Balanceは債務超過の事態になる．何故なら，その場合A国の全銀行部門は他のユーロ各国の銀行等への支払超過状態であるから，A国中央銀行に置かれているA国銀行等の「預け金」が引き落とされ，他のユーロ地域の銀行等が各中央銀行に置いている「預け金口座」に振り込まれるが，その引き落とし，振り込みはTARGETを介して行なわれるからである．つまり，A国中央銀行は債務のTARGET Balanceが，他のユーロ各国の中央銀行は債権のTARGET BalancesがECBに記帳されるのである．

第6章　南欧危機とユーロ体制の現実　　　173

　すなわち，A国のユーロ建・「総合収支」（経常収支と銀行部門も含む資本収支を合わせたもの）赤字は，A国中央銀行のユーロシステムに対する債務で埋め合わされたのである[19]．それ故，ユーロ各国の他のユーロ諸国に対する国際収支は，経常収支＋資本収支＋TARGET Balance＝0，と表示される[20]（式①，資本収支，TARGET Balance の債権はマイナスで表示）．したがって，ユーロ諸国は他のユーロ諸国への最終支払として外貨準備を用いない．TARGET Balances がそれを「代位」するのである（注21 もぜひ見られたい[21]）．

　次にこの事態では A国の銀行等は「中央銀行預け金」が不足しているから，それを補充しなければならない．しかし，他の諸国の金融機関からユーロ資金を調達できないとすれば，その補充のために A国の銀行等はユーロシステム（ECBと各国中央銀行＝NCBs）から借入を行なわなければならない．それはA国中央銀行を経由して行なわれる．つまり，A国中央銀行がECBに対して債務を負い（債務の TARGET Balance の形成），A国中央銀行がA国の銀行等に対して債権をもつのである（図6-2）．

　以上のように，各国中央銀行を経由してのECBによる民間銀行への信用供与は，そのまま当該国のユーロ建・総合収支赤字のファイナンスにつながっているということである．もちろん，A国の銀行等が他のユーロ地域の短資市場からではなく，ユーロシステムから資金供与を受けようとするのには高いコストが必要であり裁定が働く（EONIAと限界貸付ファシリティ金利）．他の市場からのユーロ資金の調達が進行すれば，TARGET Balances は均衡していく．とはいえ，各国中央銀行を経由してのユーロシステムの民間銀行への信

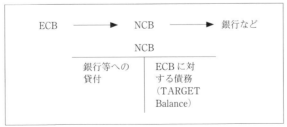

出所：筆者作成．

図6-2　ユーロシステムから銀行などへの信用供与

供与はその国の総合収支赤字に対する決済の最後の手段になっていることを忘れてはならない[22]。

TARGET は 2007 年 11 月から翌年 5 月にかけて TARGET2 に強化・高度化されていったが，以上の基本点は変わらない．筆者は他の拙稿で次のような趣旨を記している．ユーロの単一決済制度は強化されたが，国家統合が果たされないままの（＝各国の経済主権がほとんど維持されながらの）単一通貨制度の決済制度の高度化は，単一通貨制度に固有の問題を解決するのにはつながらず，それをより鮮明にすることになる．その固有問題とは，各国のユーロ建・総合収支赤字，黒字が出てもその収支はユーロ参加国の中央銀行に TARGET Balances が形成されてしまうという事態である[23]．ギリシャなどのユーロ参加国からユーロ資金が流出して（資本逃避の進行）危機が発生しても，ギリシャなどの TARGET Balance（債務）が急増し，他のユーロ地域の中央銀行の TARGET Balances の債権が積み上げられていくことになる（図 6-3）．したがって，ギリシャなどの危機に陥った諸国でも他のユーロ諸国との取引に関する限り対外赤字は「自動的」にファイナンスされる[24]．アイルランド，ギリシ

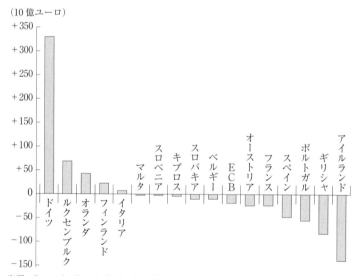

出所：Deutsche Bundesbank, *Monthly Report*, March 2011, p.35 より．

図 6-3 各国ごとの TARGET Balances（2010 年末）

ャ等が 08 年以降，国際収支上の事実上の「危機」に陥っても，それが外貨準備の喪失として表面化することはなく通貨危機とはならなかったのである．

(3)　各国中央銀行の「最後の貸し手機能」の喪失

ユーロ諸国の MFIs[25]（銀行など預金口座が設定されている金融機関，以下でも同じ）は，流動性の過不足を通常はユーロ建インターバンク市場での資金取引によって調整している．その金利が EONIA（オーバーナイト・ユーロ金利），EURIBOR（ユーロ銀行間出し手金利）である．この場合，他のユーロ諸国の銀行からの資金調達になれば TARGET Balances も変化する．クロスボーダーの銀行間資金取引の決済には 2 つの中央銀行間の決済が伴うからである．資金調達を行なった国の中銀においては債権の TARGET Balance が，資金を供与した国の中銀には債務の TARGET Balance が発生することになる．したがって，のちに見るギリシャからの海外資金の流出のように，ギリシャの銀行などが海外の銀行などからの資金引き揚げに直面したときは，資金の流れが上の事態と逆となり，引き揚げにあった国（ギリシャなど）の中銀の債務のTARGET Balance が発生する．

ユーロ諸国の銀行などが流動性不足をユーロ・インターバンク市場から調達できず，ユーロシステムから調達する場合，銀行などは ECB に口座を設定していないから，前述のようにその信用供与は各国中央銀行（NCBs）を経由することになる．つまり，ユーロシステムの金融政策は各国中央銀行を通して実施されるのである．信用供与は各国中央銀行（NCBs）に設定されている銀行などの口座に振り込まれることになり，NCBs には銀行などに対する債権とECB に対する債務が発生する（図 6-2 参照）．銀行などは，中銀に対する負債と中銀預金（流動性）をもつことになる．したがって，ユーロシステムからの信用供与においては中銀のバランスシートの負債側には TARGET Balance が発生することになる[26]．

銀行などが国内の預金者からの引き揚げに直面（国際収支には反映しない）し，ユーロシステムから流動性を急遽受ける場合もこれとほぼ同じ事態になる．銀行等は，中銀に対する負債と中銀預金（流動性補充）をもつことになり，ユーロシステムは銀行などへの貸付と銀行などの中銀預金をもつことになる．ま

た，その国の中銀の債務の TARGET Balance が増加することになる．この場合は，国内の預金引き揚げで国際収支上の赤字要因ではないにもかかわらず中銀の TARGET Balance が増大する．さらに重要なことは各国中央銀行は単独で貸し手機能をもっていない，つまり，貸し手機能は ECB と中銀の共同機能となって中銀は「最後の貸し手機能」を「半分」以上失っているということである．のちに見るようにギリシャ危機の際に，ギリシャの ECB への依存が強まっていくのはギリシャ中央銀行が「最後の貸し手機能」を失い，それが ECB に委ねられているからである．

　以上の考察から以下のことがいえよう．通貨統合による ECB の設立と TARGET の構築は，第1に，経常収支赤字よりも銀行部門をも含む資本収支の資金取り入れが少なくとも（この事態は銀行部門が流動性不足を海外のユーロ建インターバンク市場からは十分に補充できていないという事態であり，経常収支と資本収支（銀行部門の長短・資本収支を含む）を合わせた「総合収支」で赤字という事態である[27]），その不足分が外貨準備で決済されることはなく，各国中銀の TARGET Balances の累積となることによりファイナンスされる．それ故，前述のようにユーロ諸国は他のユーロ諸国への最終的決済のための外貨準備を保有していないのである．また，その場合には銀行等は流動性不足をユーロシステムからの信用供与によって補充しなければならず，当該国の中銀には債務の TARGET Balance と国内銀行とに対する債権が発生する．

　第2に，各国銀行等の中央銀行借入はユーロシステムからの借入となり，各国中銀は実質的な，換言すれば自立的な信用供与機関ではなくなっている．通貨統合により実質的な信用供与は ECB に移譲されているにもかかわらず，ECB には市中銀行などの口座は設定されておらず以前と同様に各国中銀にそれが設定されていて，ECB からの信用供与は各国中銀に設定されている銀行などの口座に振り込まれるというかたちで，各国中銀は ECB からの信用供与の仲介の役割を担うだけである．各国中銀は「最後の貸し手機能」を事実上失い，ECB にそれが移譲されている．それ故に，国内銀行からの居住者による多額の預金引き揚げの際にも実際は ECB が資金を供給することになり，債務の TARGET Balance が増加することになる．以上をまとめると，各国の中銀のバランスシートは，図 6-4 のようになる．

債務の TARGET Balance を 保有する中央銀行		債権の TARGET Balance を 保有する中央銀行		TARGET Balance を 保有しない中央銀行	
資産	負債	資産	負債	資産	負債
貸付	銀行券	貸付	銀行券	貸付	銀行券
	預金	TARGET2 債権	預金	その他（金融的 資産を含む）	預金
	TARGET2 債務		その他		その他
その他（金融的 資産を含む）	その他	その他（金融的 資産を含む）			

出所：ECB, *Monthly Bulletin*, October 2011, p.38 より.

図 6-4 各中央銀行の TARGET Balances

3. ギリシャ危機の展開と銀行等および中銀のバランスシート

2009 年秋のギリシャの政権交代によって前政権による財政赤字の粉飾が明るみになり，一挙にギリシャ危機が勃発することになった（実際のギリシャの財政状況は表 6-5）．この財政粉飾によりギリシャ国債の価格が下落し始め，ギリシャ国債を大量に保有していたギリシャの銀行をはじめ各国の銀行に激震が走った．財政危機が銀行危機へ発展するのではという危惧が広がり，ギリシャの銀行に融資していた各国の銀行（ユーロ地域および域外の銀行）は資金回収に回った．また，ギリシャの銀行から預金が引き出された．その結果，ギリシャの銀行は大量の資金を失うことになり危機に陥っていった．このように，危機は国債価格の急落と銀行危機となって現われることになった．

(1) ギリシャの銀行等のバランスシート

以上の経緯をギリシャの銀行等（MFIs）[28] のバランスシートを示すことで明らかにしていこう．ギリシャの銀行等の国債保有は危機後も減少せず，11 年前半期までは増加する．09 年 12 月に 336 億ユーロであったのが，10 年 12 月に 448 億ユーロ，11 年 6 月には 491 億ユーロにまで増加している（後掲表 6-7）．これが何故であるのかはのちに見よう．その前に，銀行等の負債を検討しよう（表 6-6）．

表6-5 ギリシャの財政

(億ユーロ)

	2008	2009	2010	2011	2012	2013
(1) 一般財政収支[1]	−117	−246	−167	−168	−76	−109
(2) 公的投資収支[2]	−48	−73	−51	−27	−22	−20
(3) (1)+(2)	−163	−319	−218	−195	−98	−129
(4) 利子払[3]	108	123	132	163	72	62
(5) プライマリー・バランス[4]	−55	−196	−86	−33	−25	−67
(6) 国債管理勘定の変化[5]	−10	−7	−16	−36	−9	1
(7) (3)+(6)	−174	−326	−234	−231	−107	−128

注：1) Net Balance of the Ordinary Budget
2) Net Balance of the Public Investment Budget
3) Interest Payments
4) Primary Balance of the State Budget
5) Change in the state debit and public debt management accounts（change in other state accounts with the Bank of Greece）
出所：Bank of Greece の Press Releases（2011年1月11日，2012年1月12日，2014年12月15日）より．

　他の銀行等に対する負債が，財政粉飾が表面化した直後の09年12月に915億ユーロにのぼっていたのが10年6月には758億ユーロに減少し，10年12月に663億ユーロ，11年12月には446億ユーロ，12年12月には317億ユーロと，09年12月の3分の1にまで減少している．

　内訳をみると，マネー・マーケット・ファンドに対する負債は小さく（09年12月で11億ユーロ，12年6月に6億ユーロ），大部分が銀行等（credit institutions）に対する負債である．さらに，ギリシャ国内の銀行等と他のユーロ地域の銀行等に区分すると，前者は09年12月に117億ユーロであったのが12年12月には10億ユーロにまで，後者は09年12月には473億ユーロにのぼっていたのが12年12月には191億ユーロにまで減少している．また，ユーロ域外の銀行等に対しても09年12月には313億ユーロにのぼっていた負債が12年12月には108億ユーロにまで減少している．

　ギリシャの銀行等は危機以前にインターバンク市場から取り入れていた資金の大半を失い，またインターバンク市場から新たな資金調達ができない状態に陥っていることがわかる．とくに，ギリシャ以外のユーロ地域に所在する銀行等，ユーロ域外の銀行等のギリシャの銀行等からの資金引き揚げが，危機の勃発の早期に，かつ大規模に行なわれていることが知れよう．ところで，ユーロ

表6-6 ギリシャの銀行等[1]のバランスシート（負債）

(億ユーロ)

	2009.12	2010.6	2010.12	2011.6	2011.12	2012.6	2012.12	2013.6	2013.12
(1) ギリシャ中銀に対する負債	497	943	978	1,164	1,289	1,358	1,212	820	730
(2) 銀行など（その他の MFIs）に対する負債	915	758	663	651	446	372	317	363	379
銀行[2]	905	752	653	643	439	367	309	357	375
国内	117	84	63	58	22	12	10	32	26
その他ユーロ地域	473	394	329	372	265	248	191	108	123
その他諸国	313	274	262	214	153	108	108	217	226
MMFs[3]	11	6	10	8	6	6	8	6	8
(3) 非銀行部門からの預金, レポ	2,795	2,949	2,802	2,494	2,323	2,058	2,189	2,147	2,128
国内	2,455	2,288	2,289	1,973	1,828	1,586	1,733	1,759	1,770
中央政府	35	74	86	39	41	38	71	73	75
その他	2,420	2,214	2,139	1,934	1,787	1,548	1,662	1,686	1,695
その他のユーロ地域	18	19	17	16	14	14	17	14	14
その他諸国	322	642	556	505	481	457	439	374	344
(4) その他[4]	719	797	707	716	711	588	704	861	837
総負債	4,926	5,447	5,150	5,025	4,769	4,376	4,422	4,191	4,074

注：1) ギリシャ中銀を除く MFIs.
　　2) Credit Institutions.
　　3) Money Market Funds.
　　4) 原表の (4)〜(9) 欄の計.
出所：Bank of Greece, Aggregated Balance Sheets of Monetary Financial Institutions より.

　域外の銀行はもちろん，他のユーロ地域の銀行等がギリシャの銀行から大量の資金を引き揚げる（資本収支における資金流出）ことは，本来は国際収支危機につながるが，他のユーロ地域の銀行等による資金引き揚げはギリシャ中央銀行の ECB に対する債務の TARGET Balance が増加するだけで，ギリシャの外貨準備が減少するわけではない（「自動的ファイナンス」）．

　ギリシャの銀行等の負債で次に目に留まるのは，国内の非 MFIs（一般企業，個人）からの預金およびレポの減少である．しかし，その大きな減少は危機勃発から1年半ほど経過してからである．それは09年12月に2420億ユーロに達していたが，10年12月にも2139億ユーロを維持している．しかし，11年12月には1787億ユーロに，12年6月には1548億ユーロに減少している．11年に入ってからギリシャの銀行等から企業・個人の預金が大量に流出しているのである．

以上のように，09 年 10 月に財政赤字の隠蔽が明るみになって，直ちにギリシャ以外に所在する銀行がギリシャの銀行から資金を引き揚げ，それとともに 11 年初めから国内の非銀行部門からの預金引き出しが進んでいき，ギリシャの銀行は過度の流動性不足に陥っていった．

それに対応するかたちで「最後の貸し手」として「機能」するのが，市中銀行のギリシャ中央銀行からの「借入」である．ギリシャの銀行等のギリシャ中央銀行に対する負債が一気に増大している．09 年 12 月に 497 億ユーロであったのが 10 年 6 月に早くも 943 億ユーロと 09 年 12 月の 1.9 倍の額に増大し，12 年 6 月には 1358 億ユーロとなり，09 年 12 月から 861 億ユーロも増大し 2.7 倍にもなっている．

その間のインターバンク市場における資金流出が 543 億ユーロ，国内非銀行部門の預金等の引き出しが 872 億ユーロ，合計で 1415 億ユーロであったが，その 60% 以上の資金をギリシャの銀行等はギリシャ中銀からの資金で補っているのである．残りの部分は資産の減少でギリシャの銀行等は補っている．

そこで，ギリシャの銀行などの資産を見ることにしよう．表 6-7 を見られたい．金額において一番に目立つのは，その他銀行等に対する資産の減少である．09 年 12 月にそれは 1122 億ユーロであったが，10 年 12 月には 889 億ユーロと 233 億ユーロも減らしている．12 年 6 月には 490 億ユーロにまで減少し，それ以後も減少を続けている．とくに，ギリシャの銀行等のインターバンク市場からの資金引き揚げ規模が大きいのは他のユーロ地域からである．09 年 12 月にギリシャの銀行等は他のユーロ地域の銀行等に対して 619 億ユーロの資産を保有していたが，10 年 12 月には 456 億ユーロに，12 年 6 月には 222 億ユーロにまで減少し，09 年 12 月から 12 年 6 月までに 397 億ユーロの資金を引き揚げている．その他の諸国の銀行等に対しては，この間 124 億ユーロの減少である．

さらに，ギリシャの銀行等は過度の流動性不足に対応してユーロ域外（イギリス，アメリカ等）に保有していた証券保有を徐々に減少させている．09 年 12 月に 364 億ユーロにのぼっていたそれら証券保有が 11 年 6 月には 211 億ユーロに減少している．このように，ギリシャの銀行等は過度の流動性不足に直面して，インターバンク市場で運用していた資金を引き揚げるとともにユーロ域外の証券保有を減少させているのである．

表6-7　ギリシャの銀行等[1]のバランスシート（資産）

(億ユーロ)

	2009.12	2010.6	2010.12	2011.6	2011.12	2012.6	2012.12	2013.6	2013.12
(1) 現金	25	21	21	22	23	23	24	19	20
(2) ギリシャ中銀に対する資産	82	101	106	108	51	35	31	35	40
(3) 銀行など（その他の MFIs）に対する資産	1,122	1,164	889	836	687	490	483	353	330
国内	129	90	72	66	28	18	18	38	30
その他のユーロ地域	619	604	456	457	373	222	228	104	105
その他諸国	374	470	361	313	286	250	231	211	195
(4) 非銀行部門に対する資産	2,141	2,809	2,806	2,714	2,674	2,527	2,420	2,359	2,317
国内	2,011	2,739	2,740	2,650	2,610	2,465	2,368	2,307	2,266
一般政府	120	158	182	133	142	80	97	74	91
その他	1,891	2,581	2,558	2,516	2,468	2,385	2,271	2,233	2,175
その他ユーロ地域	15	18	21	24	23	23	21	20	22
その他諸国	110	52	44	40	41	39	31	32	30
(5) 証券[2]	960	782	753	751	718	664	796	777	731
国内	525	429	459	501	458	196	189	142	128
中央政府	336	417	448	491	450	188	186	140	127
その他ユーロ地域	70	57	49	39	36	218	365	391	389
その他諸国	364	296	245	211	224	250	243	244	214
(7) 株式など[3]	190	187	194	199	203	184	189	181	176
国内	69	70	73	72	69	60	66	61	58
その他	121	117	121	127	134	124	123	120	118
(8) その他[4]	406	383	381	395	413	453	479	467	460
総資産	4,926	5,447	5,150	5,025	4,769	4,376	4,422	4,191	4,074

注：1）　ギリシャ中銀を除く MFIs.
　　2）　株式，デリバティブを除く.
　　3）　MMFs を除く.
　　4）　原表の (6)(8)～(11) 欄の計.
出所：前表と同じ.

　一方，ギリシャの銀行等のギリシャ国債の保有は 11 年 6 月まで逆に増大している．09 年 12 月の 336 億ユーロから 10 年 12 月の 448 億ユーロ，11 年 6 月の 491 億ユーロに．国債保有が減少するのは 12 年に入ってからのことである．詳述はのちになるが，これは，09 年，10 年時点では銀行は国債を売ろうにも売れなかったからであり，さらに，国債保有の増大には ECB（ユーロシステム）の金融政策が関与している．国債価格の下落は財政危機を深めるばかりか国債を保有している銀行への不安となり，国債価格の維持がギリシャの経済・

金融システム維持のために不可欠と考えられたのである．簡単に記せば，ECBはギリシャの銀行等に多額の信用を供与し銀行による国債保有を助け，間接的にギリシャ国債を支えたのである．ECBの金融政策により11年の終わりごろまでギリシャの銀行等はギリシャ国債を支える行動をとるが，同時にギリシャの銀行等はより重くソブリン危機を抱え込んだことになる．しかし，ECBがSMP（後述）などにより直接，ギリシャの国債の購入を始めると，ギリシャの銀行等はギリシャ国債の保有を急減させていく．12年に入ってからのことである（後述）．12年6月には188億ユーロに，13年6月には140億ユーロに減少している．

しかし，国債以外の国内証券保有は危機の早い時点で急減している．09年12月には189億ユーロにのぼっていたのが，早くも10年6月には12億ユーロに減少している．国債に対する不安が他の国内証券への不安を増大させ，こちらの方は売り払っているのである．

また，ギリシャの国内非MFIs（一般企業，個人）に対する資産は危機の当初増加している．09年12月の1891億ユーロであったのが，10年12月に2558億ユーロに．この資産が減少するのは11年に入ってからである．減少額は10年12月から13年12月にかけて383億ユーロにのぼり，11年からギリシャ国内経済が厳しい状況に陥っていることがわかる．

(2)　ギリシャ中央銀行のバランスシート

まず負債であるが（表6-8），現金発行高は09年12月216億ユーロであったのが，10年12月に225億ユーロ，11年12月に237億ユーロ，12年12月に243億ユーロと微増していっているのに対して，国内の銀行等からの負債（銀行等の中銀預金）が11年後半期に急減している．11年6月に108億ユーロであったのが，11年12月には51億ユーロに．以後も12年末まで減少していき，13年からも微増にとどまっている．マネタリー・ベースが減少しているのである．

その結果，銀行等の資産（銀行等の非銀行部門への貸付等の資産）も11年に入り減少し（表6-7），非MFIs（非銀行部門）の銀行等への預金（表6-6）が減少していってマネーストックが減少している（表6-9）．非銀行部門の銀

表 6-8　ギリシャの中央銀行のバランスシート（負債）

(億ユーロ)

	2009. 12	2010. 6	2010. 12	2011. 6	2011. 12	2012. 6	2012. 12	2013. 6	2013. 12
(1) 現金	216	218	225	226	237	238	243	243	254
(2) 銀行など（MFIs）に対する負債	572	948	977	1,076	1,098	1,095	1,015	628	551
国内	82	101	106	108	51	35	31	35	40
その他ユーロ地域	490	847	871	968	1,048	1,060	983	593	511
(3) 非銀行部門からの預金など	13	28	23	25	52	55	63	76	60
国内	13	28	23	25	50	49	58	71	55
中央政府	9	27	21	23	48	47	55	68	52
その他	4	1	1	1	2	2	3	3	4
(4) その他[1]	71	152	168	241	304	352	282	250	236
総負債	873	1,347	1,393	1,568	1,691	1,741	1,603	1,196	1,102

注：1)　原表の (4)(5)(6) 欄の計.
出所：Bank of Greecs, Aggregated Balance Sheets of Monetary Financial Institutions より.

行等への預金は 10 年 6 月に 2214 億ユーロにのぼっていたのが，11 年 6 月に 1934 億ユーロに，12 年 6 月には 1548 億ユーロに減少して，現金と非銀行部門の銀行等への預金を合計したマネーストックは 09 年 12 月に 2636 億ユーロであったのが，12 年 6 月には 1786 億ユーロにまで落ち込んでいる．つまり，「貨幣」が減少しているのである．マネタリー・ベースの減少に加えて，信用創造が進まず信用乗数が 09 年 12 月に 8.85 であったのが 12 年 6 月には 6.54 に低下してマネーストックの大幅な減少が生じたのである．ギリシャ経済危機の重大な一端がうかがい知れる．

　さて，ギリシャ中銀の負債で次に注目しなければならないことは，ギリシャ以外のユーロ地域の MFIs に対する負債の増加である．09 年 12 月に 490 億ユーロであったのが，10 年 12 月には 871 億ユーロに，11 年 12 月には 1048 億ユーロに増加している．この負債の急増はどのような事態を示しているのであろうか．ユーロ各国の中銀が負債をもつ相手機関は基本的に自国内の MFIs（銀行等），自国政府であり，最後に ECB である．他のユーロ諸国に所在する MFIs からの負債はごく一部である．したがって，表 6-8 における MFIs に対する負債項目のうち「他のユーロ地域」欄の数値はほとんどがギリシャ中銀の ECB に対する負債なのである．

184

表 6-9　ギリシャのマネタリー・ベースとマネーストックの推移[1]

(億ユーロ)

	マネタリーベース（A）			マネーストック（B）			B／A
		現金	中銀預金		現金	非 MFIs の預金	
2009.12	298	216	82	2,636	216	2,420	8.85
10. 6	319	218	101	2,432	218	2,214	7.62
10.12	331	225	106	2,364	225	2,139	7.14
11. 6	334	226	108	2,160	226	1,934	6.74
11.12	272	237	51	2,024	237	1,787	7.44
12. 6	273	238	35	1,786	238	1,548	6.54
12.12	274	243	31	1,905	243	1,662	6.95
13. 6	278	243	35	1,929	243	1,686	6.94
13.12	294	254	40	1,949	254	1,695	6.63

注：1)　マネタリーベースは表6-8の(1)(2)欄より．マネーストックは表6-8の(1)欄と表6-6の
(3)欄より．なお，マネーストックの「現金」はマネタリーベースの「現金」で代用．
出所：表6-6，表6-8より作成．

　第2節で論じたように，ユーロ統合後，各国の銀行等は自国の中央銀行から
直接に信用供与を受けることはなくなった．それはユーロシステム（ECB）
から供与される．しかも，各国の銀行等は ECB に口座設定することは認めら
れていない．そこで，銀行等は自国の中銀を通じて ECB から信用供与を受け
ることになる．図6-2で示したように，ECB からの信用供与の資金の流れは
ECB から各国の中銀へ（中銀の ECB に対する債務＝TARGET Balance の増
大），中銀から銀行等へとなっていく．その結果，中銀のバランスシートには
負債に ECB からの借入，資産に国内の銀行等への貸付が記載されることにな
る（前掲図6-2）．

　以上のことを確認したうえで，ギリシャ中銀のバランスシートの資産を見よ
う（表6-10）．国内の銀行等（MFIs）に対する資産が危機後急速に増大して
いる．09年12月に497億ユーロであったのが，10年6月には943億ユーロに，
11年6月には1164億ユーロに，12年6月には1358億ユーロにまで増大して
いる．なお，ギリシャ中銀のバランスシートで資産の他項目はほとんど変化し
ていない．

　以上で，ギリシャ中銀の役割が鮮明になったであろう．財政赤字の粉飾によ
って銀行危機が進行する中で，ギリシャの銀行等は緊急の流動性を，ギリシャ
中銀を経由して ECB から調達しているのである．ギリシャ中銀は ECB から

表 6-10　ギリシャ中央銀行のバランスシート（資産）

(億ユーロ)

	2009.12	2010.6	2010.12	2011.6	2011.12	2012.6	2012.12	2013.6	2013.12
(1) 銀行など（MFIs）に対する資産	510	955	990	1,176	1,301	1,370	1,224	833	743
国内	497	943	978	1,164	1,289	1,358	1,212	820	730
その他のユーロ地域	11	12	12	12	12	12	12	12	12
その他諸国	1	0	0	0	0	0	0	1	1
(2) 非銀行部門に対する資産	87	86	85	83	85	81	81	73	72
国内	87	86	85	83	85	81	81	73	72
中央政府	83	82	81	79	82	77	77	69	68
その他	4	4	4	4	4	4	4	4	4
(3) 証券（株式，デリバティブを除く）	207	224	239	230	212	197	208	213	211
(4) その他[1]	69	82	79	79	93	92	90	77	75
総資産	873	1,347	1,393	1,568	1,691	1,741	1,603	1,196	1,102

注：1）　原表の (4)(5)(6)(7)(8)(9) 欄の計.
出所：表 6-8 と同じ.

の資金を銀行等へ仲介する役割を果たしているに過ぎない．その結果ギリシャ中銀は ECB に対して債務（TARGET Balance）をもつことになる．ギリシャ中銀が「最後の貸し手機能」を果たしているのではないのである．ECB が事実上「最後の貸し手機能」を果たしている．

(3)　ECB の信用供与

　それでは，ECB はどのような資金をギリシャ等に供与したのであろうか．ECB（ユーロシステム）のギリシャへの信用供与額自体はギリシャの銀行等のギリシャ中銀に対する負債でおおよその額が把握できるが，ECB のどのようなオペレーションによって供与を受けたのかは把握できない．そこで，どのようなオペレーションが利用されたかは ECB 全体の信用供与の諸項目の推移で概略を把握するほかない．

　ギリシャ危機以後，南欧全体に広がっていった危機によって ECB による信用供与が南欧全体に拡大していった．図 6-5 を見られたい．すでに，リーマン・ショック以後ユーロ域内のクロスボーダー銀行間取引が縮小していたが，ギリシャ危機の南欧等への波及に対応するかたちで ECB による南欧等 5 カ国

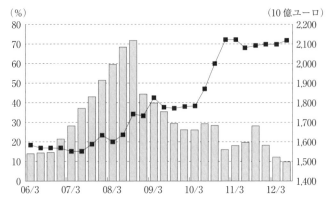

注：クロスボーダー銀行間取引は、ユーロ圏市中銀行の自国以外のユーロ圏諸国の市中銀合に対するローン残高。南欧等5カ国向けオペ比率は、イタリア、スペイン、ギリシャ、ポルトガル、アイルランドの各中銀による資金供給残高（緊急流動性供給（ELA）は除く）のECB全体に占める割合。
出所：中村正嗣「ECBの新たな国債購入策」『みずほインサイト』2012年8月20日、2ページより、ただし原資料はECB、各国中銀。

図 6-5 ユーロ域内の「金融の分断化」現象

向けの信用供与が10年から一挙に増加し、ECB全体の信用供与のうち5カ国が70％以上を占めるようになってきている．

ECBによる信用供与の各国別・形態別の詳細な内訳がわからないが、表6-11を見られたい．2010年には主要リファイナンシング・オペレーションが増加し、11年から12年にかけては長期リファイナンシング・オペレーションが増大している．主要リファイナンシング・オペレーションはユーロシステムによって実施される主要なオペレーションであり、ギリシャの財政粉飾直後のギリシャの銀行等からの流動性流出に際しても主要な流動性供給のオペであったと考えられる．しかし、ギリシャの銀行等からの流動性流出の規模が大きいため、また、危機がスペイン、イタリアなどに波及していったために、11年、12年には長期リファイナンシング・オペレーションの額が大きくなっていく．長期リファイナンシング・オペはもともとは期限3カ月のオペであるが、パリバ・ショック（07年）後、6カ月、1年という長期のオペも行なわれるように

表6-11　ユーロシステムのバランスシート（資産）

(億ユーロ)

	2009	2010	2011	2012	2013
(1)　金など	2,669	3,674	4,235	4,387	3,029
(2)　外貨での非居住者に対する債権	1,955	2,240	2,446	2,508	2,393
(3)　外貨での居住者に対する債権	322	269	982	327	225
(4)　ユーロでの非居住者に対する債権	192	226	254	191	201
(5)　ユーロ地域の金融機関に対する信用供与	7,499	5,467	8,686	11,260	7,523
①主要リファイナンシング・オペ	793	2,279	1,448	897	1,687
②長期リファイナンシング・オペ	6,693	2,982	7,039	10,358	5,833
③微調整オペ	0	206	0	0	0
④構造オペ	0	0	0	0	0
⑤限界貸付ファシリティ	13	0.2	148	6	3
⑥限界コール資金	0.3	0.2	1	0	0
(6)　その他のユーロ地域の金融機関に対する債権	263	457	1,765[1]	2,028	748
(7)　ユーロ居住者発行の債券保有	3,287	4,574	6,188	5,861	5,898
①金融政策に伴う債券保有	288	1,348	2,739	2,772	2,359
②その他	2,999	3,226	3,449	3,090	3,538
(8)　国債保有	362	350	339	300	253
(9)　その他	2,523	2,765	2,487[1]	2,766	2,433
総額	19,030	20,022	27,333	29,627	22,733

注：1)　2012年報での修正値.
出所：ECB, *Annual Report* の各号より.

なり，11年12月には3年の長期オペ（3年LTRO，Longer-Term Refinancing Operation）が実施されるようになった．11年12月には4900億ユーロが供給され，12年3月初めに2回目の3年LTROが実施されて約5300億ユーロが供給された（2回の供与により約1兆ユーロ）[29]．図6-6に示されているように，この3年LTROによりECBの信用供給額が増加するとともにEuribor-OISスプレッドが小さくなっている．

　1兆ユーロ（ネットではおおよそその半分）にのぼる3年LTROによる信用供与は，南欧諸国の銀行の国債購入を促し国債市場を安定させるうえで効果をもち[30]，前述のようにギリシャの銀行等も国債保有を11年12月まで増加させるか，保有水準を維持してきた．しかし，それ以後保有を急減させている．これには以下の展開がある．

　ECBによる信用供与は南欧諸国の銀行等への信用供与だけでなく，ECBは国債の購入も始めた．その始まりが10年5月以降の「証券市場プログラム

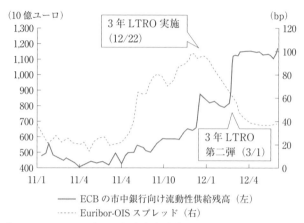

注:Euribor-OIS スプレッドは銀行間取引における信用リスク指標として注目される.
出所:中村正嗣「域内の資金偏在に現れる EC 共通政策の限界」『みずほレポート』2012 年 6 月 18 日, 1 ページより, ただし原資料はECB の資料.

図 6-6 信用リスク指標と ECB オペ残高

(SMP)」である(12 年 2 月に停止). 表 6-11 に表われているように,「金融政策に伴う債券保有」が 10 年から増加して, 11 年末には 2739 億ユーロになっている.「その他」も合わせると 11 年には保有残高が 6188 億ユーロにのぼる. 13 年以後 SMP は ESM(欧州安定メカニズム)と一体となる SMP2 として継続されていく. SMP2 による国債購入対象となる国は ESM による支援を求めなければならないし[31], ESM による支援にはコンディショナリティが伴う. それ故, ECB によるギリシャ等の銀行等への 3 年 LTRO などの流動性供与には付加されないコンディショナリティを, SMP2 は ECB 自身も対象国に強く求めるスキームだといえよう.

とはいえ, SMP, SMP2 による ECB の国債購入(大部分はスペイン, イタリアの国債, ついでギリシャ等の国債)により, ギリシャの銀行等のバランスシート(資産)に示されていたように, ギリシャの銀行等の国債保有も 11 年 6 月以後, 漸次減少していく. さらに, 12 年のこの急減には, ECB による国債購入よりも 12 年 2 月のギリシャへの EFSF と IMF による支援とセットで行なわれたギリシャ政府による 70% にものぼるといわれる国債の債務削減

（実質的には国債デフォルト）によるところが大きい[32]．

　ともかく，SMP，SMP2 による ECB の国債購入によって ECB がソブリン・リスクを抱えるようになった．それゆえ，ECB の国債購入と同時に南欧諸国には厳しいコンディショナリティが課せられ，ギリシャ国民等は生活水準を大幅に切り下げられていくことになっていく．

(4) ギリシャの国際収支

　さて，ギリシャ危機の勃発後のギリシャ国際収支がどのように変化したのか確認しておこう（表 6-12）．なお，ギリシャは他のユーロ諸国への対外支払のために外貨準備を保有していない[33] から同表には外貨準備の項目がない．2009 年に経常収支赤字は 258 億ユーロに達していた．他方，証券投資の負債，投資収支の「その他」（政府を除く）の負債が多額にのぼって海外からの流入資金が大きく，これらが経常赤字をファイナンスしていたのである．ところが，10 年になると，経常赤字はほとんど減少しないまま，証券投資の負債がマイ

表 6-12　ギリシャの国際収支（2）

（億ユーロ）

	2009	2010	2011	2012	2013	2014
経常収支	−258	−240	−206	−46	12	17
貿易収支	−308	−283	−272	−196	−172	−180
サービス収支	126	132	146	151	168	198
その他	−76	−90	−80	−2	17	−2
投資収支[1]	244	220	178	26	−35	−19
直接投資	3	7	−5	8	24	10
証券投資	279	−209	−198	−999	−66	−70
資産	−38	133	41	−581	10	−89
負債	316	−341	−239	−418	−76	19
その他	−37	420	381	1.017	7	41
資産	−239	76	76	139	175	3
負債	202	344	304	879	−168	38
政府	−23	300	399	1.091	301	40
参考						
IMF 融資[2]	—	137	133	22	66	−48

注：1）　（＋）は資金流入，（−）は資金流出．
　　　2）　単位は億ドル．
出所：ギリシャ中央銀行 Press Releases，参考欄は IMF の国際収支統計（各国別）より．

ナスになる（ギリシャへの投資の引き揚げ）一方，資産では投資の引き揚げ（プラスに）が進んでいる．さらに，「その他」の負債が増大している（資金流入）が，それはほとんどが政府によるものとなっている（このうちには，ギリシャ中銀のECBに対する債務も含まれているものと考えられ[34]，政府へのIMFやEFSF，13年からはESMからの支援が含まれよう）．多額の経常赤字に加えて海外からの資金が流出し，他方，海外への投資の引き揚げと政府の対外負債，TARGET Balanceが急増するという国際収支危機が10年から勃発し，この国際収支構造は12年まで継続する．ギリシャはユーロ通貨統合に加わっており通貨危機が表面化していないが，前述の財政危機とともに深刻な2つの赤字の危機が起こっているのである．

しかし，2012年に経常収支赤字は一挙に46億ユーロにまで減少する．これは，ギリシャへの種々のコンディショナリティにもとづく財政改革，構造改革によるものと考えられる．表6-12の参考欄を見られたい．これは，ギリシャへのIMFからの融資額を示したものであるが，10年に137億ドル，11年に133億ドル，12年に22億ドル，13年に66億ドルと10年からIMFからの融資が続いており，その融資にコンディショナリティが付けられ，それに加えてESMによる融資もコンディショナリティが付加され，財政緊縮，構造改革等が実行されているのである．前掲の財政収支の表6-5を見ると，12年から財政赤字が急速に減少していることがわかる．

2012年はコンディショナリティに記されている財政緊縮と構造改革等が現実化され[35]，ギリシャ国民の生活水準が大幅に切り下げられはじめた年ということができよう．それを示すのが財政収支の表と国際収支の表であった．しかし，12年に経常赤字が急減したとはいえ，国際収支危機は解消されていない．海外からの資金は依然として流出しており，政府の対外負債増が大規模に継続している．国際収支危機が小康状態になるのは14年になってからである．

4. 南欧危機とユーロ体制の現実：まとめに代えて

本章の冒頭に記したように，本章の課題は，ユーロ通貨統合がユーロ諸国間の経済格差を解消し，ユーロ諸国間の協力や連帯を生み出すものであるのかど

第6章　南欧危機とユーロ体制の現実　　191

うか，ユーロ体制の成立が，ドル体制と同様に，「通貨・金融の権力構造」を
創り出していないか，これらを検討することであったが，筆者は過去にユーロ
体制は周辺国が通貨危機に見舞われた時に体制としての諸特徴をあらわにする
かもしれないとも記していた[36]．そこで，南欧危機後の現在，上記の論点を含
めてユーロ体制の現実を改めていくつかの点で示しておきたい．

　第1に，ユーロ通貨統合構想には，少なくとも次の2点が考慮されていたが，
これらがどのような現実になったのかということである．まずは，1980年代，
1990年代に西欧さらにはロシアを除く欧州全地域でのドイツ・マルクの基軸
通貨化が進行していた[37]．このマルクをEU統合の中にどのように取り入れる
か．この戦略プランがユーロ通貨統合であったことは事実であろう．もうひと
つは，欧州各国の成長率の向上と経済格差の是正への期待であった．

　前者については，以下のようにいえるであろう．ユーロ導入がなければマル
クが欧州において本格的な基軸通貨に成長していたであろうし，通貨統合がマ
ルクの「覇権」を緩和するそれなりの効果をもったとはいえるであろう．また，
そのことで欧州の政治的安定が一応保たれたといえるかもしれない．後者につ
いては，通貨統合は各国間の格差を是正する機能を有していないことが鮮明に
なっていった．ユーロ統合当初，潜在的に存在していたが明るみになっていな
かったインバランス諸要因が08年のリーマン・ショックまでに累積されてき
た．ユーロ地域内における貿易収支黒字・赤字の二分化，南欧諸国の財政赤字
の急増がそのもっとも鮮明な事象である．ユーロ地域のすべてを包含する「最
適通貨圏」は形成されていなかったことが明確になった．それゆえ，ユーロ統
合は当初は「北」から「南」への投資により「南」の相対的に高い成長率が達
成されたが，ユーロ各国間の経済格差を是正するどころか，逆に格差を拡大す
る方向へ機能したということであろう．

　第2の現実は，しかも，ユーロ統合によって「権力構造」が形成されてきた
ということである．それは，ユーロ統合に欠かせない欧州中央銀行（ECB）
の設立およびユーロ決済機構（TARGET）の構築にもともと由来するもので
あった．通貨統合により金融政策は統一化されざるを得ないし，金融政策を実
施する機関の設立が必要となった．一国の中央銀行が金融政策を決定し実行す
るわけにはいかない．したがって，現行形態であるかはともかく，何らかの形

でECBが設立されることになる．また，通貨が統合されるのであるからユーロ各国をまたがる統一的決済機構の構築も必要となった．

ところが，各国の銀行等は決済口座をECBにではなく各国中央銀行に置くことになったから，各国のユーロ建「総合収支」（＝経常収支に銀行部門を含む資本収支を加えた収支）の赤字・黒字は各国中央銀行のECBに対するBalancesとなって表現され，ユーロ諸国間の決済のための外貨準備は不要となった．このTARGET Balancesがリーマン・ショックからギリシャ危機の時期にかけて過剰な累積となった．さらに，銀行等の決済口座が各国中銀に置かれるから，ECBの金融政策は各国中央銀行を介して実行されることになる．例えば，ECBによるA国のa銀行への信用供与は，A国中銀のECBに対する債務（TARGET Balance）とA国中銀のa銀行への債権となって現われ，実際上の信用供与機関は各国中銀ではなくECBとなる．ECBによる各国銀行等への信用供与の決定はECB機関により行われ，各国中銀は「最後の貸し手機能」を事実上失うことになる．ギリシャ危機の際，ギリシャの銀行等は極度の流動性喪失に陥るが，その救済の主導権はギリシャ中央銀行ではなく，ECBが握ることになったのである．かくして，ユーロ体制の「通貨・金融の権力構造」はユーロ地域内の周辺国が危機に陥った時に鮮明に表われることになった．

ユーロ体制の現実の第3点目は，いわゆる「最適通貨圏」が形成されていなかったこともあり，ユーロ体制の維持にはユーロ地域内の黒字国から赤字国への何らかの形でのファイナンスが不可欠であった．リーマン・ショックまでの「安定期」には「北側」金融機関の「南側」への民間資金による貸付・投資の形態で，その民間資金が滞り始める07年以後はTARGET Balancesの形態で，さらに南欧危機が勃発してからはECBによる非伝統的オペレーションの実施，国債等の購入の形態，EFSF・ESMによる金融支援の形態で．したがって，債権国ドイツは以上のどれかの形態で資金を供出するほかない．この事態はドル体制の場合とは異なる（ドル体制のもとではアメリカは債務国だが，ユーロ体制ではドイツは債権国とならざるを得ない）．しかし，ECBによる国債等の購入（とくにSMP2）にはEFSF・ESMとの連携が伴い，EFSF・ESMの金融支援にはコンディショナリティが付随するからECB，ESM機関が「権力的権能」をもつに至ることは明らかであろう．

リーマン・ショックまでの「安定期」には「北側」金融機関の「南側」への民間資金による貸付・投資が進行していったが，第1節において触れたように，その投資環境がユーロ統合の初期に出来上がっていた．それは1990年代前期における世界銀行，IMFなどが主導して形成されたアメリカをはじめとする先進諸国からASEAN地域への投資のための環境整備以上のものであったから，南欧危機はアジア通貨危機と類似する諸事象を有することになった．それがユーロ体制の現実の第4点目である．このことについては第1節において概述しているが，以下のことを追加しておきたい．

ギリシャ危機はスペイン，ポルトガル等へ波及し，これらの諸国もECBのSMP2プログラムによる国債の買い入れを求め，さらにはESMのよる支援を受けた．SMP2にはEFSF，ESMによる支援が条件であり，EFSF，ESMにはコンディショナリティが付いてくる．したがって，南欧諸国全体においてコンディショナリティにもとづく「構造改革」が実施されることになるが，構造改革には個々の国内部で種々の政治的対立関係が発生する．それは1980年代のラテン・アメリカにおける途上国債務危機の場合にも同様であった．後者の場合には同時に構造改革に対して債務諸国の「共同行動」もとられた．「キト宣言」「カルタヘナ合意」などであった[38]．しかし，2010年代の南欧危機においては「南欧連合」は生まれなかった．なぜ「南欧連合」は生まれなかったのであろうか．

次のことを検討することで，その理由の一端が明らかになろう．5点目は，ギリシャなどのユーロ離脱が可能であったかどうかということである．それは極めて困難であったといわざるを得ない．

ギリシャ中銀が「最後の貸し手機能」を失い，ECBにその権能が移っている以上，居住者によるギリシャの銀行等からの預金引き出しが急増しても，ECBが「最後の貸し手機能」を果たさなければ，ギリシャにおける貨幣が枯渇してただちにギリシャ経済が大混乱に陥る可能性が出てくる．ともかく，結果的にはギリシャ危機の期間，ECBがギリシャの銀行等への流動性供給を中断することはなく，少なくなっても貨幣が枯渇するという事態は避けられた．ギリシャ中銀を仲介とするユーロ現金発行は2010年以後増大し（前掲表6-8），他方，ギリシャの非銀行部門の銀行等における預金の方は大きく減少し（前掲

表 6-6），マネーストックは全体的に減少しながらマネーストックに占める現金の比率が増大している（前掲表 6-9）．ギリシャがユーロ離脱を決め，ECB がギリシャへの流動性供給を中断する意向を示せば，その時点でギリシャ経済が大混乱，マヒに陥るのである[39]．注 39 もみられたい．

ユーロ離脱にはギリシャ中央銀行が「最後の貸し手機能」を取り戻すことと，ドラクマ現金を発行しユーロをドラクマに転換できる条件ができていなくてはならないが，それらの条件が整うには少なくとも一定期間が必要であり，直ちには不可能である．「ユーロ化」も可能性としてありうる[40]が，この実行にも一定期間の準備が必要である．また，ギリシャ中銀は ECB に多額の TARGET Balance を負っている．ユーロ離脱は国際収支危機をいっそう深刻なものにし，通貨危機を一挙に表面化させる．他のユーロ諸国からの金融支援がなくなり，より厳しい構造改革が不可避であり，国民を疲弊させるであろう．

ギリシャはユーロ地域に残留し構造改革を行なわざるを得ない．そもそも，経常収支赤字が長期間継続することで一国の「自立」が維持できないことは自明である．しかし，構造改革の実施に伴い，2 つのことが問題になりうるだろう．

1 つは，ユーロ統合は前に見たように「最適通貨圏」に合致していないし，「北」と「南」の格差を是正する機能を有していないから，ユーロ統合の維持には「北」から「南」への何らかの資金移動が不可欠ということである．それを保証する措置が「南」の構造改革とともに必要である．それがないままの通貨統合は当初の通貨統合の理念に反するばかりか格差を拡大し持続可能ではないだろう．したがって，「共通財政」等のその「措置」が検討されなければ，ギリシャ等は「ユーロ化」も含めて通貨統合から離脱する準備を始めなければならないだろう．しかし，ギリシャがユーロから離脱したとしてもユーロ体制から離れることはできない．貿易の大部分はユーロ建で行なわれるだろうし，対内外投資もそうであろう．そうであるなら，銀行間外為市場ではドラクマから非ユーロ・欧州諸通貨への転換に際してはユーロが為替媒介に使われるだろうからである．さらに，ユーロがドラクマに対する相場の基準となろう．したがって，外貨準備も大部分がユーロで保有されるであろう．

もう 1 つは，構造改革には負担が諸階層に公平化される必要があるというこ

とである．構造改革が富裕層に有利なギリシャ社会を改革するものにつながっていかなくてはならないだろう．ユーロ離脱以前に国民主体の経済・社会改革が進められるかどうかである．

注

1) 拙稿「ユーロ不安の基本的性格とユーロの決済システム」『経済』2015 年 8 月号，125 ページ．
2) 星野郁『EU 経済・通貨統合とユーロ危機』日本経済評論社，2015 年，vi ページ．
3) 拙稿「欧州におけるユーロの地位とドル，ユーロによる重層的信用連鎖」『立命館国際研究』18 巻 1 号，2005 年，6 月，185-186 ページ．
4) 同上，186 ページ．
5) 同上，186 ページ．前掲の星野氏の著書においても次のように記されている．「ユーロ危機を経て……EU のエリートをしてネオリベラリズムな構造改革の推進に駆り立て……EU からの統制と競い合いレジームの再強化へと走らせている」（334 ページ）．
6) 本節の論述は，拙稿「ユーロ危機，対米ファイナンス，人民元建貿易などについて」『立命館国際研究』25 巻 1 号，2012 年 6 月をもとに加筆・修正したものである．
7) （2008 年の GDP － 1999 年の GDP）/1999 年の GDP×100 で算出．各国とも同じ．
8) ギリシャのユーロへの参加は 2001 年であるので，この数値は 2001-08 年の期間の比率であり，1999-2008 年の間の成長率はもっと高くなろう．
9) 代田純『ユーロと国債デフォルト』税務経理教会，2012 年，106 ページ．
10) IMF の *International Financial Statistics*, Yearbook, 2011 によると，「その他投資」における通貨当局分を除いたギリシャの民間部門への投資（直接投資，証券投資，その他投資）が 08 年に急減している．07 年には 332 億ドルに達していたのが，08 年には 98 億ドルである．代わって，通貨当局の債務が 344 億ドルにものぼるようになった．スペインでは「その他投資」における通貨当局分を除いた民間部門への投資（上記のギリシャと同様）が 07 年に減少し，通貨当局の債務が 07 年，08 年に増加している．
11) 拙書『ドル体制とユーロ，円』日本経済評論社，2002 年，第 9 章，第 10 章参照．拙書『現代国際通貨体制』日本経済評論社，2012 年，162-163 ページも見られたい．
12) 拙書『円とドルの国際金融』ミネルヴァ書房，2007 年，第 9 章，とくに，227-231 ページ参照．
13) 筆者は次のように記していた．「通貨統合は，統一的決済制度が新たに創設されてはじめて可能であるはずである．……通貨統合前は外国為替を用い，銀行のコルレス関係を利用して国際決済がなされていたのであるが，統合後はその決済がどのように変化したのか，このことをまず以って説明する必要があろう」（拙稿「欧州通貨統合と TARGET」『立命館国際研究』14 巻 1 号，2001 年 6 月，36 ページ，この論文はそのままのちに拙書『ドル体制とユーロ，円』日本経済評論社，2002 年の第

8 章に収録).

14) 2001 年 6 月の同上拙稿は，注 5 において次のように記している．「TARGET
Balance という用語は，欧州中央銀行の TARGET に関する文書には見当たらない
（例えば，European Central Bank, *Third Progress Report on the TARGET Proj-
ect*, Nov.1998, *TARGET* (*Trans-European Automated Real-Time Gross Settlement
Express Transfer System*), July 1998, 'TARGET and payments in euro' in ECB,
Monthly Bulletin, Nov. 1999). この用語はブンデスバンクの月報において「TAR-
GET balances at the Bundesbank」(Deutsche Bundesbank, *Monthly Report*, Jan.
2000, p. 23) として用いられ，…… EU 内ユーロ建・国際決済が最後には中央銀行
間の債権・債務関係の形成につながり，その債権・債務が ESCB において記帳され
ているということである．ブンデスバンクのいう TARGET Balance は国際収支表
の Financial account における Bundesbank の項をみればよい（*Monthly Report* に
もその記述がみられる．例えば，Jan. 2001, pp. 13-14). *Monthly Report* の統計欄
では External position of the Bundesbank in the European monetary union の
「Claims within the Eurosystem」と「Other claims on non-euro-area residents」の
一部がそれにあたる．欧州中央銀行等の TARGET について説明する文書に「TAR-
GET Balance」という用語が使われていなくとも，バランスシート，為替理論の基
本を踏まえれば，それは存在しなければならないものであり，その概念もつかめる」
（前掲拙稿「欧州通貨統合と TARGET」56 ページ，前掲拙書『ドル体制とユーロ，
円』248-249 ページ).

ECB が TARGET Balances について言及しなかったことから，「TARGET を解
説した邦語文献にもこの用語は出てこない（日本銀行『決済システムレポート，
2007-2008』2008 年，中島真志，宿輪純一『決済システムのすべて第 2 版』東洋経
済新報社，2005 年). 拙稿「ユーロ決済機構の高度化（TARGET2）について」
『立命館国際研究』24 巻 1 号，2011 年 6 月，25-26 ページ．この論文は拙書『現代
国際通貨体制』2012 年，第 6 章に収録．200-201 ページ参照．

15) Deutsche Bundesbank, *Monthly Report*, March 2011, p. 34.

16) この経緯については次の拙稿を見られたい．「ユーロ危機，対米ファイナンス，
人民元建貿易などについて」『立命館国際研究』25 巻 1 号，2012 年 6 月．なお，
TARGET Balances についての世界的な論議の様子については以下を見られたい．
田中綾一「TARGET Balances 論争の総括」『関東学院法学』第 25 巻第 1・2 合併号，
2015 年 11 月．

17) TARGET の高度化（TARGET2 への移行）については，前掲拙稿「ユーロ決済
機構の高度化（TARGET2）について」を参照されたい．

18) 前掲拙稿「欧州通貨統合と TARGET」38 ページ，拙書『ドル体制とユーロ，
円』226-227 ページ，それぞれ参照．

19) 同上，43-44 ページ，234 ページ．

20) 同上，44 ページ，234 ページ．

21) なお，域内諸国においてドル建黒字とドル建赤字がある場合，黒字がある国の銀
行はドルの買持（赤字の国の銀行は売持）となって，赤字がある国の銀行に対して

第 6 章　南欧危機とユーロ体制の現実　　　197

ドル売・ユーロ買を行なう．この為替取引のユーロ決済は TARGET が利用される
から，黒字の国では TARGET Balance の債権が増加（もしくは債務の TARGET
Balance が減少）し，赤字の国では逆に TARGET Balance の債務が増加する．した
がって，本章では詳論しないが，域外との外貨建国際取引も式①に影響を与える場
合がある．

22)　前掲拙稿「欧州通貨統合と TARGET」44 ページ，前掲拙書『ドル体制とユーロ，
　　　円』234 ページ．

23)　拙稿「ユーロ決済機構の高度化（TARGET2）について」『立命館国際研究』24
　　　巻 1 号，2011 年 6 月，14 ページ．この論文は拙書『現代国際通貨体制』日本経済評
　　　論社，2012 年の第 6 章に収められている．186 ページ．

24)　同上，24 ページ，199 ページ．

25)　MFIs はユーロ地域の中央銀行，Credit Institutions（預金口座をもつ金融機関），
　　　Money Market Funds からなるが，本章ではとくに記さない場合は中央銀行，
　　　MMFs を除く．

26)　逆にユーロ地域のいくつかの国の銀行等が ECB に「預金ファシリティ」で資金
　　　を預け入れた場合は，それらの国の中央銀行は債権の TARGET Balances をもつこ
　　　とになる．

27)　1995 年までの日本の国際収支の形式でいえば，「総合収支」に「金融勘定」の外
　　　貨準備増減を除き「金融勘定」の「その他」を加えた収支である．

28)　MFIs については注 25 を見られたい．

29)　中村正嗣「域内の資金偏在に現われる ECB 共通政策の限界」『みずほリポート』
　　　2012 年 6 月 18 日，1 ページ参照．ただし，3 年 LTRO により他のオペレーション
　　　の一部が 3 年 LTRO に切り替えられ，3 年 LTRO の信用供与のネット額はグロス額
　　　の約半分の 5000 億ユーロ程度にとどまった（同，3 ページ）．

30)　同上，1 ページ．

31)　中村正嗣「ECB の新たな国債購入策」『みずほインサイト』2012 年 8 月 20 日，3
　　　ページ．

32)　田中綾一・代田純「ユーロ体制の現状とギリシャ等の南欧危機」奥田・代田・櫻
　　　井編『現代国際金融第 3 版』法律文化社，2016 年，146-147 ページ（代田稿）参照．
　　　ギリシャ政府は支援に伴う緊縮政策の受け入れと同時に債務削減を求め，この削減
　　　はドイツ，フランスなどの金融機関も含めギリシャ国債の全保有者（ギリシャの銀
　　　行も含む）に及ぶものであった．

33)　本章の第 2 節参照．

34)　表 6-12 には TARGET Balance の項目が示されていないが，Bank of Greece,
　　　Press Releases（2014 年 2 月 19 日の国際収支）によると，「その他投資」のうちに
　　　は TARGET account が含まれていることが記されている．ユーロ建の「総合収支」
　　　（経常収支と資本収支の合計）の赤字は，ギリシャ中央銀行の ECB に対する債務，
　　　TARGET Balance となる．

35)　コンディショナリティの負荷による構造改革の具体的概要は，財政支出の削減と
　　　労働市場改革が中心となり，前者のために福祉・社会保障制度改革が伴い，後者に

は最低賃金の引き下げ，退職金の削減，解雇規制の緩和，非正規雇用規制の緩和などが含まれる（星野郁氏の前掲書，131-146 ページ）．

36）　前掲拙稿「欧州におけるユーロの地位とドル，ユーロの重層的信用連鎖」186 ページ．

37）　前掲拙書『ドル体制とユーロ，円』第 4 章〜第 7 章参照．

38）　拙書『途上国債務危機と IMF，世界銀行』同文舘，1989 年，205-212 ページ．

39）　この点で 1980 年代の途上国債務危機と異なる．LA など各国には自国通貨があり，中央銀行は「最後の貸し手機能」をもっていたから極端なインフレが発生した諸国が多いが，短期間のうちに国内流動性が枯渇するという事態にはなりえなかった．

40）　「ユーロ化」には独自の通貨（ドラクマ）を復活させる必要がなく，したがって，ユーロのドラクマへの転換も必要がなく，過渡期の措置としてはベターであるかもしれない．とはいえ，後述のように富裕層中心のギリシャ社会が改革されていくこと，経常収支赤字の体質是正がされていかないと無意味であろう．

第7章
人民元の「管理された国際化」

　中国当局は資本取引を厳正に規制し，対内直接投資を除いて対内外資本取引はほとんど認められなかった．その一部が緩和されるのは2002年である．外国の一部の機関投資家に対内証券投資のライセンスを与え，投資枠を設定して認める制度を発足させた（QFⅡ）．

　また，1997年に香港がイギリスから中国に返還され，「一国二制度」のもと香港では米ドルにリンクした香港ドルがそのまま利用され続けるが，その香港を通じて人民元の「国際化」が徐々に進展していく．2003年12月に香港にクリアリング銀行が設立され，04年から香港での人民元業務が解禁され，香港の銀行が香港居住者に対する人民元口座の開設・預金業務を始めた．

　さらに，リーマン・ショック時における中国のドル準備の損失発生と以後の運用難を受けて，2009年から中国当局は人民元に関する政策・諸規制，対内外証券投資に関する政策を大きく変更させてきた．09年7月に香港で（10年6月には世界のその他地域で）対外的な決済に人民元を利用すること（クロスボーダー人民元決済）を認めるようになった．また，10年6月にはクリアリング銀行に置かれている香港の諸銀行の人民元口座間の振替が認められ，11年1月からは，まず香港において，同年6月からは世界のその他地域において，3カ月以内に人民元で決済される貿易取引がある場合，諸銀行はクリアリング銀行と人民元の新たな供給につながる人民元為替取引ができるようになった．

　対内外証券投資に関しては，中国の金融機関にライセンスと投資枠を与えて対外証券投資を認める「適格国内機関投資家制度」（QDⅡ）が07年に発足し，香港等のオフショア市場で累積されてきた人民元の中国国内への投資を認めるクロスボーダー人民元建証券投資の制度（RQFⅡ）が2011年12月に発足し，

逆に中国から香港等への人民元証券への投資を認める制度（RQD II）が 14 年 11 月に発足する．また，同年同月に「上海・香港相互株式投資制度」が始動する．

これらの事態の進展によって「人民元の国際化」が盛んに論じられてきた．しかし，QF II，QD II，RQF II，RQD II は自由な対内外証券投資ではなく，特定の金融機関等にライセンスと投資枠を与えるものであり，香港等での人民元預金の形成，クロスボーダー人民元決済などの事態は，経常収支黒字に加えて中国当局の資本取引の諸規制の下で資本収支が資金流入で，さらに，上海と香港の間での自由な短期資金移動が認められていない状況の中で進展しているのである．したがって，香港市場へ人民元がどのように供給されるのか，また，香港での人民元取引の決済のあり方等の基本に戻って掘り下げて検討する必要がある[1]．

そこで，今世紀に入って以後の人民元の事態についていくつかの基本的な論点を踏まえて考察を進める必要がある．第 1 に，香港等で行われている人民元取引はユーロダラー取引などのユーロカレンシー取引と同じだろうか．中国の経常収支が黒字であり，対外投資も諸規制がある中でオフショア人民元はどのように生まれるのだろうか．第 2 に，オフショア人民元取引がユーロカレンシー取引と同じでないとすれば，オフショア人民元の決済はどのようにして行なわれるのであろうか．第 3 に，2009 年以前に人民元による経常取引の対外決済が行なわれていなかったということは，中国の対外取引の決済はもっぱら外貨で行なわれていたということであるが，外貨建・対外取引の決済，為替取引はどのようであったのだろうか．その事態に対外決済に人民元が利用されるということはどのような変化が付け加えられたのであろうか．

以上のことを考慮しながら，第 1 節では香港等での人民元取引の原資がどこから供給されるのか，香港などの本土外での人民元の取引がどのように決済されるのか，貿易等の国際取引がどのように決済されるのか，それに為替取引がどのように随伴するのか，これらの基本的なことを改めて確認しなければならない[2]．さもないと，人民元の「改革」が過大に評価されたり過小に評価されたり，多くの誤解を伴うことになろう．そのことを確認したうえで，さらに以下のことが第 2 節で解明されなければならない．

中国本土と香港の間に自由な短資移動が認められていないことから，香港での金利と上海での金利に大きな差が出ているし，人民元為替相場にも香港と上海の2つの相場が成立することになった．しかも，香港においても2つの相場が併存することになった．これらの事態は当然，どの人民元相場の為替取引を利用するかの「裁定」を発生させる．第2節では，まず貿易取引においてどの人民元相場の為替取引が利用されるかを検討し，香港相場が上海相場よりも人民元高の場合，中国の輸入において人民元決済が進むこと（逆の場合は輸出において人民元決済が進むこと）を明らかにし，そのあとで，香港に流入してきた人民元に関する限り，金利，為替相場が市場ベースで形成されることから，ドルと人民元との間で金利裁定取引が行なわれ「金利平価」が成立するのかどうかを検討する．

第3節においては対内外長期資本取引をみるが，とりわけ対内外証券投資（QFⅡ，QDⅡ，RQFⅡ，RQDⅡ，「上海・香港相互株式投資制度」など）が当局の管理の下にあること，直接投資の人民元決済を示したのち，対内外証券投資に制限があることに加えて中国本土と香港等の間で自由な短期資金移動が認められていないことから，第4節の前半部分で外為市場における人民元の地位は依然として低位にあることを改めて確認しよう．そして，第4節の後半部分では，人民元の国際化についての総体的なまとめを行なおう．

1. 香港での人民元取引

(1) 香港等での人民元取引と人民元の特別の供給ルート

2003年12月に後述のように香港にクリアリング銀行が設立された[3]．それを受けて04年から香港での人民元業務が解禁され，香港の銀行が居住者に対する人民元口座の開設・預金業務を始めた[4]．2004年以降，香港で人民元預金が少しずつ行なわれはじめ[5]，とりわけ，リーマン・ショック後の2010年から増大している．同預金は2011年には6000億元に達し，その後若干減少するが2014年には1兆元にのぼり，香港における預金の20％に達している（図7-1）．この人民元預金を原資として香港での人民元建の債券発行も2011年から増大している（図7-2）．これらの現象をもたらしている背景には，リーマ

202

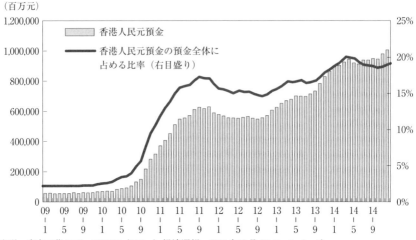

出所：東京三菱UFJ, BTMU (China) 経済週報, 2015年2月28日, 5ページ.

図 7-1　香港人民元預金の推移

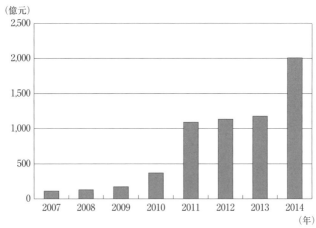

注：2014年は香港特別行政区の発表に基づく（2015年2月26日付中国証券報）.
出所：財務省，関税・外国為替等審議会，第25回外国為替等分科会（2015年5月18日），関根栄一「管理された人民元国際化の現状と展望」（資料2），4ページ.

図 7-2　香港での人民元建債券の発行

ン・ショック後において「一国二制度」の下にある香港を利用しようとする中国当局の意図がみられよう．

リーマン・ショック以前から中国の経常収支黒字が急増し，他方，厳しい対外投資規制によって投資収支も資金流入で推移していたから外貨準備（ドル準備）が大きく膨らんでいた（前掲表3-5）．ドル準備は米国債だけでなく米政府機関債，地方債へも投資されていたが，リーマン・ショックによって大きな損失を受けた．そのために中国要人によるドルを中心とする現代国際通貨体制への批判も相次ぎ，中国の諸取引においてドルに替わる人民元の利用を進めるための諸政策が展開されていくことになる．その詳細を見る前に香港等で取引される人民元がどのように供給されるのかということを明らかにしなければならない．

というのは，中国の経常黒字の上に中国当局は厳しい対外投資規制を敷いており，投資収支も一貫して資金流入であるからである．中国本土から香港を含む海外への人民元の自由な資金流出は通常はあり得ない．

ドル，円の場合は国内から海外へ資金を移動させることが自由であり，ユーロダラー，ユーロ円などは居住者，非居住者を問わず国内の預金を海外に移すことによって発生する．ユーロダラー市場，ユーロ円市場などの場合には米日等の当局の規制が基本的におよばないし，各国の銀行が在米銀行，在日銀行にドル，円の一覧払預金口座の開設と振替，残高補充が認められ，ユーロダラー取引，ユーロ円取引の決済が行なわれるのである．ユーロダラーの場合，米経常赤字のために非居住者によるドル残高の海外への移転によってユーロダラーが発生することが多く[6]，ユーロ円の場合には経常黒字が常態であるから，国内の邦銀が海外支店へ円を移す（本店から海外支店への円貸付）ことによって主に発生していった[7]．しかし，ユーロダラー取引，ユーロ円取引のどちらの場合も，資金の流出と同時に国内の銀行への資金流入となって（債権，債務の両建の形成），資本収支は均衡する[8]．人民元の場合，本土居住者は国内から海外へ資金を移動させる自由はなく，香港等での人民元取引はユーロダラー取引，ユーロ円取引等のオフショア取引とは異なるものである．特別なルートを経て香港に流入してきた人民元が香港での人民元預金となり，諸取引の原資とならざるをえないのである．香港等への特別の人民元供給ルートがなければ人

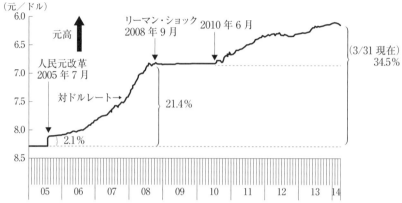

出所:『季刊中国資本市場研究』2014, Summer, 45 ページ (関志雄氏の論稿) より. 一部改変.

図 7-3　人民元の対ドルレートの推移

民元の「国際化」は実現するはずもないのである.

　それでは，特別のルートとはどのようなものであろうか. まず第 1 のルートは香港居住者による香港ドルの人民元への転換規制の緩和である. 現金であれば 1 回につき，預金であれば 1 日当たり 2 万元の転換を認めるというものである. 人民元がドルに対して上昇していけば（図 7-3），香港ドルの人民元への転換によって為替益が安定的に得られるのである. 香港の銀行は居住者との人民元交換に伴う持高をクリアリング銀行（後述）と解消できる. つまり，香港の銀行は，人民元をクリアリング銀行から供給されるのである[9]. この結果，香港における預金に占める人民元預金の比率は 14 年 9 月には 20% にまで上昇した（前掲図 7-1 参照）. しかし，2 万元という上限規制は 2014 年 11 月に撤廃される. 同時に，香港の銀行は顧客との人民元交換による持高をクリアリング銀行と解消することができなくなった. 香港の銀行は居住者への人民元交換に伴う持高を香港市場において解消しなければならなくなったのである[10]. したがって，香港居住者への人民元供給のこの特別のルートは 14 年 11 月に実質的に消滅する.

　第 2 のルートは中国本土から香港等への旅行者（華僑の分を含む）が持ち込んだ人民元現金である. 03 年に中国人の香港への個人旅行が解禁された[11].

表 7-1　人民元オフショア・センターの状況

(10 億元)

	クリアリング銀行	人民元預金	RQFII 割当額	中国人民銀行の スワップ・ライン
香　港	中国銀行香港	981.4	270	400
マカオ	中国銀行マカオ	103.8	0	なし
台　湾	中国銀行台湾	310.2	100	なし
シンガポール	中国工商銀行シンガポール	257.0	50	300
韓　国	交通銀行ソウル	117.1	80	360
マレーシア	中国銀行マレーシア	n.a.	0	なし
オーストラリア	中国銀行シドニー	200.0	50	200
カタール	中国工商銀行ドーハ	n.a.	30	なし
タ　イ	中国工商銀行タイ	n.a.	0	なし
英　国	中国建設銀行ロンドン	25.4	80	200
ドイツ	中国銀行フランクフルト	50.0	80	350
フランス	中国銀行パリ	20.0	80	350
ルクセンブルク	中国工商銀行ルクセンブルク	67.2	0	350
スイス	未定	n.a.	50	150
カナダ	中国工商銀行カナダ	n.a.	50	200

注：ドイツ・フランス・ルクセンブルクのスワップ・ラインは欧州中央銀行が代替.
出所：清水聡「人民元の国際化の現状と展望」『国際金融』2015 年 6 月 1 日，28 ページ，なお，清水
　　　氏はここに示されている数値の日付を記されていないが，図 7-15 を考慮すると 2015 年当初か
　　　ら 4 月末のことであろう.

　これらの現金は香港の「指定業種」（小売，宿泊，交通など）にわたり，「指定
業種」は受領した人民元現金を香港の銀行に対して香港ドルと交換できる[12].
こうして人民元が香港の銀行に入ってくる．この額がどれぐらいの額になるの
かは正確に把握できないが，中国の国際収支表の「誤差・脱漏」に含まれてい
るであろう（「誤差・脱漏」の流出は，2009 年に 412 億ドル，10 年 532 億ドル，
13 年 776 億ドルなどとなっている[13]）.
　第 3 のルートは中国当局が各国と結んでいる通貨スワップ協定である（表
7-1）．スワップ協定は 08 年 12 月以後，香港やその他多くの諸国と結ばれてい
る．2015 年 5 月末時点での人民銀行が結んだスワップ協定は 32 カ国で総資金
規模は約 3 兆 1000 億元となっている[14]．アジア諸国におけるスワップ協定は
アジア通貨危機を受けて締結された「チェンマイ・イニシャティブ」として成
立していったものであるが，最近の協定は海外への人民元供給を狙いとしたも
のである．通貨スワップは利用されると，実質上，中国当局による人民元融資

となろう．というのは，スワップ枠が実際に使われると，海外の当局が人民元を利用し，人民銀行は相手国通貨を受け取ることになるが，人民銀行が相手国通貨を利用することはほとんどないからである．2014年末時点での相手諸国の人民元の利用額は807億元であるという[15]．香港金融管理局（HKMA）は，通貨スワップによる人民元を香港に所在する銀行に貸し出すのである（後述）．また，香港以外の諸国とのスワップ協定によって供給された人民元は大部分が香港，一部シンガポールに流入してくるものと思われる．

第4のルートは，09年7月に認可された対外的な人民元決済による人民元の供給（中国の人民元決済の輸入等），2011年1月以降，さらに貿易等の人民元決済が3カ月以内に行なわれることを条件に認められる香港等の銀行によるクリアリング銀行との人民元為替取引である（後述）．第5のルートは，後述するクロスボーダー人民元建・証券投資などによる人民元の流出がある．

以上の種々のルートによって香港等へ人民元が供給され，その人民元が経常取引の決済，債券発行，証券投資等に中国当局に管理されながら利用されて人民元の国際化なる事態が進行しているのである．香港での人民元建債券の発行の推移を図7-2で示したが発行主体は図7-4に示されている．2009年には中国財政部が人民元建国債の発行を開始，2010年からは非居住者にも発行が認められ[16]，2014年には発行全体に占める域外発行主体が39％，中国財政部が

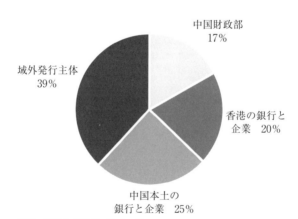

出所：図7-1と同じ，5ページ．

図7-4 香港における人民元債券発行主体（2014年）

17％，中国本土の銀行・企業が 25％，香港の銀行・企業が 20％ となっている．中国財政部による発行は香港へ流出した人民元の本土への還流のためのものにもなっている．これによって香港への人民元のネット流出額が管理できるのである[17]．

　現在，人民元オフショア市場は香港以外にもその他の地域に広がり，2014年末には人民元預金は 2 兆 1000 億元を上回るようになっているが，そのうち 50％ 弱が香港での人民元預金となっている[18]（表 7-1）．かくして，オフショア人民元が増大してきているのであるが，オフショア人民元は国内外を自由に資金が移動するユーロダラー，ユーロ円などとは異なる性格のものであることを忘れてはならない．したがって，後述するように上海での為替相場と香港での相場は異なり（香港等では両相場が併存している──後掲図 7-9，後述），両地域での金利差も生じる（後掲図 7-10）．香港での人民元金利は，本土との短資移動がないから種々のルートで流入してきた人民元の需給関係で「独自」に決まっていく．しかし，前述のように中国当局は，香港への人民元の流入を一定程度コントロールできるから，完全に独自な金利ではない．

(2)　クロスボーダー人民元決済

　ところで，香港等のオフショア市場で人民元取引が行なわれるとその決済が必要になる．オフショア市場の人民元取引の決済は如何になされているのであろうか．中国当局が本土内の銀行に外国の銀行が一覧払預金口座を設定し，口座間の振替，口座残高の補充・運用を行なうことを認めていれば，もちろん人民元決済はすみやかに行なわれる．ところが，これらを認めれば，中国本土内も含めて全世界で人民元の為替取引，人民元・貸付，人民元の短資移動などが自由に行なわれることになるから，中国当局は本土内の銀行に外国銀行が自由に口座設定，口座間の振替，口座残高の補充・運用を行なうことを認めていない．口座設定を認めた場合でも自由な振替，口座残高の補充・運用を行なうことを認めていない．

　したがって，オフショア市場の人民元取引の決済にはこれとは別の決済の方策が必要となった．それがクリアリング銀行の設立である．世界各地におけるクリアリング銀行の設置状況は表 7-1 に示されている．前述のように人民銀行

は 2003 年 12 月に香港でのクリアリング銀行として中国銀行の現地法人を指定した[19]．これにより香港にて人民元預金が発生する初源的なインフラができることになり，2004 年から人民元預金が現実に生まれることになった．香港のクリアリング銀行は人民銀行の深圳支店に口座をもち，中国国内の人民元決済制度（CNPS）の会員となり，本土内の銀行間市場に参加しうる．このことを前提にクリアリング銀行は，香港で人民元業務を行なう「参加銀行」に対して自行において人民元口座の設定を認め，参加銀行が香港居住者，「指定業種」等からの人民元預金を受け入れることを可能にしたのである．しかし，当初，参加銀行間の口座振替は認められなかった．それゆえ，香港等のオフショア市場においてクリアリング銀行が設定されたとしても，参加銀行間の人民元の貸借，人民元為替取引は極めて難しく，参加銀行に人民元の持高が形成された場合もそれを銀行間で解消することは実際上不可能であった．参加銀行間の人民元口座の振替が認められるようになるのは 2010 年 7 月になってからのことである．これにより香港にて銀行間の人民元の為替取引，人民元の短期融資が可能となる（後述）．この意味は大きい．しかし，これで人民元取引，為替取引のための人民元供給が保障されたわけではない．中国本土内外の資金移動が認められていず，すでに記したルートによって香港に流れ込んだ人民元の売買，融資が可能になったにすぎない．クリアリング銀行の参加銀行との為替取引，HKMA による香港の銀行への人民元融資もこの時点では認められていない．

　ともかく，香港にクリアリング銀行が設立され，人民元預金が発生したことを受けて，さらに中国当局はリーマン・ショック後にドルの役割を低下させる意図をもって 2009 年 7 月，対外決済に人民元を利用することを認める．人民元での対外決済を実行するために 2 つの方法が利用できることになった．1 つはクリアリング銀行を通じて決済する方法であり，もう 1 つは海外の銀行が中国本土の銀行とコルレス関係を結ぶ方法である．しかし，後者の方法はのちに論述するが，日中間貿易における人民元決済でのようにコルレス残高の振替，残高補充は極めて厳しい制限のもとに置かれている．したがって，香港等のようにクリアリング銀行が設立されている場合は，クリアリング銀行を通じる方法で人民元での対外決済が行なわれることになる．また，人民元の対外決済が承認されるに伴い香港の銀行は人民銀行の持高規制に従うことになり，香港で

表 7-2　経常取引人民元決済金額

(億元)

	貨物貿易	サービス貿易とその他	合計
2009 年	32	4	36
2010 年	4.380	683	5.063
2011 年	15.606	5.202	20.808
2012 年	20.617	8.764	29.381
2013 年	30.189	16.109	46.298
2014 年	58.974	6.565	65.539
累計	129.798	37.327	167.125

注：2009-13 年までの中継貿易はサービス貿易に，2014 年以降は貨物貿易に組み入れている．
出所：前掲 BTMU（China），2015 年 7 月 2 日，3 ページ．

の人民元の即時グロス決済システムが高度化され，参加銀行がクリアリング銀行を通じて貿易決済を行なうならば，銀行は即時グロス決済システムに参加することが求められる．

　10 年 6 月には対外決済に人民元が利用できる範囲が拡大され，商品貿易に限定されていたのがサービス貿易などの経常取引全体に拡大され，中国国内の試行地域も広げられ，海外の対象地域制限は撤廃された．これらの措置により対外的な人民元決済が香港だけでなく他の地域に拡大可能となっていった[20]．さらに，10 年 8 月には，対外的な人民元決済が，海外中央銀行，クリアリング銀行，参加銀行が行なっている中国国債などの人民元建債券への投資の決済にも適用されるようになった[21]．2009 年以後の人民元決済額の推移は表 7-2 に示されている．また，香港経由の人民元決済はクロスボーダー人民元決済総額の 9 割以上となっている（図 7-5）．

　2009 年 7 月までは対外決済に使われるのはすべて外貨であった．それでは，中国のドル建決済はどのようなものか，そこに一部であるが人民元決済が行なわれるというのは決済の様式にどのような変化が現われるのであろうか．このことが正確に理解されないと，貿易取引における人民元の評価において誤解が生じる可能性がある．例えば，輸出入全体に占める人民元決済の割合が 2014 年 10 月には 25％ に達しているというが[22]，これを日本の財務省「貿易取引通貨別比率」と比較しながら両通貨の国際化水準を判定するのには留保が必要であろう．日本の場合には，日本に所在する銀行に外国銀行の一覧払口座が設定

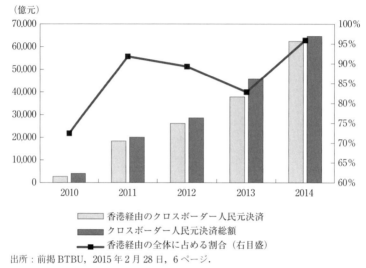

出所：前掲BTBU，2015年2月28日，6ページ．

図7-5　香港経由のクロスボーダー人民元決済推移

され振替えられて決済されているのであるが，中国の場合の決済はそれとは異なり，国際化の基準が違うからである．以下，具体的に貿易決済の経緯を見ていこう．まずは，ドル建決済の場合である．

　中国が日本に対してドル建で輸出した場合の決済が図7-6に示されている．この図における①〜⑤については別段記すことはないだろう（ただし，②はドル／元の為替相場で，⑤はドル／円の為替相場で換算した金額）．最後の日本の銀行Aによる中国の銀行Bへのドル決済（⑥）であるが，これも別段のことはない．銀行Aも銀行Bも在米銀行にドルの一覧払口座をもっており，銀行Aの口座から輸入代金が引き落とされて銀行Bの口座に振り込まれる（銀行Aと銀行Bが異なる在米銀行に口座を開設している場合には，FRB制度を利用したアメリカの銀行間決済制度を通じて）．これでドル建決済が完了する．

　ドル建決済はこのようなものであるが，人民元決済はこれとは異なる．それでは2009年7月に認められた人民元決済はどのようであろうか．貿易決済についてのいくつか基本事項，クリアリング銀行が設立されていることを前提にすると以下のようになると考えられる．

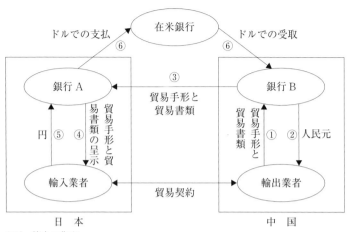

図 7-6　中国の日本へのドル建輸出の決済

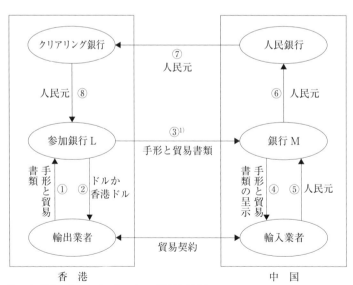

注：1) 場合によってはクリアリング銀行を経由して．
出所：筆者の作成．

図 7-7　香港から中国本土への輸出の人民元決済

香港から中国への人民元決済の輸出の例が図7-7に示されている．香港の輸出業者は輸出手形と貿易書類を香港の銀行Lに持ち込み（図7-7の①），輸出業者は輸出代金を為替相場で換算してドルまたは香港ドルで受け取る（②）．銀行Lは輸出手形と貿易書類を中国の銀行Mに送付する（③，場合によってはクリアリング銀行を経由して中国の銀行Mへ送付する）．銀行Mは手形と書類が届くと輸入業者へ呈示して（④），輸入代金の支払を受ける（⑤）．銀行Mは輸入代金を人民銀行にある自行の口座から引き落とし（⑥），人民銀行にある香港のクリアリング銀行の口座に貿易代金が振り込まれる（⑦）．次にクリアリング銀行は自行にある銀行Lの人民元口座に輸出代金を記帳する（⑧）．これで決済が終了する．このように人民元決済がいくつかの手続きを必要とするのは銀行Lが中国の銀行Mに一覧払口座を設定していないからである．

クリアリング銀行が中国の銀行Mの海外支店あるいは現地法人である場合にはもう少し簡潔なものになりうる．①②の手続きが終わって銀行Lは輸出手形と貿易書類を銀行Mに送付し，④⑤の手続きが終わり，銀行Mにおかれているクリアリング銀行の口座（本支店口座）に貿易代金が振り込まれ，同時にクリアリング銀行にある銀行Lの口座に代金が振り込まれる．これで貿易決済が完了する．

この香港の輸出の場合，銀行Lは人民元の買持となるので，銀行Lは中国から人民元決済で輸入している業者と取引している別の参加銀行と為替取引を行ない持高を解消することになる．しかし，クリアリング銀行に開設されている参加銀行間の人民元口座に振替が認められるのは2010年の7月になってからであり，それまでは参加銀行間の人民元の為替取引は事実上できなくて，持高調整はスムーズには行なえなかった．したがって，クリアリング銀行に開設されている参加銀行間の人民元口座に振替が認められるように規制が緩和されたのは当然のことであろう．これによって香港に流入した人民元に限ってのことであるが，本土外の香港の銀行間の人民元取引，人民元の融資等の為替取引が中国本土外で初めて成立するようになった．

対外的な人民元決済がスムーズに進むためには，さらに重要な2つの通知が10年12月に出されることになる．1つは，参加銀行がクリアリング銀行と人民元の為替取引を可能とする通知である[23]．それによると，参加銀行は3カ月

以内に人民元で中国との貿易決済を行なう顧客と為替取引を行なった場合に限り，その持高を解消するためにクリアリング銀行と人民元為替取引ができるようになったのである（11年1月より）．その場合の相場は，クリアリング銀行がCNPS（中国国内の人民元決済制度）とリンクしていることから上海相場が基準となる．したがって，クリアリング銀行に置かれている参加銀行の人民元口座の振替を基礎とする参加銀行間の為替取引の際の為替相場（CNHの相場）と参加銀行がクリアリング銀行と行なう為替取引の相場（CNYの相場）が異なり，香港の相場と上海の相場があるだけでなく2つの相場が香港で存在することになった（図7-8，図7-9）．また，これらの措置により参加銀行への持高規制は厳格になり，人民元の資産あるいは負債の大きい方の額の10%以内に持高を抑えなくてはならないことになった[24]．もちろん，この通知が出される以前には香港の銀行はクリアリング銀行と為替取引ができなかったから，香港での人民元相場は流入してくる人民元の銀行間の為替取引の際の相場（CNHの相場）しかなかった（図7-8，図7-9における香港相場はCNHの相場）．さらに，これも忘れてはならないが，内外資金移動が遮断されていることから人民元の香港と上海との短期金利差も解消されていない（図7-10）．

　もう1つの通知は，クリアリング銀行との限定的な為替取引を補強するために，HKMAが参加銀行へ人民元貸付を行なうという通知である．参加銀行の顧客からの人民元購入がなく，また，クリアリング銀行との為替取引によって

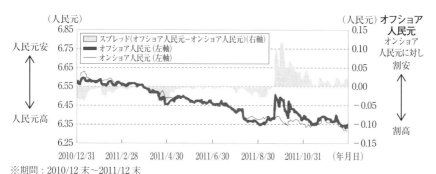

※期間：2010/12末〜2011/12末
出所：DIAMレポート（2012年1月26日作成），3ページ（http://www.monex.co.jp/About Us/0000 0000/quest/G800/new2012/news1202_15.htm ── 2012/07/09）．BloombergよりDIAM作成．

図7-8　オフショア人民元とオンショア人民元の対米ドルレートとスプレッドの推移

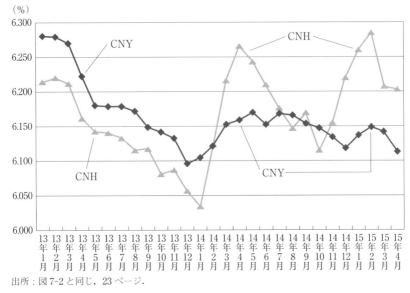

出所：図7-2と同じ，23ページ．

図7-9 上海と香港の対ドルレート推移

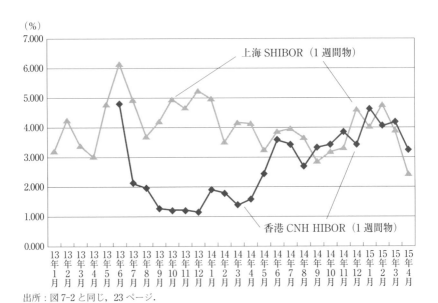

出所：図7-2と同じ，23ページ．

図7-10 上海と香港の人民元インターバンク金利推移

人民元を得ることが出来ない場合，参加銀行はHKMAから人民元融資を得ることが出来るようになった．それによって参加銀行は人民元決済を行ないやすくなる．ただし，その場合，HKMA融資から3カ月以内に完了する貿易支払があることが必要である．したがって，人民元で支払われる貿易取引が予定されていなければならない．HKMAの人民元融資の原資は，人民銀行とのスワップ協定に基づくものである[25]．

以上の人民元調達の2つのうち，どちらにしても参加銀行は厳しい持高規制を受けており，前述のように人民元の資産あるいは負債の大きい方の額の10%以内に持高を抑えなくてはならないということは，対外人民元決済による中国からの人民元の流出が一定限度に抑えられているということである．この点でも香港での人民元取引はユーロダラー取引，ユーロ円取引などと同等に扱えない．

以上のように，09年7月以後，香港と中国の間で人民元決済が出来るようになり，10年7月からは香港銀行間のCNHの決済ができるようになり，11年1月からは人民元の供給を伴うクリアリング銀行との為替取引も限定的に認められるようになった．

(3) 日本と中国の間の人民元決済と円／人民元の直接取引

2010年6月には，香港，マカオに限られていた対外的な人民元決済が他地域に拡大された．また，2011年6月には香港以外の外国の銀行と中国の銀行との間でも3カ月以内に決済される貿易取引のための人民元の為替取引が認められるようになった．この項では日中間の人民元決済について見てみよう．日本にはクリアリング銀行は設置されていないから，日中間の人民元決済には中国の銀行に邦銀の人民元建一覧払口座が開設されるか，もしくは香港の銀行を通じて，あるいは邦銀香港支店を通じて迂回的決済を行なうかである（クリアリング銀行が設定されていない日本以外の他国の場合でも同じ）．前者の場合，人民元を得られるのは3カ月以内に決済される貿易取引が存在する場合のみであり，後者の場合は，前に述べた種々のルートを通じて香港へ流入してくる人民元を調達し決済に当てることになる．しかし，この後者の場合は香港の貿易とはならないから，香港の銀行はクリアリング銀行と人民元の為替売買が出来

ない．したがって，邦銀は中国国内の銀行を決済に利用しながら，同時に香港の銀行をも利用することになろう．

日本の輸入業者が人民元で決済する場合，中国の輸出企業は貿易手形と船積書類を中国の甲銀行に持ち込み（①），荷為替手形の割引を受ける（②）．甲銀行は日本の乙銀行に貿易手形と船積書類を郵送し（③），それらを乙銀行は輸入業者に呈示して（④），輸入業者は円を支払う（⑤，円／人民元の相場で換算して）．最後に，乙銀行と甲銀行の間で記帳決済（⑥）が行なわれるが，それは乙銀行が甲銀行に開設している人民元口座に貿易代金が振込まれることにより行なわれる．この場合，乙銀行は人民元を保有していることが必要であるが，甲銀行から乙銀行への人民元融資はほとんど認められていないから，乙銀行は人民元で決済される日本の輸出業者と取引があるか，もしくは３カ月以内に貿易決済が終了するという条件で，中国の銀行に対して円を売り人民元を買う為替取引（ドルを媒介に）を行なう以外にない．この場合，ドルが媒介になるから，つまり，乙銀行は円を外為市場でドルに換え，そのドルを中国の銀行に売り人民元を得るから，中国の銀行はドルの買持になる．

逆に，日本の人民元決済の輸出がある場合は，最後には日本のX銀行（日本の輸出業者と取引している銀行）が中国のY銀行（中国の輸入業者が取引している銀行）に設定している口座に人民元残高が形成される．以上の日本の人民元決済の輸入と輸出が行なわれれば，乙銀行は人民元を必要とし，X銀行は人民元を売らなければならない．そこで，乙銀行とX銀行はそれぞれ，甲銀行，Y銀行に人民元口座を開設しているが，X銀行と乙銀行の間で人民元融資ができるか，それともX銀行の人民元口座から乙銀行への口座への振替ができるかどうかである．中国当局が外国の銀行が保有している人民元口座の間の振替を認めていれば可能であるが，振替を認めていなければ不可能である．不可能な場合，乙銀行，X銀行とも３カ月以内に貿易決済が終了するという条件で中国の銀行と円と人民元の為替取引を行なう以外にない．日本の人民元での決済の輸入と輸出が同額であれば，為替取引によって２つの邦銀の人民元の持高，２つの中国の銀行のドル持高は解消される．しかし，その場合でも，円と人民元の為替取引はドルを媒介に行なわれざるを得ない．

そうした状況下で，円と人民元の直接取引が日中当局者の政策的な関心事と

なり，2012 年 5 月に両政府間で合意され，12 年 6 月から直接取引が始まった．本来的には外為市場での直接取引は，日本の銀行と中国の銀行において円と人民元の持高が多くなって市場ベースで進行するものである．しかし，今回の直接取引は政府間の合意により，いわば「上から」取引が作られるものである．上海では人民銀行が日本の 3 大銀行などから聞き取った為替情報をもとに，毎日，取引の「基準相場」を提示し，その 3% 以内の幅での取引に限定するという[26]．東京市場では市場ベースで取引されるが，その相場は人民銀行の「基準相場」に引きずられるだろう．

　市場ベースで円と人民元の直接取引が進行するためには，日本と中国等の銀行に円と人民元の持高が一定額に達することが必要であるが，それには日中間で円建，人民元建の貿易，投資が相互に進む必要がある．しかし，現実には諸規制が多く，諸銀行に多額の持高が形成されることはないであろう．東京市場における円と人民元の直接取引額の推移が表 7-3 に示されている．13 年 4 月以来，円と人民元の直接取引額が大きく増加しているという事態にはなっていない．対円も含め人民元が一方となるすべての取引額は 13 年以来大きく増加しているが．

　さて，中国の人民元決済の貿易がある程度進んでいるが，周辺国・地域との貿易ではなくて主要国（アメリカ，日本，ヨーロッパなど）と人民元決済の貿易が本格的に行なわれるためには，在中銀行に外国の銀行の人民元建口座が開設されること，口座間の振替が自由になることが必要であり，また，この口座の残高が変化するから残高の補充，残高を使った運用が自由にならなければな

表 7-3　東京為替市場における円／人民元の直接取引[1]
（各年の 4 月中の 1 日平均取引高）

（億ドル）

	2013	2014	2015	2016
スポット	2.6 （3.4）	1.8 （ 5.3）	3.1 （ 8.6）	2.4 （10.5）
スワップ	0.2 （1.3）	1.5 （ 4.0）	2.1 （ 7.3）	2.9 （11.4）
フォワード	0.3 （1.6）	0.6 （ 4.1）	0.6 （ 5.5）	1.0 （ 3.9）
計	3.0 （6.2）	4.0 （13.4）	5.9 （21.5）	6.2 （25.9）

注：1）　（ ）は東京市場での人民元が一方となるすべての取引．
出所：東京外国為替市場委員会「東京外国為替市場における外国為替取引高サーベイの結果について」各年の 7 月の公表より．

らない．つまり，人民元の短資市場が十分に発展していること，さらには短期・中長期の短資移動，対内外投資に対する諸規制が大幅に緩和されていることが必要となる．短資市場が十分に発展しないとすると，また，諸規制が緩和されないとすると，人民元決済のための原資は，前述の制限的な為替取引があるとはいえ，主には当局間のスワップ協定，旅行者の人民元の持出しなどを通じるほかない．そして，その場合人民元の調達・運用は香港市場に限られることになろう（それ故，図 7-5 にあるようにクロスボーダー人民元決済のうち 95% 近くが香港経由となっている）．対外的な人民元決済の大きな進展は，短資取引，為替取引，対内外資本取引の大幅な規制緩和がなくては実現しないだろう．しかし，それらの大幅緩和は海外からの短期資金の流入と流出が増加し，人民元の急激な相場変動が生じる可能性がある．

2. 人民元の香港相場と上海相場

(1) 2 つの相場と人民元決済

香港と上海との間の自由な短期資金移動が認められていない状況の中で，香港には前述のように特別のルートによって人民元が流入してくる．自由な短期資金移動がないから香港と上海の間には裁定が十分に機能せず，香港での人民元（CNH）の相場（以下では「香港相場」と呼ぼう）は上海の人民元（CNY）の相場（「上海相場」）とは格差（図 7-8，図 7-9）が生まれる．このことから香港と本土との貿易においてどちらの人民元を利用するかという問題が生まれてくる．香港の輸出（中国の輸入）においてはドル（香港ドル[27]）安・人民元高が有利であり，香港の輸入（中国の輸出）においてはドル（香港ドル）高・人民元安が有利である．また，香港からの輸出入において人民元決済になったとき，為替取引は香港側で行なわれる．したがって，CNH が CNY よりも高い相場が傾向的に続いている状況では，香港の輸出業者は人民元決済をより多く利用することになる．

09 年 7 月～10 年 3 月における人民元決済は中国の輸出で 18 億元，輸入で 181 億元，サービス・その他の経常取引で 20 億元であったといわれ[28]，また，10 年 9 月末時点で，対外的な人民元決済の累計額 1971 億元のうち，中国の輸

出が約 9%，輸入が約 80% となった[29]（サービス・その他の経常取引が約 11% である）．人民元相場は香港相場が上海相場を上回わっており，そのスプレッドは 10 年 10 月に 2.6% に達し[30]，「2010 年末までの人民元決済の相手国，地域は 92 に上り，うち香港は全体の約 75% を占めた．中国国内輸入業者の対外支払が全体の 90% を占めたことで，人民元が中国国内から香港に大量に流れた」[31] といわれる．図 7-8 より 2010 年末から 11 年 9 月ごろまで香港相場が上海相場よりも高いということが知れる．かくして，香港相場が上海相場よりも高いと，中国の香港からの輸入において人民元決済が増加するのである．

中国の研究者が「香港オフショア市場開設以降，CNH は CNY に比し人民元高で取引される傾向が続いた．輸入企業（中国の――引用者）は人民元建て貿易決済を利用すれば，両市場の為替レート差額を獲得することができる」[32] といわれるが，香港の輸出業者が利益を得られるのは当然であるが，本土の輸入業者が利益を得られるのはどうしてであろうか．

香港相場が上海相場よりも人民元高であれば，中国の輸入業者（この場合は香港の輸出）も利益が得られるというのは，以下の事情である．中国が輸入する商品自体は国際的にはドルなどの外貨で価格表示されている場合が多いであろう．この点はユーロ建貿易，円建貿易とは異なる[33]．人民元での対外決済といっても，各国の銀行が在中銀行に保有している口座の振替によって決済されているのではなく，ドル等で表示されている財の輸出入を為替相場で換算して人民元で決済しているのである．中国の輸入業者によるこの換算は上海での顧客相場（その相場は多くの時点で香港相場よりも人民元安）になるが，中国の輸入業者は香港の輸出業者に対してドル価格の「値引」を求めるだろう．例えば，100 万ドルの商品を中国は輸入しそれを人民元で決済するのであるが，香港の顧客相場が人民元高であるから，中国の輸入業者は 100 万ドル以下でのドル価格を要求するだろう．その要求が受け入れられれば，中国の輸入業者はより少ない人民元支払で済むし，香港の輸出業者は香港相場が上海相場よりも人民元が高く，香港相場でドルに換算した場合，以前と同じドルの輸出代金を回収できるからである[34]．2 つの相場の違いから生まれる「利益」の分配である．

香港相場が高い状態が続けば中国の輸入で人民元決済が多く利用されることから，中国の貿易での人民元決済は輸出よりも輸入において高い比率を占める

ことになり，新たな事態が進行していく．つまり，中国の輸出ではドル等の外貨部分が減少せず，輸入ではドル等の外貨部分が減少し，貿易収支次元ではドル等の外貨部分の黒字が増加し，人民元部分が赤字となる．これは中国当局者が意図していた事態ではないだろう．しかし，本土から香港へ人民元が流出していくから，香港での人民元が相対的に増加し，香港相場が下落する傾向が生まれてくる．香港相場は，かくして上海相場から大きく乖離して上昇することはできない．

　以上は，自由な短期資金移動がなく香港と上海の間には裁定が十分に機能せず，香港相場が上海相場よりも高くなる時期にはいつも発生する事態である．クリアリング銀行が限定付であるが香港の銀行との為替取引を実施し始める11 年 1 月以降，この事態に変化が生じたであろうか．あるいは追加の事態が生まれただろうか．これから見ていくように本土の輸入において人民元決済が多く利用されるという事態には大きな変化はないが，確かに追加の事態が生まれた．それは，人民元の対ドル相場に香港相場と上海相場の 2 つがあり，格差があるだけでなく，香港にも 2 つの相場が併存するという事態の発生である．それ以前は香港の銀行間においては香港での人民元（CNH）の相場のみが存在していた．前述のように 3 カ月以内に人民元で決済が行なわれるという条件付であるが，香港の銀行はクリアリング銀行と為替取引ができるようになったが，この相場はクリアリング銀行は人民銀行，本土の銀行と為替取引ができ，同時に本土内と同じ持高規制を受けていることから，上海の相場が基準となる．他方，11 年 1 月以後も香港の銀行間で行なわれる為替取引の相場は，種々のルートを通じて香港に流入してきた人民元が為替取引の原資であり，その人民元の需給によって決まる．この相場への人民銀行による直接的な関与は及ばない．香港の銀行間での「自由相場」である．したがって，香港においても 2 つの相場が併存することになる．香港の銀行，香港の貿易業者にとってどちらの為替取引が有利なのか，2 つの為替取引を使い分けていることを論じよう．

　香港相場が上海相場よりも人民元高の状態（例えば，前者が 1 ドル＝6.15 元，後者が 6.20 元）で，香港の中国本土への輸出に人民元決済が利用される場合，香港の銀行は香港の輸出業者にドルを売り人民元を買うであろう．香港の銀行は貿易取引を伴っているからクリアリング銀行に対して人民元を売りドルを得

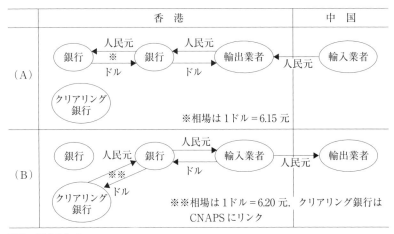

図 7-11 中国の輸出入取引と 2 つの為替相場（「香港相場」が高いとき）

出所：筆者の作成．

ることも可能であるが，その相場は上海相場であるから人民元が安い．そこで，香港の銀行は他の銀行に対し香港相場で人民元を売りドルを買うであろう（図 7-11 の A 欄）．したがって，この場合の香港の輸出業者が人民元を売る顧客相場は香港の銀行間相場（香港相場）が基準となる．香港相場が上海相場よりも高いとき，輸出業者から得た人民元を香港の銀行はクリアリング銀行に売ることはない．しかし，香港への人民元供給が増加し，香港相場は下がる傾向をもつことになろう．

香港の銀行がクリアリング銀行と為替取引を行なうのは香港の輸入業者に対して人民元を売ったときであろう（図 7-11 の B 欄）．一般的には，香港の輸入業者にとってはドル（香港ドル）が少しでも高い方が有利で，人民元の香港相場が上海相場よりも高いとき（上海相場の方がドル高のとき），上海相場の方が香港相場よりも有利ということになる．そこで，香港相場が上海相場よりも人民元が高い時期には，香港の銀行はクリアリング銀行との為替取引を行ない，上海相場が基準となる相場で顧客との為替取引を実施するだろう（香港の顧客相場も 2 つが併存）．しかし，それは，結果的にはドル建貿易と変わらないことになる．本土の香港への輸出において人民元決済になるかドル建になる

かは，為替取引がどちら側に生じるかということである．前者では香港側に，ドル建の場合は本土側に．香港の輸入業者が人民元決済にしたときドルを売って人民元を得なければならないが，その相場は上海相場であり，他方，ドル建の輸入の場合には本土の輸出業者がドルを人民元に転換することになるが，その相場はもちろん上海相場である．結局，為替取引がどちらになろうとも，その相場は上海相場となる．したがって，この場合，人民元決済にしたところで実質的にはドル建貿易と変わらず，人民元決済にしてもドル建にしても輸出業者にとっても輸入業者にとっても同じことになる．中国当局，HKMA が人民元決済を進めようとしても，人民元決済になると為替取引が香港側で行なわれることになるから，その手続き，コスト等が考慮されることになろう．また，人民元決済にしたとしても，中国の輸出はクリアリング銀行（中国の銀行）のドル保有を増加させ，ドル準備を減少させることにもつながらない．

11 年 1 月以後，香港の銀行は限定的にクリアリング銀行と為替取引ができるようになったとはいえ，かくして，香港の輸出においてより多く人民元決済が利用されるから，香港へ人民元が供給され（A 欄参照），香港相場の上海相場に比しての高位は次第になくなっていく．香港相場は上海相場に近づくことになろう．香港相場は上海相場から離れて極端に高くならない．さらには，2つの相場が逆転することになるときも現われる．実際，2011 年 9 月ごろから香港相場が上海相場を下回るようになったし（図 7-8），14 年上半期，14 年末から 15 年にかけて逆転がみられる（図 7-9）．香港相場が上海相場を下回るようになると，中国の輸入において人民元決済の利益がなくなる．

それでは，香港相場が上海相場よりも人民元安である場合は香港の銀行，貿易業者の為替取引はどうなっていくであろうか．前に述べたように，香港の輸出（中国の輸入）においてはドル安・人民元高が有利であり，香港の輸入（中国の輸出）においてはドル高・人民元安が有利である．また，人民元決済になるとき，為替取引は香港側で行なわれることを忘れてはならない．

香港の本土からの輸入業者はドル高・人民元安が有利であるから，香港相場が上海相場よりも人民元安であるとき，香港相場に規定された顧客相場が有利となる．香港の銀行は他の銀行と為替取引を行なって人民元を調達し，それを香港の輸入業者に売るであろう（図 7-12 の B 欄）．この場合，本土の輸出業

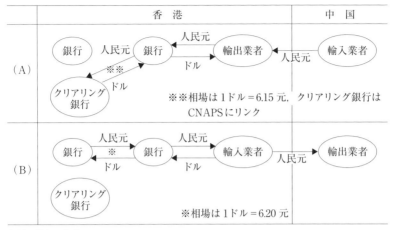

図 7-12　中国の輸出入取引と 2 つの為替相場（「香港相場」が低いとき）

者にとっても利益となる．なぜなら，香港の輸入業者は，香港相場を利用することによってより少ないドルで人民元の輸入代金の支払ができるから，本土の輸出業者は人民元での輸出価格を若干高くすることも可能になるからである．香港相場と上海相場の差異から生まれる利益の双方での分配である．しかし，この状況が進むと，香港から本土へ人民元が流出し，香港相場が上昇する傾向が生まれてくる．

　香港相場が上海相場よりも人民元安である場合の香港の本土への輸出はどうであろうか．香港の輸出業者にとってはドル安・人民元高が有利であるから，その場合は上海相場が利用されることになる．つまり，香港の銀行はクリアリング銀行と人民元売・ドル買の為替取引を行ない，その相場（上海相場）に規定される顧客相場で香港の輸出業者とドル売・人民元買の為替取引を行なうだろう（図 7-12 の A 欄）．しかし，この香港と本土の貿易決済では，前述した香港相場が上海相場よりも高く，人民元決済による香港の本土からの輸入の場合と同じく，ドル建貿易と実質的には同じである．為替取引はどちらも上海相場が利用される．ただ，為替取引が人民元決済の場合は香港側で行なわれ，ドル建の場合は本土においてそれがなされる違いがあるだけである．

ところが，香港相場が上海相場よりも人民元安であると，図7-12のB欄のように香港の輸入業者は香港相場を利用することになるから，香港から人民元が本土に還流していき，香港相場が上昇気味になってくる．このように，香港相場と上海相場は短期資金移動を通じての短期的な均衡ではなく，中国の貿易における人民元決済の輸入と輸出の転換過程を経て相互の規定関係が生まれることになる．しかし，この「均衡化」は貿易を通じてであるから時間がかかる．したがって，完全には「均衡化」しない．

(2)　香港市場での為替スワップを利用した「裁定取引」

　中国社会科学院の張斌と徐奇淵の両氏は香港における為替スワップを利用した裁定取引に言及し，直先スプレッドと金利差の2つの利益が得られるとしている．香港の銀行等はドルを借り入れ，そのドルを直物で人民元に換え，先物で元売りドル買いを行なう取引（為替スワップ）である[35]．以下，両氏の例を検討しよう．まず，本土では為替取引と対内外短資移動が自由でないから金利裁定取引が不可能で「金利平価」は成立しない．それでは，香港において本来の為替スワップを利用した裁定取引が成立するかである．本来の「金利平価」による先物相場が成立するためには以下のことが前提となる．①対内外短資移動の自由をもとに短期諸金利が市場において形成されていること，②直物だけでなく先物為替取引が自由であること．これらの条件が存在する限りで金利裁定取引により金利平価が成立する．

　中国本土と本土外との短期資金移動は自由でないから，また，本土では為替取引が自由ではないから中国における先物相場は2国間の金利差と直物相場によって決まっていくということにはならない．それに対して，香港ではいくつかのルートを通じて流れ込んだ人民元に関する限りドルに換えられドル建短資投資ができ，逆にドルを人民元に転換して運用もできる．クリアリング銀行に置かれている諸銀行の口座の振替を通じて銀行間で決済ができるからである．したがって，香港では先物相場はドルと香港での人民元の金利差と直物相場によって決まっていく局面はありうる．その場合は香港相場と香港での人民元金利が基本となる．香港相場については前述した．香港の人民元金利は香港に流入してきた人民元の需給関係により「独自的」に決まっていく[36]．

しかし，本来の金利平価が成立する場合，為替スワップを利用した短期資金移動によって常に利益が得られることはない．金利平価状態が一時的に崩れたときにのみ短期的に利益が得られるが，裁定が働き短期の間に金利平価状態が復活するからである．本来の金利平価が成立するものとすれば，3カ月の直先スプレッドは次の式で表わされる．

　　（直物相場−先物相場）÷直物相場×12/3

である．2011年2月時点でのドルLiborは0.31%（3カ月）であり，香港での3カ月人民元金利は0.75%であった[37]．直先スプレッドは−0.44%（人民元金利の方が高いから人民元のディスカウント）に近づくはずである．CNHの直物相場が1ドル＝6.55元（図7-8）であったから，スプレッドの式から先物相場は1ドル＝6.5572元と計算できる．人民元の先物相場はディスカウントである．為替スワップを利用すると，金利差は直先スプレッドによって打ち消されるから，「金利平価」状態が崩れているときにしか為替スワップを利用した場合利益が得られない．

　したがって，張氏と徐氏が「直先スプレッドと人民元・ドルの金利差を稼ぐことができる」[38]といわれ，それが事実であるとするなら，本来の金利平価が成立する条件が香港では存在していないのではないか．香港での人民元市場が本土市場と比べてはるかに小さい．それゆえ，前項でみたように，香港相場は上海相場にひきずられ，両相場には差があるとはいえ極端に大きくなく，CNYの直物為替相場が上昇傾向にあったことから，形成される香港の先物相場も通常のものでなく異常なものになったのではないか．ドル金利よりも香港での人民元金利の方が高いから本来は，先物相場は人民元のディスカウントになるはずにもかかわらず，現実の先物相場も人民元高になったのではないか．つまり，香港の先物相場は金利差と直物相場によっては決まっていないのであろう．金利差よりも将来の直物為替相場の予想の方が先物相場に強く反映しているのである．本来の金利平価が成立しないことから，そのためにかえって別の「裁定取引」が成立しうるのであろう．

　香港の人民元金利がドル金利よりも高く，2011年9月ごろまで人民元の直物相場は持続的に上昇しているから，張氏と徐氏の前述の例とは別に，為替スワップを利用せず直物取引を単純に利用することにより為替差益も金利利益も

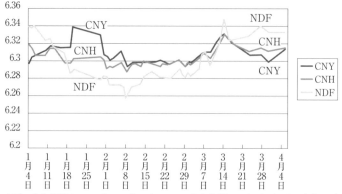

出所：大和総研ホールディングス（コラム，金森俊樹——人民元相場は均衡に近づいているのか——2012.04.06），http://www.dir.co.jp/publicity/column/120406.html（2012年7月9日），原資料はブルムバーク報道．

図7-13　人民元相場推移（2012年1月以降）

得られる．したがって，香港の場合には，為替スワップを利用するよりも直物取引を行なうことにより金利差益と為替相場上昇の2つの利益を得るか，他の途上国と同じようにNDF（ノンデリバラブル・フォワード）が多く利用されることになると考えた方がよいであろう．

　NDFが利用されるのは，途上国の場合，海外での自国通貨の利用を制限することが多く，また金融・資本市場に制約が多いからである．NDFでは直物為替相場と為替予約レートの差額のみがドルによって受け渡しがなされるのである．そのためにヘッジファンドなどに高レバレッジで取引される傾向がある．また，本来の裁定が働かないために為替予約レートは取引参加者の為替見通しを反映したものにならざるを得ない．香港では為替スワップを利用した裁定取引が十分に行なわれがたく，行なわれてもNDFとの「裁定」がはかられながら実施されることになろう．2012年の香港相場（CNH），上海相場（CNY），NDF相場を図7-13に示しておこう．NDF相場により市場の将来の相場への予想が示される．2012年3月はじめから人民元相場が下落傾向になることが予想され，統計的資料は得られていないが，人民元相場の上昇が止まっていることから上述の「裁定」取引も一時的に静まっているのではないだろうか．

3. 対内外長期資本取引の規制緩和

　以上のように，人民元預金の増大を背景に 2009 年 7 月にクロスボーダー人民元決済制度が発足し，本格的な人民元の「国際化」が始まっていくのであるが，本節では長期資本取引における人民元の「国際化」の状況をサーベイしよう.

(1) 対内外証券投資

　まず，対内外証券投資であるが，中国当局は全般的には資本取引を厳正に規制したうえで，種々のライセンスを国内外の機関に与え，運用枠を設定してその枠内での資本取引を認めていく. 中国証券監督管理委員会が優良外国人投資家に国内の証券市場に参画するライセンスを供与し，国家外貨管理局が投資運用枠を与えるのが「適格外国機関投資家（QF II）制度」である（外貨から人民元への転換を伴う投資）. 2002 年に同制度は発足し，通常，海外投資家に投資が認められない「A 株」などへの投資が認められた. 当初の運用枠は 100 億ドルであったが，2012 年以後運用枠が増大し，2015 年 4 月末でライセンスを与えられている機関は 268 機関[39] で認可運用枠の合計は 736 億ドルに増大した（図 7-14）.

　他方，認定された中国国内の金融機関を通じて居住者が一定の運用枠内で対外証券投資を認める制度が「適格国内機関投資家（QD II）制度」である（2007 年 9 月開始，人民元の外貨への転換を伴う投資）. 2010 年 3 月末時点で 76 の機関がライセンスを与えられ，640 億ドルの運用枠が設定されている[40]. しかし，中国の運用会社が海外市場に不案内で短期間に経験豊かな運用スタッフを配置することが困難であるとか[41]，人民元が上昇傾向にあることから QD II ファンドの募集が困難になる現象さえ起こるという[42]. 人民元相場が 2015 年初めまで上昇傾向にあるから人民元をドル等に転換して投資することに損失が生まれるからである. 中国の国際収支表（前掲表 5-4）を見ても対外証券投資が 2010 年に 76 億ドル，11 年には投資の引き揚げが 62 億ドル，12 年，13 年に投資が復活したが 64 億ドル，54 億ドルにとどまっている. 人民元安が

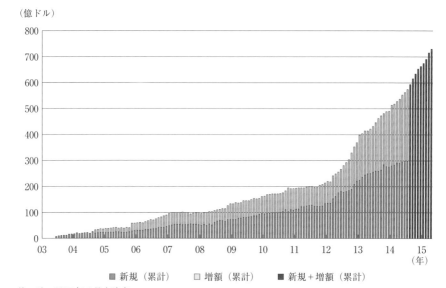

注：1）2015年4月末時点．
2）2014年7月末時点までは新規（累計）と増額（累計）に分けて把握可能．
出所：図7-2と同じ，9ページ．

図7-14 QFIIの認可動向

進んだ15年以降に投資が増大している．他方，対内証券投資は2010年に317億ドル，12年，13年には542億ドル，582億ドルにのぼっている．しかし，人民元安の15年には67億ドルに急減した．QDIIの中国国内から人民元を外貨に転換しての投資が人民元相場の上昇傾向のために14年まで伸び悩み（設定枠の全体が利用されず），逆にQFIIの外貨を人民元に転換しての投資が14年まで伸びる（設定枠の上限近くまでの投資）ことから，収支均衡を重視する統制のもとでの対内外証券投資であっても収支では14年まで資金流入超過になるのである．

その後，香港等で人民元預金が増加してくるのを受けて，「人民元建適格外国機関投資家（RQFII）」制度」が2011年12月に発足することになった．同制度は特定の機関にライセンスと運用枠を与え，香港等のオフショア市場で累積されてきた人民元を中国国内へ投資することを認めるものである．当初は中国本土系証券会社・運用会社の香港子会社にライセンスが与えられ，運用枠は

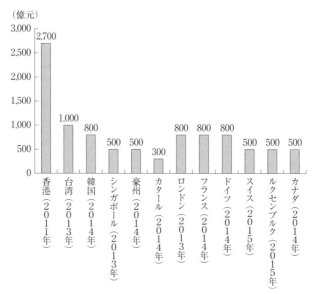

注：1) 2015年4月29日時点の数値．
　　2) 台湾の1000億元は2014年4月9日付上海證券報に基づく．
出所：図7-2と同じ，9ページ．

図7-15　RQF II 運用枠の国・地域別配分

200億元であった．その後，ライセンスは海外の機関にも与えられるようになり，2015年4月29日時点の運用枠の国・地域別配分は図7-15のように拡大された．QF II もそうであるが，ライセンスの供与，運用枠の配分をめぐって各国の間の，各機関の間の競争が生まれるだろうし，中国当局による各国，各金融機関相互の競争の組織化，「分断」手段ともなりえよう[43]．この制度は，香港での中国財務部による人民元債券の発行と同様，香港等に流出した人民元を還流させる手段ともなるものである．したがって，当局がこの制度の運用枠を増減させることで香港へ流入する人民元の額を間接的にコントロールすることができる．

また，2014年11月には「人民元建適格国内機関投資家（RQD II）制度」を発足させることになった．こちらの方は特定の国内機関にライセンスを与え香港等の海外市場での人民元証券への投資を認めようとするものである．この制度では各機関別の運用枠を設定するのではなく，「実際の募集金額まで投資が

できるとされている」[44].

　次に，2014年11月から上海・香港相互株式投資制度（上海・香港ストックコネクト）が始動した．関根栄一氏がその現状と課題を示されている[45]ので，それに基づきその概要を示そう．同制度は，上海と香港の両サイドから双方向で株式の購入ができるというものである．具体的には，①上海証券取引所が中国の投資家による香港株の売買を，香港聯合取引所がグローバルを含む香港の投資家による上海株の売買を仲介するというもので，②上海株への投資対象は「上証180指数の構成銘柄」，「上証380指数の構成銘柄」，A株・H株同時上場のA株であり，上海株への投資枠は3000億元，1日当たりの投資枠は130億元，③香港株への投資対象は「ハンセン総合大型株指数構成銘柄」，「ハンセン総合中型株指数構成銘柄」，A株・H株同時上場のH株で，香港株への投資枠は2500億元，1日当たりの投資枠は105億元，また，中国の投資家は機関投資家と証券口座及び資金口座に合計で50万元以上を有する個人投資家となっている．ここで注意しなければならないことは，関根氏は指摘されていないが，香港市場での「ハンセン総合指数構成銘柄」の株式は香港ドル建であるから，上海からの「ハンセン総合指数構成銘柄」への投資は人民元の香港ドルへの転換が伴う．

　2014年11月の「コネクト」の開始後，香港から上海株への買需要が多く2015年3月には1375億元にのぼっている．他方，中国本土の投資家は「香港市場での各種手数料が高く，為替手数料の負担」[46]もあって，香港株への買需要が小さく（図7-16），「北熱南冷」の状態になっているという．しかし，上海から香港株への投資が低位であるのは，手数料の高さ，為替手数料の負担問題だけではないのではないだろうか．

　関根氏は2014年11月から中国本土における利下げがあり，これによって同年12月末に「上海総合指数」が3200ポイントを超え，A株とH株を同時上場している銘柄の格差が生まれ，上海株に比べ割安感のある香港株の買注文が2015年1月に増加し，「北熱南冷」の状態に変化が現われてきているといわれている．そのことはあろうが，香港を含む海外の投資家は人民元相場の上昇を背景に人民元建株式への需要が全体的に高いのに対して，上海の投資家は人民元を香港ドルに換えて香港ドル建株式へ投資するのであるから為替差損のリス

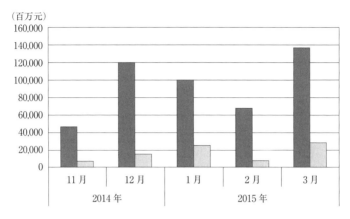

注：2014 年 11 月 17 日に始動．
出所：関根栄一「上海・香港ストックコネクト始動後の現状と課題・展望」『野村資本市場クオータリー』2015 Spring，4 ページ．

図 7-16 上海・香港ストックコネクト：上海株と香港株の売買金額

クを考慮せざるを得ない[47]．したがって，関根氏がいわれる局面の変化は一時的現象にすぎないのではないだろうか．

　また，「コネクト」の開始に当たり課税政策が公表されたが，キャピタルゲイン課税，配当課税について，香港の投資家と上海の投資家の間には一定の差が設けられた．上海の法人投資家にはキャピタルゲインに対して課税されるが，香港の投資家には一時的に免除され，配当課税については源泉所得税が上海の投資家には 20％，香港の投資家には 10％ となっている[48]．

　このように，上海・香港相互株式投資制度（上海・香港ストックコネクト）が始動したが，人民元相場が上昇傾向にある場合にはドル，香港ドルを香港で人民元（CNH）に換え，その資金を使った香港から上海への株式投資が進む．そうすると，関根氏も指摘されているように[49] RQFⅡ の運用枠の増加とあいまって香港での人民元の流動性が逼迫する．これによって香港の人民元相場の上昇傾向が続くが，前節で述べたように中国の輸入において人民元決済が増加し中国から人民元が供給されて香港相場の上昇が鈍ってくる．また，香港での人民元の流動性が逼迫すれば香港の人民元金利が上昇し，香港での人民元金利

と上海の金利の差が小さくなるし，香港での人民元建諸証券の価格が下落して
上海から香港への投資が増加する可能性もある．

(2) 人民元決済・対内外直接投資

2015 年 6 月に人民銀行が公表した『人民元国際化報告』によると，2014 年
の対外直接投資における人民元利用額は 1866 億元に増加し，対内直接投資の
人民元利用額は 8620 億元にのぼったという（表 7-4，『報告』の表 3）．ここで
いわれている「直接投資における人民元利用」とはどのような事態なのか説明
がない．以下のようなことであると考えられよう．

中国への対外直接投資は 2010 年まではもっぱらドルで行なわれ，それ以後
も大部分はドルで行なわれている．その決済は図 7-17 である．海外の投資家
は銀行に対しドルを対価にドル建・小切手を受け取り（①②），それを中国の
被投資家（子会社，合弁の相手企業等）へ送付し（③），被投資家はその小切
手を中国の銀行に提示して人民元を受け取る（④⑤，為替相場で換算）．中国
の銀行は海外の銀行との決済が必要であるが，それは中国の銀行が在米銀行に
保持しているドルの口座にその代金が振り込まれることで銀行間での決済が行
なわれる（⑥）．最後に中国の銀行はドルの持高をもつことになるが，人民銀
行にドルを売ることで解消する（⑦）．したがって，ドル準備の増加となる．

そのような中国への直接投資に一部人民元が利用されるのである（図 7-18）．
投資家は香港等の銀行等から人民元を調達し（為替取引もしくは借入，①），
投資家は香港の銀行に対してその人民元を対価に人民元建・小切手を受け取り

表 7-4　直接投資人民元決済金額

（億元）

	ODI[1]	FDI[2]	合計
2011 年	159	907	1,066
2012 年	262	2,544	2,806
2013 年	1,034	4,816	5,850
2014 年	1,866	8,620	10,486
累計	3,321	16,887	20,208

注：1)　中国の対外直接投資．
　　2)　海外の対中直接投資．
出所：前掲 BTBU，2015 年 7 月 2 日，3 ページ，人民
　　　銀行『人民元国際化報告』2015 年 6 月の表 3．

（②③），投資家は中国の被投資家
へ小切手を送付し（④），被投資
家は中国の銀行に小切手を引き渡
し人民元を受け取る（⑤⑥）．次
に香港の銀行と中国の銀行の間で
決済が必要であるが，それは香港
に設定されているクリアリング銀
行を経由して行なわれることにな
る．つまり，香港の銀行はクリア

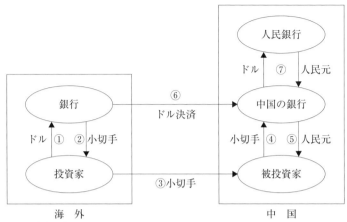

出所：筆者の作成.

図 7-17 ドル建対中直接投資の決済

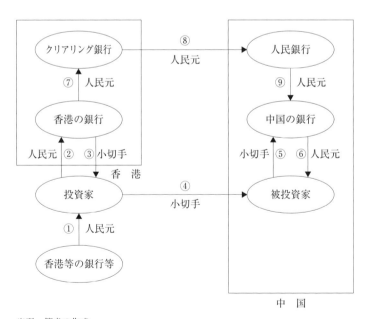

出所：筆者の作成.

図 7-18 人民元対中直接投資の決済

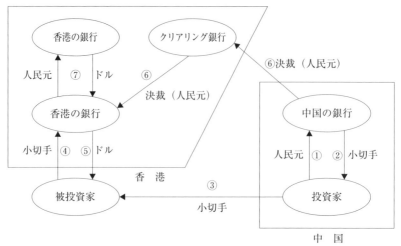

図 7-19　中国の人民元対外直接投資の決済

リング銀行に対して人民元を支払い（クリアリング銀行に置かれている口座からの引き落とし，⑦），クリアリング銀行は人民銀行に設定している口座から人民元の引き落としによって人民元を支払うのである（⑧）．最後に中国の銀行は人民銀行に設定されている口座に人民元が振り込まれ，人民元を回収する（⑨）（場合によっては中国の銀行に置かれているクリアリング銀行の口座を使って決済）．

　中国の対外直接投資における人民元の利用は以下のようであろう（図 7-19）．中国の投資家は中国の銀行に対して人民元を支払い，人民元建・小切手を受け取る（①②）．それを被投資家に送付し（③），被投資家はその小切手を香港等の銀行に提示してドル等を受け取る（④⑤，為替相場で換算）．次に，香港等の銀行と中国の銀行との間で人民元決済が必要であるが，それはクリアリング銀行を経由して行なわれる（⑥）．あるいは，クリアリング銀行と中国の銀行の相互が人民銀行に開設している口座を使って決済を行なう（図には示していない）．香港の銀行がクリアリング銀行から受け取った人民元（⑥）をドルに換える場合（持高調整）は他の銀行と為替取引を行なう（⑦）．

　中国本土内の銀行に外銀が決済勘定を設定し，それによる振替で決済が自由

にできないのであるから，人民元の利用はクリアリング銀行の設定があって可能となるのである．しかし，その決済の経緯は上に見てきたようにやや複雑になることは確かである．表7-4にあるように，対中直接投資における人民元利用が，中国の人民元を利用した対外直接投資をはるかに上回っている．

4. 人民元の「管理された国際化」：まとめに代えて

以上，リーマン・ショック以後の人民元の国際化の進展をみてきたが，これらの進展を受けて国際銀行間通信協会（SWIFT）によると，2014年12月時点で人民元は世界第2位の貿易融資通貨，第5位の支払通貨，第6位の外国為替取引の通貨になっているという[50]．また，このような状況を背景に，IMFは15年10月に人民元をSDR構成通貨（構成比はユーロに次いで3番目）にすることを決定した（実施は16年10月）[51]．しかし，人民元の国際化は中国当局の管理と統制のもとで進んできているもので，これらの通貨の機能における人民元のランクも冷静にみなければならない．人民元がSDRの構成通貨になったからといって人民元が貿易，金融・資本取引に自由に利用できるものではない．中国の貿易額が大きく，その4分の1近くが人民元による決済になっていることから，また，管理の下でありながら種々のスキームを開発して対内外人民元建投資を進めてきたことからSWIFTの数値があるのであるが，自由な外為市場におけるランクが人民元の国際通貨の地位を客観的に示しているものと思われる．

前掲表1-2で示されていたように，2016年4月に世界の外為市場において人民元の取引額は8位にまで上昇してきている（10年に17位，13年に9位[52]）が，円，ポンドの取引額に比べてかなり少なく，円の5分の1，ポンドの3分の1以下である．また，ロンドン市場における新興諸国等の諸通貨の対ドル取引額が表7-5に示されている[53]．15年には直物取引では人民元はメキシコ・ペソ，シンガポール・ドル，トルコ・リラに次ぐ取引額であり，16年になってこれら諸通貨の中で1位になっているが，メキシコ・ペソとほぼ同じ額にとどまっている．NDFでは人民元の取引額は，韓国ウォン，インド・ルピー，ブラジル・レアルよりも少なく，アウトライト先物取引ではこれらの諸

表7-5 ロンドン外為市場における新興諸国等の通貨の取引[1]

(億ドル)

	直物		NDF		アウトライト先物		スワップ	
	2015	2016	2015	2016	2015	2016	2015	2016
南ア・ランド	120	82	n.a.	n.a.	25	17	118	87
メキシコ・ペソ	195	182	n.a.	n.a.	28	32	91	82
シンガポール・ドル	177	143	n.a.	n.a.	45	34	137	122
ロシア・ルーブル	71	73	19	25	15	15	81	55
トルコ・リラ	171	102	n.a.	n.a.	59	20	256	275
ブラジル・レアル	19	20	104	81	3	0.7	2	0.3
韓国ウォン	23	26	107	146	6	0.4	2	2
人民元	145	185	73	50	75	42	88	93
インド・ルピー	24	15	111	99	9	0.8	1	0.4

注：1）　各年の4月の1日平均．対ドル取引．
出所：The London Foreign Exchange Joint Committee, *Sem-Annual Foreign Exchange Turnover survey*, April 2015, April 2016 より.

通貨のなかではトップであるがとび抜けた額ではないし，16年には減少している．スワップでは16年にも人民元はトルコ・リラ，シンガポール・ドルよりも少ない額で，南ア・ランド，メキシコ・ペソとも大きな差はない．人民元の地位は，先進各国通貨の地位はもちろん，いくつかの新興諸国通貨と比べても特段に高いというものではない．それは，やはり人民元の短資移動が自由でなく，他の新興諸国以上に厳しい資本取引規制があるからであろうと考えられる．

このような地位にある人民元の今後の交換性について人民銀行の周小川総裁は，2015年4月に「伝統的な完全な自由交換性」ではなく，「管理された自由交換性」を採用すると強調したという[54]．この「管理された交換性」という言葉はこれまでにみてきた人民元の国際化にまさに照応しているといえよう．人民元の「管理された国際化」という規定はすでに村瀬哲司氏によってなされていたものである[55]が，筆者もこの規定に異論はない．

しかし，この規定を前提にしつつもいくつかの問題が提起されよう．①中国当局が人民元の「管理された国際化」に踏み出した理由は何か．②「管理された国際化」にとどまらざるを得ない理由は何か．③中国当局が「完全な国際化」ではなく「管理された国際化」にとどめることからどのような諸政策・諸措置が補完的に必要になったのか．④「管理された国際化」は今後も順調に進

み，行き詰まりはないのか．⑤「管理された国際化」から「本来の国際通貨化」はありうるのか．以下では順次これらの問題に簡単に言及していこう．

まず，第 1 点であるが，2014 年まで急激に増加していったドル準備の運用難と減価・損失発生の懸念がある．リーマン・ショック以前からドル準備の運用の政府機関（政府系ファンド，SWF）が設立されていたが，リーマン・ショック後にドル準備の運用難，減価・損失の懸念は大きくなってきた．2005年のドルペッグからの離脱以後，人民元相場は漸次的とはいえ上昇してきたからドル準備には「評価損」が生まれていたし，一部には米政府機関債，州債に投資されていたドル準備はリーマン・ショックによってかなりの損失を被った．これらを受けてリーマン・ショック後に中国要人による現在の国際通貨制度への批判的言辞が発せられるとともに人民元国際化の諸政策と貿易・投資に関する諸規制の見直しが急速に進展していく[56]．本章では論じないが，中国のアフリカ，南アジア諸国への「援助」やアジア・インフラ投資銀行（AIIB）の設立，「一帯一路」の構想もドル準備を利用するものである．

次に第 2 点であるが，とはいえ，内外の資本移動，為替相場を厳格に統制することが最重要課題とされた．とくに，1990 年代後半のアジア通貨危機を念頭に外国資金の大量流入出によるバブル発生とその崩壊が恐れられた．前節でみてきたように対内外証券投資については特定の金融機関にライセンスを与え，投資枠等が設定されるかたちで統制され，自由な投資は認められていない．先進諸国でさえもときに困難を伴う自由な資金移動と混乱に対する国内の人的対応力，金融的対応力，諸制度が中国では不十分と認識され，また，国際的に流動する資金の規模がきわめて大きいと認識されているのである．さらに，人民元相場への統制がある．人民元相場は国際収支構造からいえばより高くなるところなのに，2005 年以後も当局の介入により相対的に低位にしかも安定的に管理され，それが中国の高い成長率を実現してきた．内外の資金移動を自由化することは人民元相場が大きく変動することにつながり，それは国内の格差が大きい経済構造と種々の企業に悪影響をもたらし，社会的混乱になりかねないものと考えられ，人民元相場を管理するためにも資金移動の自由は認められないとされたのである．

第 3 点．国際収支構造（経常黒字に加えて資本収支における資金流入）のゆ

えに，また資金移動の自由がないために人民元の国際化には香港等に人民元が流出する特別のルートを設定しなければならなくなった．とくに，香港居住者に対して人民元への転換を認め（14年11月まで1日2万元の上限で），各国の当局と通貨スワップ協定を結ぶことになった．さらに，内外の自由な資金移動を基本において阻止するために，中国当局は中国国内の銀行に外国銀行の一覧払口座の設定，振替，口座残高の補充と運用を決して認めず，人民元の自由な決済制度を導入していないから，これに代わる人民元の決済制度を作らなければならなくなった．それが香港等のオフショア市場におけるクリアリング銀行の設立である．先進諸国が世界の各地にクリアリング銀行を設立するようなことは植民地等を除けば基本的にない．自国内の銀行に外銀の口座設定，振替，残高補充を認めれば済むのである．クリアリング銀行を利用した人民元の決済はそれだけ複雑になり，オンショア市場とオフショア市場において2つの人民元相場の形成，2つの金利を生み出すことになった．また，それが自由な短資移動による裁定取引とは別の「裁定取引」をつくりだすことにもなった．

　第4点については最近の状況をあわせてやや詳しく論じなければならない．本土からの人民元の流出がなければ海外での人民元の利用は不可能で人民元の国際化は進展しない．上述してきた特別のルート以外に人民元が海外へ流出する諸条件は，現在では経常取引における人民元決済，種々の対内外証券投資等の制度の創設等によって拡大してきているが，それも種々の方策によって統制されたものである．

　ところが，2015年6月以来変調が生じてきている．きっかけは同年6月の中国株価の下落である．これにより人民元相場が下落し，QFII，「上海・香港ストックコネクト」を通じて行なわれていた海外投資家による中国株式への投資が引き揚げられ，また，QDII，香港・上海ストックコネクトなどを利用した中国本土から海外へ投資がかなり進んでいる．それが人民元相場のさらなる下落をもたらしているものと考えられる．2015年8月11日，12日，13日に人民銀行は人民元の基準値を引き下げる措置をとった[57]（3日間で4.65%）．前掲図5-7をみられたい．15年夏ごろを境に人民元相場がずっと下落してきている．人民元相場の下落は香港における人民元預金を減少させるだけでなく本土への証券・株式投資などを減少させる．為替リスクが伴うからである．

前掲表 5-4 の中国・国際収支表をみよう．15 年の証券投資の負債項目（海外からの投資）は前年と比べて大きな落ち込みがあり（932 億ドルから 67 億ドルへ），16 年第 1 四半期には 189 億ドルの引き揚げになっている．一方，証券投資の資産項目（中国からの対外投資）に 15 年には大きな数値（732 億ドル）が記録されている．人民元の下落により中国からの対外証券投資が伸びている．「元投」（人民元を外貨に換えての投資）により為替利益が得られるからである．また，「その他投資」においても同様の事態が進んでいる．負債側で大きな赤字（海外からの投資の引き揚げ），資産側で黒字（中国からの投資）がみられる．さらに，誤差・脱漏における資金流出（マイナス）が大きくなっている．この項目には貿易金融等の他の内容が一部含まれている可能性があるが，大部分は資本逃避であろう．これらの項目での動向を受けて，経常収支が黒字であるにもかかわらず，15 年に外貨準備が大きく減少し，16 年にも継続している．

以上の経緯は，対内外投資の自由化を背景にアジア通貨危機を引き起こした資金流入とバブル崩壊をきっかけとする資金流出に類似していないだろうか．中国の場合の対内外投資は本論でみてきたように統制的であり，また，経常黒字は継続しているが，対内外投資の諸規制を大幅に緩和すると大規模な資金流入出を招きかねないであろう．また，それによってアジア・インフラ投資銀行の運営，一帯一路構想に影響も出てこよう．

さて，上海での人民元相場は，当局による基準値の変更，為替市場介入によ

出所：https://jp.investing.com/currencies/cny-cnh（2017 年 6 月 5 日）

図 7-20　CNY 相場と CNH 相場のスプレッド

って下げ幅が管理されているが，香港での人民元相場は中国当局による直接的な「管理」が及ばないことから，ときに，大きく下落することがあり，CNHの方がCNYよりも相場が下がる場合が生まれる．図7-20にCNYとCNHのスプレッドが表示されているが，16年にCNHがCNYよりも相場が低くなる時期が散見され，17年にはCNHが継続してCNYよりも低くなっている．これまでの香港相場が上海相場を継続的に上回るという状況ではなくなっている．CNHがCNYよりも低い場合，香港の輸入など本土への支払がある経常取引においてはCNHが利用され（前掲図7-12参照），香港から本土への人民元の還流が進み，香港での人民元の流動性が少なくなりCNH相場の下落が抑制されCNYに近づいていき，両者の差は小さくなる傾向がある．しかし，それには時間がかかり，そこで，香港のCNH市場に対する介入もみられるようになっているという[58]．

　人民元の「国際化」は香港等に人民元が供給されることを通じて進展してきたのであるが，CNHの相場がCNYのそれよりも低くなり，本土への人民元の還流が進むことに加えて，人民元相場の下落により香港居住者は人民元預金をもつ動機を失いつつあり，15年に1兆元に達していた香港における人民元預金は急速に減少し，16年10月には6600億元に，17年1月には5200億元強にまで減少している[59]．人民元の国際化の進展は遅れることになろう．15年から17年の時点では，「管理された国際化」は後退局面にあるといえよう．

　最後に，人民元の「管理された国際化」を脱出し，今後「本来の国際通貨化」へ進展しうるのだろうか．そもそも人民元の本来の国際通貨化とは，どのような事態が実現することであろうか．何度も述べてきたように，その事態とは，中国本土内の銀行に外国の銀行が一覧払口座の設定，振替，残高補充が認められて人民元決済がその口座を利用して自由に行なえること，その決済システムを通じて自由に為替取引が行なえること，自由な短期資金移動が進むことである．それが実現したときには香港等におけるクリアリング銀行の設置は不必要になろうし，短資移動が自由であるから香港と上海において人民元為替相場が異なることはなくなるし（それにしたがい，香港における2つの相場の消滅），香港の人民元の短期金利は上海の金利に収斂していくだろう．

　このような事態になれば，為替相場は国際収支構造と短資移動の状況によっ

て絶えず変動するだろう．つまり管理された相場制から変動相場制への転換であり，中国国内の経済状況如何によっては大量の資金の流入出も起こりうる．国際的な余剰資金は規模があまりに大きく，その資金の流入出が中国経済の擾乱を起こすこともありうるだろう．中国にはそれに対する耐性が十分でなくそれに懸念が強くもたれているがゆえに，前述のように人民銀行の周総裁は「伝統的な完全な自由交換性」でなく，「管理された自由交換性」を強調するのである．人民元の本来の国際通貨化には長い道程が必要であり，しかも容易な道程ではないだろう．

注

1) 対外的な人民元決済，海外での人民元為替取引についてフォローした露口洋介氏の諸論文がある．「中国人民元の国際化と中国の対外通貨戦略」『国際金融』1234 号，2012 年 3 月 1 日，「クロスボーダー人民元決済と中国の金融政策への影響」同，1237 号，2012 年 6 月 1 日，本章の元になった拙稿ではこれらの露口氏の論文を参考にさせていただいた．

2) 人民元に関する諸文書，諸統計が十分に得られないということからも，決済，為替取引などの基本を確認しながら論を進めざるを得ない．

3) 香港金融管理局（HKMA），Press Release, The People's Bank of China Appoints Clearing Bank for RMB Business in Hong Kong, 24 Dec. 2003，また，前掲の露口氏の論文，『国際金融』1237 号，24-25 ページも参照されたい．

4) 張秋華，太田康夫監修『中国の金融システム』日本経済新聞出版社，2012 年，72 ページ．

5) 2004 年から 11 年までの推移については同上書，76 ページ，拙稿「香港での人民元取引と対外的な人民元決済の限界」『立命館国際地域研究』第 36 号，2012 年 10 月の第 4 図として引用しているので参考にされたい．

6) 拙書『多国籍銀行とユーロカレンシー市場』同文舘，1988 年，第 3 章，とくに 91-93 ページ参照．

7) 拙書『円とドルの国際金融』ミネルヴァ書房，2007 年，第 3 章参照．

8) 前掲拙書『多国籍銀行とユーロカレンシー市場』91-93 ページ参照．

9) 香港金融管理局（HKMA），Guideline & Circulars, Our Ref.：B1/15C, 12 November 2014, Renminbi（RMB）Business.

10) 同上の Guideline & Circulars．香港居住者が香港ドルを人民元に転換する相場は，14 年 11 月以前はそれに伴う香港の銀行の持高解消がクリアリング銀行となされ，後述のようにクリアリング銀行は人民銀行，中国の本店等を通じる決済制度にアクセスできるから，上海の相場が基準となる．14 年 11 月以降，香港の銀行は香港市場において持高を解消しなければならなくなったから香港の相場が基準となる．本

242

章第 2 節第 1 項を参照されたい.

11) 張秋華, 前掲書, 72 ページ.

12) 前掲露口論文『国際金融』1237 号, 24 ページ.

13) IMF, *International Financial Statistics*, Yearbook 2014, p. 246 より.

14) 東京三菱 UFJ, BTMU（China）経済週報（以下では BTMU と略す）, 2015 年 7 月 2 日（第 259 期）, 4 ページ. 2012 年 1 月までの通貨スワップ協定の状況については, 前掲拙稿「香港での人民元取引と対外的な人民元決済の限界」の第 1 表（87 ページ）参照.

15) BTMU, 2015 年 7 月 2 日, 4 ページ.

16) 財務省, 関税・外国為替等審議会, 第 25 回外国為替等分科会（2015 年 5 月 18 日）へ提出された関根栄一氏の資料「管理された人民元国際化の現状と展望」4 ページ.

17) そのことによって中国当局は香港での人民元相場, 金利についても一定のコントロールができる（後述）.

18) シンガポール, オーストラリアなどで人民元預金がやや大きくなっているのは一部証券投資によるものであろうが, 大部分はスワップ協定によるものであり, スワップ協定を原資にしない人民元預金のほとんどは香港居住者による人民元への転換と中国本土の旅行者による持ち出しであろう. それゆえ, 通貨スワップを原資とする預金を除けば全オフショア市場における人民元預金に占める香港の比率はかなり高いであろう.

19) 注 3 の資料をみられたい.

20) HKMA, Circular, 19 July 2010, 前掲露口論文,『国際金融』1234 号, 15 ページ.

21) 露口同上論文, 15 ページ参照.

22) 前掲 BTMU, 2015 年 2 月 28 日, 2 ページ.

23) HKMA, Circular, 23 Dec. 2010.

24) 同上.

25) 同上.

26) 『朝日新聞』2012 年 5 月 30 日. また, http://headlines.yahoo.co.jp/hl?a=201205 27-00000009-mai-brf（2012 年 5 月 28 日）

27) カレンシーボード制のもと, 香港ドルは米ドルにリンク.

28) 久保満利子「最近の外貨・人民元管理政策の動向」*JC Economic Journal*, 2010, 9, 38 ページ.

29) 関根栄一「人民元建て貿易決済により活性化する香港人民元オフショア市場」『季刊中国資本市場研究』2011 年春, 34 ページ.

30) 張秋華, 前掲書, 77 ページ.

31) 同上書, 76 ページ.

32) 張斌, 徐奇淵（中国社会科学院）「為替レート管理と資本規制下の人民元国際化」（林玢菁訳）『国際金融』1238 号, 2012 年 7 月 1 日, 15 ページ.

33) インボイス通貨論について簡単には以下の拙書を参照されたい. 前掲『現代国際通貨体制』212-214 ページ.

34) 余永定氏は「輸入企業が香港で貿易決済のため人民元で外貨を購入することが認められた」(『季刊中国資本市場研究』2012 年春, 41 ページ) と記しているが, 本土居住者が香港で人民元と外貨を交換することが当局に認められているだろうか. 筆者が本文で書いているように香港の輸出業者にドル建での「値引」を求めるのではないだろうか. 確認する必要がある.

35) 張斌, 徐奇淵, 前掲論文, 15-16 ページ.

36) 香港における人民元金利について補足しておこう. 2010 年 6 月末時点で香港では 1 カ月もの人民元金利が 0.6% 程度であるが, 上海では 1 カ月金利が 7.57% であったという (張秋華, 前掲書 77-78 ページ). また, 2011 年 2 月時点で, 香港での人民元の 3 カ月定期預金金利は 0.75% であるのに対して, 大陸では 3 カ月の定期預金金利は 2.60% であった (注 29 に記している関根栄一氏の論稿, 40 ページより, 前掲拙稿「香港での人民取引と対外的な人民元決済の限界」の第 3 表として引用). 香港での金利水準は上海と比べてかなり低い. それは, 香港においては本土におけるような金利規制がなく, また, 香港では流入してきた人民元を原資とする限り, 人民元とドルとの為替取引が自由である. クリアリング銀行を通じて香港の銀行間決済が 10 年 7 月以降できるからである. しかも人民元相場は上昇傾向を維持してきたからである. 人民元預金を行ない一定期間後ドルに転換すれば為替差益が得られるのである. 香港での金利がこのように低位であるから, まず, 中国政府, 中国の金融機関が相次いで香港で人民元建の起債を行なった. これらの起債は結果的には本土から香港へ流出した人民元を本土へ還流させるものになった. その意図もあったのであろう. また, 海外金融機関, 海外事業会社による人民元建起債も, それらへの投資の原資は本土から香港へ流出した人民元であり, 起債の目的は, 中国からの輸入のための人民元決済用資金, 対中直接投資の資金の手当をするためである. しかも, 低利で人民元の調達ができるのである.

37) 関根氏の注 29 の論稿. 注 5 の拙稿の第 3 表として引用.

38) 張斌, 徐奇淵, 前掲論文, 15 ページ.

39) 財務省, 関税・外国為替等審議会, 第 25 回外国為替等分科会 (2015 年 5 月 18 日) への関根栄一氏資料, 6-7 ページ.

40) ブルームバーグ (http://www.bloomberg.co.jp/news/123-L5A2A30D9L3501.html (2015 年 7 月 18 日).

41) 巴曙松「中国における QD II と QF II の発展状況に関する評価及びその展望」『季刊中国資本市場研究』2010 年夏号, 16 ページ.

42) 同上, 19 ページ.

43) この配分のなかにはアメリカ, 日本が含まれていない. アジア・インフラ投資銀行 (AIIB) 設立への日米の対応も関係しているのであろうか.

44) 清水聡「人民元の国際化の現状と展望」『国際金融』2015 年 6 月, 29 ページ.

45) 関根栄一「上海・香港ストックコネクト始動後の現状と課題・展望」『野村資本市場クォータリー』2015 Spring.

46) 同上, 12 ページ.

47) 日本の投資家による円をドル等の外貨に転換しての対外投資にもみられたリスク

である（とりあえずは奥田，神澤編『現代国際金融 第2版』法律文化社，2010年，63-64ページ参照）．

48）『野村資本市場クォータリー』2015 Spring に掲載の前掲関根論文，10ページ．なお，QF II，RQF II の発足時には課税政策が公表されていなかった．「コネクト」に伴い QF II，RQF II の課税の一部が公表された．つまり，「コネクト」が開始された 2014 年 11 月 17 日以後のキャピタルゲインには企業所得税は免除とされるが，以前に取得されたキャピタルゲインには課税されるという（同上 10-11 ページ）．

49）同上，12ページ．

50）BTMU，2015 年 7 月 2 日，2ページ．

51）IMF スタッフは，IMF が SDR の構成通貨に人民元を入れるかどうかの判断に「利用の自由度」を挙げ，主要な外為市場において取引されているかという基準もその 1 つとして指摘し，その基準を考慮して，人民元を入れることが年内に認められた場合でも少なくとも実行を 2016 年 9 月末まで見送ることにするとの見解を表明した（IMF, Transcript of a Conference Call by Senior IMF Officials on Staff Report: "Review of the Method of the Valuation of the SDR－Initial Considerations", August 4 2015）．

52）拙稿「2016 年の世界の外国為替取引」『立命館国際地域研究』第 45 号，2017 年 3 月，第 2 表（23 ページ）．

53）ニューヨーク市場の方がロンドン市場よりも他の通貨と比べて人民元の地位が高い可能性があるが，ニューヨークの外為委員会の公表統計には人民元の区分がない．

54）関税・外国為替等審議会，第 25 回外国為替等分科会（2015 年 5 月 18 日）への関根栄一氏の資料 2，19 ページ．

55）村瀬哲司「人民元の「管理された」国際化と通貨政策 3 原則」『国際金融』1233 号，2012 年 2 月．

56）筆者はこれまで同様の趣旨で「国際化」の契機をみてきた．以下を参照．前掲拙稿「香港での人民元取引と対外的な人民元決済の限界」80 ページ．アジア・インフラ投資銀行（AIIB）構想も同趣旨である．拙稿「グローバル・インバランス論と対米投資における日本と中国のちがい」『立命館国際研究』28 巻 1 号，2015 年 6 月，219 ページ．この拙稿は本書の第 3 章に収められている．

57）新聞各紙，2015 年 8 月 14 日．

58）清水聡「人民元の減価や資本流出に対して中国に求められる政策対応」『国際金融』1297 号，2017 年 6 月，17 ページ．この介入はこの清水氏の論稿の趣旨からドル売・人民元買であろう．ところで，清水氏は介入を行なっている機関を示されていないが，人民銀行が直接行なえないから HKMA を通じてか，クリアリング銀行を通じてであろう．

59）HKMA, Press Releases, Monetry Stistics for January 2017, Table 1B より．

245

第**8**章
2005-07 年の日本の国際収支構造

　筆者は以前の著書[1] において 1980 年代から 2003 年までの特徴のある年の日本の国際収支構造を分析した．本章では 05 年から 07 年，とりわけ 06 年，07 年の日本の国際収支構造とその通貨区分を詳細に分析することにしたい．それによって，アメリカ発の金融危機が勃発する直前の日本を中心とするマネーフローの実態が把握できるとともに，この間，経常収支黒字の増大にもかかわらず，急激な円高が生じなかった事由も明らかになるであろう．

1.　2005 年から 07 年までの日本の経常収支

（1）　国際収支構造の変化

　2003 年以降の総括的な国際収支が表 8-1 に示されている．04 年の国際収支の特徴は，前年に引き続き資本収支が黒字となり，経常収支黒字とあいまって，巨額の外貨準備の増加が見られることである．この特徴は前年の 2003 年にも見られる．筆者は 03 年の国際収支構造についてすでに分析を加えており[2]，04 年もこの分析が妥当するものと考えられる．

　そこで，本章では 05 年からの 07 年までの国際収支構造を分析することを課題としよう．05 年以降 07 年までの国際収支構造の特徴は以下の点である．第 1 に，所得収支黒字が 05 年にはじめて貿易収支黒字を上回り，それ以後も所得収支黒字の幅が大きくなっている．第 2 に，資本収支が再び赤字（2013 年以前の表示形式，以下でも同じ）になり，しかも，それが大部分「その他投資」の赤字によるものになってきている[3]．第 3 に，「その他の投資」の赤字に対して証券投資収支が 06 年，07 年に大きな黒字になっている．第 4 に，通

246

表 8-1　　日本の国際収支

(億円)

	2003	2004	2005	2006	2007
経常収支	157.668	186.184	182.591	198.488	247.938
貿易収支	119.768	139.022	103.348	94.643	123.223
所得収支	82.812	92.731	113.817	137.457	163.267
資本収支	77.341	17.370	−140.068	−124.665	−225.383
投資収支	82.014	22.504	−134.579	−119.132	−220.653
直接投資	−26.058	−25.032	−47.400	−66.025	−60.054
証券投資	−114.731	23.403	−10.700	147.961	82.515
その他	216.728	21.542	−68.456	−203.903	−246.362
その他資本収支	−4.672	−5.134	−5.490	−5.533	−4.731
外貨準備	−215.288	−172.675	−24.562	−37.196	−42.974
誤差脱漏	−19.722	−30.879	−17.960	−36.627	20.419

出所：日本銀行『国際収支統計季報』2007 年 10-12 月，1-2 ページ.

貨当局は 04 年 3 月以来為替市場介入を行なっておらず，外貨準備の増大は利子等による増大にとどまって，増加幅が少額になっている.

　以上の国際収支の「総括表」から把握できること以外に，重要な変化が貿易収支と対外証券投資において生じている. 第 1 に重要なことは貿易収支の黒字がやや減少していること以外に，ドル建貿易赤字が増大してきていることである. 財務省は半期ごとの貿易取引通貨別比率を公表している. この比率と輸出額，輸入額を掛けあわせると半期ごとの通貨別輸出額，通貨別輸入額，通貨別貿易収支額が算出される. 例示として表 8-2 に 2007 年下半期の通貨別比率と輸出額，輸入額が示されている[4].

　表 8-3 にいくつかの半期の通貨別貿易収支が提示されている. 半期で見ると，04 年の上期にはドル建赤字が 1 兆円強であったのが，06 年上期には 5 兆 5000 億円となり，07 年下期にも 5 兆 2500 億円強になっている. この主要因は原油価格（前掲図 5-1），その他の一次産品価格の上昇である. 第 2 に，対外証券投資の地域が大きく変化してきていることである（表 8-4，証券貸借取引を除く）. 05 年から 07 年にかけて対米証券投資が減少し，対西欧投資が 06 年に減少したのち 07 年に増大し，対西欧投資に続きケイマン諸島への投資が 07 年に高い水準を維持している. また，オーストラリアなどへの投資が伸びてきている. 第 3 に，それに対応して，ドル建証券投資が大きく減少し，円建投資，ポンド建投資の比率が伸びてきている（後述，後掲表 8-7）.

表 8-2 2007 年下半期の貿易取引通貨別比率（全世界）

(%)

	ドル	円	ユーロ	その他	貿易額[1]
輸出	49.3	38.7	8.4	3.6	413,301
輸入	73.5	20.9	4.0	1.6	348,677

注：1)　国際収支表の数値（億円）
出所：財務省「貿易取引通貨別比率」，日本銀行『国際収支統計季報』.

表 8-3　日本の通貨別貿易収支

(億円)

	2004 年上期	2005 年上期	2006 年上期	2007 年下期
ドル	−10,208	−26,181	−55,013	−52,521
円	60,235	57,377	66,429	87,074
ユーロ	16,695	14,957	16,342	20,770
その他	6,258	6,585	7,042	9,301
貿易収支	72,980	52,738	34,799	64,624

出所：財務省「貿易取引通貨別比率」，日本銀行『国際収支統計月報』『国際収支統計季報』より算出.

表 8-4　地域別・対外証券投資[1]

(億円)

	2005	2006	2007
アジア	−3,180	−7,771	−10,639
香　港	990	−1,332	−1,258
シンガポール	−915	−2,144	−2,716
韓　国	−1,212	−640	−3,485
アメリカ	−69,277	−32,434	−8,423
カナダ	−5,190	−3,773	−822
大洋州	−7,511	−4,835	−12,040
オーストラリア	−5,766	−3,922	−11,734
ケイマン諸島	−40,955	−4,061	−34,326
西　欧	−98,470	−40,909	−55,774
ドイツ	−16,472	−1,038	−80
イギリス	−20,273	−17,312	−23,316
フランス	−16,733	−3,639	−1,803
その他	−11,091	−3,107	−7,274
総計	−235,674	−96,890	−129,298

注：1)　証券貸借取引を除く．ネット額.
出所：財務省「国際収支状況」（付表3　対外・対内証券投資）
　　　　Ⅵ　対外証券投資（地域別内訳）P-16　対外地域別（合計）より.

248

以上の 7 点に及ぶ 05 年から 07 年までの国際収支構造の変化をわれわれはどのようにとらえればよいのであろうか. まず, 通貨別貿易収支から見ていこう.

(2)　ドル建貿易赤字の増大

04 年上期（08 年上期までの原油等の一次産品価格の上昇が始まる直前）と 07 年下期の通貨別貿易収支を地域別に見たのが表 8-5 である. 財務省の「貿

表 8-5　2004 年上期と 2007 年下期の通貨別貿易収支

(億円)

	輸　　出		輸　　入		収　　支	
	04 年上期	07 年下期	04 年上期	07 年下期	04 年上期	07 年下期
世界	282,236	413,301	209,256	348,677	72,980	64,624
ド　ル	132,086	203,757	142,294	256,278	−10,208	−52,521
ユーロ	26,530	34,717	9,835	13,947	16,695	20,770
円	113,177	159,947	52,942	72,873	60,235	87,074
その他	10,443	14,880	4,185	5,579	6,258	9,301
アメリカ	63,639	82,627	29,281	37,980	34,358	44,647
ド　ル	55,048	72,960	22,781	29,966	32,267	42,994
ユーロ	64	165	117	228	−53	−63
円	8,464	9,502	6,325	7,672	2,139	1,830
その他	63	0	58	114	5	−114
EU	46,476	60,313	28,468	37,316	18,008	22,997
ド　ル	5,112	7,479	3,359	4,926	1,753	2,553
ユーロ	25,469	32,871	9,224	13,098	16,245	19,773
円	12,781	16,526	14,604	17,800	−1,823	−1,274
その他[1]	3,114 (2,928)	3,437 (3,257)	1,281 (854)	1,492 (1,082)	1,833 (2,074)	1,945 (2,175)
アジア	134,340	196,415	91,151	142,707	43,189	53,708
ド　ル	59,916	97,422	63,988	103,034	−4,072	−5,612
ユーロ	537	0	182	571	355	−571
円	71,738	95,458	25,887	37,389	45,851	58,069
その他	2,149	3,535	1,094	1,713	1,055	1,822
その他	37,781	73,946	60,356	130,674	−22,575	−56,728
ド　ル	12,010	25,896	52,166	118,352	−40,156	−92,456
ユーロ	460	1,681	312	50	148	1,631
円	20,194	38,461	6,126	10,012	14,068	28,449
その他	5,117	7,908	1,752	2,260	3,365	5,648

注：1)　（　）はポンド.
出所：表 8-3 と同じ.

第 8 章　2005-07 年の日本の国際収支構造　　　　　　249

易取引通貨別比率」は地域別の比率を示しているので算出できる．04 年上期
において全世界に対する貿易黒字（7 兆 3000 億円）のうちほとんどは円建で 6
兆円強，ドル建は 1 兆円強の赤字，ユーロ建は 1 兆 7000 億円弱の黒字である．
円建黒字の大部分はアジアに対するもので 4 兆 6000 億円弱，次に「その他地
域」（ほとんどは中東，大洋州である）の 1 兆 4000 億円である．アメリカ，
EU に対してはほとんど均衡している．ドル建貿易赤字は対アジアおいてもわ
ずかに見られるが，「その他地域」に対して 4 兆円の赤字が見られる．中東か
らの原油とオーストラリア，ブラジル等からの小麦，鉄鉱石等の一次産品の輸
入がドル建で行なわれているからである．対アメリカ・ドル建貿易黒字（3 兆
2000 億円強）を中東，大洋州，ラテン・アメリカへの支払でなくしてしまい，
さらに 1 兆円の赤字が出ているのである．ユーロ建黒字はすべてが EU からと
なっている．

　以上の 04 年上期の通貨別貿易収支が 07 年下期には次のように変化した．全
世界に対する貿易黒字（6 兆 5000 億円弱）のうち，円建黒字は 8 兆 7000 億円
にのぼり，04 年上期よりも 2 兆 7000 億円ほど増大している．ドル建赤字は 5
兆 2500 億円にも増大している．04 年上期の 5 倍以上である．ユーロ建黒字は
2 兆 1000 億円弱となっている．04 年上期と同じように円建黒字のほとんどは
アジアに対するもので，次に「その他地域」になっている．「その他地域」に
対するドル建赤字は 9 兆 2000 億円をこえ（04 年上期の 2.3 倍），アメリカに対
するドル建貿易黒字 4 兆 3000 億円をこえているが，「その他」地域へのドルで
の支払によって大きなドル建赤字が生まれているのである．全体としてドル建
貿易赤字が 5 兆 2500 億円にものぼるようになった．05 年から原油価格が急上
昇し，その他の一次産品価格も上昇したからである．04 年上期と同様にユー
ロ建黒字のすべては EU に対するものである．

　このような日本のドル建貿易赤字の増大は，為替市場におけるドル需給に変
化をもたらしたはずである．このことについては後に論じよう．

(3)　対外投資収益収支

　05 年から所得収支の黒字が 11 兆円を超過し貿易黒字を上回るようになった
（表 8-1）．所得収支の中には「雇用者報酬」が含まれるが，ほとんどすべてが

250

表 8-6　投資収益収

	投資収益（合計）			直接投資収益		
	受取	支払	収支	受取	支払	収支
アジア						
06	24.348	6.736	17.612	13.365	160	13.205
07	30.008	8.335	21.673	17.195	1.026	16.169
アメリカ						
06	73.239	19.302	53.937	13.154	5.008	8.146
07	83.632	26.458	57.174	14.140	9.118	5.022
西欧						
06	58.644	23.498	35.146	6.473	4.524	1.949
07	75.187	28.900	46.287	10.542	5.775	4.767
イギリス						
06	10.670	11.150	−480	1.848	560	1.288
07	15.538	13.563	1.975	3.551	494	3.057
ケイマン						
06	13.314	2.516	10.798	945	388	557
07	16.236	3.638	12.598	880	498	382
総計						
06	192.655	55.164	137.491	40.826	10.489	30.337
07	234.724	71.385	163.339	53.093	17.437	35.656

出所：表8-1と同じ．85-90ページより．

「投資収益」である．07年の所得収支のうち，「雇用者報酬」は受取で145億円，支払は217億円に過ぎない[5]．ほとんど所得収支＝投資収益と見て差し支えない．投資収益は，直接投資収益，証券投資収益，その他投資収益に区分されている．06年，07年の投資収益を見たのが表8-6である．投資収益収支のうち最大の項目は証券投資収益で，受取で06年は67％，07年に65％，支払で06，07年とも44％となっている．次は直接投資収益であり，受取で06年は21％，07年に23％，支払で06年は19％，07年に24％である．その他投資収益では受取で06年は11％，07年に13％，支払で06年は37％，07年に32％である．

　地域別では，投資収益収支が最大になっているのはアメリカであるが，西欧がアメリカに迫っている．アジアは収支全体の黒字のうち07年に13％であるが，アジアの黒字のうち直接投資が75％を占めている．アメリカは証券投資が96％，直接投資が9％にとどまり，「その他投資」では赤字になっている．

第 8 章　2005-07 年の日本の国際収支構造　　251

支の地域別分類

(億円)

証券投資収益			その他投資収益		
受取	支払	収支	受取	支払	収支
2,976	1,053	1,923	8,007	5,523	2,484
3,495	1,589	1,906	9,316	5,720	3,596
56,789	8,172	48,617	3,296	6,122	−2,826
65,252	10,427	54,825	4,240	6,913	−2,673
45,218	13,173	32,045	6,953	5,801	1,152
53,439	16,675	36,764	11,206	6,540	4,666
6,023	7,338	−1,315	2,799	3,252	−453
7,288	9,389	−2,101	4,699	3,680	1,019
12,053	796	11,257	616	1,332	−716
14,730	877	13,853	626	2,263	−1,637
129,439	24,534	104,905	22,390	20,141	2,249
152,209	31,096	121,113	29,422	22,852	6,570

　西欧は証券投資が 80％，直接投資が 10％，「その他投資」が 10％ である（07 年）.

　直接投資収益の「受取」では，アジア，アメリカ，西欧の順であり，これら 3 地域で全体の 79％ を占めている（07 年，以下も同様）.「支払」ではアメリカがトップで 52％ になっている. また，アジアは直接投資収益収支が 1 兆 6000 億円にも達し，アメリカ，西欧を超えている. 直接投資収益の受取においてアジアでは表 8-6 には示していないが，中国，タイ，シンガポール，インド，香港，韓国の順となっており，西欧ではイギリス，オランダ，ベルギーの順である，支払において西欧ではオランダ，フランスの順，アジアでは 83％ がシンガポールとなっている[6].

　証券投資収益の「受取」ではアメリカがトップであるが，西欧が迫ってきている. また，ケイマン諸島も多額にのぼっている.「支払」では西欧がトップでアメリカを上回っている（イギリスがアメリカに迫っている）. それ故，収

支ではアメリカが全体の45%，西欧が30%，ケイマン諸島が11%で，アジアは1.5%にとどまっている．

「その他投資」収益は受取で西欧，アジア，アメリカの順になっており，アメリカはアジアの半分以下となっている．支払ではアメリカと西欧，それに迫るのがアジアである．収支では西欧とアジアが大きく，アメリカは赤字となっている．

これらの投資収益の実態は投資収支の実態の反映であることはいうまでもない．したがって，投資収支の実態を詳しく論じてのちに再度振り返り，通貨別・投資収益の区分の概略を推定しよう．

2. 2006年，07年の投資収支の諸特徴

(1) 証券投資

05年から直接投資赤字が増大している（表8-1）が，それ以上に大きな変化が現われているのは証券投資と「その他投資」である．表8-4で日本の対外証券投資の地域区分が示されていた（証券貸借取引を除く）．05年以降07年までアメリカへの投資が減少し，西欧への投資の比重が伸びてきている．05年に対米証券投資が6兆9300億円，対西欧投資が9兆8500億円，07年には前者が8400億円，後者が5兆5800億円となっている．地域別で見た場合，05-07年において対西欧証券投資が対米証券投資を大きく上回るようになった．その中でもイギリス向け投資が各年2兆円前後と西欧の中では最大となっている．また，オーストラリア向け投資が07年には1兆2000億円近くにのぼり，対米投資を上回っている．日本の「分散投資」が進んでいる．

また，通貨別対外証券投資においても変化がでてきている．財務省は05年より建値通貨別対外証券投資についての統計（フロー）の公表を始め（月ごと），日本銀行も05年より「証券投資（資産）残高通貨別・証券種類別統計」の公表を始めた（年末）．前者の財務省のフロー統計が表8-7に示されている．05年から07年にかけて，ユーロ建も減少しているが，ドル建投資が05年から07年にかけて大幅に減少している．それに反して，円建投資が大きく増大し，ポンド建も増加している．オーストラリア・ドル建は06年，07年に投資

表8-7 通貨別対外証券投資[1]

(億円)

	2005	2006	2007
ドル	−109,402	−29,421	−14,474
ユーロ	−41,826	−15,743	−8,452
円	−29,643	−15,141	−64,182
ポンド	−11,087	−7,964	−13,548
オーストラリア・ドル	−10,693	−5,688	−4,633
その他	−33,023	−22,933	−24,009
合 計	−235,674	−96,890	−129,298

注:1) 証券貸借取引を除く. フロー.
出所:表8-4と同じ. III 建値通貨別対外証券投資 P-6より.

表8-8 通貨別証券投資残高

(億円)

	ドル	ユーロ	円	ポンド	オーストラリア・ドル	その他	合 計
2005	1,159,702	464,500	559,695	87,566	84,041	139,431	2,494,935
2006	1,230,225	547,049	607,193	116,078	103,084	183,944	2,787,573
2007	1,193,914	563,014	657,752	123,052	108,696	230,438	2,876,866

出所:日本銀行「証券投資(資産)残高通貨別・証券種類別統計」より.

額が減少しているが,05年に1兆円を超え,07年にも5000億円近くになっている.

後者の残高で見ると(表8-8),05年末にドル建証券残高は116兆円近くにのぼり,ユーロ建証券残高は46兆5000億円近くになっている.また,円建での対外証券投資残高も56兆円近くに達している.それが,07年末にはドル建残高が119兆4000億円,ユーロ建残高が56兆3000億円,円建残高が65兆8000億円,ポンド建残高が12兆3000億円,オーストラリア・ドル建が10兆9000億円などとなっている.

05年末から07年末の残高の変化では,ドル建が3兆4200億円の増加なのに対して,ユーロ建が9兆8500億円,円建が9兆8000億円,ポンド建が3兆5500億円,オーストラリア・ドル建が2兆4700億円の増加などとなり,ドル建残高の伸び率が低下してきている.これらの残高の変化は,為替相場の変動によって生じていることにも注意が必要である.

「分散投資」が進行していった要因として以下のことが考えられる.その第

表 8-9 円の各通貨との相場（顧客相場）[1]

(円)

	ドル	ユーロ	ポンド	オーストラリア・ドル	ニュージーランド・ドル
2005. 6	109.68	133.75	201.76	85.31	79.02
12	119.70	142.19	211.29	90.14	84.59
06. 6	115.62	146.62	215.40	86.84	73.03
12	118.34	156.41	234.39	92.63	77.62
07. 6	123.65	166.03	247.58	105.23	94.73
12	113.43	165.10	231.24	100.05	88.45

注：1) 月平均値（TTS）
出所：東京三菱銀行の対顧客相場（三菱UFJリサーチ＆コンサルティング，外国為替相場）より．

1 は，円相場が低下していったことである．円の各通貨に対する顧客相場が表8-9 に示されている．円相場は全体として低下しており，円を諸通貨に転換して海外へ投資（円投入・外貨建対外投資＝「円投」）することが有利になっているのである．第 2 に，しかし，円はドルに対してはそれほど下落していない．より大きく低下しているのは，対ユーロ，ポンド，オーストラリア・ドル，ニュージーランド・ドルである．それらの通貨での投資が有利な状況になっていた．第 3 に，日本と海外の金利差も大きい（図 8-1）．したがって，為替差益が得られるだけでなく，金利差益も得られるのである．

それ故，円をそれらの通貨に換えて行なう対外投資が「円キャリートレード」の一種として増大していった．図 8-2 に対外中長期債投資の主体別区分が示されているが，個人投資家による投資信託が 03 年以来増加してきていたが，05 年から急速に増加していることが知れる．それは，円金利の低い状況が持続しいている中で，円相場の弱含みとあいまって，ヘッジなしで円を外貨に換えて投資されているのである．通貨別に見ても，オーストラリア・ドル，ニュージーランド・ドルなどの高金利通貨での運用が比率において過半を超え，ドル建の運用は 12% にとどまっている（図 8-3）．

さらに，「分散投資」には機関投資家による「リバランス」が影響している．「リバランスとは，年金基金等が，外国株・債券，国内株・債券等の保有資産の構成割合が市況変動に伴い変化した場合，値上がりした資産を売却し，値下がりした資産を購入することにより，予め定めた構成割合を維持しようとする取引」[7] であり，機関投資家はこの間，「リバランス」を導入することにより，

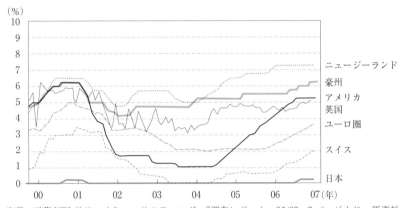

出所：三菱UFJリサーチ＆コンサルティング，『調査レポート』06/83 3ページより．原資料はIMF.

図8-1 主な先進国の政策金利

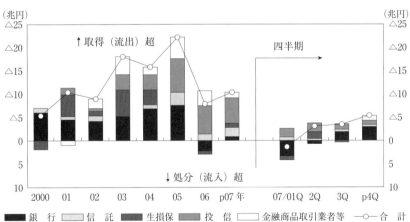

注：1) 2004年までは「対内及び対外証券投資等の状況」，2006年以降は「国際収支統計」．「銀行」は銀行および信託銀行の銀行勘定，「信託」は銀行および信託銀行の信託勘定の合計．
出所：日本銀行『2007年の国際収支（速報）動向』26ページ．

図8-2 主体別対外中長期債投資

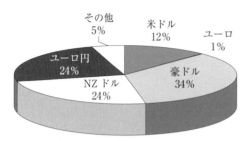

注：1) 取得額のみを集計したグロスベース．日本銀行による集計値．
出所：日本銀行『2006年の国際収支（速報）動向』36 ページ．

図 8-3 証券会社が取得したリテール販売向け証券の通貨別ウエイト[1]（2006年中）

多様な資産への運用を行なっている．円建対外証券投資が伸びたのは為替リスクがなく安全だからであるが，円建証券の発行の大部分は内外の日系企業によるものであり，その点でも「安全」が確保されている．

一方，日本への対内証券投資が05年から07年に増加している（表8-10，証券貸借取引を除く）．05年に20兆3500億円弱，06年に22兆2000億円，07年には24兆9000億円強である．これは，表8-4で示されていた日本の対外証券投資を大きく上回る（06，07年）．07年には対外証券投資の約2倍である．05年には対日株式投資が14兆円近くにのぼり，06年には国債と株式がほぼ同額の9兆9500億円，9兆8500億円，07年には株式投資がやや減少し，替わって国債が19兆億円にのぼっている（表8-11）．国債の中長期と短期の区分については，05年には短期はネットでマイナスであったのが，06年には3兆9000億円近くになり，07年には短期国債投資が中長期国債投資に近づいている．株式投資の減少は短期国債へ入れ替わっていたのである．05年には本邦企業の良好な決算，景気指標の改善等を受けて海外からの株式投資が増加した[8]．06年には第2四半期に世界的に株価が下落する中，海外からの投資が減少したが，第3四半期以降は回復した[9]．しかし，07年夏以降のサブプライム・ローン問題によって株式投資が減少し，それが短期国債へ転化したのである．

しかも，対日投資の地域分類には極端なほどの偏りが見られる．対日投資の大半がイギリスからとなっているのである（表8-10）．06年に総計22兆2000

表 8-10　対内証券投資の地域区分[1]

(億円)

	アジア	香　港	シンガポール	アメリカ	ケイマン諸島	西　欧	イギリス	総計
2005	27,705	15,854	10,045	51,014	−3,402	111,800	130,984	203,461
2006	46,197	41,752	4,509	14,147	1,831	152,093	187,815	221,985
2007	1,174	−4,290	12,752	31,259	3,692	203,543	209,338	249,226

注：1)　証券貸借取引を除く.
出所：表 8-4 と同じ. Ⅶ　対内証券投資（地域別内訳）P-20 より.

表 8-11　対日証券投資の内訳（ネット）[1]

	2005	2006	2007
国債	53,392	99,497	195,092
中長期	62,156	60,882	105,874
短期	−8,763	38,616	89,218
政府機関債	7,184	3,747	6,144
地方債	1,257	2,932	−1,132
その他債券	−1,450	17,982	−4,790
その他証券	3,286	−726	−530
株式	139,786	98,554	54,442
合　計	203,461	221,986	249,226

注：1)　証券貸借取引を除く.
出所：表 8-4 と同じ. Ⅴ　本邦債券に対する対内証券投資 P-13, 本邦
　　　債券（居住者発行）に対する対内証券投資, ⅧP-21 株式より.

億円のうちイギリスからの投資が 18 兆 8000 億円（85%）, 07 年には 24 兆 9000 億円のうち 20 兆 9000 億円（84%）にのぼっている. アメリカからの対日証券投資は 06 年に 1 兆 4000 億円, 07 年に 3 兆 1000 億円強にとどまっている. イギリスからの多額の対日証券投資が証券投資収支の黒字を発生させていると考えてよい（ただし, アメリカなどの金融機関がロンドン経由で購入してもイギリスの対日投資となる）. イギリスの対日証券投資の内訳を見たのが表 8-12 である. 05 年には約半分が株式投資であったのが, 07 年には短期債への投資に替わっている.

　対日証券投資の概要は以上のようであるが, 検討しなければならない課題として, 大規模なイギリス等の対日証券投資の原資がどのようにして調達された

表8-12　イギリスの対日証券投資の内訳（ネット）[1]

(億円)

	株式	中長期債	短期債	合計
2005	62.186	46.361	22.436	130.983
2006	40.828	67.122	79.865	187.815
2007	16.588	86.112	106.638	209.338

注：1)　証券貸借取引を除く.
出所：表8-4と同じ. P-21（株式）, P-22（中長期債）, P-23（短期債）より.

かという問題がある. ドル, ユーロ等の外貨が円に換えられて対日投資が行なわれているのであれば急激な円高が生じるはずである. しかし, この間, 07年夏以降のサブプライム・ローン問題が発生するまで円高は生じていない. 海外投資家は円資金をどのように調達したのであろうか. これへの回答の一部は次の項において日本の「その他投資」収支赤字を検討する中で明らかになろう.

(2)　「その他投資」

次に見なければならないのは「その他投資」である. 「その他投資」収支は05年から赤字であるが, 06年から赤字額が20兆円を超え, 07年には24兆6000億円に達している（表8-1）. そして, 投資収支赤字は「その他投資」によるものとなっている. 日本銀行は07年の「その他投資」について次のように述べている. 「海外投資家の円資金需要に応じて, 現預金や本支店勘定を通じた資金放出が拡大した. また, 夏場にはサブプライム問題の影響で海外金融市場が不安定な動きとなる中, 邦銀海外支店の外貨資金需要に応じて, 本支店勘定を通じた貸付を拡大する動きが見られた」[10].

ここで述べられている「海外投資家の円資金需要」とはどのようなものであろうか. 海外投資家が円資金を調達して, それを金利の高い外貨に換えて投資する「円キャリートレード」のことであろうか. 日銀のこの文章はそれを明確にしていないが, そうではなさそうである. 海外投資家が行なう「円キャリートレード」はオフバランス取引であることが多く, 円資金を借り入れる必要がないからである. 日本と海外の間で金利差があり, 為替相場が安定しているとすれば, 海外の投資家は円の先物為替の「売り」を行なえば, 金利差益を得ることが出来る. 先物相場には「金利平価」が基本的に成立しており[11], 円金利

が低ければ先物相場は直物相場よりも円高になっている．先物期間が到来すれば，海外の投資家は手持ちのドルをいったん直物で円に換え，その円でもって先物取引を実行してドルを獲得すれば金利差に相当する利益を得られる．そのとき，直物で円安が生じておれば，金利差だけでなく，為替利益も得られる．

例えば，円金利が 0.5％，ドル金利が 4.5％ とする．ある日，直物相場が 110 円だとすると，3 カ月の先物相場は金利裁定取引が十分に働いていると，108.9 円になっているはずである[12]．その日に円売りの先物契約を行ない，3 カ月後に手持ちのドル資金を直物で円に換え，ただちにその円を売ってドルを買う先物取引を実行すれば，直物為替相場が変動していなければ，1 ドルにつき 1.1 円の金利差益が得られる．直物の円相場が円安になっていれば，1.1 円の金利差益だけでなく，為替差益も得られる．直物相場が円高に振れてもそれが金利差（1.1 円）に達していなければ，利益を得ることが出来る[13]．先物為替取引と同じような取引がオプション，通貨先物を使っても行なうことが出来る[14]．「円キャリートレード」の実態を示す正確な統計はないが，通貨先物における「円売り」を示す図が見られる．図 8-4 である．これはシカゴ商業取引所（CME）の通貨先物（IMM，非商業部門）のポジションを示している．これを見ると，金利差に加えて，円相場が低下している 05 年の初めから秋にかけ

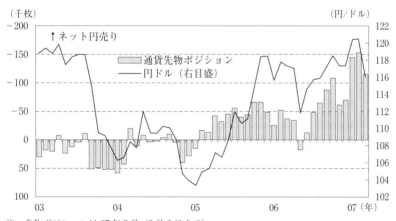

注：先物ポジションは 07 年 3 月（3 月 2 日まで）．
出所：図 8-1 と同じ．6 ページ．原資料はブルームバーグ．

図 8-4　IMM の先物動向とドル円相場

260

表 8-13　銀行等対外資

		資　産		
		外貨建	邦貨建	
2004	261,005	79,634	181,371	524,890
2005	289,134	62,195	226,939	549,509
2006	260,325	71,546	188,779	492,862
2007	463,500	106,645	356,855	433,078

注：1)　在日外銀を含む.
出所：日本銀行『国際収支統計季報』2007 年 10-12 月，41-42 ページより.

てと 06 年の春以降に，通貨先物のネットの円売りが伸び，オフバランスで「円キャリートレード」が盛んに行なわれていることがわかる.

　以上のように，ヘッジファンド等の海外投資家は「円キャリートレード」を盛んに行なうにしても，円資金の借入を行なうことは稀である．そうだとすると，「その他投資」に関して，日銀の「2007 年の国際収支動向」が述べる「海外投資家の円資金需要」は「円キャリートレード」とは別の要因によって生じていると見なければならない．それはかなりの部分は前項で見た海外投資家による対日証券投資のための円資金需要と考えられる．短期で円資金を調達し，それを株式，国債等で運用すれば，株式上昇によるキャピタルゲインあるいは長短の金利差益が得られるのである.

　前にも述べたように，ドル，ユーロ等の外貨が円に換えられて対日投資が行なわれていれば急激な円高が生じたはずである．しかし，この間，07 年夏以降のサブプライム・ローン問題が発生するまで円高は生じていない．したがって，日本から海外投資家への円資金の供与（「その他投資」の一部分）が原資のかなりの部分となって，大規模なイギリス等の対日証券投資がなされたと考えざるを得ない．しかし，「その他投資」の通貨区分は限定的にしか把握できない．1 つは，「銀行等対外資産負債残高」における外貨建と邦貨建の区分，もう 1 つは，JOM 勘定における外貨建と邦貨建の区分である．銀行以外の「その他部門」における通貨区分に関する統計はない.

　ここでは「銀行等対外資産負債残高」（短期）を見よう（表 8-13）．これによると，銀行等の短期・邦貨建純資産の変化は 05 年に 6 兆 2400 億円，06 年 5200 億円，07 年には 15 兆 8000 億円の増加となっている．これらの額は海外

産負債残高（短期）[1]

(億円)

負　　債			純　資　産	
外貨建	邦貨建		外貨建	邦貨建
320.610	204.280	− 263.885	− 240.976	− 22.909
362.100	187.409	− 260.375	− 299.905	39.530
348.852	144.010	− 232.537	− 277.306	44.769
278.846	154.232	30.421	− 172.202	202.623

　からの対日証券投資の額に及ばない．対日証券投資は 05 年に 20 兆 3000 億円，06 年に 22 兆 2000 億円，07 年には 24 兆 9000 億円にも達していた．したがって，銀行部門の円建「その他投資」が対日証券投資の原資になっていたことは事実であるにしても，それでは足りず，銀行以外の「その他部門」の円建「その他投資」も一部原資となっていよう．また，円を外貨に換えての対外投資のために日本の居住者が円を売っているが，その円が対日証券投資の原資の一部になっていることが考えられる．それらについては次節で検討しよう．

　さて，日本銀行は先に見たように「その他投資」について，「（07 年の）夏場にはサブプライム問題の影響で海外金融市場が不安定な動きとなる中，邦銀海外支店の外貨資金需要に応じて，本支店勘定を通じた貸付を拡大する動きが見られた」と述べていた．「その他投資」に含まれる日本からの資金供給は，短期貸付，現預金が大半であり，短期貸付では銀行部門は本支店勘定を通じるものが圧倒的である．銀行部門の「短期貸付・借入」の収支は 07 年には 13 兆 3000 億円強にのぼっているが，本支店勘定では 14 兆 7000 億円にも達している（表 8-14）．本支店勘定のうち，JOM を通じるものが資産で 7 兆 3000 億円の増（外貨で 691 億円の減少，円で 7 兆 3380 億円の増），負債で 2 兆 2000 億円の減（外貨で 2 兆 492 億円の減，円で 1832 億円の減，いずれも残高の変化），合計で 9 兆 5000 億円の流出となっている（表 8-15）．しかも，JOM の本支店勘定・外貨建資産が 07 年 7 月から同年 12 月にかけて一挙に 4 兆 8000 億円も増大し，円建資産も 3 兆 7500 億円の増加となっている．サブプライム・ローン問題の顕在化によってドル短期市場が不安定化した状況の中で，邦銀本店および在日外銀が海外支店，外銀本店等へ外貨資金のみならず円資金をドルに転

表 8-14 銀行部門の短期貸付・借入

(億円)

	貸　付	本支店勘定	借　入	本支店勘定	収　支	本支店勘定
2005	−46,076	−32,890	7,586	−5,946	−38,490	−38,836
2006	15,718	33,408	−66,646	−51,881	−50,928	−18,473
2007	−112,252	−96,870	−20,997	−50,425	−133,249	−147,295

出所：同上，21，29 ページ．

換するために回金しているのである．銀行部門の「現預金」も 07 年には資産で 11 兆 3000 億円，負債で 7600 億円，収支で 10 兆 6000 億円にのぼっている[15]．JOM 残高で見ると，07 年 7 月から同年の 12 月にかけて「預け金・コール」（資産）の外貨建では少し減少しているが，同項目の円建では 2 兆 7000 億円の増加で，すべて非居住者向けとなっている．

邦銀海外支店，在日外国銀行の本店等はサブプライム・ローン問題以後のドル・短資市場の不安定化（図 8-5）のために，邦銀本店，在日支店からドル等の資金供給を受けるだけでなく，円資金の供給も受けて，その円をドルに換えて対応しているのである（この期にサブプライム・ローン問題にもかかわらず，急激な円高が生じなかった 1 つの理由）．

銀行以外の「その他部門」による「その他投資」（短期）は現先取引，証券貸借取引，現預金によるものが圧倒的である（表 8-16）．「短期貸付・借入」収支は 05 年に 3 兆 6600 億円の赤字，それに現預金を合わせると 5 兆 2000 億円，06 年は「短期貸付・借入」収支で 9 兆 6000 億円の赤字，それに現預金を

表 8-15　JOM

	資　産				
	合計[1)]	預け金・コール		本支店勘定	
		外貨	円	外貨	円
2005.12	473,871	36,217	30,712	118,601	177,276
2006.12	492,721	47,548	38,270	127,328	134,061
2007.7	549,080	75,228	94,394	78,658	169,936
2007.12	646,170	61,787	121,686	126,637	207,441

注：1)　「預け金・コール」「本支店勘定」以外のものを含む．
出所：財務省「オフショア勘定残高」の各月より．

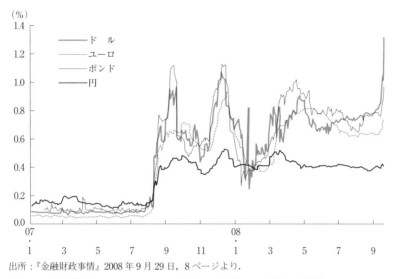

出所:『金融財政事情』2008年9月29日, 8ページより.

図 8-5 LIBOR-OIS スプレッド (3カ月物) の推移

合わせると, 11兆1000億円弱, 07年には「短期貸付・借入」収支は1兆7600億円の黒字, 現預金の赤字が2兆5000億円で7000億円ほどの赤字となっている.「その他部門」の05年, 06年における赤字が大きいことが改めて確認できた. しかし,「その他部門」の「その他投資」については通貨区分が公表統計ではまったくわからない.

金利差と円相場の推移により「その他部門」の外貨での貸付, 外貨預金 (こ

残高の推移

(億円)

合計[1)]	負 債				
	預り金・コール		本支店勘定	
	外貨	円	外貨	円
259,741	41,079	28,756	123,757	8,472
258,544	51,909	25,354	101,245	8,301
244,161	44,596	26,411	89,686	7,231
235,924	40,663	27,076	80,753	6,469

264

表8-16 「その他部門」の「その他投資」（短期）

(億円)

	資　　産				負　　債		
	貸　付	現　先	証券貸借取引	現預金	借　入	現　先	証券貸借取引
2005	−46,046	−11,136	−29,884	−15,272	9,434	−21,487	21,383
2006	−81,720	−47,957	−24,046	−14,788	−14,250	−38,859	17,234
2007	−42,806	−21,457	−11,885	−24,637	60,407	17,394	37,013

出所：『国際収支統計季報』2007年10-12月，21-23ページ，29-30ページより．

表8-17 「その他投資」の地域分類[1]

(億円)

	資　　産		負　　債		収　　支	
	2006	2007	2006	2007	2006	2007
アジア	26,395	−30,421	−27,305	−4,770	−910	−35,191
アメリカ	−23,560	−1,738	10,956	−37,315	−12,604	−39,053
ケイマン諸島	305	−2,983	8,361	−344	8,666	−3,327
西欧	−78,625	−121,340	−87,236	96,286	−165,861	−25,054
イギリス	−66,070	−83,393	−56,094	92,261	−122,164	8,868
その他	−236	−11,119	−2,259	−1,224	−2,495	−12,343
非分類	−24,768	−138,832	−5,930	7,438	−30,698	−131,394
合　計	−100,489	−306,432	−103,413	60,071	−203,902	−246,362

注：1）　証券貸借取引を含む．
出所：『国際収支統計季報』2007年10-12月，107-108ページより．

　れらも一種の円キャリートレードであり，円を外貨に換えての投資）がかなり
進行していったことは十分考えられる．また，日銀『2007年の国際収支動向』
がいうように海外投資家の円資金需要が高い中で，「その他部門」も一部，円
建・貸付を伸ばしたことが考えられる．この部分は海外からの対日証券投資の
原資に用いられたであろう．
　最後に，「その他投資」の地域分類を見よう（表8-17──証券貸借取引を含
む）．資産，負債ともイギリスが大きな比重を占めている．アメリカは資産，
負債ともイギリスほどの大きな額が出ていない．06年には対英収支で12兆
2000億円の赤字となっている．国際収支表の「その他投資」の通貨区分を示
す統計は公表されていないので明らかにならないが，この資金の一部が円であ
り，それがイギリスの対日証券投資（06年には約18兆8000億円）の原資と

なっているはずである．しかし，07 年には対英収支は 9000 億円近い黒字にな
って，「非分類」が 13 兆円以上の赤字になっている．この「非分類」の円建の
資金は事実上イギリスへ回っていったことが考えられる（次項で再度言及）．
また，07 年に多額にのぼった銀行部門の「現預金」が「非分類」（「その他投
資」の「現預金」は地域的には「非分類」とされる[16]）に含まれている．それ
は JOM における円建の「預け金・コール」が 07 年に大きく伸びていたこと
からも推測できる．

(3) 地域別国際収支

本節の最後に地域別国際収支を見ておこう（表 8-18）．経常収支黒字が 06
年に約 20 兆円，07 年に約 25 兆円にのぼっているが，対米黒字が 06，07 年と
も 13 兆円になっている．対アジア黒字は 06 年に 9 兆円，07 年に 12 兆円弱，
対西欧黒字が 06 年に 7 兆円弱，07 年に 8 兆円強となっている．他方，原油，
一次産品価格の上昇によって，中東に対しては 10 兆円を超える赤字，大洋州
（オーストラリア，ニュージーランド）に対しても 1 兆 5000 億円を超える赤字
になっている．04 年には中東に対する経常赤字は 4 兆 8000 億，大洋州に対
する経常赤字は 8700 億円であった[17]．07 年には 04 年の約 2 倍の増大である．
　投資収支の方は，アジア向けが 07 年に 6 兆 6000 億円，ケイマン諸島向けが
4 兆円，アメリカ向けが 3 兆 5000 億円，大洋州向けが 3 兆 3000 億円のそれぞ
れ赤字になっているが，西欧に対しては 8 兆 7000 億円の黒字になっている．
アジア向けの赤字では「その他投資」が 3 兆 5000 億円にのぼっているほか，
直接投資が 2 兆 1000 億円になっている．表 8-18 には国ごとは示していないが，
「その他投資」のうちシンガポール向けが 2 兆 2000 億円，香港向けが 6500 億
円に達しており，邦銀本店からシンガポール，香港の支店へ本支店勘定で資金
が回されていることが窺われる．アジア向けの直接投資のうち，中国向けが
7300 億円，タイ向けが 3000 億円と 2 国で約半分になっている[18]．
　対アメリカ・投資収支について，表 8-18 には示していないが，07 年に資産
ではプラスの 5 兆 5000 億円で，負債ではマイナスの 9 兆円にのぼっている．
つまり，日本，アメリカ双方で投資が引き揚げられているのである．しかも，
アメリカからの資金の引き揚げの方がより多額で，収支で赤字になっているの

266

表 8-18　地域別国際

	経常収支		貿易収支		所得収支		その他	
アジア	117,180	(90,259)	96,447	(71,744)	21,621	(17,573)	−888	(942)
アメリカ	130,730	(130,770)	85,706	(90,008)	57,184	(53,954)	−12,160	(−13,192)
ケイマン諸島	13,111	(11,413)	165	(−26)	12,597	(11,099)	349	(340)
大洋州	−15,464	(−16,150)	−18,741	(−17,024)	8,440	(5,697)	−5,163	(−4,823)
西欧	83,456	(66,899)	40,326	(34,688)	46,309	(35,178)	−3,179	(−2,967)
イギリス	12,324	(9,151)	9,309	(8,731)	1,983	(−468)	1,032	(888)
東欧・ロシア等	8,410	(6,286)	8,292	(6,063)	806	(533)	−688	(−310)
中東	−102,376	(−101,487)	−97,869	(−99,065)	1,246	(845)	−5,753	(−3,267)
アフリカ	−3,493	(−5,090)	−4,166	(−4,976)	864	(669)	−191	(−783)
国際機関	1,940	(1,142)	—	(—)	6,350	(5,001)	−4,410	(3,859)
非分類	—	(—)	—	(—)	—	(—)	—	(—)
合　計	247,938	(198,488)	123,223	(94,643)	163,267	(137,457)	−38,552	(−33,612)

注：1)　（　）は 06 年.
　　2)　「金融派生商品」を含む.
　　3)　対アメリカ・投資収支は，06 年に資産で＋19,626，負債で−51,278，07 年はそれぞれ＋55,193,
　　4)　2007 年に「現預金」が「非分類」となり，対イギリス収支が小さくみえている.
出所：前表と同じ，45-48，81-82，95-100，107-108 ページより.

である．しかも，それは全額，「その他投資」で発生している．07 年の夏にサ
ブプライム・ローン問題が顕在して，その第 4 四半期に「その他投資」の負債
側で 3 兆 7000 億円の赤字が生まれているのである．アメリカに所在している
銀行，金融機関等がサブプライム・ローン問題によって資金繰りの悪化が生じ，
日本から資金を引き揚げている．07 年の対米・資本収支赤字は日本からの積
極的な投資ではないのである.

　ケイマン諸島と大洋州に対する資本収支赤字の大部分は，これらの地域に対
する証券投資によって生じている．オーストラリア，ニュージーランド向けの
投資が直接，あるいはケイマン諸島を経由して行なわれているものと考えられ
る．これは，金利差と為替相場の両方を利用した円をそれら通貨に転換した投
資である.

　西欧に対する 07 年の投資収支黒字は 8 兆 7000 億円にのぼっているが，とく
に，証券投資黒字は 12 兆 7000 億円にものぼっている．しかも，イギリスから
の証券投資が 16 兆 7000 億円（06 年は 18 兆 8000 億円）である．イギリスは

第 8 章　2005-07 年の日本の国際収支構造　　　267

収支[1]（2006，07 年）

(億円)

投資収支[2]		直接投資		証券投資		その他投資	
−65.697	(15.472)	−20.784	(−20.946)	−9.561	(38.923)	−35.191	(−910)
−35.029	(−31.652)[3]	−2.647	(−10.694)	7.148	(−9.171)	−39.053	(−12.604)
−39.567	(841)	−5.116	(−3.398)	−31.230	(−4.716)	−3.327	(8.666)
−32.719	(−7.111)	−4.607	(−805)	−24.197	(−6.612)	−3.852	(254)
87.030	(−61.483)	−18.599	(−25.375)	126.838	(126.345)	−25.054[4]	(−165.861)[4]
177.045	(63.792)	−3.112	(−6.331)	167.284	(187.901)	8.868[4]	(−122.164)[4]
−2.819	(−5.532)	−593	(−431)	−2.454	(−4.265)	274	(−861)
−6.656	(−1.578)	−1.133	(−282)	−1.761	(−204)	−3.783	(−1.086)
−551	(2.506)	−1.247	(−975)	−177	(−536)	848	(4.021)
24.479	(1.353)	—	(—)	26.211	(9.258)	−1.732	(−7.905)
−131.394	(−30.698)	—	(—)	—	(—)	−131.394[4]	(−30.698)[4]
−220.652	(−119.132)	−60.055	(−66.025)	82.515	(147.961)	−246.362	(−203.902)

−90.222 となっている．

　対日証券投資の円資金をどのように調達しているのであろうか．イギリスに所在する銀行，金融機関等が世界各地から集めた資金を対日証券投資に当てていると考えられるが，日本からもイギリスへ多額の資金を「その他投資」によって回している．06 年に対英「その他投資」は資産側で 6 兆 6000 億円，負債側で 5 兆 6000 億円のマイナスになっている．合計で 12 兆 2000 億円である．しかし，07 年には資産側では 8 兆 3000 億円のマイナスであるが，負債側では 9 兆 2000 億円の黒字になり，収支で 8900 億円近くの黒字になっている．日本からイギリスへの円資金の供給が 07 年になくなったのであろうか．統計的に確認できないが，そうではないようである．07 年に「非分類」が 13 兆 1000 億円の赤字になっている．日銀の担当部局に照会したところ，「現預金」は各地域への分類がなされず「非分類」になっているとのことであった．07 年に銀行部門の「現預金」は 11 兆 3000 億円，非銀行部門の「現預金」は 2 兆 5000 億円（いずれも資産側），合計 13 兆 8000 億円にものぼっている．これらが実際はイギリス向けであることが予想できる．そうでなかったら，イギリスの対

日証券投資のために円高が生じていたはずである．しかし，07 年夏のサブプライム・ローン問題が顕在化するまでは急激な円高は発生していない．「非分類」の「現預金」のかなりの部分がイギリス向けである可能性が強いであろう．

さらに，中東に対する貿易赤字が 06，07 年とも 10 兆円を超える事態が続いている．これは図 5-1 に示されていたように，1 バーレル当たり 40 ドルを下回っていた原油価格が 04 年から上昇し 06 年には 80 ドル近くになっているからである．このことも為替需給に影響を与えたであろう．

3. 国際収支の各項目の通貨区分と為替需給

それでは，国際収支各項目の通貨別区分の概算を推定しながら，為替需給の状況を見ることにしよう．このことによって，06，07 年に対日証券投資が急増しながら円高が生じなかったのは何故か，また，日本銀行が「量的緩和政策」を導入する以前の 1990 年代に一般的に見られていた「円高・円安の循環」[19] がこの時期にも作用しているのか，それとも変化したのか，そのことが改めて解明できるであろう．

(1) 貿易収支と投資収益収支の通貨区分

日本の貿易収支の通貨区分の算出方法はわかっている．円建が 13 兆 8000 億円（06 年），16 兆 3000 億円（07 年）の黒字，ドル建が 9 兆 3000 億円（06 年），9 兆 8000 億円（07 年）の赤字，ユーロ建が 3 兆 5000 億円，4 兆 1000 億円の黒字，その他通貨建が 1 兆 4000 億円，2 兆円弱の黒字であった（後掲表 8-21）．前掲表 8-3 と同じ方法で算出したものである．では，貿易収支黒字を上回った所得収支黒字の通貨区分はどうであろうか．もちろん，所得収支の通貨区分の統計は存在しない．そこで，いくつかの推定を加えて概算を算出するほかない．以下では 06 年と 07 年について概算を行なおう．

所得収支のうち，雇用者報酬は受取で 145 億円，支払で 217 億円であり（07 年），所得収支のほとんどすべてが「投資収益」と見て差し支えない．日本銀行の『国際収支統計季報』により「投資収益」について，「直接投資収益」「証券投資収益」「その他投資収益」の地域区分の統計が得られる．前掲表 8-6 で

第 8 章　2005-07 年の日本の国際収支構造　　　　　269

あった．それぞれの投資収益の各項目の通貨区分を検討しよう．直接投資収益
についての通貨は現地通貨と考えよう．そう考えれば，アメリカからの収益の
受取はドル，また，西欧からの収益の受取はユーロ等とみなせる．また，日本
による直接投資収益の支払はすべて円だとみなせる．そうすると，アメリカか
らの直接投資収益の受取はドルであり，06 年は 1 兆 3100 億円，07 年は 1 兆
4100 億円，西欧からの受取はユーロ等（ポンド等を含む）であり，06 年に
6500 億円，07 年に 1 兆 500 億円，その他通貨で受取が 06 年に 2 兆 1200 億円，
07 年に 2 兆 8400 億円となり，円での支払は 06 年に 1 兆 500 億円，07 年に 1
兆 7400 億円となる．

　証券投資の収益についてはもう少し複雑に考えなければならないだろう．対
外証券投資の収益受取は各通貨での投資残高がわかっているから，各通貨での
残高の総残高に占める比率に応じて各通貨での受取総額を按分しよう．もちろ
ん，各通貨によって，証券の違いによって利回りが異なり，為替相場の変動に
よって収益の受取額が異なろうが，本章では概算を算出することで満足せざる
を得ない．そうすると，前掲表 8-8 に 06 年末，07 年末の各通貨での対外証券
投資残高が示されていたから，この表から総残高に占める各通貨での 06 年，
07 年の投資残高比率が計算できる．06 年と 07 年にドルは 44.1%，41.5%，円
が 21.8%，22.9%，ユーロが 19.6%，19.6%，ポンドが 4.2%，4.3%，オース
トラリア・ドルが 3.7%，3.8% などとなっている．この比率で対外証券投資の
収益受取（06 年に 12 兆 9439 億円，07 年に 15 兆 2209 億円）を按分すると，
ドルでの収益は 06 年，07 年に 5 兆 7803 億円，6 兆 3167 億円，円での収益は
2 兆 8218 億円，3 兆 4856 億円，ユーロでの収益は 2 兆 5370 億円，2 兆 9833
億円，ポンドが 5436 億円，6545 億円，等となる．

　対内証券投資については，少し込み入ったことを考えなければならないだろ
う．対内証券投資には，日本の居住者が国内で発行した証券への海外からの投
資と居住者が海外で発行した外債が含まれる．前者についてはほぼ円建と考え
てよいだろうが，外債についてはドル，ユーロ等の外貨建の部分とユーロ円債
が考えられる．ここでは，とりあえず外債のうちユーロ円債を半分としておこ
う．ユーロ円債の比率はやや高いかもしれないが，表 8-7 によると日本の居住
者による対外証券投資のうち 07 年には円建が半分になっている．このことを

考慮すると極端な比率ではないだろう．上のように前提条件をつけると，対内証券投資（証券投資の負債）のうちの円建部分と外貨建の部分のそれぞれのおおまかな比率が計算できる．国内で発行された証券への海外からの購入は株式，中長期債（証券売買のみ[20]），短期債に区分でき，それらの合計は『国際収支統計季報』（07 年 10-12 月，25-27 ページ）により 06 年は 18 兆 2982 億円，07 年は 22 兆 1604 億円である[21]．この中には外債は含まれていない[22]．同季報により外債発行は 06 年に 4 兆 1420 億円，07 年に 3 兆 2746 億円で，そのうち半分をユーロ円債とすると，外貨建外債は 06 年に 2 兆 710 億円，07 年に 1 兆 6373 億円である．それ故，証券投資の負債のうち円建部分が 20 兆 3692 億円，07 年に 23 兆 7997 億円となる．

証券投資の負債全体（06 年 22 兆 4402 億円，07 年 25 兆 4350 億円）に占める円建部分の比率は 06 年に 90.8%，07 年に 93.6%，外貨建の比率は 9.2%，6.4% となるから，表 8-6 の証券投資収益の支払（06 年に 2 兆 4534 億円，07 年に 3 兆 1096 億円）のうち 90.8%，93.6% が円建（2 兆 2277 億円，2 兆 9106 億円），9.2%，6.4% が外貨建（2257 億円，1990 億円）と概算できる．また，恣意的要素が多く残るが，外貨債のうちドル建部分を 70%，ユーロ建部分を 30% とすれば，ドル建は 1580 億円，1393 億円．ユーロ建は 677 億円，597 億円となる．

最後に「その他投資」収益の通貨区分を検討しよう．もちろん，公表されている統計に通貨区分はない．したがって，ここでも恣意的要素が残るが，「銀行等対外資産負債残高」を利用しよう．この統計には短期と中長期の区分があり，それぞれに外貨建と邦貨建の区分がある．「その他投資」には銀行以外の「その他部門」によるものがあるし，銀行の長期の貸付・借入が含まれるが，ここでは「銀行等対外資産負債残高」の「短期」を利用しよう．というのは，「その他部門」による「その他投資」の通貨区分を行なう材料がまったくないからであり，また，「銀行等対外資産負債残高」の「中長期」には，銀行等による多額の中長期・証券投資も含まれることのほかにも，「その他投資」の大部分が短期貸付，現預金であるからである．このように，「銀行等対外資産負債残高」の「短期」を利用すると誤差が生まれようが，「その他投資」の収益自体が証券投資の収益と比べるとそれほど大きな額ではないので，投資収益全

第 8 章　2005-07 年の日本の国際収支構造　　　　271

体の通貨区分には大きな誤差を生むことはないであろう.

　さて, 短期の「銀行等対外資産負債残高」を示したものが表 8-13 であった.
資産残高で占める外貨建部分と邦貨建部分の比率を見ると, 外貨建が 06 年に
27.5%, 07 年に 23.0%, 邦貨建が 72.5%, 77.0% になっている. 負債残高の方
では外貨建は 70.8%, 64.4%, 邦貨建は 29.2%, 35.6% である. これらの比率
を使って「その他投資」の受取と支払を算出しよう.「その他投資」の収益受
取は 06 年に 2 兆 2390 億円, 07 年に 2 兆 9422 億円であるから, この比率で算
出すると,「その他投資」の収益受取の外貨建部分は 6157 億円 (2 兆 2390 億
円×0.275), 6767 億円 (2 兆 9422 億円×0.230), 邦貨建部分は 1 兆 6233 億円
(2 兆 2390 億円×0.725), 2 兆 2655 億円 (2 兆 9422 億円×0.770) となる.「そ
の他投資」の収益支払 (2 兆 141 億円, 2 兆 2852 億円) のうち, 外貨建部分が
1 兆 4260 億円 (2 兆 141 億円×0.708%), 1 兆 4717 億円 (2 兆 2852 億円×
0.644), 円建部分は 5881 億円 (2 兆 141 億円×0.292), 8135 億円 (2 兆 2852
億円×0.356%) である. また, 恣意的要素が強くなるが, 受取, 支払の外貨
建部分のうち, ドル建を 70%, ユーロ建を 30% とすると, 06 年, 07 年の
「その他投資」収益の受取, 支払の通貨区分は表 8-19 のようになる.

　以上, 所得収支 (雇用者報酬収支を除く) の内訳を見てきた. ここで投資収
益収支 (所得収支から雇用者報酬収支を除く) 全体の通貨区分を再度, 表にし
たのが表 8-20 である. ドル建は 06 年に 6 兆 4000 億円, 07 年に 7 兆円の黒字,
ユーロ建など (ポンドも含む) は 3 兆 4000 億円, 4 兆 4000 億円の黒字, 円建
は 5800 億円, 2800 億円の黒字である.

　さらに, 貿易収支と投資収益収支の合計を通貨別に示したのが表 8-21 であ
る. ドル建は 06 年に約 2 兆 9000 億円の赤字, 07 年に 2 兆 7000 億円の赤字,

表 8-19　「その他投資」収益収支の通貨区分

（億円）

	2006			2007		
	受　取	支　払	収　支	受　取	支　払	収　支
円	16.233	5.881	10.352	22.655	8.135	14,520
ド　ル	4.310	9.982	−5.672	4.737	10.301	−5.564
ユーロ	1.847	4.278	−2.431	2.030	4.415	−2.385

出所:『国際収支統計季報』, これまでの諸表より.

表 8-20　投資収益収支の通貨区分[1]

(億円)

		直接投資	証券投資		その他投資		全体の収支
			受　取	支　払	受　取	支　払	
ド　ル							
	06	13,154	57,803	1,580	4,310	9,982	63,705
	07	14,140	63,167	1,393	4,737	10,301	70,350
ユーロ[2]							
	06	6,473	30,806	667	1,847	4,278	34,181
	07	10,542	36,378	597	2,030	4,415	43,938
円							
	06	−10,489	28,218	22,277	16,233	5,881	5,804
	07	−17,437	34,856	29,106	22,655	8,135	2,833
その他							
	06	21,199	12,612	—	n.a.	n.a.	33,811
	07	28,411	17,808	—	n.a.	n.a.	46,219
合計							
	06	30,337	129,439	24,524	22,390	20,141	137,501
	07	35,656	152,209	31,096	29,422	22,852	163,340

注：1)　四捨五入等により若干の誤差がある.
　　2)　直接投資はユーロ以外に諸西欧通貨を含み，証券投資にはポンドを含む.
出所：『国際収支統計季報』，及びこれまでの諸表より計算.

表 8-21　貿易収支と投資収益収支の通貨区分

(億円)

		貿易収支	投資収益収支	合　　計
ド　ル				
	06	−92,673	63,705	−28,968
	07	−97,785	70,350	−27,435
ユーロ[1]				
	06	35,169	34,181	69,350
	07	40,835	43,938	84,773
円				
	06	138,415	5,804	144,219
	07	162,966	2,833	165,799
その他				
	06	13,732	33,811	47,543
	07	17,207	46,219	63,426
総計				
	06	94,643	137,501	232,144
	07	123,223	163,340	286,563

注：1)　西欧諸通貨を一部含む. 前表の注2)参照
出所：財務省「貿易取引通貨別比率」『国際収支統計季報』より算出（四捨五入のために若干の誤差がある）.

ユーロ建はそれぞれ 6 兆 9000 億円, 8 兆 5000 億円の黒字, 円建は 14 兆 4000 億円, 16 兆 6000 億円の黒字である. もちろん, 前述のように, 投資収益収支の通貨区分には恣意的要素が多く含まれており, これらの数値にはかなりの誤差が含まれているのはいうまでもない.

(2) 投資収支の通貨区分

次に 07 年の投資収支の通貨区分の検討に入っていこう. 直接投資は, 相手国通貨であるとしよう. そうすると, アメリカへの投資は 06 年 1 兆 834 億円, 07 年に 1 兆 8524 億円 (ドル建), 西欧への投資は 06 年 2 兆 997 億円, 07 年 2 兆 4289 億円 (ユーロ建など), その他への投資が 2 兆 6628 億円, 4 兆 3794 億円 (ドルとユーロ等の西欧通貨以外の通貨建) である. 対日投資は円建とすると, 06 年に 7566 億円の引き揚げ, 07 年に 2 兆 6552 億円の投資である[23].

対外証券投資は, 財務省が 05 年から通貨別・対外証券投資 (証券貸借取引を除く) について統計を公表している. それを示したのが表 8-7 であった. これによると 06 年の投資額 9 兆 6890 億円のうち, ドル建は 2 兆 9421 億円, ユーロ建が 1 兆 5743 億円, 円建が 1 兆 5141 億円, ポンド建が 7964 億円, オーストラリア・ドル建が 5688 億円, その他通貨建が 2 兆 2933 億円となっている. 07 年には 12 兆 9298 億円の投資額のうち, ドル建が 1 兆 4474 億円, ユーロ建が 8452 億円, 円建が 6 兆 4182 億円, ポンド建が 1 兆 3548 億円, オーストラリア・ドル建が 4633 億円, その他通貨建が 2 兆 4009 億円となっている. 07 年には対外証券投資の半分が円建であり, ドル建投資はポンド建とほぼ同じ水準である.

前述のように, 対内証券投資には, 日本の居住者が国内で発行した証券への海外からの投資と居住者が海外で発行した外債が含まれる. 前者についてはほぼ円建と考えてよいだろうが, 外債についてはドル, ユーロ等の外貨建の部分とユーロ円債が考えられる. ここでは, とりあえず外債のうちユーロ円債を半分としておこう. 国内で発行された証券の海外からの購入は株式, 中長期債 (証券売買のみ[24]), 短期債に区分でき, それらの合計は『国際収支統計季報』(07 年 10-12 月, 25-27 ページ) により 06 年は 18 兆 2982 億円, 07 年は 22 兆 1604 億円である. この中には外債は含まれていない[25]. 同季報により外債発

行は 06 年に 4 兆 1420 億円，07 年に 3 兆 2746 億円で，そのうち半分をユーロ円債とすると，外貨建外債は 06 年に 2 兆 710 億円，07 年に 1 兆 6373 億円である．それ故，証券投資の負債のうち円建部分が 06 年に 20 兆 3692 億円，07 年に 23 兆 7977 億円となる．また，恣意的要素が多く残るが，外貨債のうちドル建部分を 70%，ユーロ建部分を 30% とすれば，ドル建部分は 1 兆 4497 億円，1 兆 1461 億円，ユーロ建部分は 6213 億円，4912 億円となる．

「その他投資」の通貨区分は前述した「銀行等対外資産負債残高」の短期を表している表 8-13 を利用しよう．05 年末から 06 年末にかけての外貨建純資産の変化は 2 兆 2599 億円（純負債額の減——フローではネットでの資金流出），円建純資産の増加は 5239 億円になっている．純資産全体の変化（2 兆 7838 億円）の中でのそれぞれの比率は，前者が 81.2%，後者が 18.8% である．この比率を銀行部門だけでなく，「その他部門」を含む「その他投資」全体に応用しよう．もちろん，これは恣意的であるが，「その他部門」の通貨区分を推測する材料がないから仕方がない．そうすれば，06 年の「その他投資」収支が 20 兆 3903 億円であったから，そのうち外貨建は 16 兆 5569 億円（20 兆 3903 億円×0.812），円建は 3 兆 8334 億円（20 兆 3903 億円×0.188）となる．また，外貨建のうち「その他投資」の収益を検討した際に，外貨建の部分ではドルを 70%，ユーロを 30% としたから，ここでもそのようにしよう．そうすると，ドル建は 11 兆 5898 億円，ユーロ建は 4 兆 9671 億円となる．

同様に 07 年について計算しよう．06 年末から 07 年末にかけての外貨建純資産の変化は 10 兆 5104 億円（純負債額の減——フローではネットでの資金流出），円建純資産の増加は 15 兆 7854 億円になっている（07 年における円建資産が急増しているのは，前にみた「現預金」の増加であろう）．純資産全体の変化の中（26 兆 2958 億円）でのそれぞれの比率は，前者が 40.0%，後者が 60.0% である．そうすれば，07 年の「その他投資」収支が 24 兆 6362 億円であったから，そのうち 60% が円建（14 兆 7817 億円），外貨建が 40%（9 兆 8544 億円）となる．外貨建の部分ではドルを 70%，ユーロを 30% とすると，ドル建は 6 兆 8981 億円，ユーロ建は 2 兆 9563 億円となる．

以上の投資収支の通貨区分をまとめると表 8-22 のようになる．この表により概算を見ると，ドル建・投資収支は 06 年に 14 兆 2000 億円の赤字，07 年に

表8-22 投資収支の通貨区分

(億円)

| | | 直接投資収支 | 証券投資[2) | | その他投資収支 | 投資収支[3) |
			資 産	負 債		
ド ル						
	06	−10.834	−29.421	14.497	−115.898	−141.656
	07	−18.524	−14.474	11.461	−68.981	−90.518
ユーロ[1)						
	06	−20.997	−23.707	6.213	−49.671	−88.162
	07	−24.289	−22.000	4.912	−29.563	−70.940
円						
	06	−7.566	−15.141	203.692	−38.334	142.651
	07	26.552	−64.182	237.977	−147.817	52.530
その他						
	06	−26.628	−28.621	—	n.a.	−55.249
	07	−43.794	−28.642	—	n.a.	−72.436
総計						
	06	−66.025	−96.890	224.402	−203.903	−142.416
	07	−60.055	−129.298	254.350	−246.362	−181.365

注：1) 直接投資はユーロ以外の西欧諸通貨投資を含み，対外証券投資にはポンドを含む.
　　2) 証券貸借取引を除く.
　　3) 金融派生商品を除く.
出所：これまでの諸表より作成.

9兆1000億円の赤字，ユーロ建・投資収支は06年に8兆8000億円，07年に7兆1000億円の赤字，円建は06年に10兆1000億円，07年に2兆円の黒字となっている.

(3) 2006，07年における通貨別の日本・国際収支構造の意味

以上の貿易収支，投資収益収支，投資収支の通貨区分の検討から，いろいろなことが知れよう. 円建，ドル建，ユーロ建，それぞれについて概要を示したのが図8-6である（その他通貨建は除外）. 円建では，貿易収支，投資収益収支（合わせて「経常収支」[26)）の黒字に加えて対内証券投資でもって黒字が巨額になっている. この黒字を原資にどのように対外投資が進むかについては後に論述しよう.

ドル建については，貿易収支で赤字が大きくなっている. ドル建・貿易赤字（06年に9兆3000億円，07年に9兆8000億円——表8-21）の増大は05年か

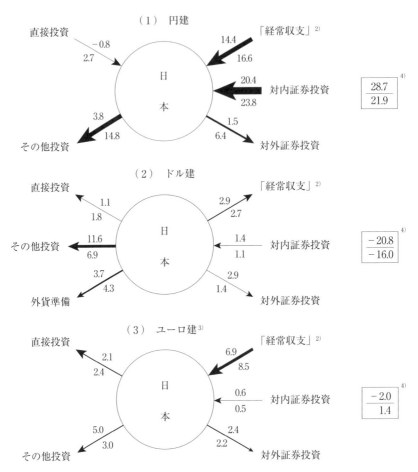

注：1) 上段の数値は06年，下段の数値は07年．この図には，その他通貨建の「経常収支」，投資収支は含まれていない．また，サービス収支，経常移転収支，その他資本収支，誤差脱漏はいずれの通貨でも含まれていない．
2) 「経常収支」＝貿易収支＋投資収益収支
3) 一部にユーロ以外の西欧諸通貨を含む．第20表の注1)，第21表の注1) 参照．
4) 「経常収支」と投資収支の合計（ドル建の欄 (2) には外資準備を含む，上段は06年，下段は07年）

出所：これまでの諸表より．

図 8-6 日本の国際収支各項目の通貨区分の概算[1]（兆円）

ら目立ってきた原油，その他の一次産品価格の上昇によるものである．ドル建貿易赤字はドル建の投資収益収支黒字（06年に6兆4000億円，07年に7兆円——同表）によってほぼ埋め合わされているが，それでもドル建の貿易収支と投資収益収支の合計では，なお2兆円9000億円から2兆7000億円の赤字となっている．それに加えて，「その他投資」，対外直接投資，対外証券投資などのドル建赤字を生み出す項目がある．また，ドル建については外貨準備を記載しておいた．このような状況から，この間，ドルに対して円高が生じる状況ではなかった．

　ユーロ建（一部西欧諸通貨を含む）では，「経常黒字」が06，07年とも約7兆円から8兆円強の黒字が見られるが，「その他投資」，対外証券投資，直接投資の赤字項目があり，それらの赤字項目により，「経常収支」の黒字額はほとんど消滅して，おおよそ収支が均衡している．

　以上の通貨建の諸国際取引によって，銀行には種々の持高が形成されるはずである．ここでは，簡単化して通貨区分を邦貨と外貨の2つに区分して持高を検討しよう．①貿易では円建黒字が06年に13.8兆円，外貨建がドル建，ユーロ建，その他通貨建をあわせると4.4兆円の赤字，07年にはそれぞれ16.3兆円の黒字，4兆円の赤字である（表8-21）．海外の銀行は輸入業者に対して06年に13.8兆円，07年に16.3兆円の円を売り，日本の銀行は外貨を06年に4.4兆円，07年に4.0兆円の外貨を売るであろう．②次に，投資収益では，日本は外貨で06年に13.2兆円，07年に16.1兆円の受取があり，投資家はその外貨を銀行に売却し円を受け取る（銀行は外貨の買）．逆に海外の投資家は円で06年に0.6兆円，07年に0.3兆円の支払を行なう（同表）．そのために海外の銀行は円を売る．③投資収支[27]では日本は外貨で06年に28.5兆円，07年に23.4兆円のネットで投資を行ない，円建では海外から06年に14.3兆円，07年には5.3兆円のネットでの投資を受けている（表8-22）．

　以上がこれまでの論述から明らかになったことであるが，④国際収支項目のうちサービス収支，経常移転収支，「その他資本収支」，外貨準備，誤差脱漏については本章ではこれまで除外してきた．これらの諸項目の合計は06年に11.3兆円の赤字，07年に6.6兆円の赤字である[28]．これらは，誤差脱漏には一部円が含まれているだろうが，その他はほとんどが外貨建であろう．ここでは

簡単化のために誤差脱漏も含めてすべて外貨建としておこう．そうすると，日本の銀行は06年に11.3兆円，07年には6.6兆円の外貨を売らなければならない．

以上から，日本の銀行の売持は①の4.0兆円（4.4兆円——06年，以下でもカッコは06年），③の23.4兆円（28.5兆円），④の6.6兆円（11.3兆円），逆に買持は②の16.1兆円（13.2兆円）となり，全体で17.9兆円（31.0兆円）の売持である．他方，海外の銀行の円の持高は，売持が，①の16.3兆円（13.8兆円），②での売持は0.3兆円（0.6兆円），③での売持は5.3兆円（14.3兆円），④の為替取引はなく，全体で海外の銀行は21.9兆円（28.7兆円）の売持となる．

日本の銀行が円売・外貨買を行ない，海外の銀行が外貨売・円買のインターバンク為替取引を行なうと，両者の銀行の持高はほぼ解消される．もちろん，誤差がある．本章におけるこれまでの通貨区分に種々の恣意的な要素を含まざるを得なかったからであるし，対内外証券投資に「証券貸借取引」を除外したことなどによろう．とはいえ，誤差の金額がこれくらいの額にとどまっているということは，通貨区分の方法に大きな間違いがないことを示すものであろう．

持高で上に確認できたことをうけて06年，07年の国際収支について改めてまとめを行なっておこう．まず，日本の銀行，海外の銀行の持高が上のように形成され，インターバンク為替取引によって解消されるというのは結果的事象である．一般的にいえば，中央銀行による為替市場介入も含めて[29]銀行の持高は事後的・結果的に解消されるものなのである．問題は，その解消にどのような取引が大きく貢献しているかというである．06年と07年に分けて見ていこう．

06年については円建で「経常収支」（ここでは貿易収支と投資収益収支の計，以下でも同じ）と対内証券投資で大きな黒字が生まれており，円建「経常収支」の決済と対日証券投資のために海外で多額の円資金需要があろう．しかし，日本の国際収支にはかなりの額の外貨建赤字諸項目があり，円を外貨に換える必要がある．海外での多額の円資金需要の大部分は，この転換によって供給される．つまり，日本の円建黒字，日本の外貨建赤字の決済には多額の為替取引が伴うのである．以下にみよう．

第 8 章　2005-07 年の日本の国際収支構造　　　　279

「経常収支」でかなりの額の外貨建黒字がある．ドル建，ユーロ建，「その他通貨建」の貿易収支は 4.4 兆円の赤字であるが，外貨建で 13.2 兆円の投資収益収支黒字がある．外貨建の貿易赤字はそれでもって賄われ，なお，8.8 兆円近い黒字が残っている（表 8-21）．したがって，「経常収支」のレベルでは日本の円を外貨に換えての支払は不要である．日本は円建「経常黒字」に加えて外貨建「経常黒字」を保有しているのである．後者の黒字分はそのまま 5.8 兆円の対外直接投資などの外貨建投資に当てられたであろう．

　投資収支では外貨建で 28.5 兆円の赤字になっている（表 8-22）．そのうちの 8.8 兆円は外貨建「経常黒字」で賄われるが，残りの 19.7 兆円は円を外貨に転換しての投資となる．しかし，06 年には 1990 年代のような機関投資家による円を外貨に換えての外貨建対外証券投資[30]とはなっていない．外貨建投資の一番大きな額は「その他投資」になっている．ドル建とユーロ建で計 16.6 兆円である．外貨建投資収支赤字の 28.5 兆円のうちの 16.6 兆円が「その他投資」なのである．

　今見たように，日本からの外貨での「その他投資」がネットで 16.6 兆円となっており，他方，海外からの円建対日証券投資が 20.4 兆円の投資があり，日本の銀行は顧客に対し外貨売・円買，海外の銀行は顧客に対し外貨買・円売りとなっているであろう．そこで多額のインターバンク為替取引が生じたであろう．先にみた 06 年の持高が解消された主要因は，海外の対日証券投資によって引き起こされた日本の外貨建「その他投資」だったのである．さらに，日本からの円建「その他投資」が 3.8 兆円あり，その差額を補っている．06 年に巨額の対日証券投資があり，それをファイナンスしているのが日本の外貨建および円建の「その他投資」であったことが以上からわかるであろう．

　補足的に以下のことも述べておこう．06 年の通貨区分を問わない「その他投資」収支全体で 20.4 兆円の赤字で，資産 10.0 兆円，負債の減 10.3 兆円[31]，それぞれ半分ずつである[32]．日銀の『2006 年の国際収支（速報）動向』は「資産サイドが前年並みの増加（流出）となった一方，負債サイドは銀行において現先や本支店勘定を通じて調達していた外債投資の原資を返済する動きがみられた等から，大幅な減少（流出超）となった」[33]と記していた．日銀『国際収支統計季報』および表 8-16 によると，資産では「その他部門」の現先が

5兆円近くの投資，証券貸借取引が2.4兆円の投資（銀行部門は1.6兆円），負債では短期借入で銀行部門が6.7兆円の返済（うち本支店勘定の返済が5.2兆円，表8-14），「その他部門」が1.4兆円の返済，公的部門（短期国債等）の返済が2.4兆円となっている．表8-14からも銀行部門の短期借入の返済が本支店勘定を中心に進んでいることがわかる．さらに，「その他投資」の相手先の大部分はイギリスである（12.2兆円，表8-18）．イギリスとの銀行部門，非銀行・金融機関の短期取引がイギリスの18.8兆円にのぼる対日証券投資（表8-12）を手当したのであった．

　もう1点，海外部門は円建「経常収支」の赤字（14.4兆円）と対日円建投資収支（14.3兆円）の計28.7兆円の円資金をどこから調達したかを改めて確認しておこう．その大部分は，先に記した19.7兆円（外貨建投資収支から外貨建「経常黒字」を差し引いた額）にのぼる日本の円を外貨に転換（海外部門はこの転換により円を得る）しての外貨建対外投資であり，そのうちの16.6兆円が外貨建「その他投資」であり，さらに，表8-21，表8-22には上がっていなかった国際収支の諸項目（サービス収支，経常移転収支，外貨準備，誤差脱漏など）での支払が11.3兆円にものぼっている[34]．これらの大部分が外貨建で円を外貨に転換する必要がある．つまり，日本からの円資金供給は円建投資によるものではなく，海外部門は為替取引によって円資金を得ている．日本の「その他投資」を中心とする外貨建投資のために，また，海外部門の円建証券投資と円建「経常赤字」のために為替取引が必要になり，それによって，日本は外貨資金を，海外部門は円資金を得ているのである．しかも，06年には銀行部門，非銀行金融機関の対英「その他投資」が重要な役割を果たしていることがわかった．

　次に，07年であるが06年と異なる諸点に限定して述べよう．06年と同様に円建「経常収支」と円建対内証券投資で大きな黒字が生まれており，「経常収支」の決済と対日証券投資のために海外で多額の円資金需要（40.4兆円）があろう．07年が06年と大きく異なることは円建「その他投資」（14.8兆円）と円建対外証券投資（6.4兆円）が大きくなっていることである（合計で21.2兆円）．ところで，表8-18の地域別収支では，07年に「非分類」が「その他投資」において13兆円を超えている．これは，07年から「現預金」が各地域か

ら除外され，そのすべてが「非分類」に入れられたからである[35]．06年の数値をみると対英「その他投資」収支が12.2兆円にのぼっており，「非分類」の額は3.1兆円にすぎないから，07年にも対英「その他投資」が12兆円前後にのぼっていることが推察されよう．この点は06年と同様であるが，その通貨区分は表8-22と併せて考えれば，大部分が円建になっていよう．しかも，07年に「非分類」に入れられたのが「現預金」であるから，大部分が「現預金」となろう[36]．

　証券投資収支（8.3兆円）のうち対英収支が16.7兆円となっており（表8-18），円建対日証券投資が23.8兆円であることを考えると，円建対日証券投資のほとんどがイギリスからということになろう．つまり，このイギリスの円建対日証券投資に促されて，日本からイギリスへの「その他投資」による円資金の供給が，また，円建対外証券投資も増加していると考えられる．

　しかし，なお，海外部門は19兆円強の円資金が必要である．それは以下のように供給されよう．外貨建投資は合計で23.4兆円である．この額は06年に比べて少なくなっているが，07年にも外貨建「その他投資」が外貨建対外投資の最大項目になっている．外貨建対外投資の約半分が外貨建「経常黒字」（12.1兆円）で賄われるが，残りの半分は円を外貨に換えての投資（円投）となろう．これによって11兆円強の円資金が供給される．また，本章の分析で割愛してきたサービス収支，経常移転収支，「その他資本収支」，外貨準備，誤差脱漏が合計で6.6兆円がある．これはほとんどが外貨とみてよい．そうすれば，円を外貨に換える必要がある．これが残りの円資金を供給するだろう．

　以上，06年と07年に分けてみてきたが，海外からの証券投資のための資金供給において「その他投資」の比重の高さが改めて確認できた．地域ではイギリスが中心である．銀行の本支店勘定，その他金融機関の現先取引，「現預金」等によるイギリスへの資金供給があり，それらは06年には外貨建が大半で円の外貨への転換を伴っていたが，07年には円建として急増していった．そして，その資金でイギリスからの円建対日証券投資が実現されたのである．オイルマネーもそうであるが，日本の投資収支においても，いったん在英金融機関に資金が流入し，それがオイルマネーの場合はアメリカへ，日本の場合には対日証券投資に向けられているのである．07年に「現預金」の地域区分が「非

分類」に区分けされたが，おそらくは西欧各国，アメリカなどへの「現預金」が在英金融機関に集約され，その資金でもって対日証券投資が行なわれているのであろう．いずれにしても，在英金融機関の国際マネーフローにおける比重の大きさが，対日証券投資においても現われていると考えられよう．

注

1)　拙書『円とドルの国際金融』ミネルヴァ書房，2007 年．
2)　同上，第 7 章「2003 年の国際収支構造とコール市場におけるマイナス金利の発生」．
3)　「円キャリートレード」が盛んで「円キャリートレード」の投資収支への影響が強いと考えられがちであるが，本章では「円キャリートレード」の影響が必ずしも強くないことを示したい．
4)　表 8-2，表 8-3，表 8-5 における輸出額，輸入額は貿易統計における数値ではなく，国際収支表の数値で示している．それは，本章における国際収支の各項目が国際収支表の数値で示されており，それとの統一を図りたいためである．
5)　日本銀行『国際収支統計季報』2007 年 10-12 月，11 ページ．
6)　同上，85 ページ．
7)　日本銀行『2007 年の国際収支（速報）動向』22 ページ．
8)　日銀『2005 年の国際収支（速報）動向』30 ページ．
9)　日銀『2006 年の国際収支（速報）動向』23 ページ．
10)　日銀『2007 年の国際収支（速報）動向』31 ページ．
11)　金利平価が厳密に成立しない状況があるが，それについては，前掲拙書『円とドルの国際金融』第 6 章「1997 年の金融不安下の円・ドル相場の規定因」，第 7 章「2003 年の国際収支構造とコール市場におけるマイナス金利の発生」参照．
12)　（直物相場－先物相場）/ 直物相場×12 /先物期間＝金利差．
13)　上の例では，直物でドルを円に換える必要があるから，1 日もしくは数日の間，ドル資金を必要とするが，その費用はかなり小さい．
14)　前掲拙書，第 6 章，166-168 ページ参照．
15)　日銀『国際収支統計季報』2007 年 10-12 月より．
16)　日本銀行国際局国際収支統計担当者に照会したところ，現預金は「非分類」にされるとのことであった．
17)　日銀『国際収支統計月報』2005 年 4 月，95 ページ．
18)　『国際収支統計季報』2007 年 10-12 月である．以下での地域別国際収支おける数値も同季報より．
19)　奥田，横田，神沢『現代国際金融』法律文化社，2006 年，第 3 章の第 2，3 節を見られたい．
20)　「証券売買」には「証券貸借取引」が除外されているので，「債券」の負債項目の金額よりも少ない額となる．国際収支表の「総括表」には「証券貸借取引」も含ま

れている．このことが，以下での本章の通貨区分の分析に誤差を生む1つの要因である．債券の中長期債は資産で06年に6.5兆円，07年は12.1兆円であるが，「証券売買」は6.9兆円，8.0兆円，同負債は，中長期債で06年に9.1兆円，07年に7.9兆円であるが，「証券売買」は4.3兆円，7.2兆円となっている．

21) この金額は表8-10と異なっている．出所が異なるのである．ここでは，日銀の『季報』を採用し，中長期債については「証券売買」の額とした．

22) 『国際収支統計季報』には，日本の居住者が国内で発行した証券への海外からの投資と居住者が海外で発行した外債との区分が示されている．財務省「国際収支状況」には外債が明記されていない．

23) 日本銀行『国際収支統計季報』2007年10-12月，97-98ページより．

24) 前の2つの注20，22参照．

25) 前の注参照．

26) サービス収支，移転収支が除外されているが，ここでは貿易収支と投資収益収支を合わせてカッコを付けて「経常収支」としておく．

27) ここでは，簡単化のために金融派生商品を除いている．06年，07年に3000億円の黒字である．

28) 『国際収支統計季報』2007年10-12月の1-2ページ．

29) 05-07年には介入は行なわれていない．この間の外貨準備の増加は，外貨保有に伴う利子の受取などである．

30) 「円投」による外貨建対外証券投資については，前掲拙書『円とドルの国際金融』133-135ページ，筆者の共編著『国際金融のすべて』法律文化社，1999年，59-61ページ参照．

31) 『国際収支統計季報』2007年10-12月の19，27ページ．

32) 通貨区分を示す統計はないが，大部分は外貨と考えられる．というのは，05年に比べ06年の対外証券投資（フロー）は前年に比べ大きく落ち込み，それに応じて「その他投資」の「返済」が進んだとすれば，06年に対外証券投資が大きく落ち込んだのはドル建，次にユーロ建であるから（前掲表8-7），「返済」も大部分がドル建で，一部ユーロ建であるからである．しかし，証券投資残高はドル建もユーロ建も06年には減少していないから（前掲表8-8），このドル建，ユーロ建の「返済」は円をドル，ユーロに換えての返済となっていると思われる．

33) 日銀『2006年の国際収支（速報）動向』26ページ．

34) 『国際収支統計季報』2007年10-12月，1-2ページ．

35) 本章第2節の(3)「地域別国際収支」の箇所参照．

36) 『国際収支統計季報』では地域区分はわからないが，「その他投資」の資産で「現預金」は13.8兆円になっている．

第9章
2013年の日本の国際収支構造と為替需給

　2011年に貿易収支が赤字に転化し経常収支黒字は大きく減少している．表9-1をみられたい[1]．2010年に貿易収支黒字は8兆円，経常収支黒字が17.9兆円であったのが翌年11年には貿易収支が1.6兆円の赤字になり，経常収支黒字が9.6兆円に減少している．経常収支黒字が維持されているのは所得収支黒字が大きくなってきているからである．11年には14兆円にのぼっている．しかし，12年には所得収支黒字が増加しているにもかかわらず，貿易赤字が増大し経常収支黒字は4.8兆円に減少し，13年には貿易赤字が10.6兆円に膨らみ，経常黒字は3.3兆円に減少している．

　以上の経常収支黒字の減少の経緯，および13年の投資収支の構造は上半期

表 9-1　日本の国際収支（総括表）

(億円)

	2009	2010	2011	2012	2013
経常収支	137.356	178.879	95.507	48.237	33.061
貿易収支	40.381	79.789	−16.165	−58.141	−106.399
サービス収支	−19.132	−14.143	−17.616	−24.900	−15.950
所得収支	127.742	124.149	140.384	142.723	165.318
経常移転収支	−11.635	−10.917	−11.096	−11.445	−9.908
資本収支	−142.678	−176.971	11.722	−81.878	46.090
直接投資	−58.725	−50.487	−87.275	−96.401	−129.712
証券投資	−205.053	−132.493	129.255	−32.215	254.968
金融派生商品	9.487	10.260	13.470	−5.903	−55.139
その他投資	116.266	89	−44.010	53.445	−16.595
その他資本収支	−4.653	−4.341	282	−804	−7.432
外貨準備増減	−25.265	−37.925	−137.897	30.515	−38.504
誤差脱漏	30.587	36.017	30.699	3.126	−40.648

出所：財務省「国際収支状況」より．

表 9-2 国際収支の諸項目（2012-13 年）

（億円）

	2012 年	2013 年上半期	2013 年下半期	2013 年
経常収支	48,237	32,114	947	33,061
貿易収支	−58,141	−42,382	−64,017	−106,399
輸出	614,421	326,759	342,935	669,694
輸入	672,562	369,141	406,952	776,093
サービス収支	−24,900	−7,207	−8,743	−15,950
所得収支	142,723	86,783	78,535	165,318
投資収益収支	142,777	86,806	78,559	165,365
経常移転収支	−11,445	−5,080	−4,828	−9,908
投資収支	−81,074	27,392	26,130	53,522
直接投資	−96,401	−52,098	−77,614	−129,712
対外投資	−97,782	−54,286	−77,657	−131,943
対日投資	1,382	2,188	44	2,232
証券投資	−32,215	248,797	6,171	254,968
	(−61,160)	(239,395)	(4)	(239,399)
対外投資	−120,025	150,354	−78,845	71,509
	(−146,968)	(148,882)	(−88,110)	(60,772)
対日投資	87,810	98,443	85,016	183,459
	(85,808)	(90,513)	(88,114)	(178,627)
金融派生商品	−5,903	−47,480	−7,659	−55,139
その他投資	53,445	−121,827	105,232	−16,595
貸付[2]	−64,809	−70,617	−93,640	−164,257
・銀行部門の本支店勘定[2]	−31,791	−41,165	−44,207	−85,372
・現先	23,303	−16,595	−17,665	−34,260
・その他	−56,321	−12,857	−31,768	−44,625
借入[2]	123,889	−55,538	201,134	145,596
・銀行部門の本支店勘定[2]	86,179	−60,268	84,447	24,179
・現先	23,566	21,347	107,684	129,031
・その他	14,144	−16,617	9,003	−7,614
貿易信用	−5,996	−2,829	−3,167	−5,996
現預金	−39,357	5,564	−44,921	−39,357
雑投資	47,420	1,593	45,827	47,420
その他資本収支	−804	−5,384	−2,048	−7,432
外貨準備増減	30,515	−11,582	−26,922	−38,504
誤差脱漏	3,126	−42,541	1,893	−40,648

注：1）（　）は証券貸借取引を除く.
　　2）長期と短期の合計.
出所：前表と同じ（2013 年 8 月 8 日，2014 年 2 月 10 日公表分より）.

第 9 章　2013 年の日本の国際収支構造と為替需給　　　287

と下半期に区分することによってより鮮明になる．表 9-2 によると，13 年の
上半期に経常黒字は 3.2 兆円であったが，下半期には貿易赤字の増大によって
経常黒字額が 0.1 兆円を下回るようになってきている．このような事態はオイ
ルショック以来である．

　一方，13 年にはいわゆる「アベノミクス」の影響を受けて対日証券投資が
一挙に増大し，それは上半期と下半期に額の差異がみられないが，その他の投
資収支の諸項目においてはいくつかの大きな差異がみられる．対外証券投資が
上半期には大きな黒字（15 兆円，引き揚げ）になっているのに下半期には 7.9
兆円の赤字になっている．また，金融派生商品の収支が上半期に 4.7 兆円の赤
字，「その他投資」収支が上半期に 12.2 兆円の赤字だったのが，下半期には金
派生商品の収支赤字が 1 兆円を下回り，「その他投資」収支は 10.5 兆円の黒字
になっている．このように 2013 年の国際収支構造を分析するとき，通年でま
とめた分析では重要な事項が見落とされる可能性があり，上半期と下半期に分
けて分析する必要がある[2]．

　以上の投資収支の諸項目に大きな変化が生じているのに伴って為替需給にも
これまでにみられなかった変化が生じてきているはずである．本章では，これ
らの国際収支の諸項目を詳細に分析しながら，主には巨額にのぼる対日証券投
資によって生じた為替需給のあり様，変化を明らかにしていきたい．為替需給
の 13 年におけるあり様を上半期と下半期に区分して明らかにすることで，巨
額の対日証券投資があるにもかかわらず円安が進行していったことも理解が可
能となるであろう（注 4 もみられたい）．

　筆者は同じような分析を 2006-07 年について前章で行なっているが，本章は
その分析を引き継ぐものである．しかし，05 年に所得収支黒字が貿易収支黒
字を上回るが，07 年までは貿易収支は 10 兆円をこえていた．それが，13 年の
下半期には貿易収支は 6.4 兆円の赤字，経常収支黒字が 0.1 兆円を下回るよう
になってきている．国際収支構造に大きな変化が生じており，分析の意味が異
なる．ところで，読者には煩わしいかもしれないが，以下の論述には入り込ん
だ経緯説明が含まれている．それでは貿易収支の通貨区分から分析をはじめよ
う．

1. 経常収支の通貨区分

(1) 通貨別・地域別貿易収支

筆者は 1989 年以来，何度も日本の通貨別貿易収支を論じてきた[3]．日本の通貨別貿易収支を明らかにすることによって，これまで先進諸国の通貨の中でも円相場の変動の大きいことの理由の一端が解明されたものと思われる[4]．2013 年はどうであろうか．

2013 年の日本の「貿易取引通貨別比率」が上半期と下半期に分けて表 9-3，表 9-4 に示されている．ドルの比率は世界において輸出で 53%，輸入で 74%，円は輸出で 36%，輸入で 21%，ユーロは輸出で 6% 前後，輸入で 3% 強などである．人民元は輸出，輸入とも 1% 以下である．さて，他方で世界，各地域との輸出額，輸入額がわかっているから（表 9-5，貿易統計であり，国際収支表の数値とは合致しない），これらの額にそれぞれの比率を掛け合わせると[5]，世界，各地域の通貨別輸出額，通貨別輸入額，通貨別貿易収支が算出できる．また，表 9-3，表 9-4 には地域としてはアメリカ，EU，アジアしかあげられていないが，世界からそれらの地域を差し引くと「その他地域」（中東，LA，大洋州など）の通貨別輸出額，通貨別輸入額，通貨別貿易収支が算出できる．

表 9-3 日本の輸出における通貨比率[4]（2013 年上半期，下半期）

(%)

	ドル		円		ユーロ		オーストラリアドル		元		その他	
	上	下	上	下	上	下	上	下	上	下	上	下
世界[1]	53.7	53.4	35.6	35.6	5.4	6.1	1.4	1.2	—	0.6	3.2	3.1
アメリカ	87.0	86.9	13.0	13.0	0.1	0.1	—	—	—	0.0	0.0	0.0
EU[2]	15.6	14.4	31.0	29.3	49.1	51.6	—	—	—	—	0.1	0.2
アジア[3]	54.4	53.6	42.0	42.7	—	—	—	—	0.8	1.1	1.3	1.3

注：1) 上半期にロシア・ルーブルが 0.6%，この比率はその他には含まれない．
　　2) ポンドが上半期に 3.9%，下半期に 4.2%，スウェーデン・クローネが上半期に 0.2%，下半期に 0.3%，その他にはこれらの比率は含まない．
　　3) タイ・バーツが上半期に 1.1%，下半期に 1.0%，韓国・ウォンが上半期に 0.4%，下半期に 0.4%，その他にはこれらの比率は含まない．
　　4) 世界，各地域の通貨比率の合計は，財務省の統計において四捨五入のために必ずしも 100.0% になっていない．
出所：財務省「貿易取引通貨別比率」．

表 9-4 日本の輸入における通貨比率[4] (2013 年上半期, 下半期)

(%)

	ドル		円		ユーロ		スイスフラン		元		その他	
	上	下	上	下	上	下	上	下	上	下	上	下
世界[1]	74.5	74.1	20.6	20.6	3.3	3.5	0.3	0.4	—	0.3	1.0	1.0
アメリカ	78.2	78.9	21.0	20.1	0.8	0.9	—	0.0	—	—	0.0	0.0
EU[2]	10.7	11.9	55.2	52.8	30.9	31.7	0.6	0.9	—	—	0.8	0.7
アジア[3]	73.1	73.2	24.8	24.5	0.3	0.4	—	—	0.5	0.7	0.9	0.9

注：1) タイ・バーツが上半期に 0.2%, これはその他には含まれない.
　　2) ポンドが上半期に 2.0%, 下半期に 2.1%, これらはその他には含まれない.
　　3) タイ・バーツが上半期, 下半期に 0.5%, これらはその他には含まれない.
　　4) 前表の注 4 と同じ.
出所：前表と同じ.

表 9-5 日本の地域別貿易額（2013 年）

(億円)

	輸出額		輸入額		貿易収支	
	上半期	下半期	上半期	下半期	上半期	下半期
世界[1]	339.574	358.303	388.012	424.610	−48.438	−66.307
アメリカ	62.206	67.104	32.783	35.330	29.423	31.775
EU	32.848	37.159	36.183	40.311	−3.235	−3.152
アジア	183.878	194.881	169.379	190.277	14.500	4.604

注：1) その他地域を含む. 貿易統計であり, 国際収支表とは合致しない.
出所：財務省「平成 25 年上半期分貿易統計（速報）の概要」(2013 年 7 月 24 日),「平成 25 年分貿易統計（速報）の概要」(2014 年 1 月 27 日) より.

そのような算出結果が表 9-6 である[6].

　半期ごとの全体の収支で上半期の 4.8 兆円の赤字から下半期の 6.6 兆円の赤字に, つまり, 上半期に比べ下半期に世界に対する全体の赤字が 1.8 兆円増加しているが, それはほとんどドル建赤字によるものである. ドル建赤字は上半期の 10.7 兆円の赤字, 下半期は 12.3 兆円の赤字, 世界に対する円建収支はそれぞれの半期で 4 兆円の黒字, ユーロ建収支も 0.6～0.7 兆円の黒字, その他通貨でも半期で 1 兆円強の黒字で推移している. 07 年下半期と比べるとドル建赤字は 2 倍近くに増加し, 円建黒字は半分以下に減少している[7].

　地域別には「その他」（中東, LA, 大洋州など）に対するドル建赤字が上半期には 11.4 兆円, 下半期には 11.9 兆円となっている. 原油, 液化天然ガス, 小麦, その他の 1 次産品の価格上昇と円安に伴い円換算したときのそれらの価額増加が「その他」地域に対するドル建赤字増大をもたらしているものと思わ

表 9-6　2013 年の地域別・通貨別貿易収支[1]

(億円)

	輸　出		輸　入		収　支	
	上半期	下半期	上半期	下半期	上半期	下半期
世界	339,574	358,303	388,012	424,610	−48,438	−66,307
ドル	182,351	191,334	289,069	314,636	−106,718	−123,302
円	120,888	127,556	79,930	87,470	40,958	40,086
ユーロ	18,337	21,856	12,804	14,861	5,533	6,995
その他	17,658	17,557	5,820	7,218	11,838	10,339
アメリカ	62,206	67,104	32,783	35,330	29,423	31,775
ドル	54,119	58,313	24,423	27,875	29,696	30,438
円	8,087	8,724	6,884	7,101	1,203	1,623
ユーロ	62	67	262	318	−200	−251
その他	0	0	0	0	0	0
EU	32,848	37,159	36,183	40,311	−3,335	−3,152
ドル	5,124	5,351	3,872	4,797	1,252	554
円	10,183	10,888	19,973	21,284	−9,790	−10,396
ユーロ	16,128	19,174	11,181	12,779	4,947	6,395
その他	1,380	1,746	1,230	1,492	50	254
アジア	183,878	194,881	169,379	190,277	14,500	4,604
ドル	100,030	104,456	123,816	139,283	−23,786	−34,827
円	77,229	83,214	42,006	46,618	35,223	36,596
ユーロ	0	0	508	761	−508	−761
その他	6,620	7,405	3,218	3,996	3,402	3,409
その他	60,642	59,151	149,667	158,692	−89,025	−99,541
ドル	23,078	23,214	136,958	142,681	−113,880	−119,467
円	25,389	24,730	11,067	12,467	14,321	12,263
ユーロ	2,147	2,615	853	1,003	1,294	1,612
その他	9,658	8,406	1,372	1,730	8,286	6,676

注：1)　表 9-3，9-4 の世界，各地域の通貨比率が，財務省の統計において四捨五入のために 100.0%
　　になっていない．そのために若干の誤差がある．
出所：表 9-3，9-4，9-5 より筆者が算出．

れる（04 年上半期の「その他」地域に対するドル建貿易赤字は 4 兆円，07 年
下半期のそれは 9.2 兆円であった[8]）．アメリカに対しては，貿易収支全体が 3
兆円前後の黒字の上に，そのほとんどはドル建である（04 年上半期の貿易黒
字は 3.4 兆円，07 年下半期にそれは 4.3 兆円であった[9]）．アジアに対しては全
体の黒字額が下半期には上半期に比べ 1 兆円ほど減少している．しかも，ドル
建赤字が 1.1 兆円増大している．円建は黒字である（04 年上半期には黒字が

4.3兆円，うち円建が4.6兆円の黒字，ドル建は0.4兆円の赤字，07年下半期は黒字全体が5.4兆円，うち円建が5.8兆円の黒字，ドル建は0.6兆円の赤字[10]）．EUに対しては上半期も下半期も0.3兆円の赤字であるが，通貨別では円建赤字が1兆円前後の赤字，ユーロ建が0.5～0.6兆円の黒字となっている（07年下半期の全体の黒字は2.3兆円，うちユーロ建が2兆円[11]）．

　日本の貿易収支全体の赤字化・悪化は，原油，液化天然ガス，小麦，その他の一次産品の価格上昇と円安に伴い円換算したときの価額増加，07年以降のアジア，EUへの企業の一層の進出に伴う輸入増大によるものであろう．そして，貿易赤字が増大しているのであるから，短期的にはともかくも中長期的には円高の要因はなくなってきているといえよう．図9-1のように，ドル・円相場（顧客相場）は12年末の1ドル＝85円から13年5月下旬に105円まで急激な円安に振れるが，それは，円高諸要因がなくなったうえに，次章で詳しく論述するが「アベノミクス」の公表が強く影響している．しかし，13年7月から11月中ごろまでは1ドル＝100円前後で推移し，その後も105円前後で動いている．アメリカの「出口」政策の検討に伴う新興諸国の経済不安，ギリシャ等のユーロ不安，クリミア半島などの国際政治事情も影響している．しか

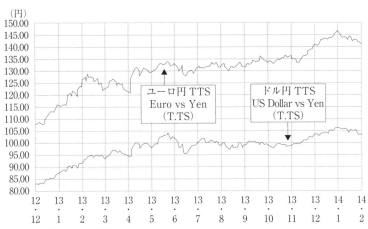

注：1)　三菱東京UFJ銀行の公表．
出所：http://www.murc-kawasesouba.jp/fx/lastmonth.php（2014年2月14日）より．

図9-1　円の対顧客為替相場[1]（2012年12月～2014年2月）

し，基本的な要因として13年の為替需給の状況を明らかにしていかなくてはならない．

(2) 投資収益収支，経常収支の通貨区分

貿易収支では日本でドルが不足し，海外で円が不足していることが把握できた．次に所得収支の通貨区分を明らかにしなければならないが，所得収支のほとんどは「投資収益」で，13年の通年では所得収支黒字（16.5兆円）の総額が「投資収益」の黒字である（表9-2）．もちろん，投資収益の通貨区分を示す公表統計はない．そこで，ある推定を行なわなければならない．それは，直接投資，証券投資，その他投資の状況を参考にすることになろう．

さて，直接投資収益の受取はほとんど外貨として，また，直接投資収益の支払は円貨とみなしてよいだろう．現地法人の収益は現地通貨であるからである．証券投資収益の受取は対外証券投資残高（2012年末）の通貨区分が公表されているから（表9-7），その通貨区分の比率からおおよその金額が推定できよう．対外証券投資残高のドル建比率が43.4%，ユーロ建の比率が14.0%，円建比率が26.3%，外貨全体の比率が73.7%などとなっている．証券投資収益の受取全体額にこの比率を掛け合わせて，証券投資収益の受取の通貨区分を示したのが表9-8であ

表9-7 日本の対外証券投資残高（2012年末）の通貨区分

	金額（10億円）	比率（%）
ドル	132,515	43.4
ユーロ	42,715	14.0
オーストラリア・ドル	18,003	5.9
ポンド	9,655	3.2
その他外貨	22,008	7.2
外貨の計	224,896	73.7
円	80,216	26.3
総額	305,112	100.0

出所：財務省「本邦対外資産負債残高」の参考6「建値通貨別・証券種類別残高（資産サイド）」より．

表9-8 対外証券投資収益の受取の通貨区分（2013年）

（億円）

	上半期	下半期
ドル	29,812	30,055
ユーロ	9,616	9,695
オーストラリア・ドル	4,053	4,086
ポンド	2,198	2,216
その他外貨	4,946	4,985
円	18,066	18,213
総額	68,691	69,250

出所：財務省「国際収支状況（速報）」と表9-7より．

第9章　2013年の日本の国際収支構造と為替需給　　　293

る．上半期にドルは3兆円弱，ユーロは1兆円弱などで外貨全体では約5.1兆
円，円は1.8兆円となっている．下半期でもほとんど変わらない．もちろん，
これは概算である．表9-7では株式と債券の区分はないし，対外証券投資の通
貨ごとに配当金，利子等が異なるからである．

　対日・証券投資による収益の支払はやや複雑である．対日・証券投資のほと
んどは円建であるが，一部は外債を含んでおり，13年通年での対日証券投資
17.8兆円（表9-2，証券貸借取引を除く），外債発行は4.9兆円である[12]．また，
この外債のうちにはユーロ円債が含まれているが，居住者ユーロ円債の発行が
いくらであるかは把握できない．したがって，恣意的要素が強いが，外債発行
のうち，銀行部門の発行も含めて30%をユーロ円債（1.5兆円），70%を外貨
債（3.4兆円）としておこう[13]．そうすると，対日・証券投資のうち，外貨証
券は3.4兆円（19%），円貨証券は14.4兆円（81%）となる．この比率でとり
あえず証券投資収益の支払の通貨区分を算出しよう．全体の支払が上半期に
1.6兆円，下半期に1.6兆円であるから（財務省「国際収支状況」），上半期の
支払は外貨で0.3兆円，円貨で1.3兆円，下半期の支払は外貨で0.3兆円，円
貨で1.3兆円である（四捨五入のため誤差がある）．

　表9-8と以上から，証券投資収益収支は円建が上半期に0.5兆円（1.8兆円
－1.3兆円），下半期に0.5兆円（1.8兆円－1.3兆円）であり，外貨建が上半期
に4.8兆円（5.1兆円－0.3兆円），下半期に4.8兆円（5.1兆円－0.3兆円）であ
る．

　次は「その他投資」収益（表9-9）
であるが，金額的には大きな額ではな
い．13年の通年で受取が1.3兆円，支
払が0.6兆円で収支は0.7兆円に過ぎ
ない．また，「その他投資」の大部分
は短期であるから，短期の「銀行等対
外資産負債残高」における邦貨と外貨
の区分によるおおまかな推定も可能で
あろうが，ここでは通年の投資状況か
ら推定しよう．「その他投資」の資産

表9-9　「その他投資」収益（2013年）
の通貨区分

（億円）

	上半期	下半期
受取	6,555	6,370
外貨	1,966	1,911
円貨	4,589	4,459
支払	3,224	2,905
外貨	2,579	2,324
円貨	645	581
収支	3,331	3,465
外貨	−613	−413
円貨	3,944	3,878

出所：財務省「国際収支状況」と筆者による推定．

の 50% は本支店勘定であり，負債では 15% 強が本支店勘定である（13 年通年)[14]．本支店勘定を除いた資産で比重が高いのは現先が 20%，現預金が 9% である．また，負債では現先が 84%，現預金は資金流出になっている．現先の通貨区分はむずかしいが，資産の大部分は円貨，負債の大部分は外貨とみなしうる[15]．また，現預金の資産は外貨であり，負債は円貨であるとみなしうる．それ以上の厳密な推定根拠を見出すのはなかなか困難である．それ故，恣意的要素が大きくなるが，収益の受取では，資産の半分が本支店勘定であることを考慮して 30% が外貨，70% が円貨，支払では 80% が外貨，20% が円貨としよう．そうすれば，「その他投資」収益の通貨区分が表 9-9 のようになる．上半期に外貨で 0.1（0.06）兆円の支払，円貨で 0.4 兆円の受取，下半期には外貨で 0.04 兆円の支払，円貨で 0.4 兆円の受取である．

さらにサービス収支，経常移転収支も考慮しなければならない．それらの収支の通貨区分を示す統計はもちろんない．とりあえず，受取を円貨とし支払を外貨としておこう．その結果，経常収支全体の通貨区分が推定できる．表 9-10 である．この表では貿易収支の統計値は貿易統計のものであり，国際収支表における貿易収支と差異がある．上半期に 0.6 兆円，下半期に 0.2 兆円，貿易赤字が大きくなっている．他の経常収支諸項目は国際収支表の数値であるために，経常収支全体でも差異が生まれている（表 9-10 には，さらに四捨五

表 9-10　経常収支の通貨区分（2013 年）

（兆円）

	上半期		下半期	
	円貨	外貨	円貨	外貨
貿易収支[1]	4.1	−8.9	4.0	−10.6
サービス収支	7.1	−7.8	7.1	−8.0
投資収益収支[2]	0.3	8.5	0.2	7.7
直接投資	−0.6	3.7	−0.7	2.9
証券投資	0.5	4.8	0.5	4.8
その他投資	0.4	−0.1	0.4	0.0
経常移転収支	0.9	−1.4	0.7	−1.2
経常収支[1]	12.4	−9.6	12.0	−12.1

注：1)　貿易統計の値であり，国際収支表の値とは異なる．
　　2)　雇用者報酬は含まれていない．
出所：これまでの諸表より一部推定を加えて筆者が作成．

第 9 章　2013 年の日本の国際収支構造と為替需給　　　295

入の誤差も含まれている）.

　さて，表 9-10 から明らかなように，経常収支全体では上半期に大きな円建
黒字（12.4 兆円）と大きな外貨建赤字（9.6 兆円）が存在し，その差額が経常
収支黒字（円建）になっている（2.8 兆円）[16]. 詳細にみると，外貨建・貿易赤
字にほぼ相当する外貨建・投資収益黒字が存在し，サービスの支払（外貨建）
と経常移転の支払（外貨建）が外貨建・経常収支赤字を作っている（9.6 兆円）.
また，円建・投資収益はほぼゼロになっており，円建・経常黒字を生み出して
いるのは円建貿易黒字と円建・サービス収支黒字による. 下半期にも大きな趨
勢は変わらないが，経常収支全体の黒字が消滅している. 外貨建・貿易赤字が
1.7 兆円増大し，外貨建・投資収益黒字が 0.8 兆円減少していることが経常黒
字消滅の原因となっている.

　2013 年の経常収支の通貨区分は以上のようであるが，上半期には経常収支
が黒字でそれは円建で存在している. この決済は，日本からの円建・資本輸出，
あるいは海外部門が為替取引によって外貨を円貨に転換して行なわれる以外に
ない[17]. 2013 年上半期にはどちらになっているかは次の投資収支の分析によ
って明らかになろう.

2.　2013 年上半期の投資収支の通貨区分と為替需給

(1)　国内非銀行部門の投資収支の諸取引

　本項では国内非銀行部門の投資収支の諸取引（外債以外の対日証券投資を除
く）を論じるが，外貨取引にはどのような為替取引が随伴するのか，つまり，
為替需給の状況を分析するとともに円貨取引にはどのような流出入があるのか
を分析する. その際，国内非銀行部門の為替取引の相手は国内の銀行になると
する. 現実には一部海外の銀行が相手になっているが，海外の銀行が相手にな
っている場合は，その分，持高調整取引が邦銀と外銀の間で行なわれ，外貨資
金，円貨資金の双方でクロスボーダーの流出と流入が伴い，結果的には相殺さ
れるから簡単化のために国内非銀行部門の為替取引の相手は国内銀行とするの
である. また，投資収支の諸取引の外貨と円貨の区分には，できるだけ現実を
反映するよう心がけたいが恣意的な推定が伴わざるを得ない.

表 9-11 対外証券投資[1)]の部門別区分

(億円)

	合計	公的部門	銀行部門	その他部門
2010	−258,341	−124	−106,198	−152,019
11	−61,228	672	−9,048	−52,853
12	−146,968	−227	−88,414	−58,327
13（P）	60,772	872	29,742	30,158
上半期	148,934	1,033	89,185	58,715
下半期	−88,161	−161	−59,444	−28,557

注：1）　証券貸借取引を除く．
出所：財務省「国際収支状況」付表3「対外・対内証券投資」より．

表 9-12 対外証券投資[1)]の通貨区分

(億円)

	合計[2)]	ドル	ユーロ	円	ポンド	オーストラリア・ドル	カナダ・ドル	香港ドル
2010	−258,341	−178,294	24,872	−71,674	−2,676	−16,712	−2,908	1,001
11	−61,228	−40,054	46,224	−53,470	−3,036	−17,170	1,486	2,235
12	−146,968	−67,562	−66,429	−15,932	2,545	2,232	304	1,373
13（P）	60,772	69,910	−49,099	−6,465	6,012	22,129	2,573	4,524
上半期	148,934	122,530	−20,541	4,398	9,373	21,348	2,240	2,716
下半期	−88,161	−52,614	−28,557	−10,861	−3,361	781	335	1,810

注：1）　証券貸借取引を除く．
　　2）　その他通貨を含む．
出所：同上．

　第1に対外・直接投資であるが，これは5.4兆円である（表9-2）．このほとんどは外貨として差し支えない（このための外貨調達については後述）．また，対日・直接投資は0.2兆円でこれは円貨（円貨の流入①）としてよいだろう[18)]．

　次に国内非銀行部門（公的部門とその他部門）の対外証券投資（証券貸借取引を除く）は6.0兆円の引き揚げであるが（表9-11），この中には円貨債も含まれている．上半期の全部門の円貨債の引き揚げは0.4兆円であるが（表9-12），銀行部門，非銀行部門（公的部門を含む）それぞれ0.2兆円としておく．そうすれば，非銀行部門の外貨債の引き揚げは5.8兆円となる．

　対外証券投資を引き揚げる非銀行・投資家はほとんどが直接投資家ではないだろうから，この外貨を円に転換して国内で株式投資などに運用するだろう．だとすると，銀行は外貨の買で，5.8兆円の買持となろう（買持①）．また，

297

表 9-13　外債[1]の発行

(億円)

	合計	公的部門	銀行部門	その他の部門
2011	23.682	6.565	5,412	11,704
12	29.831	6.784	9.869	13.177
13 年上半期	21.655	4.266	7.674	9.715
13 年下半期	27.230	8.372	8.535	10.323

注：1)　居住者による外貨債の発行，ユーロ円債の発行．
出所：日本銀行の時系列統計データの検索サイト（国際収支・貿易関連）より．

0.2 兆円の円貨の流入があり，海外部門はこの 0.2 兆円の円貨を調達しなければならない（円貨の流入②）．

　対内証券投資（全部門，証券貸借取引を除く）は 9.1 兆円にのぼっている（証券貸借取引を除く，表 9-2，うち，株式投資が 9.4 兆円，債券は引き揚げが 0.3 兆円，表 9-1 と同じ資料より），ここではこのうちの外債について論じ，その他の対内証券投資についてはのちに別途論じよう．国内非銀行部門の外債の発行は 1.4 兆円である（表 9-13）．また，この外債の一部はユーロ円債である．しかし，外債のうちの外貨債とユーロ円債の区分は公表されていない．そこで，国内非銀行部門の外債発行の約 40% [19]（0.6 兆円）をユーロ円債とし，外貨債を 60%（0.8 兆円）としておこう．そうすれば，0.6 兆円の円資金の流入があり（円貨の流入③），海外部門は 0.6 兆円の円資金を調達しなければならない．どのように調達されるかはのちに論じよう．また，外貨債で得られた外貨は対外直接投資に当てられたとしよう．そうすると，対外直接投資のために必要となる為替取引は，4.6（5.4−0.8）兆円となる（売持②）．

　次は金融派生商品である．全部門ではこの項目でのネット資金流出は 4.8 兆円であり，非銀行部門の流出は 1.2 兆円である（表 9-14）．この通貨区分であるが，日本銀行は次のように述べている．「円安傾向で推移したことを背景に，通貨スワップ（円払・ドル受）の値洗いに伴う支払が増加したことから，支払（流出）超幅が拡大した」[20]．この言葉より，金融派生商品の非銀行部門からの流出 1.2 兆円は円貨してよいだろう（円貨の流出④）．

　非銀行部門の「その他投資」については現預金を除いて考察し，現預金についてはすぐのちに別途考察しよう．なぜなら，非銀行部門の現預金の資産は外貨であり負債は円貨であると考えられるからである．なお，非銀行部門の負債

298

表 9-14 金融派生商品

	資産			負債
		銀行	非銀行[1]	
2011	324,253	96,412	227,841	−310,783
12	187,826	86,619	101,207	−193,729
13 上半期	110,310	36,811	73,499	−158,100
13 下半期	94,254	38,170	56,084	−101,603

注：1) 公的部門を含む.
出所：前表と同じ.

表 9-15 非銀行部門の「その他投資」（資産）
(億円)

	長期①	短期②	うち現預金③	①+②−③
2011	345	−36,010	7,524	−43,189
12	−5,756	2,110	−6,461	2,815
13 上半期	−8,925	−25,066	−7,499	−26,492
13 下半期	−8,923	−19,129	−16,045	−12,007

出所：表 9-13 と同じ.

表 9-16 非銀行部門の「その他投資」（負債）
(億円)

	長期①	短期②	うち現預金[1]③	①+②−③
2011	2,287	41,085	13,614	29,758
12	−5,730	−34,003	−9,638	−30,095
13 上半期	1,642	12,762	−968	13,436
13 下半期	−1,945	63,798	−1,246	60,607

注：1) 公的部門のみ.
出所：表 9-13 と同じ.

は公的部門のみである[21]. 現預金を除く非銀行部門の「その他投資」は資産で2.7兆円の赤字，負債は1.3兆円の黒字で，収支は1.3兆円の赤字である（表9-15，表9-16）. これらの大部分は現先で資産は買現先，負債は売現先であるが，対象になる証券は円貨証券もあり，外貨証券もあって通貨区分は明確にならない. そこで，とりあえず，非銀行部門の「その他投資」（現預金を除く）についてはすべて円貨としておこう（のちに述べる銀行部門の「その他投資（本支店勘定，現預金を除く）」についてはすべて外貨とする）. 現実には一部に外貨が含まれていようが，その分は外貨資金の調達が必要となり，銀行との

の部門別区分

(億円)

銀行	非銀行[1]	収支	銀行	非銀行[1]
−88,009	−222,774	13,470	8,403	5,067
−90,551	−103,178	−5,903	−3,932	−1,971
−72,973	−85,127	−47,790	−36,162	−11,628
−41,948	−59,655	−7,349	−3,778	−3,571

為替取引が随伴する．そのことを念頭に置きつつ，ここでは円貨とするのである（円貨の流出⑤）．

　最後に，非銀行部門の現預金であるが，資産は外貨で 0.7 兆円の赤字である（表 9-15）．非銀行部門はその外貨を為替取引によって得たとしよう（売持③）．負債（公的部門のみ）は円貨で 0.1 兆円の赤字（表 9-16），流出である（円貨の流出⑥）．

　以上の国内非銀行部門の投資収支の取引（外債の発行を除く対内証券投資については別途検討）について，一部恣意的な要素を伴うが概略を示した．これらの取引の結果，銀行には持高が発生する．また，国内非銀行部門による円貨資金の流出入がみられる（表 9-17）．持高は，買が① 5.8，売が② 4.6＋③ 0.7＝5.3 で，買持 0.5 兆円となる．円貨の流出入は，流入が① 0.2＋② 0.2＋③ 0.6＝1.0，流出は④ 1.2＋⑤ 1.3＋⑥ 0.1＝2.6，流出超過 1.6 兆円である．

　これらの持高（邦銀の国内非銀行部門との為替取引の結果）と国内非銀行部門の円貨資金の流出入がどのような為替需給をつくり出していくかについては次の銀行の投資収支の諸取引を考察したのちに検討しよう．

表 9-17　銀行部門の持高と非銀行部門の円貨資金の流出入（2013 年上半期）

(兆円)

Ⅰ　銀行部門の国内非銀行部門との為替取引
　(1)　外貨買――① 5.8
　(2)　外貨売――② 4.6＋③ 0.7＝5.3
　(3)　持高――0.5 の買持
Ⅱ　国内非銀行部門による円貨資金の流出入
　(1)　流出――④ 1.2＋⑤ 1.3＋⑥ 0.1＝2.6
　(2)　流入――① 0.2＋② 0.2＋③ 0.6＝1.0
　(3)　流出超過――1.6

出所：これまでの諸表より筆者作成．

(2) 銀行の投資収支の諸取引

銀行部門の対外証券投資の引き揚げは 8.9 兆円であるが（表 9-11），このうちには円建証券の引き揚げが含まれる．全部門で 0.4 兆円であり（表 9-12），非銀行部門のそれをすでに 0.2 兆円としたから銀行部門のそれは 0.2 兆円となる（円貨の流入⑦）．銀行部門による外貨証券の引き揚げは 8.7 兆円となる（外貨の流入①）．銀行部門の外債発行は 0.8 兆円である（表 9-13）．この中にはユーロ円債が一部含まれている可能性もあるが，ユーロ円債は非銀行部門としたから，ここでは銀行部門の外債はすべて外貨債としておく（外債は銀行部門が外貨で 0.8 兆円，非銀行部門が外貨で 0.8 兆円，円貨で 0.6 兆円の計 2.2 兆円であり，円貨は全体で約 30%）（外貨の流入②）．

銀行部門の金融派生商品は収支で 3.6 兆円の流出（表 9-14）であるが，これはすでに述べたように円貨である（円貨の流出⑧）．銀行部門の本支店勘定，現預金を除く「その他投資」は，資産で 1.4 兆円の赤字，負債で 0.4 兆円の赤字，収支は 1.9 兆円の赤字（表 9-18，表 9-19）であるが，公表統計から通貨

表 9-18 銀行部門の「その他投資」（資産）
（億円）

	長期①	うち本支店勘定②	①－②＝③	短期④	うち本支店勘定⑤	現預金⑥	④－(⑤+⑥)＝⑦	③+⑦＝⑧
2011	−33,502	−29,295	−4,207	−23,975	−47,619	−4,944	28,588	24,381
12	−40,401	−41,521	1,120	−20,762	9,730	−15,959	−14,533	−13,413
13 上半期	−4,664	−1,767	−2,897	−31,885	−39,175	18,575	−11,285	−14,182
13 下半期	−14,015	−11,775	−2,240	−51,650	−32,665	−10,796	−8,189	−10,429

出所：表 9-13 と同じ．

表 9-19 銀行部門の「その他投資」（負債）
（億円）

	長期①	うち本支店勘定②	①－②＝③	短期④	うち本支店勘定⑤	現預金⑥	④－(⑤+⑥)＝⑦	③+⑦＝⑧
2011	−13,360	−2,541	−10,819	−4,482	−34,923	−6,644	37,085	26,266
12	−13,478	−8,902	−4,576	116,263	95,080	11,973	9,210	4,634
13 上半期	−857	−45	−812	−68,279	−60,407	−4,331	−3,541	−4,353
13 下半期	−6,392	−2,278	−4,174	145,290	86,907	−17,046	75,429	71,255

出所：表 9-13 と同じ．

第9章　2013年の日本の国際収支構造と為替需給　　301

区分はまったくわからない．「そ
の他投資」（本支店勘定，現預金
を除く）の中でかなりの比重を占
める現先についてはすでに前項で
述べた．非銀行部門の「その他投
資」は円貨としたが，銀行部門の
それは外貨としておこう（外貨資
金の流出③）．実際には円貨も存
在しようが，円貨の部分は，それ

表9-20　銀行部門の外貨資金，円貨資金の
　　　　　流出入（2013年上半期）
　　　　　　　　　　　　　　　　　　　　（兆円）

Ⅰ　外貨資金
　　(1)　流出——③ 1.9
　　(2)　流入——① 8.7＋② 0.8＋④ 1.9＝11.4
　　(3)　流入超過——9.5
Ⅱ　円貨資金
　　(1)　流出——⑥ 3.6＋⑦ 0.4＝4.0
　　(2)　流入——⑤ 0.2
　　(3)　流出超過——3.8

出所：これまでの諸表より筆者作成．

によって海外部門は円建・経常赤字の決済，円建・対日証券投資に使用され，
他の項目での円貨の流出は少なくなり相殺されてしまう．このことを念頭に置
きながらここでは外貨としておこう．現預金では資産は外貨で負債では円貨で
あるが，銀行部門の資産は 1.9 兆円の黒字（表9-18，外貨資金の流入④）で，
負債は 0.4 兆円の赤字（表9-19，円貨資金の流出⑨）である．

　以上の銀行の投資収支の諸取引（本支店勘定を除く）の結果，銀行部門の外
貨資金，円貨資金の流出入を把握できる（表9-20，国内非銀行部門との為替
取引は除外）．外貨資金では，流入が① 8.7 兆円＋② 0.8 兆円＋④ 1.9 兆円＝
11.4 兆円，流出は③ 1.9 兆円で，流入超過は 9.5 兆円である．円貨資金では，
流入が⑦ 0.2 兆円，流出は⑧ 3.6 兆円＋⑨ 0.4 兆円＝4.0 兆円で，流出超過が
3.8 兆円である．

(3)　海外部門が必要とする円貨資金

　円建・対日証券投資（株式投資がほとんどすべて）についてはユーロ円債を
除いてはこれまだまだ述べていない．ところで，投資収支の諸項目で円建・対
日証券投資以外に海外部門が必要とする円貨資金の項目は，対日直接投資，日
本の円建・対外証券投資の引き揚げ，日本の居住者によるユーロ円債の発行，
現預金の負債側の黒字（実際は黒字とならず赤字）である．これらについては
すでに述べている．これらの項目で海外部門が必要とする円貨資金は，非銀行
部門の分が 1.0 兆円，銀行部門の分が 0.2 兆円で合計 1.2 兆円であった．他方，
銀行部門，非銀行部門による円貨資金の流出は，前者が 4.0 兆円，後者が 2.6

兆円で，合計 6.6 兆円であったから（表 9-17，表 9-20），海外部門が必要とする円資金は十分に賄われ，「余剰」が 5.4 兆円になっている．この「余剰」は海外部門の円建・経常赤字の決済，これから述べていく円建・対日証券投資のために利用されるだろう．そこで，海外部門の円建・経常赤字の決済，円建・対日証券投資に必要な円貨資金の金額を改めて確認しよう．

　表 9-10 によると，円建貿易が 4.1 兆円の黒字，外貨建が 8.9 兆円の赤字で貿易収支は 4.8 兆円の赤字になっているが，国際収支表では貿易収支は 4.2 兆円の赤字になっている（表 9-2）．これは表 9-10 における貿易収支は貿易統計で国際収支表における貿易収支とは差異があるからである[22]．本章における貿易以外の統計値は国際収支表に準拠しているから，貿易収支についても国際収支表によるものとする．そうすれば，貿易収支は 4.2 兆円の赤字で経常収支は 3.2 兆円の黒字となる．その黒字は円建で存在していると考えてよい．というのは，表 9-10 での経常収支黒字の 2.6 兆円は円建で存在しているからである[23]．

　次に円建・対日証券投資額は，対日証券投資額（9.1 兆円，証券貸借取引を除く，表 9-2）から外債のうちの外貨債を除いた部分である．全部門の外債発行額は前述したように 2.2 兆円で，うちユーロ円債が 0.6 兆円としたから外貨債は 1.6 兆円となり，円建・対日証券投資額は 7.5（9.1－1.6）兆円となる．したがって，海外部門は円建・経常赤字の決済と円建・対日証券投資のために，合計で 10.7（3.2＋7.5＝10.7）兆円が必要となる．しかし，日本からのネットでの円貨資金の流出（銀行部門と非銀行部門の計）は 5.4 兆円（先ほどは「余剰」と記述した）であるから，海外部門が実際に必要となる円資金は 5.3（10.7－5.4＝5.3）兆円である．海外部門にこの円資金は日本からどのように供給されたのであろうか．

（4）　為替調整，本支店勘定，誤差

　日本から海外部門への円貨資金の供給について，考えられるシナリオは 2 つが考えられよう．シナリオを考える際に必要な諸前提は以下のことがらである．①邦銀の国内顧客との為替取引によって生まれている持高（0.5 兆円の買持），②本支店勘定での本店から海外支店への資金流出（10.1 兆円，表 9-2，後掲表

9-21），③銀行部門への外貨資金のネットでの9.5兆円の流入超過（表9-20），
である．

　これらを前提に考えられる1つのシナリオは，海外部門が為替取引によって
外貨を円に転換することである．もう1つのシナリオは，これまで考慮外に置
かれていた前提の1つ，本支店勘定で本店から海外支店へ円貨資金が回付され，
海外支店が海外の非銀行部門等へその円貨資金を貸付等で供給するというシナ
リオである（この貸付等は非居住者間の取引であるから国際収支表には表われ
ない）．これら，2つのシナリオはこれから論述していくように，邦銀本店の
海外支店へ回付された円貨資金が海外部門へ貸付等で供給される点では同じで
ある．

　前者のシナリオから考察していこう．まずは，銀行部門が国内の非銀行部門
との為替取引で生じた持高（買持0.5兆円）の解消について論じなければなら
ない．銀行部門の外銀との持高調整取引（外貨売・円貨買）である．この為替
取引がスムースに進むためには，外銀は円資金を保有している必要がある．そ
の円貨は本支店勘定を考察に入れなければ解明できない．本支店勘定は本店の
海外支店への10.1兆円の資金流出である（表9-2）が，外銀がこの持高調整取
引に必要とする0.5兆円の円貨資金をすでに本店は海外支店へ回付し，海外支
店はその円貨資金を外銀に貸付けているのである．

　さらに，海外部門は5.3兆円の円貨資金を必要としているが，その不足資金
が外銀，あるいは邦銀海外支店によって非銀行海外部門へ為替取引（外銀の円
売・外貨買）によって供給されているとすれば[24]，外銀，海外支店は円貨資金
を5.3兆円保有していなければならない．その円貨資金は，邦銀本店から海外
支店へ回付された円貨資金を海外支店が利用するか，あるいは回付された円貨
資金が海外支店から外銀に貸付等によって供給される以外はない．邦銀の国
内・非銀行部門との為替取引によって生まれた持高解消の分とあわせて，本店
から海外支店へ回付されなければならない円貨資金は合計で5.8兆円となる．
本支店勘定におけるネット資金流出は10.1兆円であるから，円貨資金の回付
額を引いて海外支店へ回付されている外貨資金は4.3兆円になる．本支店勘定
の状況が表9-21に示されている．オフショア勘定の本支店勘定において外貨
資金の流出は5.1兆円となっているから，一般勘定の本支店勘定では外貨資金

表 9-21　銀行部門

	合計 [1]		一般勘定 [2]	
	資産	負債	資産	負債
上半期	−41.165	−60.268	1.434	−60.462
下半期	−44.207	84.447	35.867	56.874

注：1）　財務省「国際収支状況」の数値.
　　2）　合計からオフショア勘定を差し引いて算出.
　　3）　財務省「オフショア勘定残高の推移」における本支店勘定残高
出所：財務省「国際収支状況」「オフショア勘定残高の推移」より.

は 0.8 兆円の流入となる. 一般勘定とオフショア勘定の合計で外貨資金は 4.3 兆円の流出であるが, その原資は, 国内の銀行にネットで流入した 9.5 兆円の外貨資金である. しかし, 外貨資金が 5.2 兆円残る（残額,「誤差」）. この残額についてはのちに再述しよう.

　もう 1 つのシナリオは, 前者のシナリオと基本的には同じであるが, 海外部門は為替取引によって円貨資金を調達するのではない. 邦銀本店から海外支店へ回付された円貨資金を海外の非銀行部門等が海外支店から借入等で調達するのである. したがって, 為替取引はより少額である. 邦銀は国内非銀行部門との為替取引で 0.5 兆円の買持（銀行は円不足, 外貨過剰）の状態になっている. そこで, 邦銀が持高をなくすために外銀に対して外貨売・円買の為替調整取引を行なうが, 海外部門は 0.5 兆円の円貨資金を保有していなければならない. 前述の海外部門が必要とする円資金はこれと合わせて 5.8 兆円になる. この円資金は邦銀の本店から海外支店への円貨の回付（5.8 兆円）によって供給され, 海外支店から海外部門へ貸付等が行なわれるのである（この貸付は非居住者間の取引であるから日本の国際収支表には表われない）.

　本支店勘定が 10.1 兆円の赤字（流出）であるから, 海外支店へ回付された外貨資金はもう 1 つのシナリオと同じで 4.3 兆円である. 表 9-21 におけるオフショア市場の通貨区分を勘案すれば, 本支店勘定の 10.1 兆円の流出のうち円貨を 5.8 兆円, 外貨を 4.3 兆円とするのに矛盾はないだろう. その本支店勘定の外貨資金の流出であるが, この原資は銀行への外貨流入超過（9.5 兆円）によって賄われている. これを原資として海外支店へ外貨が 4.3 兆円回付され

の本支店勘定（2013年）

(億円)

オフショア勘定（残高の変化）[3]					
資産			負債		
外貨	円貨	計	外貨	円貨	計
−51,570	8,971	−42,599	482	−288	194
−71,977	−8,097	−80,074	27,697	−124	27,573

の変化.

　る．残額は5.2兆円である．

　　この残額（誤差，2つのシナリオにおいて同額である）の発生理由は，上の分析には国際収支表の「誤差脱漏」（−4.3兆円）と外貨準備（−1.2兆円），「その他資本収支」（−0.5兆円）が含まれていないからであるし，証券投資収支において証券貸借取引の額（収支で0.9兆円）を除いているからである．さらに，いくつかの恣意的な想定があるからでもある．また，四捨五入によって生まれている部分もあろう．しかし，残額（誤差）の大部分は誤差脱漏，外貨準備（2013年上半期に当局による為替市場介入はなく[25]，利子・配当と為替評価によって外貨準備が増加）によるところが大きいであろう．誤差脱漏と外貨準備の計で5.5兆円の流出だということは外貨準備，誤差脱漏を除く国際収支の諸項目全体で5.5兆円のプラス，つまり資金流入になっているのである．これが銀行部門への外貨資金の流入超過の残額5.2兆円に相当していると考えられるのである[26]．

　　さて，以上の2つのシナリオのうち，どちらが現実に近いであろうか．第1のシナリオでは海外部門が多額の為替取引を行なう．第2のシナリオ（海外部門の「円−円」投資）ではその為替取引額は少ない．2013年上半期には円安で推移しているなかで，海外部門には外貨を円貨に換えることで為替リスクが生まれる．したがって，第1のシナリオも現実には一部進みながら，第2のシナリオ（「円−円」投資）がより多く進んでいると考えるのが順当ではないだろうか．

3. 2013年下半期の投資収支の通貨区分と為替需給

(1) 国内非銀行部門の投資収支の諸取引

前節の2013年上半期の分析と同じように下半期の分析を進めていこう. 直接投資は資産で7.8兆円, 負債はゼロである. 資産については外貨とみてよいだろう. 投資家は外貨資金を必要とするが, これは銀行との為替取引によって大部分調達されるだろう (後述). 国内非銀行部門の対外・証券投資 (証券貸借取引を除く) は2.9兆円であるが (表9-11), うち外貨建が2.6兆円, 円貨建が0.3兆円である[27]. 非銀行部門は必要な外貨資金を為替取引によって得るだろうし, 銀行の売持 (持高①) が2.6兆円生まれる. また, 0.3兆円の円貨資金の流出 (円貨資金の流出①) がある.

対日証券投資の詳細についてはのちに論じるが, ここでは対日証券投資の一部になる国内非銀行部門の外債発行についてみておこう. 非銀行部門の外債発行は1.9兆円であるが (表9-13), この中にはユーロ円債が含まれている可能性がある. しかし, それについては統計がない. そこで, 恣意的要素が残るが, 上半期と同様にユーロ円債を40%とすれば, 1.9兆円の外債のうちユーロ円債が0.8兆円 (円貨の流入②), 外貨債が1.1兆円となる. 外貨債による外貨資金は直接投資に当てられるとすれば, 直接投資のために為替取引で円貨を外貨に転換する額は6.7 (7.8-1.1) 兆円になり, 銀行は売持 (持高②) となる.

非銀行部門の金融派生商品の取引では収支で0.4兆円の流出となっている (表9-14). これが円貨資金になっていることについては上半期と同じで, 前述の日本銀行の見解をみられたい (円貨資金の流出③). 非銀行部門の「その他投資」(現預金を除く) は資産で1.2兆円 (表9-15), 負債で6.1兆円 (表9-16) で収支は4.9兆円の黒字 (資金流入) である. この通貨区分はわからない. 「その他投資」のうちかなりの部分が現先であり, 買現先が「資産」, 売現先が「負債」であるが, 対象になっている証券は外貨証券も円貨証券もある. ここでは上半期と同様に非銀行部門の「その他投資」(現預金を除く) は円貨資金としよう (4.9兆円の円貨資金の流入④), 銀行部門の「その他投資」(本支店勘定, 現預金を除く) は上半期と同じく外貨とする——後述). 非銀行部

門の現預金は資産（外貨）では
1.6 兆円の流出（表 9-15），負債
（円貨）では 0.1 兆円の流出にな
っている（表 9-16）．外貨の現預
金の流出のために非銀行部門は為
替取引によって 1.6 兆円の外貨を
得る（売持，持高③）．また，0.1
兆円の円貨が流出する（円貨資金
の流出⑤）．

表9-22 銀行部門の持高と非銀行部門の円
貨資金の流出入（2013 年下半期）

(兆円)

Ⅰ 銀行部門の国内非銀行部門との為替取引
　(1) 外貨買――なし．
　(2) 外貨売――① 2.6＋② 6.7＋③ 1.6＝10.9
　(3) 持高――10.9 の売持
Ⅱ 国内非銀行部門による円貨資金の流出入
　(1) 流出――① 0.3＋③ 0.4＋⑤ 0.1＝0.8
　(2) 流入――② 0.8＋④ 4.9＝5.7
　(3) 流入超過――4.9

出所：これまでの諸表より筆者作成．

　以上の非銀行部門の投資収支の
取引（外債以外の対日証券投資は除く）の結果，銀行には持高が発生し，また，
非銀行部門から円貨資金の流出入が生まれる．表 9-22 のようである．持高は，
外貨売が① 2.6 兆円＋② 6.7 兆円＋③ 1.6 兆円＝10.9 兆円，外貨買はないから，
売持の 10.9 兆円である．銀行は持高をなくすための為替調整取引が必要にな
る．のちに論じよう．円貨資金の方は，流出が① 0.3 兆円＋③ 0.4 兆円＋⑤ 0.1
兆円＝0.8 兆円，流入が② 0.8 兆円＋④ 4.9 兆円＝5.7 兆円，流入超過 4.9 兆円
である．円貨資金の流入超過であるから，海外部門はなんらかの方法で円貨資
金を調達しなければならない．のちに論じよう．

(2)　銀行の投資収支の諸取引

　銀行部門の対外証券投資は 5.9 兆円であるが（表 9-11），うち外貨建が 5.1
兆円，円建が 0.8 兆円としておく[28]．外貨の流出（①），円貨の流出（⑤）が
ある．銀行部門の外債発行は 0.9 兆円であるが（表 9-13），ここでは上半期と
同様に銀行部門のユーロ円債の発行はなく，そのすべてを外貨（外貨資金の流
入②）としておく．金融派生商品は 0.4 兆円の流出であり（表 9-14），すべて
円貨である（円貨資金の流出⑥）．

　銀行部門の「その他投資」（本支店勘定，現預金を除く）は，資産で 1.0 兆
円の赤字，負債で 7.1 兆円の黒字，収支は 6.1 兆円の黒字である（表 9-8，表
9-9）．非銀行部門の「その他投資」（現預金を除く）は円貨としたが，銀行部
門のそれは外貨としておきたい（外貨資金の流入③）．現預金は資産（外貨）

表 9-23 銀行部門の外資資金，円貨資金の流出入（2013年下半期）

(兆円)

Ⅰ	外貨資金	
	(1)	流出——①5.1+④1.1=6.2
	(2)	流入——②0.9+③6.1=7.0
	(3)	流入超過——0.8
Ⅱ	円貨資金	
	(1)	流出——⑤0.8+⑥0.4+⑦1.7=2.9
	(2)	流入——なし
	(3)	流出超過——2.9

出所：これまでの諸表より筆者作成.

が1.1兆円の赤字（外貨資金の流出④），負債は1.7兆円の赤字（円貨資金の流出⑦）である（表9-18，9-19）.

以上の銀行部門の諸取引によって，外貨資金，円貨資金の流出入が生まれる（表9-23）. 外貨資金では，流入が②0.9兆円＋③6.1兆円＝7.0兆円，流出は①5.1兆円＋④1.1兆円＝6.2兆円で，流出超過が0.8兆円である. 円貨資金では，流入はみられない. 流出は⑤0.8兆円＋⑥0.4兆円＋⑦1.7兆円＝2.9兆円で，流出超過の2.9兆円である.

(3) 海外部門が必要とする円貨資金

経常収支については下半期に黒字はなく円建黒字と外貨建赤字がほぼ等しい. 居住者が円を外貨に換えれば居住者は必要とする外貨が調達でき，逆に非居住者は外貨を円に換えれば円貨が調達でき，しかも，円建黒字と外貨建赤字がほぼ等しいから銀行には持高は発生しない.

円建・対日証券投資についてはユーロ円債を除いてはまだ述べていない. これまでに述べた投資収支の諸項目で海外部門が必要とする円貨資金の項目は，次のような項目が考えられる. 対日直接投資，日本の円建・対外証券の引き揚げ，日本の居住者によるユーロ円債の発行，非銀行部門の「その他投資」の黒字の一部，現預金の負債側の黒字である. しかし，下半期に対日直接投資は0.0044兆円，日本の円建・対外証券投資の引き揚げはない. ユーロ円債の発行は0.8兆円，非銀行部門の現預金を除く「その他投資」収支（上半期と同様に非銀行部門の現預金を除く「その他投資」は円建としている）は4.9兆円の黒字，現預金の負債は非銀行部門が0.1兆円の赤字（資金の引き揚げ），銀行部門が1.7兆円の赤字（資金の引き揚げ）で，計1.8兆円の赤字（引き揚げ）である. したがって，それらの項目で海外部門が必要とする円貨資金は，非銀行の分が5.6兆円（0.8＋4.9－0.1），銀行部門の分は1.7の赤字（引き揚げ）で，

計 3.9（5.6−1.7）兆円であった．他方，日本からの円貨資金の流出は，非銀行部門が 0.8 兆円，銀行部門の分が 2.9 兆円で，計 3.7 兆円である．差し引き，海外部門が不足する円貨資金は 0.2 兆円である（円貨必要額①）．

円建・対日証券投資額は，対日証券投資額（8.8 兆円，証券貸借取引を除く，表 9-2）から外貨債の部分（非銀行の分の 1.1 兆円と銀行部門の 0.9 兆円の計 2.0 兆円）を除いた額である（6.8 兆円，円貨必要額②）．これと，すぐ上に述べた円貨必要額①を合計すると 7.0 兆円である．さらに，経常収支黒字が 0.1 兆円であった（表 9-10 では赤字になっているが，これは貿易収支が貿易統計の額になっているからであり，国際収支統計では貿易赤字が小さくなる──上半期についてみた箇所をみられたい）．この黒字は円建であり（円貨必要額③），海外部門が必要とする円貨資金は総計 7.1 兆円（①＋②＋③）となる．この円貨資金は日本からどのように供給されたのであろうか．

（4）　為替調整，本支店勘定，誤差

日本から海外部門への円貨資金の供給についてのシナリオを考える際に必要な諸前提は，以下のことがらである．①銀行部門（邦銀）の国内非銀行部門との為替取引によって生まれている持高（10.9 兆円の売持，邦銀の外貨不足，円過剰，第 22 表），②本支店勘定での海外支店から本店へのネットでの資金流入（4.0 兆円，表 9-2，表 9-21），③銀行部門の外貨資金のネットでの資金流入，0.8 兆円である（表 9-23）．

まず，邦銀は国内非銀行部門との為替取引によって生まれている持高（10.9 兆円の売持）を解消しなければならない．外銀に対して 10.9 兆円の円売・外貨買を行なう．これによって海外・非銀行部門は外銀と為替取引を通じて 10.9 兆円の円貨資金を得る．海外・非銀行部門が必要とする円貨資金は 7.1 兆円であったから，円貨の余剰 3.8 兆円が生まれる．海外・非銀行部門はこの「余剰」を貸付，預金等で邦銀の海外支店に対して債権をもつ（非居住者間の取引であるから国際収支表に表われず）．邦銀の海外支店はこの資金（「余剰」，3.8 兆円）を本店へ回付する（本支店勘定）．本支店勘定は 4.0 兆円のネットでの資金流入であったから，差額は 0.2 兆円である．この差額 0.2 兆円の大部分は外貨と考えられる．さらに，銀行部門（邦銀）には 0.8 兆円の外貨資金の流入

超過がある．この 0.8 兆円と 0.2 兆円の差額が残額として残り「誤差」となる（合計で 1.0 兆円）．

この「誤差」は，以上の分析に外貨準備（−2.7 兆円，下半期に当局の介入はなく[29]，この増加は利子・配当と為替評価によるもの），「その他資本収支」（−0.2 兆円）が含まれていないし，証券投資収支において証券貸借取引の額（収支で 0.6 兆円），「誤差脱漏」（0.2 兆円）を除いているからである．これらを合計すると 2.1 兆円の赤字となる．この 2.1 兆円と 1.0 兆円との差額（1.1 兆円）はいくつかの恣意的な想定があるからでもあろうし，四捨五入によって生まれている部分もあろう．

4. むすび

以上の分析で示されたように，国際収支表に表われたそれぞれの項目の数値の諸特徴をみるだけでは不十分であろう．国際収支統計は「国民経済計算体系」の一部を構成しており，経常収支は $(S-I)$ に等しいという恒等式が成立する．また，「国民経済計算体系」の一部である「資金循環勘定」から，経常収支黒字（赤字）は資本収支赤字（黒字），外貨準備増（減）に対応することが明らかである[30]．しかし，経常収支の黒字・赤字はさまざまな形態でありうるし，それに対応する資本収支赤字・黒字もさまざまな形態でありうる．直接投資なのか証券投資なのか，外貨準備なのかなどである[31]．したがって，国際収支構造の具体的有り様を分析しなければならないのであるが，国際収支の有り様は各国ごと異なっている．たとえ，国際収支の発表様式が IMF マニュアルによって統一されても，とくに，国際収支表に記録される諸取引がどの通貨建なのかによって，国際収支の見かたは国ごと大きく異なろう．自国通貨で経常赤字をもっているアメリカと外貨で経常赤字をもっている諸国とは経常収支赤字の意味合いが違う．日本の国際収支をみる際にも，「独自」の見かたが必要である．

日本の場合，貿易収支，投資収支において円建部分と外貨（主にドル）建部分が並存し，それらの国際収支の諸項目の外貨部分と円貨部分の概算を行ない，為替需給にまで分析を深める必要があるのである．本章でその課題——為替需

給の実態の解明——を果たすことにより，より深い日本の国際収支表の分析の方法を明らかにすることができたと思われる．

　そこで，改めて為替需給を確認しておこう．2013 年の上半期に海外部門によって巨額の対日株式投資が行なわれたが，このための円資金は，12 年末から 13 年春にかけての急激な円高是正による「金融派生商品」の項目における通貨スワップ（円払・ドル受取）の値洗いに伴う日本の円貨資金の支払と，邦銀が海外支店へ巨額の円貨資金を回付（本支店勘定）し，海外支店がそれを海外部門へ貸付けることによって主に調達されている．このように，海外部門による「円－円」投資が主流であるから，海外部門は為替取引による円貨資金の調達はかなり少なくなった．これらのことが，多額の対日株式投資にもかかわらず円高を生まなかった基本的要因の 1 つであろう．

　下半期にも海外部門の対日株式投資が続いているが，「金融派生商品」の項目での円貨支払はほとんどなくなった．また，邦銀本店から海外支店への円貨資金の回付もなくなり，海外部門は為替取引によって円貨資金を供給される以外にない．他方，国内銀行には国内顧客との為替取引による巨額の売持が生じている．売持は外貨不足・円過剰であるが，国内銀行はこの持高を外銀との為替調整取引で解消することによって外銀に円貨資金を供給しているのである．国内・非銀行部門との為替取引によって生まれた売持の解消のための持高調整取引によって，海外部門が必要とする以上の円売・外貨買が進み円安基調が続くが，国内銀行による外貨，円貨の売と買が顧客取引とインターバンク取引の全体として均衡し，円相場はほぼ安定状態になる．もちろん，経常収支黒字が消滅しているから 2012 年までの円高傾向は消えていよう．

　また，本章の分析によって「銀行部門の本支店勘定」の果たす役割も明らかになったのではないだろうか．1995 年末までの旧形式の国際収支表には「金融勘定」が設定されて，為銀部門の短期対外取引が外貨準備とともに「調整項目」になっていたが，2013 年の国際収支表の発表形式においては「金融勘定」がなく，「その他投資」における「銀行部門の本支店勘定」が「調整項目」としての役割を果たしていることが本章の分析で明らかになった．国内顧客との為替取引で発生した持高が外銀との為替調整取引で解消されたのちに，余剰・不足になった外貨資金，円貨資金が本店と海外支店の間で資金の回付が行なわ

れているのである．

2013 年末までの国際収支表の形式での「外貨準備増減」「誤差脱漏」の算定についても補足として簡単に触れておこう．「外貨準備増減」「誤差脱漏」以外の国際収支の諸項目における「誤差」は避けられない[32]．国際収支表は種々の報告書，統計をもとに集計され，取引時点のずれ，為替換算による評価額の違い等が生まれるからである．一方，「外貨準備増減」自体は次の 3 つから計算される．①当局の為替介入額，②外貨準備保有に伴う利子・配当の受取（外貨準備に積増しされる），③外貨の円貨への評価額（為替相場の変化に応じて変化）．この 3 つの要素から「外貨準備増減」が算出される（前述のように 2013 年には上半期にも下半期にも当局による為替市場介入はなかったから，13 年の外貨準備の増加は利子・配当と為替評価によるもの）．この算出結果と「外貨準備増減」「誤差脱漏」以外の国際収支の諸項目における「誤差」から「誤差脱漏」の金額が算定されるのである．本章では「外貨準備増減」「誤差脱漏」の分は考察外にしたことを主な理由として「残額」が生まれている（前述）．

注

1) 日本の国際収支表の発表様式は IMF の国際収支マニュアルの改訂（第 6 版）に準拠することから 2014 年 1 月から変更された．本章の分析では 2013 年 12 月までの様式にしたがう．IMF の国際収支マニュアルについては以下を参照されたい．田中綾一「IMF の国際収支マニュアル改訂について」『関東学院法学』18 巻 2 号，2008 年 11 月．また，2014 年 1 月からの国際収支の発表様式については次をみられたい．日本銀行国際局『国際収支関連統計の見直しについて』（*Reports & Research Papers*），2013 年 10 月．

2) 上半期と下半期の区分には一定の「季節性」が含まれている．それでも，上半期と下半期の差異は「季節性」としては大きすぎ，区分して分析する必要がある．なお，2013 年の経常収支の「季節性」については，日本銀行国際局『2013 年の国際収支（速報）動向』（*Reports & Research Papers*），2014 年 2 月，9-10 ページ参照．この日銀の文書には上半期と下半期の区分による分析はない．

3) 筆者が最初に日本の通貨別貿易収支を解明したのは以下の論稿であった．「日本の通貨別貿易収支と対米ファイナンスの覚書」『立命館国際研究』2 巻 1 号，1989 年 5 月．それ以後の論稿は，拙書『ドル体制と国際通貨』ミネルヴァ書房，1996 年，第 3 章，第 7 章，第 8 章，『円とドルの国際金融』ミネルヴァ書房，2007 年，第 2 章など．

4) 筆者は円相場変動の要因について，1990 年代末までと 2000-06 年に区分して論

第 9 章　2013 年の日本の国際収支構造と為替需給　　313

じている．拙論「為替相場と円高・円安」，奥田宏司，神澤正典編『現代国際金融　第 2 版』法律文化社，2010 年，第 3 章，59-69 ページ参照．また，06，07 年については前章を参照．2013 年の円相場を規定する諸要因を明らかにすることが本章の課題でもある．

5)　例えば，2013 年上半期の世界での円建貿易収支は，
　　　339574×0.356－388012×0.206＝120888－79930＝40958
となる．円では 4 兆 1000 億円の貿易黒字である．

6)　表 9-3，表 9-4 は財務省の表において四捨五入がなされており，世界，各地域の各通貨の比率の計は必ずしも 100.0％ になっていなくて 99.9％，あるいは 100.1％ となっている．そのために，表 9-6 において少しばかりの誤差が生まれている．

7)　2004 年，07 年の通貨別・地域別貿易収支については，前章表 8-5 をみられたい．

8)　同上．

9)　同上．

10)　同上．

11)　同上．

12)　日本銀行の時系列統計データの検索サイト（国際収支・貿易関連）より．

13)　前章では，ユーロ円債を 50％ としたが，かなり過大になっている可能性がある．ここでもかなりの誤差があろうが，この比率にしておきたい．

14)　財務省「国際収支状況」より．

15)　居住者が非居住者から借り入れるのは円貨よりも外貨であろうし，非居住者が居住者から借り入れるのは円貨が多いからである．

16)　表 9-10 と表 9-1，表 9-2 の経常収支に差があるのは，表 9-10 の貿易収支は貿易統計によるもので，その他の経常収支の諸項目は国際収支表の統計値を使っているからである．経常収支の差額は上半期に 0.5 兆円，下半期に 0.3 兆円である．

17)　拙稿「為替相場と円高・円安」，奥田，横田，神沢編『国際金融のすべて』法律文化社，1999 年，57-65 ページ．また，奥田，神澤編『現代国際金融　第 2 版』2010 年，59-69 ページ参照．

18)　直接投資は「目的別分類」によれば「M&A 型の投資」「グリーンフィールド型の投資」などに分類されているが，対外・直接投資は「100 億円未満の投資」を除けばほとんどが「M&A 型の投資」になっている．他方，対日・直接投資の方は大部分が「100 億円未満の投資」になっている（日本銀行『2013 年の国際収支（速報）動向』*Reports & Research Papers*，2014 年 2 月，13 ページ．

19)　のちに記すように，銀行部門の外債発行はすべて外貨建としたから，非銀行部門の比率を 40％ とした．

20)　前掲，『2013 年の国際収支（速報）動向』19 ページ．

21)　日本銀行・国際収支統計研究会『入門　国際収支』東洋経済新報社，2000 年，319 ページ．金融先物取引，証券貸借取引に伴って受領した証拠金，担保金などは雑投資に含まれている．

22)　貿易統計と国際収支表における貿易額の差異については，前掲，日銀『入門　国際収支』290 ページ参照．

23) 国内邦銀は国内の外貨建・経常赤字をもっている非銀行部門に対して外貨を売り，外銀は海外の円貨建・対日経常赤字をもっている非銀行部門に対して円を売り，邦銀，外銀はそれぞれ持高を持つ．そこで，邦銀と外銀の間で持高解消の取引がなされるが，外銀の円貨売が日本の経常黒字分多い（奥田，横田，神沢編前掲書，図3-2参照，奥田，神澤編前掲書，図3-5参照）．その分，持高が残り，追加の調整取引が行なわれるか，日本からの円貨資金の供給が必要になる．

24) 邦銀が海外部門と為替取引を行なったとする場合は，以下のようになる．邦銀が海外部門との為替取引によって円貨資金を供与したとすれば，邦銀は国内非銀行との為替取引によって0.5兆円の買持があったから，それをあわせると邦銀の持高は全体で買持5.7兆円となる．この持高をなくすために邦銀は為替調整取引が必要になるが，それが可能となるためには外銀は5.8兆円の円貨を保有していなければならない．この調整取引は外銀にとっては円売・外貨買となるからである．この5.8兆円の円貨を海外部門はどのようにして保有するか．それは本支店勘定で本店から海外支店へ円貨が回付される以外にはない．海外支店はそれを外銀への貸付等で供給するのである（これは前述のように国際収支表には表われない）．本支店勘定は10.1兆円の収支赤字であるが，うち円貨資金が5.8兆円，外貨資金が4.3兆円となる．それ以下は本文と同じである．

25) 財務省「外国為替平衡操作の実施状況」より．

26) もし，国際収支表の諸項目に「誤差」がなければ「誤差脱漏」は生まれないし，銀行の持高は基本的にゼロになり，為替取引を伴わない外貨資金，円貨資金の流出と流入は等しくなる．

27) 円建は全部門で1.1兆円であるが（表9-12），うち非銀行部門を0.3兆円としておく．

28) 円建・証券投資は全部門で1.1兆円であるが（表9-12），その部門区分はわからない．銀行部門を0.8兆円，非銀行部門が0.3兆円としておくのである．

29) 財務省「外国為替平衡操作の実施状況」より．

30) 前掲，日銀『入門　国際収支』38-43ページ参照．

31) （$I-S$）バランス論の意義と限界については，拙稿「経常収支，財政収支の基本的な把握——「国民経済計算」視点の意義と限界」『立命館国際研究』26巻2号，2013年10月参照．

32) 日銀『国際収支のみかた』日本信用調査株式会社，1996年，70-73ページ，日銀『入門　国際収支』285-286ページを参照されたい．

第**10**章
国際収支の通貨区分と為替需給の分析の意義

　前章のもとになった拙稿[1] に対して，外国為替業務に経験のある論者から検討を要するコメントをメールでいただいた（以下では「A 氏のコメント」と記す）．個人的なメールであり名前を明らかにすることはできないし，全文を記すことは差し控えなければならないが，主要な内容は以下のようである．①銀行の為替ポジションは，アクチュアルと先物の合計の総合ポジションを見ながら調整される，②国際収支表はあくまでアクチュアル・ポジションを記録したものであり，国際収支の数値の分析だけでは，本当の姿を知ることはできない，③為替資金取引が実需とは別に自由にできる現在では，通貨ごとの資金過不足とか為替ポジション調整は，実需とは無関係の世界で大々的に行なわれている．

　この①②③の内容から，このコメントは言外に国際収支表の数値から為替需給，為替調整の実態を解明すること，ましてや為替相場の変動を明らかにすることは不可能だと言われているのだと思われる．本章は筆者へのこのコメントを検討した拙稿[2] をほぼそのまま掲載したものである．

　さて，このコメントの②は不正確であるか間違いであるが，①③の部分は正しい内容を含んでおり，実は筆者もそれらについてはこれまでに何度も論じてきたのである．例えば，1996 年の拙書においては次のように記している．「日本の対外取引におけるドル等の外貨，円の利用は，最終的には本邦為替銀行の外貨・邦貨別対外ポジションによって総括される」[3]．「金融勘定の「為銀部門」の通貨区分があるパターンをとるのは大半がアバブ・ザ・ラインの種々の取引の結果であり，その意味において金融勘定の「為銀部門」が「総括」的意味を持つのである．したがって，アバブ・ザ・ライン取引における通貨区分の

解明を抜きにして金融勘定の「為銀部門」の検討を行なってもそれは不十分であろう」[4]. さらに, 非銀行部門（顧客）の為替取引に伴う銀行における持高の発生と為替調整取引については, 後掲の表10-3を掲載している著書やいくつかの論稿において論じてきた[5].

「2013年分析の拙稿」（注1の拙稿をこのように呼ぶ, 前章）ではそれらを踏まえ前提にして論じているが, 詳しい説明は省略している. そのために, このコメントを送られたA氏は残念ながら筆者がそれらの点を考慮していないように論じられ批判されることになったものと思われる. 「2013年分析の拙稿」（前章）において「序論」を設定し, 持高の発生, 為替調整取引などのことを論じておけばよかったと思う. 多くの読者にとっても「序論」が必要であろう[6].

そこで, 本章は「2013年分析の拙稿」（前章）では前提にしていたこうした諸点を改めて詳細に論じ, 国際収支構造, 国際収支の通貨別の分析によって為替需給のあり様, そのあり様によって行なわれる為替持高・為替資金の調整を明らかにする意義, 為替相場変動の最終的な規定因（中長期的な）をより深く再確認しようとするものである.

1. 国際収支表と非銀行部門の為替取引

(1) 諸通貨での国際諸取引と国際収支

各国の国際諸取引は種々の通貨で行なわれており為替取引が不可避である. アメリカ以外の先進諸国の場合, 自国通貨建取引と外貨建取引が混在しており, 外貨建取引の部分については居住者による為替取引が必要になる[7]. 日本の貿易の通貨別区分, 対外証券投資の通貨区分が「2013年分析の拙稿」の第3表（本書表9-3, 輸出）, 第4表（同表9-4, 輸入）, 第7表（表9-7, 対外証券投資）に示されていた. また, 欧州主要国の貿易における通貨区分については拙書（『現代国際通貨体制』日本経済評論社, 2012年）の47ページ（表2-2）を, 世界各国（地域）の国際債務証券（自国通貨建を除く）の発行における通貨区分については同書の158ページ（表5-22）を参照されたい. アメリカの場合にもドル建部分がほとんどであるが外貨建取引[8]も一部あり, 居住者による為

第 10 章　国際収支の通貨区分と為替需給の分析の意義　　317

替取引が必要である．途上国の場合は外貨建の国際取引がほとんどであるから[9]，国際諸取引に際して為替取引が大きな比重を占める．

　一国の国際諸取引を一定の方法で整理されたものが国際収支表であり，各国の国際諸取引が種々の通貨で行なわれていることから，国際収支表の諸項目の実際の数値は諸通貨で構成されている．それらを諸為替相場で1つの通貨（自国通貨，ドルあるいはユーロ）に換算して国際収支表が作成されているのである[10]．

　I−Sバランス論によって経常収支額，民間の資本収支と外貨準備を含む「広義の資本収支」（新しい国際収支表では金融収支）の金額は把握できるが，それらの内訳が把握できないだけでなく通貨区分もつかめない．I−Sバランス論では1つの通貨で国際諸取引が行なわれていることになってしまい，I−Sバランス論から外国為替論を展開すること，為替需給に規定される為替相場を論じることはむずかしい[11]．

　さて，拙稿へのコメントで述べられていたように，「国際収支表の諸項目の数値はアクチュアル・ポジションを記録したもの」であろうか．旧東京銀行での実務経験のある安東盛人氏は，「アクチュアル・ポジション」とは「直物並びに現金持高のこと」[12]であると書かれていた．他の文献でも以下のように言われる．アクチュアル・ポジションは「直物為替持ち高と訳す．外国為替銀行の外国為替持高の種類の一つで，直物為替取引によって発生した持高[13]である．ところが，非銀行部門（顧客）の外貨建・国際諸取引には為替取引が伴うが直物為替だけが利用されるのではない．詳しくは後に述べるが先物為替，スワップも利用される（最も簡単な例は外貨建貿易に伴う先物為替契約である）．それゆえ，国際収支表に記録される国際諸取引によって銀行に発生する持高は直物持高とは限らない．国際収支表の諸数値は，単純に国際収支表の期間における資金の支払額・受取額，資金の流出入額を記録したものであるというのが正確であろう．しかも，資金の支払・受取，資金流出入が国際収支表に記録される時点と，それらに伴う為替取引が実施される時点は厳密には一致しない[14]．かくして，資金の支払・受取，資金の流出入が，銀行にどのような為替持高をどのように形成するのかは別に論じられなければならない（本章の第1節の次項および第2節）．

以上のことを確認したうえで，さらに，経常収支と金融収支（投資収支）とでは，資金の支払・受取，資金の流出入の金額の形成の仕方が異なることを知らなければならない．経常収支の諸項目では，国際収支表の期間の諸取引の累積額が表示されている．例えば，その期間の輸出の累積額，輸入の累積額が記録され，その差額が貿易収支である．サービス収支でも累積された受取と支払があり，その差額がサービス収支額である．所得収支（第1次所得収支，第2次所得収支）でも同じで，累積された受取と支払があり，それらの差額が所得収支である．

　それに対して，金融収支のうちの外貨準備を除く投資収支においては資産と負債があり，それぞれは国際収支表の期間内の新規投資額から投資引き揚げ額が差し引かれて表示されている．例えば，当該国から国際収支表の期間中に4000億円の新規投資が行なわれ，その期間中に1000億円の投資の引き揚げがあったとすれば，投資収支の資産側には3000億円が記載されるのである．負債側でも同じである．当該国への期間中の新規投資が2000億円あり，同期間中に投資の引き揚げが1000億円あれば，負債側に1000億円が記載され，投資収支は2000億円（2013年末までの投資収支ではマイナスの2000億円）と記録される．

　この場合，投資が長期の場合と短期の場合とでは，さらに事情が異なる．長期投資の場合には，新規投資が国際収支表の期間中に引き揚げられることがなく，引き揚げられる投資は国際収支表の期間以前に投資された過去の投資の引き揚げである．その差額が資産側に記録される．短期投資の場合には，同期間中に新規投資と引き揚げがあり，「相殺」されてしまって資産側の数値にはあがってこないことが多い．短期投資で資産側に残るのは期末に新規投資があり，それが引き揚げられるのは次期になる場合である．負債側でも同様である．当該国への新規投資と引き揚げの差額が負債側の金額となり，短期投資の場合には新規投資と引き揚げが「相殺」されることが多くなる．そして，資産側の金額と負債側の金額の差額が投資収支の金額となる．

　このような投資の長期と短期の違いは，為替取引の違いにもなる．長期投資にはほとんど直物為替が利用される．先物為替，スワップの期間はほとんどが短期であるからである（表10-1）．短期投資の場合は，直物が利用されること

表 10-1　世界の外為市場における先物為替，スワップの期間[1]
（2013 年 4 月の 1 日平均）

(%)

	先物為替			スワップ		
	全通貨	ドル	円	全通貨	ドル	円
7 日まで	39.8	39.7	48.7	70.1	71.3	69.0
7 日以上 1 年まで	55.3	55.6	46.7	26.0	24.8	26.7
1 年以上	4.6	4.7	4.6	3.9	4.0	4.3
取引総額（億ドル）	6,800	5,877	1,227	22,276	20,296	3,319

注：1）　報告機関間の取引，その他の金融機関との取引，非金融機関との取引を含むすべて
の取引の比率.
出所：BIS, *Triennial Central Bank Survey, Global foreign exchange market turnover in 2013*, Dec. 2013, pp. 2-9.

もあるがスワップが多く利用される.

(2)　資金の支払・受取および資金の流出入と銀行の為替持高

　このように国際収支の諸項目に表わされた諸数値は資金の受取・支払の金額，資金の流出入の金額を表示し，アメリカ，ユーロ諸国，その他の先進諸国，途上国により異なるが，そのうちの一定部分，あるいは，かなりの部分は外貨での支払・受取，資金流出入であるから為替取引が伴う. それによって銀行の為替持高が発生する. いまは議論を簡単化する必要から，顧客（非銀行部門）は為替取引を国内の銀行とのみ行なうものと前提し，その前提の検討についてはのちに論じることにしよう.

　銀行自身は基本的には為替持高を発生させるような国際取引を行なわない（為替持高をもっても少なくとも直物と先物をあわせた「総合持高」の少額）. 為替リスクが大きいからである. 銀行の対外投資は中・長期ではほとんどが自国通貨で，あるいは外貨を調達しそれを投資に当てる形で行なわれる. 自国通貨を外貨に換えて行なう投資はスワップを利用（総合持高は発生しない）して短期的に行なわれるだけである（スワップのほとんどは表 9-1 のように短期である）. したがって，先に記したように顧客は為替取引を国内の銀行とのみ行なうものと前提すれば，外貨に対する直物と先物をあわせた為替需給は基本的には銀行以外の部門（顧客）が行なう国際諸取引（従来のアバブ・ザ・ライン取引）の状況によって変化し，その為替需給によって為替相場変動は中・長期

的に規定される.

しかし，国際収支表の期間の取り方によって，国際収支表から算出される為替需給の有り様も若干変わる．国際収支表の期間を短くとれば，例えば，3カ月にすれば，前述の短期投資の「相殺」は少なくなるから，国際収支表から考察した場合の為替需給も変わりうる．それでも3カ月以内の短期投資の場合にも「相殺」がある．

ところで，銀行がインターバンクで為替取引を行なうのは以下の諸事情である．第1に，銀行は顧客との為替取引（顧客は直物取引に限らず先物取引，スワップ取引も利用する）で発生した持高を解消するために銀行間で為替取引を行なう（持高解消の取引で主に利用されるのは直物取引，スワップ取引で持高の解消過程に種々の裁定取引なども付随する——後述）．第2に，持高調整取引とは別の，銀行が独自に行なう裁定取引などの短期投資を行なうためにスワップ取引を行なう（総合持高はゼロ）．第3に，有力諸銀行は銀行間為替取引の売買差益を得る目的で為替取引を行なう（為替ディーリング）．有力銀行は他銀行から安く外貨を買い，他銀行へ高く売れば売買差益を得ることができる．有力な銀行は売買双方の相場を狭い幅の建値で提示し，それによって取引額を増加させている．実際に売買双方の注文が均等に取れれば，為替持高を発生させることなく，大きな売買差益を獲得することができる．しかし，売買がどちらかに傾き持高が生まれると，ディーラーは建値を敏速に変更したり，巧みなディーリングによって持高を解消していかなくてはならない．そのために，銀行間為替取引は一層拡大していく．

銀行間為替相場は銀行間外為市場における外貨と自国通貨の需給関係で決まることは自明であり，問題はその需給関係がどのようにして作り出されるかである．以上に述べたように，銀行は持高を基本的にもたない（持高をもっても総合持高で少額にとどまるのがほとんど）から，直物と先物をあわせた為替需給は，結局，顧客取引から生まれる持高の如何，顧客の国際諸取引（アバブ・ザ・ライン取引）の如何によって決まるということになる．

しかし，各国の経済・社会・政治の諸状況や政治家，当局者の言動などによって，今後のそれらの諸状況の予想，期待により為替ディーラーは銀行間相場の建値を変化させ，売り買いの額を均衡させながら為替取引を増大させていく．

第 10 章　国際収支の通貨区分と為替需給の分析の意義　　　321

したがって，短期的には非銀行部門の為替取引によって銀行の持高が発生する
以前に，銀行間為替相場はときに大きく変動する．例えば，アメリカの株価下
落が起こり，それがアメリカ経済の拡大を抑制する方向に働くと見られたとき
には，諸銀行のディーラーはドル安の相場で建値を出すだろう．また，日本の
金融システムに何か不安が起これば，円相場を低くして建値を出すだろう．こ
のように顧客との為替取引で持高が発生する以前に諸状況の予想・期待次第で
銀行間為替相場が大きく動きうるのは，非銀行部門との為替取引による持高の
発生とそれに伴う為替調整取引から生じる銀行間為替取引よりも売買差益を狙
った為替ディーリングの規模がきわめて大きくなっているからである[15)]．さら
に，短期的な為替相場の変化予想に応じて顧客も為替取引を早めたり遅らせた
りすることもある（例えば，リーズ・アンド・ラグズ）．

　このように為替相場は短期的には顧客取引から発生する持高の状況から離れ
て「独自」に変動する余地があるが，それはあくまで短期的であり，中長期的
な趨勢として為替需給の方向を決めているのは上に述べたように顧客の種々の
国際取引であり，中長期的な為替相場はその為替需給によって規定されていく．
ただ，顧客の国際取引といっても前述したように，短期投資においては投資と
その引き揚げがあり相殺されるから，実際には為替取引が伴われていながら，
国際収支表には資産額，負債額に表示されないことがある．この場合には為替
取引額は外貨のネット資金移動の額よりも大きな額となる．しかし，その場合
にも，資金の流出と流入があるのであるから為替相場への影響は短期的で中長
期的には緩和されてしまうであろう（後述）．

　再度述べれば，為替需給を最終的に規定するのは国際収支表に示される顧客
の種々の国際取引であり，これが中・長期的に為替相場を規定していくという
ことになる．次に顧客の国際諸取引によって銀行に発生する為替持高とその解
消のための為替調整取引のいくつかの実例を示そう．

2.　国際諸取引と銀行の為替調整取引

(1)　顧客の直物取引，先物取引と銀行の為替調整取引

拙稿へのコメントでは「国際収支表はアクチュアル・ポジションのみを記録

する」と述べるが，国際収支表に示された外貨の支払・受取，資金の流出入には以下にみるように顧客の直物為替，先物為替，スワップの利用が伴い，銀行に種々の為替持高を発生させ，銀行の為替調整取引が必要になる．

経常収支の諸項目であれ，金融収支の諸項目であれ，外貨での支払・受取，資金の流出入が生じたときの最も簡単な為替取引は，その都度，顧客が銀行と直物為替取引を行なうことである．この取引を発生させる要因は多様である．貿易，サービス，投資収益，経常移転の諸項目でもおこりうるし，非銀行部門の種々の対外投資でも生じうる．多くを述べる必要はないであろう．銀行はこの為替取引によって生まれた直物持高を銀行間直物取引で解消する．

しかし，顧客は国際収支表の諸項目に記録される外貨での支払・受取，資金移動を先物為替，為替スワップを利用しても行なう．最も簡単な例は貿易代金の支払・受取を，先物為替を利用して行なう例である．例えば，日本の輸入業者がドル建で7000万ドルの輸入を行なったとき，多くの場合，輸入契約が成立した時点（例えば1月はじめ）で先物予約（例えば先物期間3カ月）を行なうだろう（1月に銀行の先物為替の売り，財貨の所有権の移転はその後）．先物期間が終了する4月はじめに輸入業者は貿易代金を支払うが，輸入として記録された金額が先物為替取引の円とドルの受渡しの実行によって支払われたのである．

反対にドル建輸出（6000万ドル）があったとし，輸出業者はドル売りの先物契約（銀行の買い）をしたとすれば，この輸入と輸出をあわせて銀行の先物での持高は1000万ドルの売持となる．銀行間先物市場は市場規模が小さく（表10-2参照），銀行は持高の解消に先物市場を利用するのは困難であるから，この場合，銀行はまず総合持高をゼロにするために直物を1000万ドル買うであろう．その後，頃合いを見つけてスワップ取引（直物で1000万ドルの売り，先物で1000万ドルの買い）を実施して，直物でも先物でも持高をなくそうとする[16]．

以上の例のように，拙稿へのコメントにあった「国際収支表はあくまでアクチュアル・ポジションを記録する」という言い方は不正確である．貿易代金の支払・受取という国際取引の最も簡単な例でさえ，顧客は直物取引だけでなく先物取引も利用し，為替調整取引には直物為替，スワップが使われるのである．

表10-2 世界の外為市場の機関別取引[1]（2013年4月の1日平均）

(億ドル, %)

	直　物	アウトライト先物	スワップ
報告機関間の取引	6.754　(33.0)	1.815　(26.7)	10.852　(48.7)
ローカル	2.624　(38.9)	457　(25.2)	3.819　(35.2)
クロス・ボーダー	4.130　(61.1)	1.358　(74.8)	7.033　(64.7)
その他の金融機関との取引	11.827　(57.8)	4.021　(59.1)	9.994　(44.9)
ローカル	5.509　(46.6)	1.783　(44.3)	4.046　(40.5)
クロス・ボーダー	6.318　(53.4)	2.237　(55.6)	5.948　(59.5)
非金融機関との取引	1.881　(9.2)	964　(14.2)	1.430　(6.4)
ローカル	1.203　(64.0)	579　(60.0)	775　(54.2)
クロス・ボーダー	678　(36.0)	385　(40.0)	656　(45.9)
合　計	20.462	6.800	22.276

注：1)　全通貨の取引.
出所：*Ibid.*, p.2 and 6 より.

　また，上の例でドル金利が円金利よりも高いとき，銀行は直物取引で総合持高をゼロにするにとどめ，スワップ取引を行なわなければ金利裁定取引が可能となる．すなわち，銀行は直物で1000万ドルのドルを買い，総合持高をまずゼロにする（持高は直物での1000万ドルの買持，先物での1000万ドルの売持）が，そのあとスワップ取引を実施しないのである．このとき，銀行には為替資金のアンバランスが生まれている．直物取引でドル資金が手元に入るが円資金が不足する．銀行は1000万ドル相当の円資金を種々の方法で調達し，手持の1000万ドルを先物為替期間，アメリカ市場で運用するであろう．先物期間が終了する時点で運用していたドル資金が回収され，そのドル資金でもって先物為替取引に伴うドル資金が支払われ，逆に円資金の受取で調達していた円資金を返済する．つまり，銀行は持高調整取引（総合持高をゼロに）を行ないながら金利差の利益を得る（金利裁定取引を実施している）のである[17]．

　さらに，非銀行・金融機関等が投機的な円の先物を売る場合がある（「空売り」）．以下の事例である．今，日米間に2%の金利差（ドル金利が高い）があり，直物相場が1ドル＝118.20円だとすると，「金利平価」の理論より3カ月の先物相場は117.61円に近くなろう[18]．3カ月後に円安が進行し直物相場が125円になると予想する機関投資家等はドルに対して先物で円を売る．そして円安が進行した3カ月後に直物でドルを円に転換する．予想がほぼ当たり，3

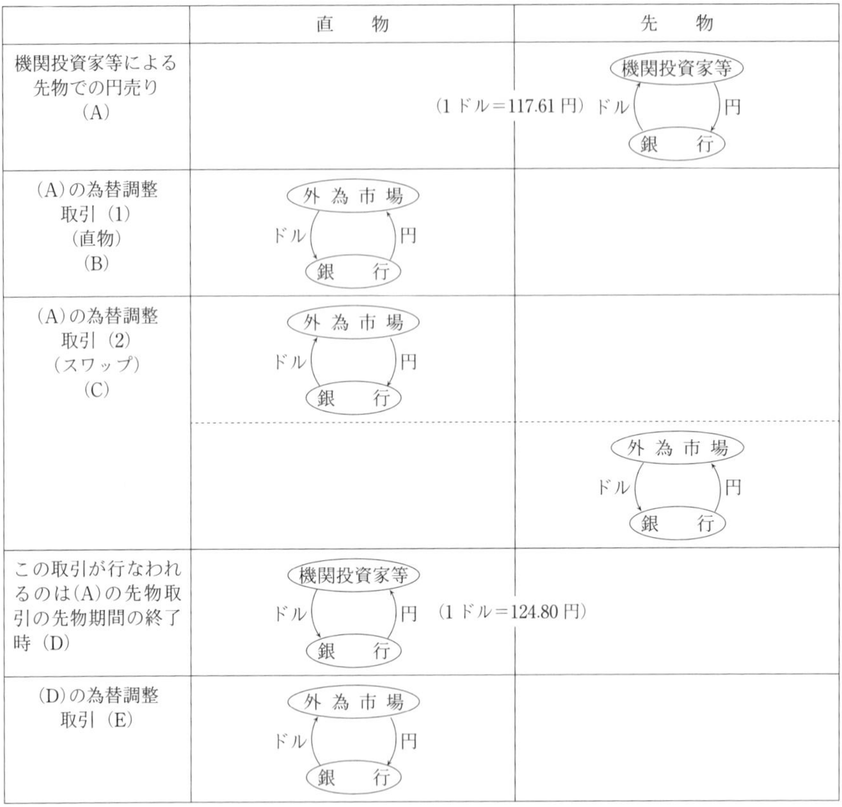

	直　物	先　物
機関投資家等による 先物での円売り （A）	（1ドル＝117.61円）	機関投資家等 ドル　円 銀　行
（A）の為替調整 取引（1） （直物） （B）	外為市場 ドル　円 銀　行	
（A）の為替調整 取引（2） （スワップ） （C）	外為市場 ドル　円 銀　行	外為市場 ドル　円 銀　行
この取引が行なわれ るのは（A）の先物取 引の先物期間の終了 時（D）	機関投資家等 ドル　円 銀　行　（1ドル＝124.80円）	
（D）の為替調整 取引（E）	外為市場 ドル　円 銀　行	

出所：筆者の作成.

図 10-1　機関投資家等による「空売」と為替調整取引

カ月後の直物相場が 124.80 円になったとすると 7.19 円の利益が挙げられる.

　銀行は「空売り」が行なわれた時点で先物での持高が生まれ，銀行は外為市場から直物でドルを買ってまず総合持高をゼロにするだろう（図 10-1 の B欄）．また，銀行は直物，先物でも持高をなくすならば（金利裁定取引を実施しないならば），さらに直物でドルを売り，先物でドルを買うスワップ取引を行なうであろう（同図の C 欄）．直物で円安が進行した 3 カ月後，機関投資家等は直物でドル売・円買を行なう．銀行は外為市場に対してドルを売って持高を解消するだろう（同図の E 欄）[19].

この例で指摘しておくべきことは３点である．第１は，この「空売り」は非銀行部門にとっては円もドルもネットでの資金移動を伴わないものである．先物為替取引の実行時（ドルと円の受渡し時点）には反対の直物取引が行なわれて，ドルと円の受渡しがそれぞれ相殺されている．第２に非銀行部門による先物取引に対応して銀行は持高を解消するために直物，スワップを用いており，ネットでの資金移動はおこっていない．ただし，銀行がスワップ取引を行なわないで（持高を総合持高にとどめ）裁定取引を行なった場合は，先物期間中のドルの資金移動がおこる．第３に，この例では３カ月の間に円安が進行するという前提であるが，この円安自体はこの投機的な為替取引によって生じているのではない．この投機が円安を一時的に加速することがあっても，円安は国際収支表に表われている国際諸取引による為替需給，その他の短期的な経済的・政治的な諸要因から生じているのである．

(2)　顧客のスワップ取引と為替調整取引

非銀行部門（顧客）が実需取引でスワップ取引を利用する例は次である．貿易取引あるいはサービス取引等でのドルの支払が必要で，数カ月後にドルの所得収支等の受取がある顧客は，直物で円をドルに換え，先物でドルを円に換えるスワップ取引を行なうだろう[20]．この例では，国際収支表にはドルでの支払も数カ月後のドルでの受取も記録される（国際収支表の期間中）．貿易やサービス取引，所得収支等の実需取引にもかかわらず顧客のスワップ取引が行なわれているのである．他方，ドルの受取があり，数カ月後にドルの支払がある顧客もあろう．それら，両方の顧客のドルでの受取，支払が国際収支表（貿易収支，サービス収支，所得収支等）に記録され，スワップ取引の需給を作り出している．顧客の実需取引でさえスワップ取引が伴うのである．

銀行はそれに対して，通常は銀行間市場で反対のスワップ取引を行ない持高をなくすであろう．しかし，顧客とのスワップ取引では銀行の総合持高はゼロであるから，場合によっては総合持高をゼロにしたまま種々の裁定取引を実施するだろう（前述）[21]．

さらに，顧客の短期投資もスワップによって行なわれるだろう．例えば，機関投資家等が短期で円をドルに換えて米株式・債券などで運用する場合などで

ある．その場合，機関投資家等は多くはスワップ取引（直物で円をドルに換え，先物でドルを円に換える）を行なうだろう．運用期間中に直物で円高が生じると為替損失もありうるからである．この場合，銀行には総合持高は発生しないが，多くの場合は反対のスワップ取引を銀行間で行ない持高をなくすであろう．あるいは，銀行は機関投資家等と為替スワップ取引を行なっても総合持高はゼロであるから，ときには銀行は為替調整取引を実施しないで，別途ドル資金を調達して手元に入ってきた円資金を先物期間運用するかもしれない．

以上の①顧客の直物取引，②顧客の先物取引，③顧客のスワップ取引の3つをあわせた持高の発生と為替調整取引の例を，筆者は『国際金融のすべて』（共編，1999年，31-34ページ），『現代国際金融第2版』（共編，2010年，30-32ページ）で論じている．再度，本章でも表10-3を掲げ説明しておこう．

いまある銀行の対顧客取引による持高が表10-3の上段（円・ドル取引）のようになったとする．銀行は顧客と直物取引，先物取引，スワップ取引（直物と先物）を行なっている．直物取引は銀行のドル買が2000万ドル（うち800万ドルはスワップ取引の一部），ドル売が1900万ドル（うち900万ドルはスワップ取引の一部），したがって直物は買持100万ドルである．先物取引は買が

表10-3 持高表と為替調整取引（円・ドル取引）
(万ドル)

		買		売	
直物取引		取引 a	1200	取引 c	1000
		取引 b	800	取引 d	900
	直物持高	買持	100		
先物取引		取引 d'	900	取引 b'	800
		取引 e	200	取引 f	500
	先物持高			売持	200
総合持高				売持	100
為替調整取引					
①直物取引			100		
②スワップ取引					
直物					200
先物			200		

注：取引 b と b' はスワップ取引．取引 d と d' もスワップ取引．
出所：奥田他編『国際金融のすべて』法律文化社，1999年，32ページ，『現代国際金融第2版』同，2010年，31ページ．

1100万ドル（うち900万ドルはスワップ取引の一部），売が1300万ドル（うち800万ドルはスワップ取引の一部），したがって，先物は売持200万ドルである．そうすると，直物と先物を合わせた総合持高では売持の100万ドルとなる．この場合，この銀行が他の銀行と直物で100万ドルのドル売，先物で200万ドルのドル買を行なえば，直物，先物の双方で為替持高も為替資金も調整され，為替調整取引は完璧である．しかし，このような為替調整取引の実施は現実的には困難である．というのは，表10-2で見たように銀行間の先物取引は少額であり，銀行間先物市場ではドル買の「出会い」を見つけにくいからである．そこで，為替リスクのすべてをなくすことはできないが，まず，すみやかに総合持高をゼロにして為替リスクの大部分をなくす．今の場合，この銀行は銀行間外為市場において取引が容易な直物取引で100万ドルのドル買を行ない総合持高をゼロにしたうえで，頃合いを見つけて直物でドル売，先物でドル買のスワップ取引を200万ドル行えば，直物，先物の双方で為替持高も為替資金も調整され，為替調整取引は完璧になる（表10-3の下段）．銀行間スワップ市場は取引額が大きく，「出会い」が見つけやすいのである．

　しかし，いまこの銀行が外為市場において直物で100万ドルのドル買を行なって総合持高をゼロにしたうえで，直物でドル売，先物でドル買のスワップ取引の額を200万ドルではなく100万ドルにとどめた場合，為替調整を完璧にしなかった100万ドルについては，総合持高はゼロのままであるが，直物は100万ドルの買持，先物は100万ドルの売持が残る．したがって，為替リスクの大半は回避されているがリスク回避は完全ではない．また，為替資金の補充問題が残されている．このような問題が残されているが，銀行にとっては魅力的な取引が可能となる．つまり，200万ドルのうち100万ドルは為替調整を完璧にしないで，金利差を得る金利裁定取引が実施できるのである．

　例えば，資金を円よりもドルで短期で運用するほうが有利な場合（金利差等），この銀行は直物の買持によってドル資金が手元にあるから，この資金をドルのまま先物為替の期間中，例えば，3カ月間米短期証券で運用するであろう．しかし，この銀行は100万ドル相当（為替相場で換算して）の円資金を預金か他の銀行からの借入によって調達しなければならない．直物で100万ドルの買持であるから．そして，3カ月後，米短期証券を売り，そのドル資金で先

物取引の実行がなされ，円資金が戻ってきて，調達された円資金の返済が出来る．このように総合持高はゼロにしたまま直物，先物で持高を残した為替調整取引を行なえば，銀行は同時に金利差等を利用した裁定取引を実施できるのである．今の例で言えば，円資金を調達してきてドルで運用したのである．

以上は顧客の為替取引とそれから発生する為替調整取引であったが，顧客との為替取引による持高為替調整とは離れて独自に，銀行はスワップを利用して短期投資を行なうことがある．もちろん，総合持高では持高が生まれないから，時には多額にのぼることもある（2000年代に入って銀行のこのような投資が増大した[22]）．

とはいえ，顧客の短期投資，銀行の短期投資を問わず，国際収支表の期間中にこれらの投資と引き揚げが終了していれば，投資と引き揚げが「相殺」されて国際収支表には表われないが，スワップ取引が実行されている．しかし，その場合，直物ではドル需要が高まり先物では円需要が高まろう．その結果，直先スプレッドが拡大し，他の事情が変わらないとすれば，この短期投資にうまみが減少していき，この取引は沈静化していこう．短期投資が直物で行なわれていれば投資と引き揚げが「相殺」され，国際収支表の期間中をとれば為替需給は均衡する．

逆に，反対の短期投資もあろう．つまり，海外の機関投資家，銀行等がスワップ取引（直物でドルを円に換え，先物で円をドルに換える）を利用して日本株等に運用する場合である．この場合は，直物で円需要が高まり先物でドル需要が高まる．その結果，直先スプレッドが変化し，その取引のうまみは減少していく．かくして，実際には，通常は双方向での短期投資が行なわれており，スワップの（直物，先物それぞれの）為替需給は均衡化する傾向をもつ．

したがって，一般的に言えることは，双方向での短期投資があり，それが直物で行なわれていれば，為替需給は国際収支の期間中に均衡し，スワップで行なわれた場合も，通常の時期には直物と先物を合わせれば為替需給は均衡している．短期資金の移動に自由があり，ジャパン・プレミアムなどの「異常」が生まれていない平常な時期には直物相場と先物相場のスプレッドが両国の金利差によって規定され，その直先スプレッドと直物相場が先物相場を規定する．直先スプレッドと金利差が等しくなったとき，「金利平価」が成立したという

のが先物相場論の基本である[23]．この「金利平価の理論」によれば，直物相場は独立変数であり，先物相場は従属変数である．市場に「異常」が生まれ，「金利平価の理論」が妥当しない場合については後述しよう．

3. 小結と残った論点についての説明

(1) 小結

以上のここまでの論述をまとめれば以下のようになろう．①世界の国際諸取引は様々な通貨で行なわれており，国際収支表の諸数値も実際は諸通貨で構成されている．それらが諸為替相場で換算されて国際収支表にはひとつの通貨で表示されているのである．②国際収支表の諸数値は，国際収支の期間中の実際の資金の支払・受取の金額，資金の流出入額を示すものである．③経常収支の諸項目は累積額が記録されているのに対し，金融収支（投資収支）の諸項目においては資産と負債の項目が設定され，期間中の新規投資と投資の引き揚げの差額が資産と負債のそれぞれに記録される．したがって，短期投資の場合には，国際収支表の期間中の新規投資と引き揚げが「相殺」されて，国際収支表には記録されないことが多い．④国際収支表の諸数値は実際は自国通貨建の部分と外貨建部分に分かれ，外貨建部分は国際収支表の当該国側の非銀行部門（銀行にとっては為替取引の顧客）に為替取引が必要になるが，自国通貨建の部分は当該国の顧客には為替取引の必要がない．⑤顧客の為替取引によって銀行には持高が形成されるが，顧客の為替取引は直物為替に限らず，先物為替，スワップも利用される．したがって，国際収支表の諸数値は銀行にアクチュアル・ポジションのみを形成するのではない．先物でもスワップでも持高は形成される．⑥銀行は顧客との為替取引によって発生した種々の持高を，主にインターバンクで直物取引，スワップ取引を使って解消する．そのような持高調整取引を行ないながら，銀行は種々の裁定取引（短期投資）をも行なう．顧客との為替取引によって発生した持高の為替調整については表10-3にまとめられている．

⑦銀行は基本的に持高をもたないし，もっても「総合持高」の少ない額にとどまるから，直物と先物をあわせた為替需給は基本的には顧客の外貨での国際

諸取引によって決まる．したがって，為替需給の実態に迫るために国際収支表の諸項目の通貨区分をできるだけ明らかにすることが必要になる．⑧以上の経緯によって生まれた為替需給が中長期の為替相場を規定し，為替需給が均衡しなければ為替相場が変動し，それが大きければ通貨当局の為替市場介入が行なわれる．⑨しかし，銀行間の為替取引（為替ディーリング）の規模，銀行とファンド等の機関投資家との為替取引規模が膨大になっており，短期の為替相場は各国の経済・社会・政治の諸状況や政治家，当局者の言動などから変化しうる．為替ディーラーはそれらの予想，期待により銀行間相場の建値を変化させ，ファンド等も取引を短期に変化させるから，非銀行部門（とりわけ，非金融部門）の為替取引によって種々の持高が発生する以前に銀行間為替相場はときに大きく変動するのである．とはいえ，為替ディーリングは基本的には持高が生まれないように行なわれるから，中長期的な為替相場は顧客の国際諸取引から生まれる為替需給によって決まっていく．

(2) 残った論点についての説明

　以上の諸点の明確化によって「A氏のコメント」への回答はほぼ終わると思われるが，なお，論じておかなければならない点は以下の諸点である．①顧客が自国通貨で国際諸取引を行なっても，当該国の銀行には海外の銀行との為替取引が必要になろう．②本章では，これまで顧客は自国の銀行と為替取引を行なうと前提したが，一部は海外の銀行と行なわれている．③銀行等は居住者と外貨建取引（インパクトローン，外貨預金等）も行なうが，この取引自体は居住者間の取引であるから国際収支表に記録されない．しかし，銀行の外貨建・対内取引に伴う外貨資金の調達・運用等は国際収支表に表われる場合もあるし，また，銀行の持高に影響をきたす場合もある．

　④短期投資の場合には，国際収支の期間中に新規投資と引き揚げが「相殺」されて，国際収支表には記録されないにもかかわらず為替取引が行なわれている．直物取引で短期投資が実施されている場合は，売りと買いがあり国際収支表の期間中に為替需給は均衡化するが，スワップが利用される場合（いわゆる銀行による「円転」「外転」もスワップを利用して行なわれる），通常の時期には先物相場は直物相場と金利差に規定され「金利平価」が形成されるが，何ら

かの異常な事態が発生すれば「金利平価」が形成されず変容を受けるかもしれない．異常な時期について補足的に論じよう．

　まず，第1点目であるが，国際収支表の当該国の非銀行部門が自国通貨で国際諸取引を行なった場合，当該国の非銀行部門（顧客）には為替取引の必要がないが，非居住者にとっては為替取引が必要になる．それが当該国の銀行の海外の銀行との為替取引をもたらす．以下のような場合である．従来，日本の経常収支は大きな黒字であり，その大部分は円建であった（通貨別貿易等から算出される[24]）．円建・経常黒字額に相当する日本からの円建投資額がなく，前者が後者よりも多いと外銀は円の売持となり邦銀との為替取引を必要とするだろう．このとき，邦銀の方がドル等の売持をもっていなければ，外銀と邦銀との為替取引は順調に進まない．つまり，日本の投資収支のレベルで中長期の円を外貨に換えての投資がなければならないのである（前掲図3-4参照）．図3-4の㋑の額は日本の円建・経常黒字額と円建・対外投資額により決まってくるだろう．また，㋩の額は非銀行部門による円を外貨に換えての投資額によって決まってくる．そして，㋑の額と㋩の額がアンバランスになれば，㋺の銀行間為替取引は順調に進まず為替相場は変動する．さらに，為替相場が変動すれば，㋑の額，㋩の額も変動する．円高になれば為替差損がうまれるから㋩の額は減少し，また，円建投資の受入れも海外から忌避されて減少し，円高がさらに進む可能性がある．逆に円安が進行すると為替利益がうまれるから㋩の額は増加し，さらに円安が進む可能性がある[25]．国際収支の諸項目での通貨区分を明らかにしなければならないゆえんである．

　次に，上記の第2点を論じよう．全世界の顧客は為替取引の半分以上または半分近くを海外の銀行と行なっている．前掲の表10-2によると，全世界（53カ国・地域）の非報告・金融機関の直物取引のうちクロス・ボーダー取引は53％を占めており，アウトライト先物取引では56％，スワップ取引では60％となっている．全世界の非金融機関の取引ではクロス・ボーダー取引は，それぞれ36％，40％，46％である．しかし，東京外為市場（2013年4月，表10-4）では銀行の非銀行・金融機関との取引のうち，直物で28％，先物で8％，スワップ28％がクロス・ボーダーとなっており，また非金融機関の取引では，それぞれ0.4％，2％，0.3％とクロス・ボーダー取引がかなり少ない．これは

日本所在銀行の海外の非銀行部門との為替取引が少ないことを示しているのであるが，日本の非銀行部門が海外の銀行とどれぐらいの為替取引をしているかはわからない．とはいえ，日本の非銀行部門のクロス・ボーダー取引がある程度あることはおおいに考えられる．それゆえ，非銀行部門（顧客）の為替取引の全額が当該国に所在している銀行の持高に直接反映することにはならない．例えば，本邦内の非銀行部門へドル資金の入金があり，非銀行部門が外銀（または邦銀の海外支店——顧客のクロス・ボーダー取引の多くは海外支店との取引であろう）と為替取引を行なった場合，外銀（または邦銀の海外支店）は円の売持となろう．そこで外銀（邦銀海外支店）は結局は邦銀に対して円買・ドル売を行なうであろう．この時点で邦銀はドルの買持になる．それは時間的なズレはあっても，本邦内の顧客が邦銀に対してドル売・円買の為替取引を行なったのと結果的には同じ事態となる（図 10-2）．つまり，考察を簡単にするために国内の顧客の為替取引はすべて当該国の銀行と行なうと前に前提していたことと変わりはないのである．したがって，顧客が外銀（多くは邦銀海外支店）と為替取引を行なっても，国際諸取引の状況が当該国の銀行の持高を左右するといえるのである．

次に第 3 点について，例えば銀行は国内の顧客に外貨建貸付（インパクトロ

表 10-4 東京市場での機関別取引[1]（2013 年 4 月中）

(億ドル，%)

	直　　物	フォワード	スワップ
インターバンク参加者[2]との取引	19,795（62.9）	2,387（34.5）	25,974（77.4）
国内	2,107（10.6）	902（37.8）	1,731（ 6.7）
国外	17,688（89.4）	1,485（62.2）	24,244（93.3）
その他金融機関との取引	1,983（ 6.3）	3,544（51.2）	1,436（ 4.3）
国内	1,418（71.5）	3,266（92.2）	1,028（71.6）
国外	565（28.4）	277（ 7.8）	408（28.4）
非金融機関との取引	8,139（25.9）	876（12.7）	3,676（11.0）
国内	8,106（99.6）	862（98.4）	3,665（99.7）
国外	32（ 0.4）	14（0.16）	11（ 0.3）
合計[3]	31,453	6,924	33,425

注：1）　全通貨の取引．
　　2）　報告機関は除く．
　　3）　報告対象金融機関（国内）との取引を含む．
出所：東京外国為替市場委員会「東京外国為替市場における外国為替取引高サーベイの結果について」2013 年 7 月 29 日，参考計表の表 1 より．

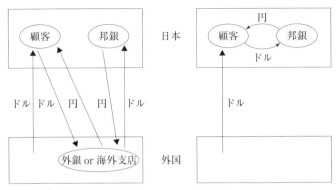

出所：筆者の作成．

図 10-2 本邦内顧客の外銀（邦銀海外支店）との為替取引と邦銀の為替持高の形成

ーン）を行なうが，その外貨を銀行は調達しなければならない．銀行は海外から調達する場合もあるし，顧客との種々の為替取引で生まれた外貨資金を利用するかもしれない．前者の場合には外貨資金の調達と貸付であるから持高は生まれないが，海外から調達された外貨資金は国際収支表に記録される．後者の場合には国際収支表に記録されないが，銀行に持高が生まれるときがある．さらに，顧客（非銀行部門）は外貨預金を行なう．一般論としては貿易，投資収益等の外貨資金の受取がその原資になる場合も考えられるが，日本のドル建経常収支は赤字であるから，銀行との為替取引が伴う場合がほとんどであろう．したがって，銀行には持高が生まれる．そして，銀行はその外貨預金をインパクトローンに利用するかもしれない．以上のように銀行の居住者への外貨貸付，外貨預金等はそれ自体は直接には国際収支表に表われないが，銀行の国内・顧客との外貨建取引には一部，国際収支表に表われる取引を伴うし，銀行に持高を発生させることがあるのである[26]．したがって，持高の全体的形成については外貨建・対内取引に関しても考察が必要になる．先に記した「小結」にはこの部分の補整が必要であろう（後述）．

　最後に第4点についてであるが，短期投資が直物為替で行なわれていれば，国際収支表の期間中に投資と引き揚げがあり為替需給も均衡する．スワップで行なわれた場合も，通常の時期には直物と先物を合わせれば為替需給は均衡し

「金利平価」が成立する．しかし，ジャパン・プレミアムなどの「異常」な事態が発生したとき，あるいは，何らかの要因で短期投資が対外投資か対内投資のどちらかに持続的に傾いたときには，先物相場は上の「金利平価」の基本的な議論とは異なり一定の変容を受ける．北海道拓殖銀行，山一證券などの破綻があった1997年の秋に大規模なジャパン・プレミアムが発生し，邦銀海外支店の資金調達が困難になった．本店から海外支店へスワップを使って資金供給することになったが，その際，ジャパン・プレミアムに近い「追加」のスワップコスト（＝「追加」の直先スプレッド）を要求され，先物相場は「金利平価」から乖離することになった[27]．

また，日本からスワップを利用した対外投資が巨額にのぼった2003年などに先物相場の「金利平価」からの乖離が生じた．米金利の低下による米証券価格の上昇が見込まれ，他方，日本はゼロ金利のもと，銀行も含めて諸金融機関はスワップを利用した多額の短期対米投資を行なおうとした．しかし，スワップ取引の相手が不足する事態（直物でドルを円に換え，先物で円をドルに換える短期投資が少ない事態）になれば，スワップ取引の需給にアンバランスが生まれて，スワップレート（＝直先スプレッド）が金利差から乖離する状況になってくる．この事態が，直物で外貨を円に換え先物で円をドルに換えて行なう短期投資に有利になり（「円転コスト」の低下），日本のゼロ金利とあいまって「マイナス金利」を生み出していった[28]．このように，スワップ取引を伴う短期取引が対外投資あるいは対内投資のうちどちらかに持続的に傾いたときにも先物為替相場に変容が生じる．

以上のように，「特異な時期」には先物相場に変容が生じるのであるが，通常の時期には，国際収支に表われない短期投資においても直物と先物をあわせた為替需給は均衡し，為替相場に大きな影響を与えないといえよう．

「残った論点」を以上のように論じ，先ほどの「小結」に「残った論点」の第3点と第4点を加味し以下のような補整としたい．つまり，銀行の外貨建資産負債は「アバブ・ザ・ラインの種々の取引さらには為銀が行なうビロー・ザ・ライン取引の全体的帰結，結果として存在しているということである」[29]．

第 10 章　国際収支の通貨区分と為替需給の分析の意義　　　335

注

1) 「2013 年の日本の国際収支構造と為替需給——経常収支黒字の消滅，日本の国際
収支表の分析方法」(『立命館国際研究』27 巻 1 号，2014 年 6 月．以下では「2013
年分析の拙稿」と呼ぶ．一部修正・加筆の上で本書の第 9 章に所収．

2) 「国際収支の通貨区分と為替需給の分析の意義——拙稿へのコメントの検討」『立
命館国際研究』28 巻 2 号，2015 年 10 月．本章である．

3) 拙書『ドル体制と国際通貨』ミネルヴァ書房，1996 年，第 8 章「日本の対外取
引におけるドルと円——本邦為替銀行の対外ポジションと「為替需給」」235 ページ．
この拙書の第 8 章は，大蔵省『調査月報』(第 81 巻第 4 号，1992 年 4 月) に掲載さ
れた佐藤幸典氏の論稿「近年における国際収支「金融勘定」の動向について」を参
照したものである．この論稿で佐藤氏は為替銀行の通貨別・対外取引 (短期，長期)
についての統計値を掲げられている．なお，この拙書第 8 章の執筆に先立って筆者
は 2 つの論稿を検討している (拙稿「本邦為替銀行の対外ポジションと先物為替取
引」『立命館国際研究』5 巻 2 号，1992 年 9 月)．1 つの論稿は『東京銀行月報』
(1992 年 5，6 月号) に掲載の論文 (寿崎雅夫「国際収支・為替需給と為替相場」)，
もうひとつは，『金融財政事情』(1992 年 6 月 8 日) に掲載の論稿 (佐藤明義「銀行
はいかにして対外負債を返済できたか」) である．これらの論稿は国際収支表の分析
をもとに，銀行の為替ポジション，為替需給を検討したものである．

4) 同上拙書，243 ページ．

5) 為替持高，為替資金の過不足の発生による銀行の為替調整取引について筆者は何
度も論じてきた．以下のものである．奥田，横田，神沢編『国際金融のすべて』法
律文化社，1999 年，30-34 ページ，奥田，神澤編『現代国際金融第 2 版』法律文化
社，2010 年，29-32 ページ．これら以外に早い時期に執筆したものでは，『多国籍銀
行とユーロカレンシー市場』同文舘，1988 年 (30-34 ページ) においてユーロ登場
以前の西欧諸銀行の為替調整取引を論じている．また，『ドル体制と国際通貨』ミネ
ルヴァ書房，1996 年，10-14 ページ，『ドル体制とユーロ，円』日本経済評論社，
2002 年，第 5 章「ドルを媒介に実施される裁定取引と為替調整取引」，『現代国際通
貨体制』日本経済評論社，2012 年，第 8 章「ユーロと諸通貨間の短資移動」なども
参照されたい．

6) Ａ氏の他にも実務経験のある研究者によっても同趣旨の発言がなされたと間接的
に聞いている．概略は以下のようである．為替相場の変動要因を通貨別国際収支だ
けで説明するのは無理ではないか．為替取引はスポットだけでなく先物もあり，ネッ
トの資金移動だけをみてもわからないから，という．筆者が知らないところでも
このようなコメントが多くなされているのかもしれない．拙稿でこのようなコメン
トに対して改めて詳しく説明を行なう必要があると思った次第である．なお，「2013
年分析の拙稿」と同趣旨の方法で分析したものに次の論文がある．田中綾一「日本
の経常収支動向と国際収支分析の問題点」『関東学院法学』第 24 巻第 3 号，2015 年
1 月．

7) 自国通貨建取引の場合には居住者による為替取引はおこってこないが，非居住者
にとっては「外貨」であるから海外で行なわれる為替取引から海外の銀行と自国の

銀行との銀行間為替取引がおこってくる. これについては後述する.

8) アメリカの貿易の通貨区分は十分に公表されていないが, 2003 年の輸入ではドル建が 90.3% であり, 9.7% が外貨建である (拙書『現代国際通貨体制』日本経済評論社, 2012 年, 86 ページの注 1 をみられたい).

9) 途上国の国際取引に自国の途上国通貨がほとんど利用されないことについては, 以下を参照. 拙稿「現代国際通貨体制の分析と諸範疇の明確化」『立命館国際研究』25 巻 3 号 (2013 年 3 月), 52-53 ページ.

10) 日本の場合は「省令レート」によって換算される. 以下を参照されたい. 日本銀行国際局「報告書作成の際に使用するレート (換算レート) の説明」(2014 年 12 月 1 日). 日本銀行・国際収支統計研究会『入門国際収支』東洋経済新報社, 2000 年, 21 ページ.

11) 筆者の I−S バランス論への言及については以下の拙稿を見られたい. 「経常収支と財政収支の基本的把握——「国民経済計算」的視点の意義と限界」『立命館国際研究』26 巻 2 号, 2013 年 10 月. また, 本書第 3 章の注 8 もみられたい.

12) 安東盛人『外国為替概論』有斐閣, 1957 年, 176-177 ページ.

13) 貝塚啓明・中嶋敬雄 (責任編集)『国際金融用語辞典第 4 版』銀行研修社, 1998 年, 8 ページ.

14) 国際収支統計は「発生主義」で, 財貨は所有権が移転した時点, サービスはそれが提供された時点, 金融取引は債権・債務が発生した時点で記録される (日本銀行・国際収支統計研究会, 前掲書, 18 ページ). また, 貿易取引は, 国際収支統計では上のとおりであるが, 日本の貿易統計では輸出は積載船舶または航空機が出港する月に, 輸入は輸入が承認された月に記録されることになっている (同上, 290 ページ). いずれにしても, それぞれの国際取引に伴う為替取引が実行されるのは, それらの時点とは必ずしも一致しないであろう. 貿易金融に伴って貿易取引が記録される時点と為替取引が行なわれる時点がさらにズレることについては, 本書第 11 章第 2 節をみられたい.

15) 前掲『国際金融のすべて』52-54 ページ,『現代国際金融第 2 版』53-56 ページ参照.

16) 同上, 31-33 ページ, 30-32 ページ参照.

17) 筆者は後述の表 (表 10-3) を利用しながら, これらの為替調整取引, 金利裁定取引に近い例を論じている. 前掲『国際金融のすべて』33-34 ページ,『現代国際金融第 2 版』32 ページ参照.

18) $\{(118.20-x) \div 118.20\} \times 12 \div 3 = 0.02.$ $x = 117.61$

19) この例を筆者は, 以下の拙書で示している.『円とドルの国際金融』ミネルヴァ書房, 2007 年, 第 6 章「1997 年の金融不安下の円・ドル相場の規定因」, とくに 152 ページ.

20) この代替取引は顧客が銀行からドル資金を短期で借り入れ, それでもって支払にあて, 数カ月にドルの受取があるからそれでもって返済する取引である. 借入かスワップの利用かの選択は金利負担と直先スプレッド (＝スワップコスト, 金利差に収斂) の裁定になる.

第 10 章　国際収支の通貨区分と為替需給の分析の意義　　　337

21)　これに近い例を筆者は後掲表 10-3 を挙げて論じている（先ほどの『国際金融の
　　すべて』31-34 ページ,『現代国際金融第 2 版』30-32 ページ).
22)　前掲『現代国際金融第 2 版』67 ページ.
23)　前掲『国際金融のすべて』55-57 ページ, 前掲『現代国際金融第 2 版』57-59 ペ
　　ージ.
24)　前掲拙書『ドル体制と国際通貨』244 ページ（表 8-5）, 拙稿「ドル建貿易赤字,
　　投資収益収支黒字,「その他投資」の増大」『立命館国際研究』21 巻 3 号, 2009 年 3
　　月など参照.
25)　前掲『国際金融のすべて』57-65 ページ,『現代国際金融第 2 版』59-65 ページ,
　　参照.
26)　前掲拙書『円とドルの国際金融』第 6 章, 164-165 ページに国内顧客との外貨取
　　引の一例を示している. なお, ユーロ円インパクトローン（邦銀海外支店等の国内
　　顧客への円貸付）の場合は邦銀から海外支店等への円資金の送金があり, 顧客の借
　　入と邦銀の円送金の双方で国際収支表には記録されるが, 銀行に持高を発生させる
　　ものではない.
27)　同上書, 第 6 章, 154-158 ページ参照.
28)　同上書, 第 7 章, 176-183 ページ参照.
29)　前掲拙書『ドル体制と国際通貨』1996 年, 第 8 章, 251 ページ.

第11章

量的・質的金融緩和政策と為替相場，対外投資

　アベノミクスの第1の矢＝「量的・質的金融緩和政策」（QQE，「異次元の金融緩和政策」とも言われる）は金融政策の大きな実験であったといえよう．しかし，この政策は行き詰まっている．日本銀行は16年11月1日の金融政策決定会合において物価上昇率2％の目標達成時期の見通しを「2017年度中」から「18年度ごろ」に先送りし，さらに，17年7月20日の金融政策決定会合でさらに「19年度ごろ」に先送りした．この先送りは15年以来6度目である[1]．2012年末から13年春にかけてのアベノミクス，異次元の金融政策に対する見方とは大きな様変わりである．

　2012年12月の第二次安倍政権の誕生後，13年春にかけて円高是正が急激に進んだ．これは，アベノミクスの提唱をきっかけにするものであった．ところが，13年4月に量的・質的金融緩和政策が実施され始めるのであるが，同年5月以降それ以上の円安の進行は追加金融緩和が行なわれる14年10月末まで進んでいない．以上の簡単な経緯からもわかるように12年末から16年のマイナス金利が導入される時期，また，それ以後の為替相場を考察するには，アベノミクス，量的・質的金融緩和政策の分析が不可欠である．

　本章では，アベノミクスの提唱，量的・質的金融緩和政策の実施によって政府，日銀が想定している日本経済の推移のシナリオ（メカニズムともいわれる）が現実のものになっているかを確認していきながら，為替相場の変動の経過とその諸要因を明らかにしていきたい．また，異次元の金融政策が対内外投資に与えた影響についても論じたい．

1. 2013 年からの物価上昇，為替相場

(1) アベノミクスの提唱と物価上昇への期待感

2012 年 12 月にアベノミクスを提唱していた安倍政権が誕生し，それを受けて新任の黒田総裁のもと，日本銀行は 2013 年 4 月に「量的・質的金融緩和」政策を実施し始めるが，そのメカニズム（シナリオ）は『日銀レビュー』（企画局の論稿）によると以下のようである．① 2 年程度の期間に 2% の物価上昇を目標とするとの明確なコミットメントにより予想物価上昇率を引き上げる．②巨額の長期国債を購入する．③上記の①②により実質金利を押し下げる．④実質金利の低下により景気が好転し需給ギャップが改善する．⑤上記の需給ギャップの改善は①とともに現実の物価上昇率を押し上げる．⑥現実の物価上昇率の上昇が予想物価上昇率をさらに押し上げる．⑦上記の変化を反映し，あるいは先取りする形で株価や為替相場が変化する．⑧投資家のリスク資産への選好を高めるほか，金融の面では貸出の増加が期待される[2]．

この『日銀レビュー』にあるようにアベノミクス，QQE においては国民，金融機関，企業の物価上昇の「期待感」「予想」[3]はとりわけ重視され，期待，予想が経済実態の変化を先取りして物価上昇，為替相場，株価の変化をもたらすとしている．

そこで，アベノミクスの発表以後の予想物価上昇率の推移をみよう．図11-1 である．消費者の今後 1 年間の予想インフレ率は，アベノミクスを提唱する安倍政権が登場した 2012 年末以後急上昇し，2013 年 3 月に 0.42%，以後13 年中上昇し続け 13 年末には 0.8% に達していた．しかし，14 年になると低下し始め，14 年後半期には 0.5% ぐらいに低下し，それ以後はほとんど上昇せず，15 年末には 0.45% に落ち込んでいる．今後 5 年間の消費者の予想インフレ率の方は，今後 1 年間の予想率よりもやや高く 13 年初めに上昇し，13 年末から 14 年初めにかけて，また，14 年後半から 15 年初めにかけての上昇がみられるが，全体的には今後 1 年間の予想率と同様の推移をたどり，15 年末には 0.78% に落ち込んでいる．企業の今後 5 年間の予想インフレ率は 14 年末から 16 年春にかけて一貫して低下傾向にある．

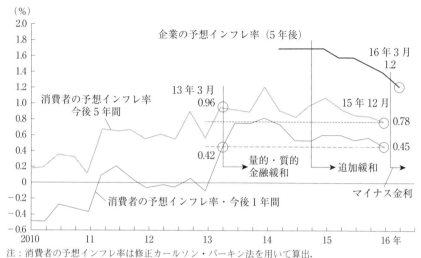

図 11-1 家計と企業の予想インフレ率

　政府によるアベノミクスのコミットメント，QQE の導入を受けて，予想物価上昇率は高まったが，しかし，それは 1 年半ぐらいしか維持できなかった．実際の消費者物価指数（生鮮食品を除く）は図 11-2 に示されている．13 年春から上昇し 14 年半ばにピークになりそれ以後低下している．実際の物価上昇率が 15 年に低下し，それに照応するように予想物価上昇率も低下していった．アベノミクスが提唱され，QQE 政策が本格的に実施されるに伴い，企業，国民による物価上昇を予想したことを受けた諸行動も一部生じて，実際の物価も上昇局面を迎えるが，14 年半ばから低下し始め，予想物価上昇率もそれに対応して停滞していく．14 年半ばごろまでの実際の物価上昇は「期待感」「予想」を一部反映したものであり，その現実の姿は，設備投資の増大，消費増加などの実体経済，金融的実態（マネタリー・ベースの増加に伴うマネーストックの増加）によるものではない可能性が強い．すなわち，日銀の多額の国債等の購入でマネタリー・ベースが急増していくが，これを要因とする物価上昇であったのか検討が必要である（本章第 3 節において）．

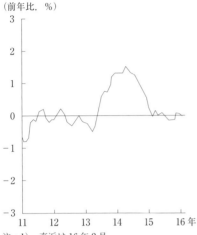

注：1) 直近は16年2月．
　　2) 14年4月の消費税引き上げについては，直接的な影響を調整．
出所：日本銀行『金融システムレポート』2016年4月，7ページより，原資料は総務省「消費者物価指数」．

図 11-2 消費者物価指数総合（生鮮食品を除く）

とはいえ，前述のように政府によるアベノミクスのコミットメント，QQEの導入を受けて，予想物価上昇は14年半ばまで続き，それに伴い円高是正・円安も進行していった（図11-3）．アベノミクスへの「期待」「予想」がそのきっかけを作ったといえよう．アベノミクスに期待し，金融緩和，物価上昇を予想する内外の為替ディーラー，内外の金融機関の関係者，企業の財務担当者，富裕層等は，今後の円安進行に「確信」をもって円売・ドル買を行なうだろう．円安が進んだ時点でドルを円に転換すれば為替益が得られるからである．したがって，期待感，予想は実際の円売を通じて円高是正・

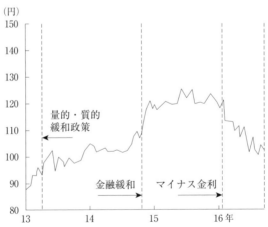

注：直近は16年9月30日．
出所：日銀『金融システムレポート』2016年10月，16ページより，原資料はBloomberg.

図 11-3 ドル／円相場

第 11 章　量的・質的金融緩和政策と為替相場，対外投資　　　343

円安を実現させていく．のちに述べるように，この時期の円高是正・円安の基底的要因は 11 年から始まっていた経常収支黒字額の急減であるが．

　為替相場は 12 年 9 月に 78.18 円の円高であったが 12 年末には 84 円近くまで低下したあと，13 年に入ると 5 月には 101 円台にまで下落した．しかし，13 年 6 月から 14 年夏ごろまでは 98 円前後から 103 円弱で推移し，再び下落するのは 14 年秋から 15 年夏にかけてである．15 年夏には 123 円台にまで下落した．ところが，16 年当初から急な円高に振れ，夏には 102 円近くにまで上昇する[4]．

　以上のような経緯により，12 年末のアベノミクスの提唱を受け，さらに 13 年 4 月からの QQE の実施が円高是正・円安に導いたものと考えられている．確かに，その時期に円高是正・円安が進行した．しかし，13 年 5 月以降それ以上の下落はとまった．それから 1 年 4 カ月間ほど相場は一進一退する．ところが，14 年 10 月 31 日の「追加緩和」（＝国債等の買入額を年間約 80 兆円に増加する）を決定した時期に再び一層の円安が進んだ．これらのことから，アベノミクスの提唱，QQE の実施は円安を導くのに成功したと評価されている．そのように評価することの適否はのちにみよう．

(2)　日米の金融政策のスタンス，経常収支の動向と為替相場

　ごく短期の相場はともかく，ある一定期間の円相場はいくつかの要因によって変化している．日本の金融政策スタンスだけでなく，日本の金融政策以上にアメリカの金融政策のスタンスが為替相場を変化させる．2013 年以後の為替相場を左右するのは QQE とアメリカの「非伝統的・量的金融政策」（QE 政策）からのいわゆる「出口政策」，それに重視されるべきは日本の経常収支の動向である．これらの諸要因が複雑に絡みながら，ある時は経常収支動向が基底で変化を支えながらアベノミクスの提唱が，ある時はアメリカの「出口政策」が先行し，それが「異次元の金融政策」の「追加緩和」，経常収支動向に補完されながら為替相場が変化していく．それゆえ，ここでアメリカの「非伝統的・量的金融政策」からの「出口政策」を簡単にみておこう．

　日銀が「異次元の金融政策」を始めて間もない 13 年 6 月に BIS は『83 回年報』において各国の「量的金融緩和政策」が持続不可能なことを論じ，それか

らの脱却を提案する．そのほぼ同じ時期に，当時のバーナンキ FRB 議長は
QE 政策からの「出口」の時期を探り始めた．5月，6月の議会証言がそれを
示している（バーナンキ議長が実際に「出口」の時期を探り始めたのは5月の
証言よりももう少し前であろう）．しかし，バーナンキ議長の発言は新興諸国
の通貨，株式，債券のトリプル安をもたらした[5]．結局，アメリカの量的金融
緩和政策が終了するのは14年10月で，ゼロ金利の解除＝金利引き上げは15
年12月になった．日米間の金融政策のスタンスの相違が円・ドル相場を大き
く左右することは十分にありうる．13年春ごろにアメリカの金融政策の見直
しが始まり，金融スタンスが日米では逆になり，円高是正・円安が進行しやす
い状況であったのである．しかし，はっきりと金融政策スタンスが日米で逆に
なっていくことが明確になるのは13年5月のバーナンキ氏の議会証言以降で，
それ以前に円高是正は進行していた．むしろ，円安の進行は13年6月になる
とストップしてしまう．12年末から13年5月までの円高是正は12年末のア
ベノミクスの提唱，「異次元の金融政策」導入のコミットメント（異次元の金
融政策実施前の）および経常収支の動向がより大きな要因であろう．アメリカ
FRB が量的緩和政策の終了を決定したのは14年10月29日，その直後の10
月31日に日本銀行は「追加緩和」を行なう．これで日米の金融政策のスタン
スは真逆に，しかもスタンスの幅が拡大された（後述）．これによって円安は
一挙に進む．翌年にかけて120円台を超えていく（図11-3）．

　このように，日米の金融政策のスタンスが円・ドル相場を大きく左右しうる
が，それに加えて日本の経常収支の動向が基底的なところで相場を規定してき
た．しかし，不思議なことに経常収支の動向に触れないで金融政策だけで為替
相場を左右できるかのような論稿が多い．とはいえ，経常収支の為替相場への
影響を考慮する際，その影響の「時間的ズレ」を考察しなければならないだろ
う[6]．

　図11-3と後掲の表11-1をもとに経常収支の為替相場への影響の時間的ズレ
について簡単にみておこう．2011年，12年上半期の経常収支が12年秋から
13年春の為替相場の基底因になっている．日本の経常収支黒字は2010年には
半期に8兆5000億円を上回り，その半分弱が貿易収支黒字によるもの，半分
強が所得収支（第1次所得収支）によるものであった．ところが，2011年上

第 11 章 量的・質的金融緩和政策と為替相場，対外投資 345

半期から貿易収支が赤字になり（この赤字化は東北での大地震と原油価格の上昇が最も大きな要因である[7]），経常黒字幅も 11 年上半期には 10 年下半期の約 3 分の 2 以下に減少し，11 年下半期には 10 年下半期の半分以下に減少している．12 年上半期には貿易赤字が 11 年下半期の 2 倍以上に，経常収支黒字も 3 兆円強に減少している．この期間の経常収支黒字額の減少が 1 年と数カ月を経て 2012 年秋から 13 年春の円高是正をもたらした実態的規定因であろう．詳細にみると円高是正はアベノミクスが提唱される以前の 12 年 10 月から少しずつ始まっている．ドル・円相場は 12 年 9 月に 78.18 円であったのが 10 月には 78.99 円に，11 月には 81.91 円に下落し，12 月に 83.65 円，13 年 1 月には 89.24 円，2 月に 93.24 円である（月中平均値）[8]．したがって，12 年秋から 13 年春にかけては以下のようにいうことができよう．12 年 10 月以降に始まった円高是正の方向はそれ以前の時期の貿易収支，経常収支動向を受けて，つまり 1 年と少しのズレを伴ってそれが基底因となりつつ 12 年 12 月末にアベノミクスを提唱していた安倍政権の誕生で一気に進んだ，と．

　また，13 年下半期，14 年上半期にかけては貿易赤字の増大により金額は大きくはないが，経常収支が歴史的な赤字になった．にもかかわらず，この時期，円・ドル相場は 100 円前後で推移していて円安は進行していない．経常収支動向と為替相場はマッチしていない．両者の間には時期のズレがある．円安は 14 年 10 月以後進む．さらに，15 年には経常黒字が復活し 8 兆円をこえるほどに大きくなっているにもかかわらず，為替相場は円安に振れ，120 円台で推移している．円高が進行するのは 16 年からである．やはり，貿易収支の動向と為替相場の推移は 1 年ほどズレている．そのズレがほぼ消えるのは 16 年である．

　以上のように，15 年まで，貿易収支．経常収支の動向と為替相場の推移の間には時期的なズレが確認できる．12 年末のアベノミクスの提唱，13 年初めの異次元の金融政策のコミットメントが円高是正を引き起こすきっかけとなったことは確かであるが，経常収支の為替相場への影響が 1 年と少しズレていたことが，アベノミクス，「異次元の金融政策」が円高是正・円安を引き起こしたように見せかけるのである．

2. 為替相場を左右する諸要因と国際収支動向

(1) 為替相場を左右する諸要因

　前節において，円・ドル為替相場に影響を与える要因として，以下の3つを指摘していた．すなわち，第1は，日米政府，日銀，FRBによる経済政策・金融政策のスタンスの変化の表明による「予想・期待」による為替相場の変動である．第2は，日米の通貨当局の金融政策のスタンスにもとづく金融政策の実施である．第3は，日本の貿易収支，経常収支の動向（しかし，その影響には時間的ズレがある）である．

　これらの3つの要因によって日々の銀行の為替持高が変化し為替相場が変動する．「予想・期待」によって内外の金融関係者，大手企業の財務担当者，富裕層などは実際に円をドルへ換えたり，逆にドルを円に換えたりするから銀行の持高は変化する．それがインターバンク為替相場を動かすであろう．また，日銀，FRBの金融政策の実施によって日米間に金利差が生まれ，そのために短資移動と為替取引が生じ銀行の持高が変化する．さらに，貿易取引など諸国際取引の如何によって持高が形成される．これら3つの要因から銀行に総合的に形成される日々の為替持高の状況によって為替需給が変化して為替相場が変動するのである．また，3つの要因によって生じる諸国際取引（短期資金取引も含め）はすべて国際収支表に記録される．短期資金移動も基本的には「投資収支」（金融収支のうち外貨準備を除く収支）の諸項目に，統計捕捉が困難なきわめて短期の資金移動の場合には「誤差・脱漏」に含まれるだろう．

　以上の第1と第2の要因についてはほぼ前節で論じた．トランプ氏の大統領への選出後の為替相場，日本の株価についてものちに簡単にふれたい．また，第3の要因，貿易収支，経常収支の動向の為替相場への1年ほど遅れての影響についても前節で触れている．為替相場の現実的変動は，以上の3つの要因が重なりながら，ときには第1の要因が主要に第3の要因がそれを補完するように，あるときは，第1の要因が第3の要因よりも強く，また，ときには第2の要因が第3の要因を背景に，さらに，ときには第3の要因が第2の要因よりも大きな要因となって為替相場が変動していく．

第 11 章　量的・質的金融緩和政策と為替相場，対外投資　　　347

　本節では，とくに，第 3 の要因，貿易収支，経常収支，国際収支の動向が時間的ズレを伴って為替相場に影響を与えるのは何故かについて論じたい．

　表 11-1 に 2010 年からの国際収支が示されている．簡単に諸特徴を挙げておこう．2011 年から貿易収支が赤字になり 14 年にかけて赤字幅が増大し，赤字幅の減少は 15 年からである．サービス収支赤字幅は旅行収支の改善により 14 年から減少している．第 1 次所得収支黒字は 13 年上半期に 10 兆円を超え，以後も高い水準にある．これらを受けて経常収支が 13 年下半期，14 年上半期に赤字になったが，14 年下半期から黒字に転化し，15 年からは大きな黒字が生まれている．それに応じて金融収支の黒字も 15 年から半期で 10 兆円を超えるようになってきた（日本の対外投資については第 3 節の 4 項にて）．

(2)　貿易取引が記録される時点と為替取引の実行時点とのズレ

　貿易取引が国際収支表に記録される時点は商品の所有権が移転される時点である[9]．それは船積書類が譲渡される時点だと理解できる．信用状付，D/P，D/A などの決済方法の違いによって船積書類が譲渡される時点が異なる．信用状付では，銀行が輸出手形を買い取り，輸出業者は輸出代金を回収する．その時点で船積書類は譲渡される．銀行に買い取られた荷為替手形は信用状発行銀行に送られ，輸入者は代金決済をするか引受を行ない船積書類を受け取る．信用状のつかない D/P，D/A の貿易では，輸出業者は取り立てのために銀行に荷為替手形を手渡した時点で船積書類は譲渡されるが，D/P の貿易では輸入者の支払が済んで輸入者に船積書類が渡され，その後，輸出業者は代金の支払を受ける．D/A の貿易では荷為替手形が輸入業者の取引する銀行に届き，輸入業者がそれを引き受けた時点で船積書類を受け取り，輸入業者の支払はのちのこととなる．輸出業者の輸出代金の回収も輸入業者の支払後となる．

　上のように，船積書類の譲渡される時点は決済の種類により異なり，それによって貿易に伴う為替取引が実施される時点も様々である．貿易契約時点，輸出代金の受取時点，輸入代金の支払時点（それも D/P，D/A とでは異なる）など．さらに，貿易取引には貿易金融（ユーザンス）が伴うことが多い．輸出業者によるユーザンス（シッパーズ・ユーザンス，サプライヤーズ・クレジット，信用状なし期限付輸出手形）の供与，銀行などのユーザンスである．輸出

表 11-1　日本

	2010		2011		2012	
	上半期	下半期	上半期	下半期	上半期	下半期
経常収支	8.5	8.5	5.5	4.0	3.0	1.6
貿易収支	4.1	3.9	−0.5	−1.1	−2.5	−4.2
サービス収支	−0.8	−0.7	−0.6	−1.2	−0.9	−0.9
第1次所得収支[2]	5.9	5.8	7.3	6.8	7.1	7.2
第2次所得収支[3]	−0.6	−0.5	−0.7	−0.4	−0.7	−0.5
金融収支	8.1	7.8	4.3	3.3	3.5	−1.3
「投資収支」[4]	7.4	4.7	2.6	−8.8	5.6	−0.5
外貨準備	0.7	3.1	1.7	12.1	−2.1	−0.8
誤差脱漏	−0.4	−0.8	−1.2	−0.7	0.4	−2.9

注：1)　（＋）（−）は 2014 年からの公表形式による．14 年からは「資本移転等収支」は含まない．
　　2)　2013 年までは所得収支．
　　3)　2013 年までは経常移転収支．
　　4)　2013 年までは資本収支，2014 年からは金融収支から外貨準備を除く項目．
出所：財務省「国際収支状況（速報）」より．

業者によるユーザンスの場合は貿易業者間の支払の猶予であり，銀行等による輸入ユーザンス供与の場合は，輸入業者はユーザンス資金で輸入代金の支払を済ませるが，銀行等からの借入が残り，のちの返済となる．輸出業者へのユーザンスもある．輸出業者が期限付手形で輸出した場合，期限付為替手形を銀行が期限前に買い取るのである[10]．

　ユーザンスが伴う場合，貿易に伴う為替取引の時点は，貿易契約時，荷為替手形の到着時，ユーザンス期間の終わり，ユーザンス期間の途中などとさらに種々の時点となる．また，ドル等外貨建貿易においては日本側において為替取引が必要となり，為替リスクの負担も日本側にかかる．円建貿易の場合は海外において為替取引が実施され，為替リスクも海外側が負担となる．

　貿易業者が直物取引を行なった時には，銀行は直ちに持高をなくすことができるが，貿易業者が先物予約を行なったとき，銀行はまずは直物取引で総合持高をゼロにしたうえで，基本的にその後スワップ取引によって直物，先物でも持高をなくすことになる．例えば，ドル建輸入業者がドル買の先物予約を行なったとき，銀行は外為市場において直物でドル買・円売を行なって総合持高をゼロにし，数時間以内に直物でドル売・円買，先物でドル買・円売のスワップ

の国際収支[1]

(兆円)

2013		2014		2015		2016	
上半期	下半期	上半期	下半期	上半期	下半期	上半期	下半期
1.6	−0.1	−0.5	3.1	8.2	8.3	10.6	9.9
−4.7	−5.3	−6.1	−4.2	−0.4	−0.3	2.4	3.2
−0.8	−2.0	−1.6	−1.6	−0.9	−0.7	−0.2	−0.9
10.0	7.8	8.3	9.8	10.5	10.2	9.6	8.5
−0.5	−0.5	−1.1	−0.9	−1.0	−0.9	−1.1	−1.0
2.3	0.3	−0.9	5.1	10.4	10.4	16.0	12.7
−1.5	−2.4	−1.4	4.6	10.1	10.0	16.1	13.2
3.8	2.7	0.5	0.4	0.3	0.3	−0.1	−0.5
−0.7	0.5	−0.4	2.0	2.4	2.2	6.0	3.0

取引を行なう．したがって，インターバンクの直物市場ではドル買とドル売が生まれるので為替需給は均衡するが，先物ではドル買が残るので数カ月後のインターバンク市場の直物相場感に影響を与えるであろう．

しかし，先物相場は基本的には「金利平価」によって規定される．ドル金利が円金利を上回っている時期が多いので，先物相場はドルのディスカウント（直物相場よりも先物相場がドル安・円高）になっている．しかも，先物期間が長い方が円高に．ところが，後述するように，日本の異次元の金融緩和により，先物為替相場の形成に異変（「金利平価」からの乖離，先物相場が「金利平価」によって決まる相場より円高に，後掲図11-15, 16）が生まれている．

(3)　日本の貿易におけるユーザンスの利用

以上のことを踏まえて，ドル等外貨建貿易，円建貿易における決済様式，ユーザンスの利用について概要を示しながら為替取引の時点をさらに考えよう．

ドル等・外貨建輸入の場合，銀行のユーザンス（貿易為替金融）の利用があれば，貿易統計に輸入が記録される時点と為替取引の時点はかなりズレることになる．輸入業者は，本邦ローンの形式で対外的には本邦銀行によって決済し

てもらい外貨建融資を受ける．あるいは BC ユーザンス，外銀ユーザンス，シッパーズ・ユーザンスなども受けることがある．もちろん，ユーザンスなしの一覧払もある．ユーザンスがある場合，輸入業者は為替相場をにらみながら様々な時点で為替取引を検討するであろう（円高が有利）．輸入契約の時点，手形引受の時点，ユーザンス期間の種々の時点．また，直物か先物か，さらに先物の場合，先物の期間（長期か短期か）である．外貨建輸入においてユーザンスがなく一覧払で決済する場合には，輸入契約時に先物為替取引（為替予約）が行なわれるか，一覧払の支払時点で為替取引が行なわれるが，前者が多いであろう．その場合は，輸入が記録される前に為替取引が実施されることになる．

　現在，ユーザンス利用率を示す公的統計はないが，日本の場合，一覧払の決済よりも何らかのユーザンスが付いていることが多いであろう．80 年代中期まで日本の輸入においてユーザンス利用率は 70% を超えていた[11]．現在，輸入業者は本邦ローン，BC ユーザンス等を利用しなくても，インパクトローンなどの多様な形態で外貨資金調達を行ない，有利な為替相場の時点で為替取引を行なっているであろう．

　次にドル等外貨建輸出において一覧払手形が利用される場合（輸入側において銀行等のユーザンスを受けていればユーザンスを与えた銀行が日本の輸出業者へ支払い，海外の輸入業者は銀行等からの借入をのちに返済する），信用状がついていれば輸出手形は銀行に割り引いてもらえるので，また，信用状がついていない場合も，荷為替手形が輸入業者へ呈示されて支払が行なわれるので，船積書類の引き渡し時点と輸出代金回収の時点とのズレは小さい．しかし，輸出契約時から代金回収まで期間があるので輸出契約時に先物為替取引が行なわれることが多いであろう．この場合は輸出が記録される前に為替取引が実施されることになる．

　日本の外貨建輸出で期限付手形が利用される場合，船積書類はすでに引き渡されており，数カ月後にその代金が回収されることになるから為替取引は為替相場の動向をにらみながら実施されることになる．したがって，輸出が統計に記録される時点と為替取引の時点がズレる場合が多いであろう．しかし，期限付手形の場合でも，輸出業者が振り出した手形を銀行が買い取る形（輸出ユー

第 11 章　量的・質的金融緩和政策と為替相場，対外投資　　　351

ザンス）で輸出代金が回収され，輸入業者に支払が延期されることが多い．この場合の輸出業者の為替取引の時点は一覧払手形の場合と変わらない．

　現在の日本には公的統計はないが，プラント等の輸出ではサプライヤーズ・クレジットが供与されようが，その他の輸出においては一覧払手形と期限付手形がともに利用されている．また期限付手形のかなりの部分に輸出ユーザンスが付けられていると思われる．80 年代中期には一覧払手形は 54.0%，1 年以内の手形は 45.6% であり[12]，1991 年では一覧払が 42.8%，2 年以内の手形が 57.1% になっていた[13]．

　さて，日本の円建輸出（現在は全輸出の 40% 弱）では，海外の輸入業者は手形が一覧払であれば邦銀または邦銀の海外支店からユーザンスを受けることが多いであろう．期限付手形である場合も輸出ユーザンスが付いていることが多いと思われる（この場合は邦銀が手形を割引する形での輸出者へのユーザンスで，早い時期に輸出代金が回収される）．日本の輸出業者にとっては，期限付手形で輸出ユーザンスが与えられない場合（輸出代金の回収は手形の期限が切れる時点）を除き，輸出代金の回収は船積書類の銀行への引き渡しの時点とそれほどズレないだろう．しかし，円建であるから輸出業者の方から為替取引は起こらない．輸入業者への何らかのユーザンスが付いている場合は，海外の輸入業者が船積書類を受け取る時点と輸入業者の為替取引の実施時点はズレるであろう．海外の輸入業者はドル高・円安が有利であり，相場の状況を考慮して為替取引を行なうことになる．しかも多くの場合は海外において（その影響が直ちに東京市場に伝わる）．為替相場が安定している時期には先物予約は少ないかもしれない．なぜなら，先物相場は直物相場よりもドル安であるから．また，ドル安・円高の進行時には為替取引を早めるであろう．逆にドル高・円安の進行時には，円での支払をおそくすることが有利である．

　日本の円建輸入（現在は全輸入の 20% 強）では，海外の輸出業者は一覧払の場合も期限付の場合も，船積書類が取引銀行に渡されてから早い時点で輸出代金を回収するであろう．期限付の場合は多くは邦銀海外支店による輸出手形の割引（輸出ユーザンス）によって．したがって，貿易が国際収支に記録される時点と為替取引（ほとんどは海外で）の時点はそれほどズレないだろう．海外の輸出業者にとっては円高・ドル安が有利であるから，先物予約が行なわれ

ることが多くなろう．日本側では，荷為替手形が輸入業者が取引する銀行に届いた時点で，支払もしくは引受を行ない船積書類を受け取る．ユーザンスが付いている場合，支払はのちになるが円建であるから日本側では為替取引は起こらない．

(4) 原油・天然ガスの輸入とユーザンスの利用

それでは，日本の通貨別貿易の状況はどのようであろうか．2011年からのそれは表11-2に示されている．ドル建は，輸出で50%前後，輸入は70%前後，円建は，輸出で40%弱，輸入は20%強である．これらの比率に各期間の輸出額，輸入額を乗じると各通貨の輸出額，輸入額が，また，通貨別貿易収支が把握できる．それを示したのが表11-3である．

大きな変動があるのはドル建輸入額である（表11-3）．円安によって換算額が少し増加してもいる．ドル建輸出額は14年下半期から15年の下半期かけてやや増加しているが，これも円換算額が増加しているからである．しかし16年には円高になって換算により減少している．円建輸出額，円建輸入額においてはさほど大きな変動は見られない．その他通貨建も輸出額，輸入額が若干増加しているが収支は安定している．

したがって，通貨別貿易をみた場合，この期間，ドル建輸入額にだけ大きな変動がみられる．それ故，貿易収支の為替相場への影響もドル建輸入額の変動によって現われていよう．ドル建輸入額は11年上半期には24兆円弱であったのが，13年下半期から14年にかけては半期に31兆円を超えるようになり，15年から減少し16年には22兆円前後にまでに大きな減少となっている．その主要因は，原油・天然ガスの輸入額に急激な増減があるからである．

表11-4をみられたい．2011年には原油・天然ガスの輸入額の前年に対する増加額は3.3兆円にのぼり，全輸入額の対前年増加額（8.4兆円）の約40%にのぼっている．2011年3月の東日本の大地震によって原子力発電が停止し，天然ガス・原油の輸入数量が増加し，それに原油・天然ガス価格の上昇が重なったからである[14]．12年にも原油・天然ガス輸入額の前年に対する増加額は2.1兆円に，その増加額は全輸入額の対前年増加額の80%に達する．13年にも原油・天然ガス輸入の対前年増加額は3兆円を超えている．14年になると

353

表11-2　日本の輸出入額と貿易の通貨区分[1]

(兆円, %)

	2011 上	2011 下	2012 上	2012 下	2013 上	2013 下	2014 上	2014 下	2015 上	2015 下	2016 上	2016 下
輸出額	32.1	33.4	32.6	31.1	34.0	35.8	35.1	38.1	37.8	37.8	34.5	35.5
輸入額	33.1	35.0	35.5	35.2	38.8	42.5	42.7	43.2	39.5	38.9	32.7	33.3
収支	−1.0	−1.6	−2.9	−4.1	−4.8	−6.7	−7.6	−5.1	−1.7	−1.1	1.8	2.2
ドル建												
輸出	47.4	48.8	49.2	51.5	53.7	53.4	52.4	53.5	53.9	53.1	51.2	51.0
輸入	72.1	72.4	73.7	72.5	74.5	74.1	74.1	73.4	71.1	69.8	66.9	66.7
円建												
輸出	42.2	40.3	40.4	38.4	35.6	35.6	36.5	35.7	35.4	35.5	37.1	37.0
輸入	23.2	23.1	22.0	22.9	20.6	20.6	20.5	20.8	22.6	23.8	26.1	26.8
その他通貨建												
輸出	10.4	10.9	10.4	10.1	10.7	11.0	11.1	10.8	10.7	11.4	11.7	12.0
輸入	4.7	4.5	4.3	4.6	4.9	5.3	5.4	5.8	6.3	6.4	7.0	6.5

注：1）　輸出額，輸入額の単位は兆円（ただし通関ベース），通貨区分は比率.
出所：輸出入額は，財務省「国際収支状況（速報）の概要」，輸出額は確報値，輸入額は9桁速報値より，通貨区分は財務省「貿易取引通貨別比率」より.

表11-3　日本の通貨別貿易収支

(兆円)

	2011 上	2011 下	2012 上	2012 下	2013 上	2013 下	2014 上	2014 下	2015 上	2015 下	2016 上	2016 下
ドル建												
輸出	15.2	16.3	16.0	16.0	18.3	19.1	18.4	20.4	20.4	20.1	17.7	18.1
輸入	23.9	25.3	26.1	25.5	28.9	31.5	31.6	31.7	28.1	27.2	21.9	22.2
収支	−8.7	−9.0	−10.1	−9.5	−10.6	−12.4	−13.2	−11.3	−7.7	−7.1	−4.2	−4.1
円建												
輸出	13.5	13.5	13.2	11.9	12.1	12.7	12.8	13.6	13.4	13.4	12.8	13.1
輸入	7.7	8.1	7.8	8.1	8.0	8.8	8.8	9.0	8.9	9.3	8.5	8.9
収支	5.8	5.4	5.4	3.8	4.1	3.9	4.0	4.6	4.5	4.1	4.3	4.2
その他通貨建												
輸出	3.3	3.6	3.4	3.1	3.6	3.9	3.9	4.1	4.0	4.3	4.0	4.3
輸入	1.6	1.6	1.5	1.6	1.9	2.3	2.3	2.5	2.5	2.5	2.3	2.2
収支	1.7	2.0	1.9	1.5	1.7	1.6	1.6	1.6	1.5	1.8	1.7	2.1
全輸出	32.1	33.4	32.6	31.1	34.0	35.8	35.1	38.1	37.8	37.8	34.5	35.5
全輸入	33.1	35.0	35.5	35.2	38.8	42.5	42.7	43.2	39.5	38.9	32.7	33.3
収支	−1.0	−1.6	−2.9	−4.1	−4.8	−6.7	−7.6	−5.1	−1.7	−1.1	1.8	2.2

出所：前表より算出.

354

表 11-4 原油・天然ガスの輸入額の増減[1]

(兆円)

	原油・天然ガスの輸入額[2]の対前年増加額（A）		全輸入額[3]の対前年増加額（B）
2011	3.3	（ 39）	8.4
上半期	1.7	（ 51）	3.2
下半期	1.6	（ 32）	5.1
2012	2.1	（ 80）	2.6
上半期	1.1	（ 45）	2.4
下半期	0.9	（823）	0.1
2013	3.0	（ 29）	10.6
上半期	0.8	（ 28）	2.9
下半期	2.2	（ 29）	7.7
2014	0.4	（ 9）	4.6
上半期	0.8	（ 20）	3.9
下半期	−0.4	（ ―）	0.8
2015	−8.0	（108）	−7.4
上半期	−3.9	（122）	−3.1
下半期	−4.2	（ 96）	−4.3
1016	−4.9	（ 39）	−12.4
上半期	−3.0	（ 45）	−6.8
下半期	−1.8	（ 32）	−5.6

注：1）　四捨五入のため誤差がある.
　　2）　通関ベース，9桁速報値，（　）内は（B）欄に対する比率.
　　3）　9桁速報値（通関ベース）.
出所：財務省「国際収支状況（速報）の概要」の毎号より.

対前年増加額は落ち着いてくるが高い水準の輸入額が続いている. しかも, 原油の価格は14年前半期まで1バーレル100ドルを超えていた. さらに, 12年末からの円安が輸入の円換算額を高めている.

　以上のように, 2012年以後の日本の貿易における変化は, ほとんど原油・天然ガスの輸入によるものといえよう. しかも, 原油・天然ガスの輸入には長期のユーザンスが付随しており, このことが為替相場に与える影響に時間的ズレを作っているのである. 原油等の輸入においては, 多くの場合3つのユーザンスが付いている（図11-4参照）. 原油を輸入してから石油製品の販売代金を回収するまで長期間を要するからである. ユーザンスはシッパーズ・ユーザンス（現在も1カ月が一般的）, 海外での資金調達（石油会社の子会社を通じる海外市場での外貨資金の調達など）, 本邦銀行のユーザンス（本邦ローン, インパクトローンなど）である. 筆者はこのことを80年代の原油輸入において

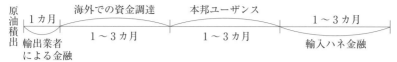

出所：拙著『日本の国際金融とドル・円』青木書店，1992年，63ページ参照．ただし元は秋山貞雄「円建BA市場について」東海銀行『調査月報』1985年7月，15ページ．

図 11-4　原油輸入のユーザンス

示したが[15]，原油価格が上昇する時期にはユーザンス期間が長くなりユーザンス額が増加するという[16]．今日も同様の事態が継続していることが『石油便覧』[17] 等でも確認できる[18]．現在，原油・天然ガスの輸入決済に伴う外貨資金の借入は多様な形でありうるから本邦ローン（本邦ローンには円建の「はね返り金融」が付いていることが多いので有利）に限られることはなく，多様な形態での外貨資金の調達が可能であるから，輸入時点と外貨借入金の返済（為替取引が伴う）時点は大きくズレることになろう．また，円高時には長期の先物為替が利用されよう．原油・天然ガス等の輸入には円高が有利だからである．

上のように，2011年以降14年上半期までの原油・天然ガスの輸入額の増加は，ユーザンス額の増大とユーザンス期間，先物期間の長期化をもたらし，原油・天然ガスの輸入が記録される時点と為替取引が行なわれる時点がかなりズレることになった．そのため，11年からの原油・天然ガスの輸入額の増加とそれによる日本の貿易収支の赤字化・赤字額の増大が円安をもたらすまでに1年以上の期間を要することになり，円高是正・円安の進行がアベノミクスの公表時の12年末から13年になったのである．

(5) 国際収支の他の諸項目

かくして，11年以後の原油・天然ガスの輸入額の増減が12年以後の為替相場に遅れて影響を与えることが確認できたが，国際収支の他の諸項目はどうであろうか．

まず，サービス収支であるが，この間，旅行収支の黒字化により赤字幅が縮小している．全体の収支は3兆円強の赤字（2013年）から1兆円を下回る赤字（16年）へ．輸送は6000～7000億円の赤字，旅行は14年に赤字が500億円を割り，15年からは1兆円を超す黒字に，その他は2兆円前後の赤字にな

っている．サービス収支の支払は外貨，受取（海外の支払）は円貨であるが，この間，収支が均衡化してきており為替相場への影響は小さくなっている．

次に第1次所得収支であるが，収支黒字が11-12年には14兆円強で13年から増大している（表11-1）．受取の方はほとんどが外貨（大きな金額）であり，13年から15年の円安時には円換算で国際収支表の上では増大して現われる．収益の区分をみると，直接投資による収益のかなりの部分は再投資に当てられるだろう．直接投資収益における「再投資収益」（金融収支の直接投資に記録[19]）はもちろん，「配当金・配分済支店収益」も，多くがのちの再投資のために親会社に留保されるだろう．その留保資金は外貨のまま再投資まで運用されるだろう（金融収支の証券投資等に記録）．なぜなら，収益の外貨を円に転換して，のちに円を外貨に転換して直接投資を行なうには為替で損失する可能性が高いからである．したがって，直接投資収益による為替取引はあまり生まれない．証券投資収益（配当金，債券利子），貸付利子の受取はほとんどが諸金融機関，上に記述の直接投資家のものであり，これらもかなりの額が次の種々の金融投資に当てられ，円への転換は少ないと考えられる．

以上から，第1次所得収支での外貨受取は，のちの外貨建・対外投資（金融収支に記録）の原資となる部分が多く，貿易取引におけるように為替取引によって円に転換される部分は相対的に少ないと考えられる．「収益の再投資」（直接投資収益だけでなく「その他の収益」によるものも）は，国際収支表では金融収支のうちの外貨準備を除く部分（以前の「投資収支」にあたる）に記録され，投資収益の受取と「投資収支」の資産との両項目建となる[20]．

もちろん，投資収益の受取の全額が再投資に当てられるのではないから，残りの部分はドル等外貨が円に転換される．投資収益のうち再投資に当てられない部分は，したがって最終的にはドル建貿易赤字の決済（こちらの方は円のドルへの転換）に回ってしまう[21]．しかし，ドル建貿易赤字はかなりの部分が原油・天然ガスの輸入であるから，ドル建貿易赤字が国際収支表に記録される時点とそれらの決済のための為替取引の時点はズレるが，投資収益の円に転換される部分は国際収支表に記録される時点と為替取引が行なわれる時点とのズレはほとんどないであろう．したがって，投資収益のうちの再投資に当てられない部分はドルから円に転換され，他方，ドル建貿易赤字の方は円からドルへ転

第 11 章　量的・質的金融緩和政策と為替相場，対外投資　　　　357

換され，最終的には為替需給は均衡化するのであるが，時期的にはズレが生まれることになる．なお，ドル建貿易赤字が大きくなる時期には投資収益によるドル建貿易赤字の決済が完全に進まず，13 年下半期，14 年上半期のように経常収支が赤字になる．

　以上のように，投資収益の受取は，1 つには再投資の原資となり，また，1 つにはドル建貿易赤字の決済に最終的に回り，投資収益が円高要因になることは最終的に――1 年と数カ月の期間では――はないが，後者のドル建貿易赤字の決済は時期的にズレるから当面は円高要因となる．

　逆に投資収益の支払はほとんどが円貨であり，海外の受取手による円での再投資に当てる部分が多ければ為替相場への影響は小さい．なお，第 1 次所得収支黒字は 20 兆円前後で推移しているから，日本の外貨受取が圧倒的である．

　上に記述してきたことを踏まえて，次に金融収支（外貨準備を除く）の為替相場への影響について論じよう．2013 年下半期，14 年の上半期を除き経常収支は黒字で，2011 年以外には為替介入が行なわれていないから，経常黒字額が「投資収支」（金融収支の外貨準備増減を除いた部分）レベルでの資金流出額となる（誤差脱漏，資本移転等収支を除く）．

　しかし，前述のように投資収益（直接投資収益だけでなくその他の収益も）のかなりは対外投資となり，「投資収支」の諸項目に記録され，投資収益と「投資収支」の資産との両建となる．しかし，13 年下半期，14 年上半期のような経常赤字になる時期を除いて通常は，「収益再投資」以外の投資も存在する．その原資は経常収支のうちの「投資収益」以外の諸項目となる．サービス収支は均衡化しつつあるので，それはほとんどが貿易収支のうちのドル建以外の部分（円建が中心）となる．ドル建貿易赤字のかなりの部分は「投資収益」のうちの「再投資」に回らない部分等で最終的に決済されるからである．したがって，「収益再投資」以外の対外投資の原資は円建貿易黒字ということになる[22]．

　さて，13 年以後，以前にもまして金利低下が進行しているので国内に有利な投資対象が乏しくなり，諸金融機関は対外投資に向かうことになる（本章の第 3 節第 4 項参照）．したがって，収益再投資を除く対外投資は「円投」が大きな部分を占める（本章，図 11-14，とくに原油・天然ガスの輸入額が減少して経常黒字が大きくなった 15 年から「円投」が増加）．もちろん，「円投」は

円高時には為替リスクを伴うので，そのかなりの部分（とくに総合持高をもたない銀行等の投資は）は為替スワップを利用したものとなる．日本の金融諸機関による直物で円をドルに換え，先物でドルを円に換える為替スワップである．

しかし，その取引額が膨らんで逆の通貨交換の為替スワップ取引需要が少ないと，「ドル転」スワップにプレミアムが付くようになる（本章第3節，図11-15，16）．つまり，先物相場が「金利平価」を基準とする相場よりも円高になるのである．このことによって，数カ月後の直物相場に円高感が生まれてこよう．

以上，縷々述べてきた国際収支諸項目の為替相場への影響を簡単にまとめておこう．短期的にはともかくもネットの対外投資額を最終的に決めるのは経常収支の黒字額である．そのうち，第1次所得収支の受取（外貨建がほとんど）のかなりが再投資（「投資収支」）に当てられる．また，再投資に当てられる部分以外の残りの受取は最終的には時間差を伴ってドル建貿易赤字の決済に回ってしまう．しかし，ドル建貿易赤字に伴う為替取引は，投資収益（半分ぐらいの部分）の円への転換の時期とズレがあるので，投資収益の円への転換により当面は円高要因となる．このことが12年秋までの円高の要因であった．しかし，第1次所得収支黒字とドル建貿易赤字の為替相場への影響は時期的にはズレがあるとはいえ，1年以上の期間では小さくなってしまう（13年以降，投資収益の円高要因が徐々に消えていく）．さらに，サービス収支赤字は小さくなっているから，為替相場により強い影響を与える国際収支要因は経常収支のうちの貿易収支と対外投資のうちの「円投」ということになる．

前者は11年以後，とくにドル建の原油・天然ガスの輸入額の変動が大きく，原油・天然ガスの輸入には相対的に長い期間のユーザンスが伴うから国際収支表に記録される時点と為替取引の時点がかなりズレ，為替相場への円安影響がのちに引き延ばされる．後者は為替スワップが伴うことが多いことから，しかも「ドル転」にプレミアムが付いていることから，数カ月のちの直物相場に円高感を作りやすくなっている．

(6) 各時期の為替相場変動とそれを規定した諸要因

以上の論述を踏まえて，2012年末から今日までの為替相場の変動とそれを

規定した諸要因を改めて簡単にまとめておこう.

①　12 年末から 13 年春までの時期はすでに述べたからごく簡単に. アベノミクスの表明と黒田・日銀新総裁の就任決定によって「期待感・予想」が変化して円高是正のきっかけとなったが（予想インフレ率が 13 年初めから急上昇, 図 11-1）, 根底的な要因は 11-12 年における原油・天然ガスの輸入額の増大による貿易収支の赤字化と赤字幅の増大である.

②　13 年 5 月から 14 年秋までの時期には,「異次元の金融緩和」政策が実施されながら 100〜105 円ぐらいで為替相場は一進一退の状況となった. アベノミクス,「異次元の金融緩和」による予想インフレ率も 13 年春から上昇が止まってしまった（図 11-1）. また, FRB は量的緩和からの「出口」を検討していながら実施を延期していた. 日米両国は金融緩和を実行していて金融政策のスタンスは基本的に同調している. したがって, この間の為替相場を根底において規定しているのは貿易収支, 経常収支であろう. 13 年上半期の貿易収支赤字は前年下半期の水準にとどまり経常黒字が少し増加している.

13 年下半期, 14 年上半期には原油・天然ガスの輸入額の増加あるいは高い水準での輸入が維持されて, 貿易収支赤字が増大し経常収支が赤字になったが, その影響は 13 年, 14 年前半期には現われていない. この影響が現われるのは, 1 年と少し遅れての 14 年秋以後のことである. 13 年上半期に経常収支黒字が 12 年下半期の水準に維持されたことが, 予想インフレ利率の上昇停止とともに為替相場が一進一退の状況になった基底的要因であろう.

③　14 年 10 月末から 15 年初めにかけて急激な円安が進行し, 15 年末まで 120 円前後で推移した. 14 年 10 月末からの急激な円安は日米で重要な金融政策の変更がきっかけとなった. 10 月 29 日に FRB は量的緩和政策（QE3）を終了させた. その数日後の 31 日に日銀は国債等の購入額を年間 80 兆円に引き上げる「追加緩和」を決定した. 政策スタンスは真逆になったのである. このことが急激な円安のきっかけとなったのであるが, 13 年下半期から 14 年上半期における貿易赤字の増大と経常収支の赤字化が時期的ズレを伴ってその円安を下支えている.

④　16 年当初から為替相場は今度は 11 月まで円高に振れる. 15 年 12 月 16 日に FRB はゼロ金利政策を解消しフェデラル・ファンド金利を 0.25〜0.5%

に誘導することを決定し，日銀は 16 年 1 月 29 日にマイナス金利の導入を決定して，日米の政策スタンスの真逆の度合いが高まったにもかかわらずにである．したがって，この期間の為替相場は 15 年の貿易収支，経常収支の動向によって規定されていたといえよう．15 年上半期から貿易赤字が急減し，それによって経常黒字が大幅に増加している（原油価格の低落に伴う原油・天然ガスの輸入額の減少がその主要因）．貿易収支の動向が 1 年近く遅れて為替相場に影響を強く与えたのである．

⑤　ところが，16 年 11 月にトランプ氏が米大統領に選ばれ，為替相場が急激な円安に振れた．トランプ氏が大規模な財政出動と企業減税を公約に掲げ，それが「期待・予想感」を作り出し，その思惑が米金利の上昇とドル高を引き起こした．日本の貿易赤字の減少・経常黒字の増大にもかかわらずにである．また，16 年 12 月に FRB は「出口」政策の進展＝金利引き上げを行なったことがドル高・円安を進めた．

3.　日銀による多額の国債等の購入とその諸結果

第 1 節においてアベノミクスの提唱，異次元の金融政策のコミットメントによって物価上昇の期待感が広がり，それが 13 年の 5 月ごろまでの円高是正・円安のきっかけになったこと，また，為替相場の変動を左右する諸要因を挙げ，12 年末から 16 年までの期間においてそれらの諸要因がどのように作用したかについて論じた．第 2 節では，為替相場の変動を左右する第 3 の要因（＝国際収支の動向）について，国際諸取引の時点と為替取引の時点がズレることから為替相場への影響が遅れることについて，詳細に論じた．本節では，第 1 節ではほとんど論じなかった異次元の金融政策の実施過程とそれがもたらした諸結果について論じたい．

(1)　日銀による国債等の大量購入

黒田新総裁のもとで日銀は 13 年 4 月から多額の国債等の購入を始めた．政策への期待感，物価上昇予想は，政策のコミットメントと同時に，国債等の購入が実施されて「確信」的なものになるものである．また，多くのマネタリス

第 11 章　量的・質的金融緩和政策と為替相場，対外投資　　　361

ト（いわゆる「リフレ派」）をはじめ政策担当者にとっては国債等の購入によるマネタリー・ベースの急増は金融政策にとって不可欠の条件と考えられている．そこで，日銀による国債等の購入がどれほどの規模になり，それが国債市場にどのような状況を作り出したのか，さらにマネタリー・ベースの急増がどれほどのマネーストックの増大をもたらしたのかを検討しよう．

　後者については前掲の『日銀レビュー』は検討しなかった課題である．表11-5 にマネタリー・ベースとマネーストックの推移が示されている．2012 年末にマネタリー・ベースは 138.5 兆円（うち「日銀当座預金」が 47.2 兆円）であったのが，13 年 6 月には 173.1 兆円（うち「日銀当座預金」が 84.7 兆円），13 年 12 月末には 201.8 兆円（「日銀当座預金」が 107.1 兆円）と 1 年間に 63 兆円以上増加している（うち「日銀当座預金」は 59.9 兆円の増加）．14 年末には 275.9 兆円（「日銀当座預金」は 178.1 兆円），15 年末には 356.1 兆円（「日銀当座預金」は 253.0 兆円）となり（12 年末からは 217.6 兆円の増加，うち「日銀当座預金」の増加は 205.8 兆円），16 年 6 月には 404.0 兆円（「日銀当座預金」は 303.3 兆円）である．12 年 12 月から 16 年 6 月までのマネタリー・ベースの増加は 265.5 兆円ときわめて大きい．しかも，そのほとんどすべてが「日銀当座預金」である．日銀が大量の国債のほか，投資信託証券（ETF），不動産投資信託証券（J-REIT）などを購入しているのである．

　他方，マネーストックの方は，それほど増加していない．12 年 12 月に M1 が 560.3 兆円，準通貨＋CD が 588.4 兆円（合計で 1148.7 兆円），13 年末にそれらは 592.0 兆円，595.6 兆円（合計 1187.6 兆円），15 年末に 646.0 兆円，606.3 兆円（合計 1252.3 兆円），16 年 6 月には 676.9 兆円，592.9 兆円（合計で 1269.8 兆円）である．M1 では 12 年 12 月から 16 年 6 月までに 116.5 兆円の増加（うち「預金通貨」は 107.9 兆円）で，（準通貨＋CD）はこの間，4.5 兆円しか増加していない．したがって，この間に M3（M1＋準預金＋CD）の増加は 121.1 兆円にとどまり，ほとんどが「預金通貨」である．

　以上のように，日銀による大量の国債等の購入によってマネタリー・ベースが急増しながらマネーストックの方は微増にとどまっている．すなわち，信用創造がほとんど進まず信用乗数が低下しているのである．表 11-5 の E 欄，F 欄をみられたい．2011 年末に E 欄は 4.33，F 欄は 8.98 であったのが，2016 年

362

表 11-5　マネタリー・ベースと

	(A) マネタリー・ベース				(B) 通貨 (M1)	
		現金通貨発行高	日銀当座預金		現金通貨	預金通貨
2011.12	125.1	88.5	36.5	541.4	80.0	461.4
2012.12	138.5	91.2	47.2	560.3	83.1	477.2
2013. 6	173.1	88.4	84.7	578.2	80.6	497.6
12	201.8	94.7	107.1	592.0	85.3	506.8
2014. 6	243.4	91.1	152.3	600.8	82.7	518.0
12	275.9	97.7	178.1	618.7	88.2	530.6
2015. 6	325.0	95.2	229.8	633.7	86.7	547.0
12	356.1	103.1	253.0	646.0	93.6	552.5
2016. 6	404.0	100.6	303.3	676.9	91.8	585.1

出所：日本銀行「マネタリーサーベイ」より.

6月にはそれぞれ1.68，3.14まで低下している．つまり，日銀による国債等の購入によりマネタリー・ベースが急増しても，銀行等は貸出を大幅に増加させることができず預金通貨の増加はわずかにとどまっているのである．マネーストックの増加が微増にとどまっているのであるから，マネーストックの増加を根拠とする物価上昇はほとんど起こらない．「リフレ派」はマネタリー・ベースの増加がマネーストックの増加をもたらし，よって物価上昇が生じると考えていたのである[23]．実際の物価上昇率が予想物価上昇率を一部反映していたことを前述したが，前者の上昇率を実現させる実態的な根拠（貨幣量の増加）が乏しく，実際の物価上昇は14年上半期までの期待感，予想によるものにとどまっていたと考えられる．14年下半期から予想物価上昇率も実際の物価上昇率も低下していく．

　しかし，長期金利は低下傾向を示し，株価も2015年末まで上昇していった．これらをどのように解釈すべきだろうか．前者から論じていこう．日銀がマネタリー・ベースを年間60〜70兆円のペースで増加させるという「異次元の金融政策」を13年4月に導入し，大量の国債等を購入した直後には長期金利はむしろ上昇し，0.8%を突破し1.0%近くになった（図11-5）が，間もなく0.8%に低下し13年末には0.6%近くになり，マネタリー・ベースの増加を年間80兆円という14年10月の「追加緩和」後の14年末には0.4%前後に，15年末には0.2%近くまでに低下してきた．それは当然のことで，日銀の国債

マネースタック

(兆円)

(C) 準通貨+CD	(D) M1+準通貨+CD	(E) B/A	(F) D/A
582.2	1,123.6	4.33	8.98
588.4	1,148.7	4.05	8.29
593.1	1,171.3	3.34	6.77
595.6	1,187.6	2.93	5.89
597.3	1,197.8	2.47	4.92
602.6	1,221.3	2.24	4.43
602.3	1,236.0	1.95	3.80
606.3	1,252.3	1.81	3.52
592.9	1,269.8	1.68	3.14

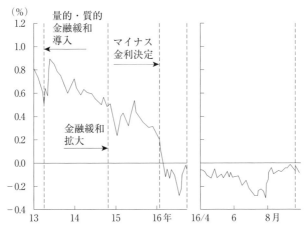

注：直近は16年9月30日．
出所：日銀『金融システムレポート』2016年10月，12ページ，原資料はBloomberg．

図11-5　長期金利（10年）

購入価格は，日銀が購入しなかった場合の市場価格よりも高く，しかも，大量に購入されるのだから．各金融機関は進んで国債を購入し，それを日銀に売るのである．国債市場では国債価格は持続的に上昇していく．

かくして，長期金利は持続的に低下していったが，長期金利の低下が貸出を大きく増加させたという明確な指標は得られない．前述したように，日銀が国

債等を大量に購入し続けマネタリー・ベースを増加してきたがマネーストックは微増にとどまった．これは，銀行等の貸出，信用創造がほとんど進まなかったということの証左である．貸出，信用創造が停滞すればマネーストックは増加せず，消費者物価指数も横ばいで推移することになる．マネタリー・ベースを急増させる政策は，国債等の利回りを低下させるには効果があったが，物価上昇にはほとんど効果がなかったのである．

また，長期金利の低下は，日米間の金利差を拡大した．短期金利だけでなく，長期でも金利格差が生まれ，その面で，日銀の多額の国債購入による長期金利の低下は円安局面を創り出したとはいえる．しかし，長期金利は継続的に緩やかに低下していったのであり，為替相場の変化のように鋭くない．後者の変動は短期的には思惑等ですばやく大きく動くものである．

以上のように，日銀の国債等の購入は長期金利の持続的な低下をもたらしたが，為替相場への影響は小さく，また，マネタリー・ベースの急増にもかかわらず実際の物価上昇への影響はほとんどなかった．

それでは，アベノミクスの提唱以後の株価の上昇は如何にして生じたのであろうか．図 11-6 をみると株価はおおよそ為替相場に連動してこの間動いてい

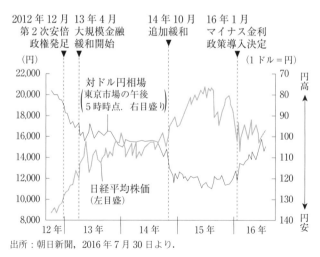

図 11-6　為替相場と株価

るように見える．株価指数ほど経済の諸指数の変化，ときには政治的事件等に対する反応，期待感，予想によって変動するものはない．成長率，金利，為替相場，原油価格などの動向，他の諸国の経済的・政治的な種々の事態等々である．しかし，図11-6からは，この数年間は短期的にはともかく株価指数が大筋において為替相場に照応しながら変動してきたといえるだろう．円相場が低落してきた12年末から13年初めにかけて株価指数は上昇し，円相場が安定している13年晩春から14年終わりにかけて株価も落ち着いている．また，円相場が大きく下がり始める14年終わりから15年末にかけて株価は上昇し日経平均は2万円を超すようになる．しかし，円相場が上昇する16年になると，株価は下がり始める．

　このように，株価は円相場に対応して変動している．そして，前述のように為替相場は2013年5月以後の期間についていえば，日米間の金融政策のスタンスの違い，および1年と少しのズレを伴いながら経常収支に左右されながら変動してきたのである

　それでは株価指数は日銀が行なったマネタリー・ベースを増加させる異次元の金融政策との直接的関連性をもったのだろうか．日銀は国債のほか投資信託証券（ETF），不動産投資信託証券（J-REIT）などを購入しているのであるから，日銀のマネタリー・ベースを年間約80兆円増加させるという「質的・量的緩和政策」は株価指数を下支えする効果はもっているといえよう．円安に振れれば株価指数はより高く上昇する傾向をもっていよう．また，14年11月における「年金積立金管理運用独立行政法人」（GPIF）の株式投資への投資限度率の引き上げ（日本株25％，外国株25％へ）も同様の効果をもつものであろう．しかし，マネタリー・ベースの全体的増大が直接，株価指数に及ぼす効果は見られない．

　アベノミクス，異次元の金融政策による内外の金融機関，企業，国民の期待と予想への効果は，一定期間は有効であったが，経済諸実態の変化によりその期待は薄れ，予想は消滅していった．物価上昇を持続させなかった実態的規定因はマネーストックの伸び悩みであり，銀行等の貸出の伸び悩みである．さらにいえば，設備投資，個人消費の伸び悩みである．それらは結局は少子高齢化，非正規雇用の増大，所得格差の広がりなどによるもの，日本社会が抱えている

深刻な状況によるものであろう．したがって，それらの問題への展望が出てこないならば，異次元の金融政策への期待と予想は短時間のうちに消滅してしまう[24]．

(2) 異次元の金融政策の限界とその「遺産」

以上の論述はアベノミクス，異次元の金融緩和政策の「効果」についてのものであったが，次の分析はこれらの政策がどのような「遺産」を残してきたのか，その「遺産」が今後どのような事態を引き起こすのか，これらを検討することである．

13年4月から日銀が大量に国債を購入してきたことから日銀は14年初めに生命保険会社等を抜いて最大の国債保有者になり（図11-7），16年3月末には保有額は364兆円にのぼっている．これは国債発行残高（1075兆円）の34％である[25]．しかし，マネタリー・ベースの急増にもかかわらず，明確な物価上昇は起こっていない．このまま今後も年ベースで80兆円の国債等の購入が可能であろうか．

日銀の大量の国債等の購入によって利回りは低下し続け，保険，年金基金，

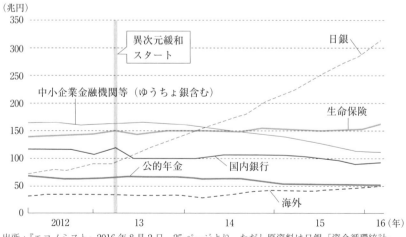

出所：『エコノミスト』2016年8月2日，25ページより．ただし原資料は日銀「資金循環統計」．

図11-7　国債の機関別保有

公的基金等の資金運用機関にとっては運用が難しくなってきた．他方で，国債流通市場の流動性が低下し，「歪み」が生まれてきた．日銀による大量購入がなければ国債価格は市場ベースで決定されていくのであるが，日銀の購入が国債価格を支え（「官制価格相場」となり），市場ベースの価格設定メカニズムが機能しなくなってきている．いずれにしても，日銀の大量の国債購入は限界にきているのである．この限界はそのまま異次元の金融政策の限界につながる．ところが，日銀は 16 年 1 月 29 日の金融政策決定会合で長期国債の購入額を年間約 80 兆円の水準を従来通り継続することを決定し，同時に，「マイナス金利」の導入を決定した．

　それでは「マイナス金利」の導入は，80 兆円の国債購入にどのような影響を与えることになるだろうか．銀行等の金融機関が日銀に国債を売り，「日銀当座預金」を新規に増加させるとその分に 0.1% の金利が負荷されるのであるから，日銀が以前と同様に国債を購入しようとすれば，日銀がより多額の国債を購入することによって購入価格を引き上げて 0.1% の「金利負担」をカバーする以外にない[26]．そうすれば国債利回りもマイナスになっていくだろう．実際，図 11-8 にあるように，10 年物国債利回りは 16 年 1 月の初めに 0.25% であったのが，マイナス金利政策が実施され始めた 2 月にはマイナスを記録するようになった．さらに 2 月以後低下し続け，16 年 7 月にはマイナス 0.30% 近くにもなった．このマイナス利回りの進行は，日銀がこれまでと同様に大量の国債を購入していることを示すだろう．他方で，ディーラー間の取引では現物新発債取引は増大しているが，新発債以外の取引は低水準になっているし，証券会社の対顧客取引も低水準で推移している[27]．新発債以外（既発債）の取引が低水準になってきているのは，既発債の多くの部分が日銀によってすでに買われ市場の流動性が低下しているからであり，証券会社の対顧客取引が低調であるのは，利回りがマイナスになり生保，年金基金等が国債への運用が難しくなっているからである．

　このように，日銀による大量の国債購入方針を継続しながらのマイナス金利政策の導入は，「マイナス金利」をカバーするために，日銀の国債購入価格を額面価格よりもかなり高くするまでの国債購入を余儀なくさせ，ますます国債市場における価格形成の歪みを大きくしていったといえるだろう．上のように

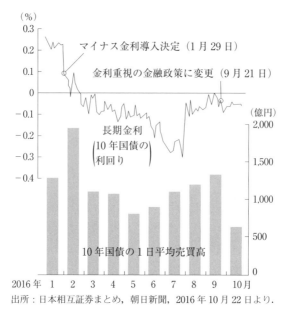

出所：日本相互証券まとめ，朝日新聞，2016 年 10 月 22 日より．

図 11-8 国債（10 年）の利回り

　生保，年金基金等の国債への運用が難しくなったばかりでなく，銀行にとっても長期金利全般が低落していくから，貸出等が難しくなり利益基盤が縮小することになっていく．貸出は不動産業向けに重点が置かれるようになり，今後の不動産のバブルも危惧される[28]．さらに，日銀にとっては，額面よりも高い価格で国債を購入しているのであるから，満期を迎えれば損失を発生させることになる．つまり，日銀資産の劣化が進むことになる．日銀の株価下落が進んでいるのも当然といえよう[29]．しかるに，長期金利のマイナスへの低下が円安に動かすこともなく，逆に，14 年下半期以降の経常収支黒字を受けて 16 年に円高が生まれ，株価指数も下落傾向をたどることになった．異次元の金融政策は 16 年春には行き詰まった観を呈する事態となった．

　このような状況の中で行なわれた 16 年 7 月 29 日の日銀・金融政策決定会合は上場投資信託（ETF）の買入れ額を現行の約 3.3 兆円から約 6 兆円にほぼ倍増させることなどを決めた以外に他の政策の変化はなかった．しかし，この会合では「量的・質的金融緩和」・「マイナス金利付き量的・質的金融緩和」の政

策効果について「総括的な検証」を行なうことを決めざるを得なくなった[30].
この検証が行なわれることが公表される 7 月末に，図 11-8 にみられるように
10 年物国債利回りがマイナス 0.30% からマイナス 0.10% 以上にまで上昇して
いる．これは，金融機関等の市中の金融状況についての期待感，予想が 13 年
当初とは逆になり，今後は金融引締め気味となるだろうと受け止められ，8 月
以後，諸金融機関が国債の売却に乗り出したこと，日銀が国債購入額を減少さ
せたことを反映したものであろう．

　2016 年 9 月下旬の日銀金融政策決定会合では「長短金利操作付き量的・質
的金融緩和」という「新しい枠組み」を提出することになった．つまり，
0.1% のマイナス金利政策を維持しつつ，「10 年物国債金利が概ね現状程度
（ゼロ程度）で推移するよう，長期国債の買入れを行なう．買入れ額について
は現状程度の買入れペース（……約 80 兆円）をめどとしつつ，金利操作方針
を実現するように運用する．買入れ対象については，……平均残存期間の定め
は廃止する」[31] という．

　この「新しい枠組み」はマネタリー・ベースの増加（国債等の大量購入）よ
りも長短金利操作に重点が置かれ，これまでの金融政策を変える意図が含まれ
ているとみざるを得ない．それゆえ，いわゆる「リフレ派」から反発が出てき
た．元日銀・審議委員も含め「リフレ派」の人たちが 80 兆円の国債購入の継
続を主張し，現日銀内の「リフレ派」とみなされる副総裁・審議員を批判する
見解を公表したのである[32]．「異次元の金融政策」の行き詰まりが明確になっ
て日銀による「総括」作業が始まった 7 月末から 8 月初めにかけて国債利回り
が上昇しているが，この変化から 16 年 7 月までの日銀の国債購入のスタンス
が 7 月以降変わったことがうかがい知れる．長期金利が 8 月からはマイナス
0.05% 前後で推移している．「リフレ派」の主張とは異なる方向が 7 月末から
8 月にかけての時期に進行しており，9 月 29 日の金融政策決定会合でそのスタ
ンスが明確にされたのである．ところが，日銀が国債利回りをゼロ% で維持
させたいというが，利回りがゼロ% で銀行等は日銀に国債を売却できるだろ
うか．売却によって日銀当座預金が増加すれば，0.1% の金利が負荷される
（マイナス金利政策）のであるから．この矛盾を，日銀は今後どのように解決
していくのだろうか．さらに，元来，長期金利は中央銀行が直接にコントロー

ルできるものではなく，巨額の国債購入によってのみコントロールが可能なのであり，日銀が国債購入額を減少させるとなると他の種々の要因によって長期金利が変化し日銀の長期金利のコントロールは一層困難になる．購入額を大幅に減少させると，利回りが急上昇する危険性もあろう．

さて，日銀による国債購入のスタンスが変化してきており，日銀の国債購入額は減少してきているとはいえ，購入残高はすでに400兆円近くになっており，しかも，16年初め以来の購入価格は額面価格よりも高く，満期限が来ると日銀には損失が発生する．また，今後，購入規模は減少するとしても日銀は一定額の国債を購入せざるを得ない．

16年7月の金融政策決定会合以後，金融機関等の市中の金融状況についての期待感，予想は13年当初とは逆になり，日銀総裁は16年10月21日，国会で「2017年度中の物価2%は修正もありうる」という趣旨の発言を行なわざるをえなくなった[33]．前述の「リフレ派」の人たちが恐れていたのはこのことである．彼らは，国債の大量購入により予想物価上昇率を高め，また，マネタリー・ベースの増加によって実際の物価上昇を実現させられうると考えていたのである．10月21日での国会での発言は11月1日の金融政策決定会合ではっきりすることになった．2%の物価目標達成時期は5度目の先送りとなり「18年度ごろ」となった[34]．

さて，この時点で「異次元の金融政策」の行き詰まりは明確になってきたが，それに代わる金融政策を打ち出すこともできず，国債残高のうちの4割近くを日銀が保有する現状からさらに保有率が上昇していくだろう．日銀の損失はやはり増加していく．このため，国債の償還期限をなくす案や日銀保有国債の「変動利付永久債化」などのプランが提起されることになる[35]．いわゆる「ヘリコプター・マネー」政策に通じるプランである．このことについてはのちに述べよう．

(3) 「負の遺産」と財政収支

さて，「異次元の金融政策」が実施されなければ，日銀の国債保有はこれほどまでに増加せず，また，その政策からの「出口政策」も大きな問題にならなかったはずである．「異次元の金融政策」は今後の多くの課題を作り出したと

いわざるを得ない．「異次元の金融政策」が作り出した「負の遺産」は以下の
ものである．

①日銀が国債残高の4割近くを保有する事態が引き起こす諸事情，債券市場
の「歪み」＝市場ベースの債券価格形成の不可能化．②マイナス金利がもたら
す諸事情，国債のマイナス利回り・長期金利の低下による諸金融機関の経営基
盤の悪化．③国債のマイナスの利回りと日銀の資産劣化．④対内外投資環境の
悪化，ドル転コストにおけるプレミアムの常態化．

これらの「負の遺産」が種々の「国債市場問題」を作り出している．①から
③の問題については概略をこれまでに述べてきたので，いわゆる「ヘリコプタ
ー・マネー」，ときには「財政ファイナンス」といわれる事がらについて簡単
に述べ，④については次項で述べたい．

日本に経常収支黒字がある以上，財政赤字はどのようなかたちであろうと，
また，どのような資金ルートをたどるかは別にして，最終的には民間部門の
「黒字」によってファイナンスされるものである．日銀による「財政ファイナ
ンスなる事態」は本来は生じない．にもかかわらず，国債の償還期限をなくす
案や日銀保有国債の「変動利付永久債化」などのプランが提起される[36]のは，
異次元の金融政策が日銀の国債保有残高を急膨張させるという「負の遺産」を
創り出したからである．

日本の財政収支の赤字は先進諸国の中で対GDP比において最悪の状態にあ
る．今後もこの赤字の継続が可能かどうかについては種々の議論があるが，何
よりも経常収支との関連で把握することが必要である[37]．財政赤字について論
じられる場合，経常収支の状況のことが等閑視されていることが多い．

経常収支は一国全体の対外的な収支であり，財政収支は国内の経済諸部門の
1つである政府部門の収支である．経常収支が黒字のもとで財政収支が赤字で
あるということは，民間部門は黒字であるということである．また，経常収支
が黒字で財政収支が赤字である場合と，経常収支赤字と財政収支赤字が併存し
ている場合とでは事態は大きく異なる．また，後者の場合でもアメリカの場合
と途上国の場合とでは異なるし，ギリシャなどのユーロ諸国とアメリカの場合
とでは異なる[38]．

ところで，国民経済計算体系において経常収支は，

372

経常収支＝$S-I$　　　　　　　　　　　　　　　　……①式

で示される[39]（いわゆる「貯蓄―投資バランス」，ここでS：一国全体の貯蓄，I：一国全体の投資）．この式から，経常収支と財政収支の関連が把握できる．式①は一国全体の貯蓄（S）と投資（I）を表わしているが，一国を民間部門と政府部門に区分すれば，式①は，

経常収支＝$(S-I)+(T-G)$　　　　　　　　　　　……式②

となる．ここでSは民間部門の貯蓄，Iは民間部門の投資，Tは税収入，Gは政府支出であり，$(T-G)$は財政収支である．今，経常収支が均衡しているとすれば，総国民可処分所得＝内需＋経常収支であるから，総国民可処分所得はすべて内需によって発生したものであり，その所得はすべて国内の諸経済部門に帰属し，支出はすべて国内の諸経済部門により行なわれる．また，経常収支が均衡していても財政収支が赤字（$T-G<0$）であるということは，$(S-I)>0$，つまり民間部門が黒字であるということになる．しかし，経常収支が赤字になったり，黒字になったりすると，以上の諸項目は多様になる．したがって，財政赤字，財政危機の議論は経常収支の状態と関連させて行なわなければならない．

　式②において民間部門は家計部門と法人等の部門に区分されていないが，それを区分すると，

経常収支＝$(S_1-I_1)+(S_2-I_2)+(T-G)$　　　　……式③

と表わすことができる．ここで，S_1：家計部門の貯蓄，I_1：家計部門の投資（住宅建設等），S_2：法人等の貯蓄，I_2：法人等の投資，である．このように民間部門を家計部門と法人等の部門に区分するのは，少子高齢化，非正規雇用の増大などのために家計の貯蓄率が低下傾向にあり（図11-9），企業の利益剰余金（内部留保）が増加しているからである．家計部門の貯蓄率が低下し，企業の利益剰余金が増加している事態は，政府部門の赤字のファイナンスにとってどのような影響を与えるのか，今後検討課題になろう．

　さて，式①～③は恒等式であり，しかも民間部門の黒字がどのように財政赤字をファイナンスするかはこれらの式からは把握できない．経常収支が黒字のもと，民間部門の黒字が最終的に政府部門の赤字をファイナンスすることはその通りであっても，民間部門の国債等の購入には種々の形態がありうる．①家

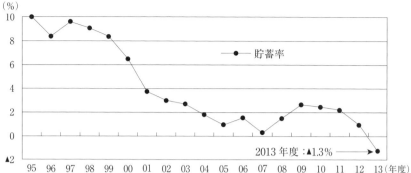

出所：三井住友信託銀行『調査月報』2015年2月号，1ページより．ただし原資料は内閣府「国民経済計算」．

図11-9 家計貯蓄率の推移

計部門や一般法人等の「余剰」資金が諸金融機関に集まり，それが国債等に投資されていくかたち．しかし，少子高齢化に伴い家計部門の貯蓄率が低下していけば企業の利益剰余金（内部留保）が財政赤字ファイナンスのより大きな部分を占めていく．②家計部門や法人等の「余剰」資金が諸金融機関に集まり，諸金融機関がそれをいったん国債等に投資するが，日本銀行が諸金融機関から国債等を大量に購入するかたち．これが「異次元の金融政策」以後の事態であり，これまでに論述してきたように国債市場等の債券市場に「歪み」を作ってきたのである．③家計部門や法人等の「余剰」資金が諸金融機関に集まるが，「異次元の金融政策」のもとで国内に有利な投資対象がなくなってきたことから，諸金融機関はその資金のかなりの部分を対外投資に当て，逆に海外部門が日本国債等への投資を伸ばし財政赤字をファイナンスするかたちである．このかたちでは国内民間部門の対外投資額は経常黒字額を上回ることから，ドル転コストが高くつきプレミアムの発生が常態化する（後述）．他方，海外部門は低コストで円転を行なうことができ，有利な国債等の対日投資ができることになる．その結果，対外投資と対内投資の投資収支額（金融収支から外貨準備を除いた部分）は経常収支額に近似していく．

以上のように，財政赤字のファイナンスには，いろいろなかたちがあるが，現在の状況は，「異次元の金融政策」によって②③のかたちとなって，①のか

たちでは生まれなかった諸問題を作り出しているのである.

とはいえ,日本の場合,経常収支が黒字であるから民間部門の「黒字＝余剰」は何らかの道筋を経て政府部門の赤字をファイナンスする.したがって,日本銀行の財政ファイナンス（ときにヘリコプター・マネーなどといわれる）の議論は,本来は俎上にのぼることはない.②③のような特殊な状況下でそれが問題になってくるのである.QQEからの「出口」政策が成功裏に進んでいけば,それらの問題のかなりの部分は解消するはずのものである.「出口」政策の如何ということになるだろう.

(4) 異次元の金融政策と対内外投資

ところで,「異次元の金融政策」は日本の対内外投資の環境も変化させてきた.13年下半期と14年上半期を除く期間においては経常収支が黒字であったから,その黒字分に近い額の何らかの対外投資が必然化される.そのことは当然だが,「異次元の金融政策」はこれまでの短期金利に加えて長期金利をも低下させてきたから国内に有利な投資対象を喪失させてきた.それゆえ,本邦金融機関は対外証券投資を増加させてきた[40].図11-10は銀行等（大手行,地域銀行,信用金庫）の外債残高,円債残高,図11-11は生保・年金等の対外証券投資が示されている.ゆうちょ銀行・系統上部金融機関の円債残高・外貨債残高は図11-12に示されている.銀行等,ゆうちょ銀行・系統上部金融機関の円債残高の減少,外貨債残高の増加はこれらの図より明らかだし,生保・損保の対外証券投資の増加も明瞭である.また,生保・損保は国債投資を減少させている[41].さらに,15年末までは円安により円をドルに換えての投資（円投入・外貨建対外投資,いわゆる「円投」）が全般的に有利となり,生保・年金等は対外証券投資（大部分は「円投」と考えられる）を伸ばしてきた.

各機関の対外投資状況はこれらの図で示されるとおりであるが,重要なのは,これらの金融機関ごとに外貨建投資のための外貨資金の調達が異なっていることである.生保・年金等の対外証券投資は大部分が円をドル等の外貨に換えての対外投資（＝円投入外貨建投資,「円投」）であるが,銀行等は為替持高をもたないことが基本であるから,銀行等の外債投資は円建外債か,外貨資金を調達しそれを対外投資に当てる「外―外」投資,または為替スワップあるいはそ

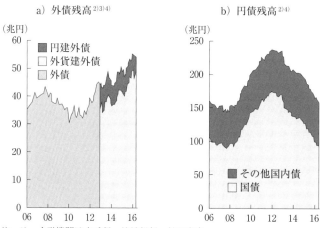

注：1) 金融機関は大手行，地域銀行，信用金庫．
2) 直近は16年8月末．
3) 「外債」は，「外貨建外債」と「円建外債」の合計．2010年3月以前は「外国証券」．
4) 国内店と海外店の合計．末残ベース．
出所：日銀, *Financial System Report*, 『金融システムレポート』2016年10月，26-27ページ．

図 11-10 金融機関[1]の外債残高，円債残高

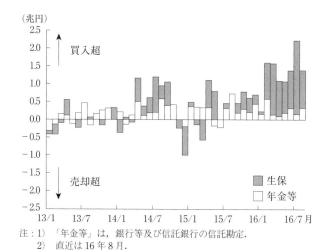

注：1) 「年金等」は，銀行等及び信託銀行の信託勘定．
2) 直近は16年8月．
出所：同上，2016年10月，29ページ，ただし原資料は財務省．

図 11-11 生保・年金等の対外証券（中長期債）投資

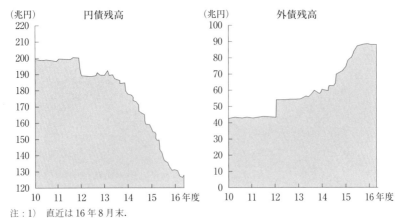

注：1) 直近は16年8月末．
　　2) ゆうちょ銀行，信金中央金庫，全国信用協同組合連合会，労働金庫連合会，農林中央金庫の合計．
　　3) 末残ベース．12年度以前の値は年度末の値．
出所：同上，2016年10月，30ページより．

図 11-12 ゆうちょ銀行・系統上部金融機関の円債・外債残高

の代替手段である通貨ベーシス・スワップによるカバー付の「円投」である（銀行の外貨資金の調達区分は図11-13をみられたい）．ゆうちょ銀行・系統上部金融機関の外貨債は，銀行等と同じ為替スワップ等によるカバー付「円投」が多く，一部カバーされない「円投」を含むものと思われる．

　したがって，これらの金融機関の外貨債投資が増大していくと，為替スワップ市場では直物で円売・ドル買，先物でドル売・円買の為替スワップ取引（＝ドル転スワップ）が増加していく．その際，逆の直物でドル売・円買，先物で円売・ドル買の為替スワップ取引（＝円転スワップ）が額において対応していれば，先物レートは金利差によって規定されていくが（「金利平価」の成立），前者の為替スワップ取引（ドル転）が後者の為替スワップ取引（円転）を大きく上回ってくると，ドル転コストにプレミアムが付いてくる[42]．本邦銀行等・機関投資家等の円投額が図11-14に示されている．それに対応するようにドル資金調達コストが上昇している（図11-15）．とくに各四半期末期においてはアメリカの金融規制への対応を背景にアメリカの金融機関が為替スワップ取引を抑制する動きがあり，ドル供給が減少してプレミアムが一挙に高くなる[43]．

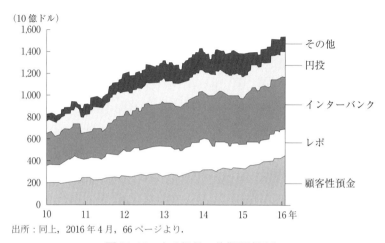

出所:同上,2016 年 4 月,66 ページより.

図 11-13　大手銀行の外貨調達区分

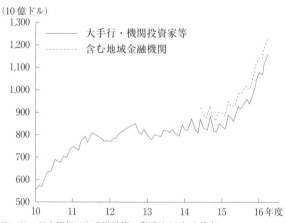

注:1)　日本銀行による推計値.直近は 16 年 7 月末.
　　2)　大手行・機関投資家等には,大手行のほか,ゆうちょ銀行,農林中央金庫,信金中央金庫(14 年 9 月末以降),生命保険会社を含む.
　　3)　生命保険会社は,生命保険協会の会員会社(直近は 41 社).
　　4)　地域金融機関は,14 年 9 月末以降.
出所:同上,2016 年 10 月,48 ページ,ただし原資料は Bloomberg,生命保険協会,各社開示資料.

図 11-14　本邦勢の円投額

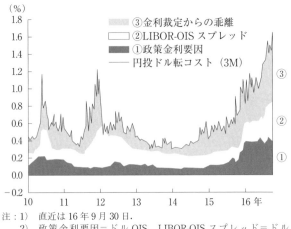

注：1) 直近は16年9月30日.
2) 政策金利要因＝ドルOIS, LIBOR-OISスプレッド＝ドルLIBOR－ドルOIS, 金利裁定からの乖離＝ドル転コスト－ドルLIBOR.
出所：同上, 2016年10月, 48ページ, ただし原資料はBloomberg.

図11-15 短期のドル調達コスト（為替スワップ）の要因分解

為替スワップと裁定関係にあり，その代替取引である通貨ベーシス・スワップも同様である．通貨ベーシス・スワップのプレミアムを掲げておこう（図11-16）．14年以降，ドル資金調達プレミアムが拡大している．

逆にいうと，このドル資金調達プレミアムの増大はドルを円に換える「円転コスト」は小さくなる．つまり，カバーコストが金利裁定から乖離して（図11-15），円転投資家（外国投資家）に有利となっている．このことから，外国投資家による本邦への対内債券投資が全般的には増加する（図11-17），ただし，15年末から投資が減少しているのは，新興国通貨の下落，原油等の価格が下落するという他の要因によるものである[44]．海外の投資家は国債にマイナス金利がついていても，「円転コスト」がマイナスになれば国債などへの投資を増大させうる．さらに，16年に入って円高が継続しているからカバーを外してもドルを円に換えての投資が有利となっている．

以上のように，「異次元の金融政策」は対内外投資の環境を大きく変化させ，そのうえ経常収支黒字が続き低金利が持続すれば国内に有利な投資対象が乏し

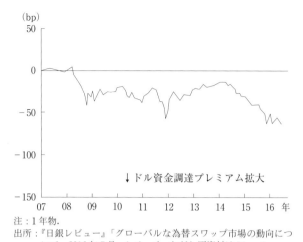

注：1年物．
出所：『日銀レビュー』「グローバルな為替スワップ市場の動向について」2016年7月，1ページ，ただし原資料はBloomberg．

図 11-16 ドル資金調達プレミアム（通貨ベーシス）

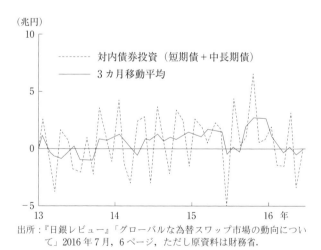

出所：『日銀レビュー』「グローバルな為替スワップ市場の動向について」2016年7月，6ページ，ただし原資料は財務省．

図 11-17 本邦への対内債券投資

いことからドル転コストのプレミアムが持続しながら対外投資が増大していき，外国投資家の対内投資も増大傾向をもつであろう．海外部門の国債投資が徐々に増大していく．対外投資と対内投資の両建の投資額の増加が生じていく．も

ちろん，投資収支は経常収支が黒字であるから資金流出超過である．15年から
らの経常黒字の増大と投資収支黒字の増大は，第5章の第3節（153-155ペー
ジ）で述べたように対米ファイナンスにおける欧・日の比重の高まりの一環と
なろう．

注

1) 2016年11月2日，17年7月21日の各紙．

2) 『日銀レビュー』「量的・質的金融緩和：2年間の効果の検証」（企画局，2015-J-
   8）2015年5月，1-2ページ．

3) 以前は「合理的期待仮説」がいわれたが，最近では「フォワード・ルッキング・
   アプローチ」なる言葉がよくつかわれる．2016年9月21日に公表された日銀の
   「量的・質的金融緩和の総括的な検証」においても「予想物価上昇率の期待形成メカ
   ニズム」という項目が(3)にたてられ，「フォワード・ルッキングな期待形成の役割
   が重要である」と記されている．実際に金融政策が実施される以前に中央銀行が政
   策スタンスを変化させることを表明しそれに対して期待感が生まれれば，金融機関
   だけでなく企業，個人等も対応し，予想物価，株価，為替相場等の変動を引き起こ
   すというのである．「期待感」が金融諸変数を変化させることはありうることであり，
   とくに，国内ばかりでなく海外においても過剰資金，余剰資金が金融機関，大手企
   業，富裕層に蓄積されていればそうである．われわれの検討にもそれは考量されな
   ければならない．

4) 三井・住友銀行の「為替相場推移」より，第1次公表仲値（月中平均値）．

5) 拙稿「アメリカの量的金融緩和政策と新たな国際信用連鎖の形成についての覚
   書」『立命館国際研究』26巻3号，2014年2月参照．同論文は本書に収められてい
   る（第4章）．

6) 為替相場と経常収支の時間的ズレを説明するもっとも代表的な議論が「Jカーブ
   の理論」である．いま，この議論については深入りしないが，経常収支，貿易収支
   の変化が為替相場に現われるまで「時間的ズレ」があるのは十分に想定されるだろ
   う．この1年と少しのズレがなぜどのように生まれているのか，「Jカーブ」につい
   ての議論もあるが，それも含め種々の要因について実証的な検証は筆者もこれまで
   にはできていない．本章第2節の課題はそれである．なお，国際収支動向から必然
   化される持高調整とそれが実施される以前の為替相場の予想等による相場変動との
   関連については前章をみられたい．国際収支構造の変化によって銀行の為替持高が
   変わっていくが，それだけでなく目の前の経済的・政治的諸事情によって予想が生
   まれ，それに伴う企業，諸金融機関の為替取引によって持高も変化する．しかし，
   中・長期的には為替相場は金融収支の諸取引を含む諸国際取引の結果形成される持
   高によって規定されていく．

7) 原油価格の動向については拙稿「原油価格の低落と中国のドル準備の減少の中で
   の対米ファイナンス」『立命館国際研究』29巻1号，2016年6月，76-77ページ参

照. この論文は本書の第 5 章に所収，134-135 ページ.

8）　三井・住友銀行の「為替相場推移」より. 第 1 次公表中値（月中平均値）.

9）　日本銀行・国際収支統計研究会『入門国際収支』東洋経済新報社，2000 年，13，18，290 ページ. 第 10 章の注 14 もみられたい. なお，本章では表 11-1 が国際収支統計であるので，国際収支統計の「所有権が移転した時点」を計上時点としたい.

10）　輸出ユーザンスとは「為替銀行が輸出者からの依頼により期限付輸出手形を買い取り，輸入者に対しては輸入決済を一定期間猶予する銀行ユーザンス」である（『国際金融年報』1996 年版，199 ページ）.

11）　現在，決済条件，決済方法を示す公的統計は存在しない. 最後の統計となった 1991 年の通産省「輸入報告統計」では，「後払い」が輸入全体の 56.9%，「一覧払」が 31.0% となっている（同統計，18 ページ）. しかし，「後払い」のみがユーザンス利用ではない. 「一覧払」また，短期の「後払い」の場合も，輸入業者は銀行からユーザンスを受け対外的には決済を行なうことが多いのである. そのかなりの部分が本邦ローン，BC ユーザンス，アクセプタンス方式などである. 1980 年代中期には全輸入のうち 70% 以上にユーザンスが利用され，平均のユーザンス期間は 2.47 カ月である（拙書『日本の国際金融とドル・円』青木書店，1992 年，101 ページ，『第 11 回国際金融局年報』（1987 年版，194-195 ページ参照）. 第 12 回の『年報』は，1983 年以降低利なインパクトローン等へのシフトによりユーザンス利用率は低下しているが，原油価格の上昇により利用率は高まっていると述べている（223 ページ）.

12）　前掲拙書『日本の国際金融とドル・円』105 ページ.

13）　通産省『輸出確認統計』（1991 年版，1992 年 1 月 21 日）20 ページ，なお，この 1991 年版が同統計の最終版である.

14）　輸入数量の対前年比は 2011 年に天然ガスが 37.5% の増，原油は 2.7% の減，12 年には前者が 25.4% の増，後者が 7.3% の増，13 年は 17.5% の増，0.6% の減，14 年は 11.2% の増，5.5% の減，15 年は 29.5% の減，2.3% の減，16 年は 40.4% の減，0.3% の減などである. 天然ガスの輸入数量は増加しているが，原油の輸入数量は 12 年を除きやや減少している. しかし，原油価格は 11 年には 1 バーレル 109 円，12 年は 115 円，13 年には 111 円，14 年に 105 円，15 年に 55 円，16 年に 42 円と，14 年までは高価格水準が続いており 15 年から半分近くに下落している（以上の数値は財務省の「国際収支状況（速報）の概要」より）. したがって，原油の輸入数量は微減であるが，14 年まで価格上昇により原油の輸入額が増加し，天然ガスの方は数量自体が増加し，原油・天然ガスの輸入額が合わせて 14 年まで増加していった.

15）　拙書『日本の国際金融とドル・円』青木書店，1992 年，63-64 ページ，83-84 ページの注 33 をみられたい.

16）　『第 12 回国際金融局年報』（1988 年版），223 ページ.

17）　日本石油株式会社編『石油便覧』2000 年，第 4 編第 3 章第 1 節（238 ページ）.

18）　『石油・天然ガス用語辞典』（1986 年）の電子化した版（最終更新日 2016 年 8 月 31 日）の「ユーザンス」「はね返り金融」も参照されたい（http://oilgas-info.jogmec.go.jp/dicsearch.pl?sort=KANA&sortidx=1&target=KEYEQ..（検索日，2017 年 2 月 17 日）.

382

19) 日本の国際収支表では，第1次所得収支における直接投資収益の「再投資収益」が金融収支の直接投資のうちの「収益の再投資」に記録される（金額が合致する）.

20) 2015年の直接投資（資産，15.8兆円）のうち，「収益の再投資」は4.6兆円である（財務省「国際収支状況（速報）」より）が，この「収益の再投資」は第1次所得収支の「再投資収益」の分であり，これは「配当金として配分されない……直接投資家等に送金されない」（日銀・国際収支統計研究会『入門国際収支』東洋経済新報社，2000年，304ページ）収益である．しかし，実際は，以前の年における「配当金・配分済支店収益」（親会社等への配当金，本社へ送金された収益，同書，304ページ）のかなりの部分が親会社等によって留保され，対外証券投資等として運用されていた（その運用は以前の年における金融収支の証券投資，その他投資に記録されている）ものが15年の直接投資に当てられているものと考えられる．したがって，国際収支表に記載されている「収益の再投資」額以上に実際の収益による再投資額は大きいと考えられる．また，証券投資収益の再投資分も，もちろん「国際収支状況（速報）」には記載がないが，大きいと考えられる．15年の「証券投資収益」（受取）は17.0兆円で，証券投資（資産）は36.9兆円である（同速報）.

21) 投資収益収支黒字の半分ぐらいが再投資に当てられ，残りの半分ぐらいが国際収支表でみる限りドル建貿易赤字の決済に使われるように示される（拙稿「2013年の日本の国際収支構造と為替需給」『立命館国際研究』27巻1号，2014年6月，第10表（189ページ），本書第9章，294-295ページ，「ドル建貿易赤字，投資収益収支黒字，その他投資の増大」同誌，21巻3号，2009年3月，第20表（159ページ），本書第8章，272ページ参照）.

22) 前注に記されている拙稿（本書，第8章，第9章）も参照されたい.

23) マネタリストの「貨幣数量説」は以下の式で表現される.

貨幣量×貨幣流通速度＝物価×商品量

この式にはいくつかの問題が含まれている．この式は恒等式であり，左辺が右辺をいつも規定するとは限らない．右辺が左辺を規定する場合もある．また，マネーストックの量（とくにM3）がいつも貨幣量を表現するとは限らない．準通貨，CDは貯蓄的性格を有しているし，M1もゼロ金利のもとでは一部は蓄蔵的性格をもつ．蓄蔵性，貯蓄性が高まれば上記の式においては，実際の貨幣量はM1，M3よりも少なくなる.

24) 2016年11月の米大統領選挙におけるトランプ氏の勝利によって11月に為替相場，株価は大きく変動した．円相場は10月以来104円台であったがトランプ氏の勝利が決まった直後（日本時間で11月10日），一時101円台に上昇し，その後円安が進行し，11月16日には109円台にまで下落した．トランプ氏が大規模な財政出動と企業減税を公約に掲げ，その思惑，期待から米長期金利が上昇した．公約どおり大規模な財政出動と減税が実施されれば財政悪化の可能性が残るが，景気回復，インフレの期待が生まれた．そこで投資家は米国債を売り株式に転換したという．この転換は一方では米の長期金利の上昇によってドル高（対円だけでなく新興諸通貨に対しても）を発生させ，他方では株価を上昇させている（毎日新聞2016年11月17日，朝日新聞11月16日，17日）．このように，ドル高の進展と日米の株価上昇

は，トランプ氏に対する「危惧」が急に「期待」に変わったからであり，その期待が持続する限りドル高・円安，株価上昇の局面は続く．さらに，トランプ氏への「期待」による米金利上昇が FRB の「出口政策」を後押しするかたちで，FRB が 12 月の公開市場委員会において金利引き上げに踏み切るのではないかという予想が広がり，それもドル高・円安（および新興諸国通貨安）と株価上昇を進めた．

　　以上のように，新大統領の選出による「期待」と FRB の金利引き上げ「予想」がドル高・円安と日米の株価上昇という状況を日本の金融政策とは別に一時的に生みだした．2012 年 12 月の安倍政権の登場，アベノミクスの提唱と同じ類の期待感である．

25)　『エコノミスト』2016 年 8 月 2 日，30 ページ．

26)　「指値オペ」の導入が決定されるのは 9 月の金融政策決定会合であり，この時点では「指値オペ」はなされていない．

27)　日本銀行，*Financial System Report*（『金融システムレポート』），2016 年 4 月，21 ページ．また，同誌の 2016 年 10 月，13 ページの図表 II-2-5 をみられたい．

28)　同上誌（16 年 10 月）は不動産業向けの貸出が増加していることを指摘（21-22 ページ）し，「過度なリスクテイクに向かうことになれば，金融システムの安定性が損なわれる可能性がある」（2 ページ）と述べている．

29)　『エコノミスト』2016 年 4 月 19 日，20 ページ参照．

30)　日銀「金融緩和の強化について」（2016 年 7 月 29 日），および各新聞．

31)　日銀の 2016 年 9 月 21 日の金融政策決定会合の文書（『金融緩和強化のための新しい枠組み：「長短金利操作付き量的・質的金融緩和」』）．この決定会合で「指値オペ」の導入を決めていたが，その実施は 11 月 17 日に初めて実施された（ロイターより，http://headlines.yahoo.co.jp/hl?a=20161117-00000044-reut-bus_all，2016 年 11 月 17 日）．なお，この文書で「総括的な検証」が記されている．①物価の持続的な下落という意味でデフレではなくなったとし，② 2% の物価上昇を阻害した要因として原油価格の下落，新興国経済の減速など外的要因を挙げるにとどまった，③予想物価上昇率の期待形成の役割の重視，マイナス金利と国債買入れは長短の金利を大きく押し下げた，④国債金利の低下は貸出・社債・CP 金利の低下につながった，イールドカーブの低下，フラット化は金融機能の持続性に不安感を抱かせる可能性がある．この簡単な「総括」が 2013 年初めのアベノミクスの提唱，「異次元の金融政策」の導入の際に謳われていた「デフレ」脱却のシナリオに全面的に答え，深く分析されたものとはいえないだろう．例えば，マネタリー・ベースとマネーストックの関連などの分析，経常収支と円相場の関連など．また，この間の金融政策がうまく機能しなかった本当の諸理由（貸出・設備投資の低迷，消費の低迷など）への言及がなされていない．

32)　『毎日新聞』『朝日新聞』2016 年 10 月 13 日．

33)　『朝日新聞』2016 年 10 月 22 日．

34)　2016 年 11 月 2 日の各紙．

35)　『エコノミスト』2016 年 8 月 2 日の岩村充氏の論稿など．

36)　例えば，『エコノミスト』（2016 年 8 月 2 日）に掲載の岩村充氏の論稿．

37) 拙稿「経常収支，財政収支の基本的把握」『立命館国際研究』26巻2号，2013年10月をみられたい．

38) 同上論文，223-224ページ参照．

39) 日本銀行『入門国際収支』東洋経済新報社，2000年，39-43ページ参照．また，前掲拙稿「経常収支，財政収支の基本的把握」をみられたい．

40) 日銀の *Financial System Report*（『金融システムレポート』）（16年4月）は次のように記している．「保険会社・年金などの機関投資家，ゆうちょ銀行・系統上部金融機関などの市場運用を中心とする預金取扱機関は，金利の一段の低下を受けて国内債から外債等のリスク資産に投資先をシフトする動きを続けている」（1ページ）．

41) 『金融システムレポート』2016年4月，47ページ．

42) このことについては，すでに以下の拙書について論述している．『円とドルの国際金融』ミネルヴァ書房，2007年，第7章「2003年の国際収支構造とコール市場におけるマイナス金利の発生」，また，日銀・金融市場局「グローバルな為替スワップ市場の動向について」『日銀レビュー』（2016-J-11）2016年7月参照．

43) 同上『日銀レビュー』2ページ，4ページ．

44) 同上『日銀レビュー』6ページ，『金融システムレポート』2016年4月，14ページ．

補論 I 「リフレ派」の主張の変遷

　日本銀行は 2016 年 1 月 29 日の金融政策決定会合において「マイナス金利」の導入を決定したが，量的・質的金融緩和，マイナス金利政策については，研究者，エコノミストの間で激しい論争が展開されている．この論争の主要点を 1 冊の本で紹介されているのが，日本経済研究センター編『激論マイナス金利政策』（日本経済新聞社，2016 年 11 月）である[1]．補論 I では，この著書を主に，また 14 年前に，同センターが小宮隆太郎氏の発案でまとめられた小宮隆太郎＋日本経済研究センター編『金融政策論議の争点』（日本経済新聞社，2002 年 7 月）をも参考にしながら，いわゆる「リフレ派」の考え・主張が諸実態経済の進展によって変化せざるを得なくなる経過をたどり，2016 年にマイナス金利政策を導入するに至った経緯をみることにしよう．上記の 2 冊の本に寄稿されている「非リフレ派」の人たちの主張は必要な限りで聞くことにしよう．とはいえ，これらの人たちの「リフレ派」の人との論争からわれわれが今後の研究のために得られる諸点を汲み取れればと思う．

(1)　フリードマン流の哲学と岩田規久男氏の主張
　『激論マイナス金利政策』（以下では同書を『激論』と略す）の編者である日本経済研究センターの会長・斉藤史郎氏は同書の「はじめに」において次のように述べられている．「（異次元金融緩和の）政策に大きな影響を及ぼしたとみられたのは，物価はすべからく貨幣的現象である，というミルトン・フリードマン流の哲学である．金利はすでにゼロ近傍に張り付いている中でも，日銀が市中から国債を大量に購入し，日銀があずかる当座預金などマネタリーベースを劇的に増やせば，市中のマネーストックは増え，物価は上がるという論理だ．しかし，巨額の国債購入を続けマネタリーベースを増やしても物価は息切れしてむしろ下落した．新興国の景気減速や原油価格の下落が響いたが，異次元緩和スタート時点では，徹底した量的緩和はこうした外的要因すら打ち消す，と

いうのが推進派側から語られていた論理だった」（3 ページ）.

　斉藤会長のこの文章は，『激論マイナス金利政策』のもとになったセミナーにおいて吉川洋氏（「非リフレ派」）が次のように述べたことを踏まえたうえでのこと，あるいは吉川氏の考えに通じるものと思われる．「重要なのは，「物価は『貨幣的な現象』である」という貨幣数量的な考え方にあります．こうした考え方を標榜する学者は，「これこそがグローバルなマクロ経済学の考え方だ」と言っていました」（『激論』151 ページ）．そして，「マクロ経済学の源流ともいえるマネタリズムの祖」（同，151 ページ）が，シカゴ大学のミルトン・フリードマンなのである．

　さて，吉川氏の発言を受けた斉藤会長のこの文章がわれわれの議論の出発点となりうる．なぜなら，ここに，いわゆる「リフレ派」の「哲学」＝理論が，また，その「リフレ派」の理論に基づく政策過程とその「結果」が簡潔に示されているからである．

　しかし，のちに見ていくように，「リフレ派」の理論というものにもバリエーション，変化がある．上記したミルトン・フリードマン流といわれる理論にいくつかの論点が「リフレ派」の主張には付加されている．また，フリードマン流の理論通りに事態が進まないことが次第に鮮明になり，フリードマンの理論からいくつかの点が外されてきている（後述）．とはいえ，フリードマンの理論を引き継いだ考え方にしたがって「巨額の国債購入を続けマネタリーベースを増やしても物価は息切れしてむしろ下落した」（3 ページ）という斉藤会長の異次元の金融緩和政策の評価は深刻である．

　そこで，異次元の金融緩和政策の評価についてはのちに論じることにして，「リフレ派」の人たちが述べている「理論」を把握することから論述を始めていこう．

　「リフレ派」の代表的な論者が岩田規久男氏（現日銀副総裁）である．2002年に前述の『金融政策論議の争点──日銀批判とその反論』（以下では同書を『争点』と略す）の出版を発案された小宮隆太郎氏も当時の日銀に対する批判派の中心に岩田規久男氏を挙げている（『争点』250 ページ）．われわれも岩田氏の考えを聞こう（『争点』所収，「予想形成に働きかける金融政策を」）．少し長いが氏の言を引用しよう．「『インフレ・ターゲット付の量的緩和政策』とは，日銀

当座預金の供給量の増加を通じてマネーサプライを増加させ，目標とするインフレ率を達成し，それを安定的に維持しようとする政策である．その最も重要な点は，日本銀行が人々の予想形成に絶えず働きかけることであり，そのためには，『量的緩和は目標とされるインフレ率が達成され，それが安定的に維持されるようになるまで将来にわたって必ず続ける』という日本銀行の強いコミットメントが必要である」（『争点』412-413 ページ）．

　この引用文では氏の３点の指摘が重要である．第１に，日銀が銀行から国債等を購入することによって日銀当座預金（＝マネタリー・ベース）の供給を増加させることが重要だという指摘．そうすれば，第２にマネーサプライ（今日ではマネーストック）が増加し，目標となる物価上昇が達成されるという指摘．さらに重要なのは，第３に，日銀が日銀当座預金の供給を断固としてやりきるというコミットメントが必要で，それによって予想インフレ率が高まる．この強いコミットメントがなければマネタリー・ベースを増加させても政策の効果がないという指摘．なお，上の第２点目については，以下の考えが基礎にある．マネタリー・ベースが増加すれば，銀行等の貸出が増加してマネーストック（＝「貨幣量」）が増加する（＝「信用創造」）．そして，貨幣量が増加すれば物価が上昇する．いわゆる「フィッシャーの交換方程式」（＝「貨幣数量説」）が前提になっている．第３点目については，ミルトン・フリードマンにおいてはあまり強調されていなかった論点であり，岩田氏がフリードマン流の「哲学」に付け加えてとくに強調された論点であろう[2]．

　ところが，現実に，日銀が 2001 年３月から量的緩和政策を開始してマネタリー・ベースを増加させていっても，貸出の増加によってマネーサプライが増加するという事態は生まれなかった．吉川洋氏は『激論』の氏の論稿で図（152 ページ）を示して，「マネー（ここで氏がマネーと言われるのはマネタリー・ベースのことであろう——引用者）が伸びても物価は必ずしも上がらないというのは，すでに福井日銀，白川日銀時代に実証済です」（『激論』153 ページ）といわれる．

　吉川氏がこのことを指摘する以前に，岩田氏は福井日銀時代のこの事実をおそらくそれなりに知っていたからであろう，岩田氏の表現にもすっきりしない内容を含む記述が 2002 年時点にある．次の言葉である．「日本銀行の国債買い

オペ……により，MB（マネタリー・ベースのこと──引用者）が増加すれば，銀行は貸出か証券投資のいずれかを増やすか，あるいはその両方を増やすであろう．国債買いオペの効果を否定する人達は，現在の状況では，貸出は増えないと主張しているので，ここでは，貸出は増えなくても，銀行による国債や社債などの証券投資は増えるとしよう．これによってマネーサプライは増加する」（『争点』399ページ）．

　ここにみられるように，岩田氏はマネタリー・ベースが増加しても貸出が増加しないということがあることを暗に認められている．そこで，氏は「銀行は貸出を増やさなくとも国債や社債を購入すればマネーサプライ（マネーストック）が増加する」という議論を展開される．銀行が貸出を増やさなくとも国債や社債を購入すればマネーサプライ（マネーストック）が増加するであろうか．これには詳しい説明が必要である（補論II参照）．

　銀行が政府から国債を購入する場合，すでに種々の要因によって形成されている「日銀当座預金」（銀行の資産）が減り，代わって資産としての国債の保有が生まれるだけで非金融・民間部門[3]の預金，つまり，マネーストックには変化は生まれない．銀行による政府からの国債購入は，資金余剰部門である非金融・民間部門から銀行部門へ流入している資金を，資金不足の政府部門へ仲介しているだけで金融仲介業務である．しかし，銀行部門が非金融・民間部門が保有している国債を購入した場合は，マネーストックが増加する．なぜなら，非金融・民間部門の預金が増加するからである．銀行のバランスシートは資産に国債が，負債に預金が記帳される．政府から国債を購入する場合と非金融・民間部門から国債を購入する場合とでマネーストックに差異が生まれる．

　したがって，銀行が国債を購入すればマネーストックが増加するというのは非金融・民間部門からの購入の場合だけで，銀行等の国債購入のほとんどは政府からであり，岩田氏の主張には別のより詳しい説明が必要である（補論II参照）．社債の場合も銀行が証券会社の仲介で一般法人から購入した場合，銀行部門の資産に社債が増加し，他方，社債を発行した一般法人の預金が増加しマネーストックが増加する．しかし，銀行が一般法人発行の社債を二次市場で金融仲介機関等から購入した場合は，金融機関間の売買であり，その時点ではマネーストックの量には変化はない．ただ，一般法人が発行した社債を金融仲

介機関が購入することは，資金の余剰をもつ非金融部門から資金不足の非金融部門への金融仲介であるが，銀行がその社債を金融仲介機関から購入した時点で資金の余剰をもつ非金融部門の資金が銀行の資金によって代位され，金融仲介機関がその資金を非金融・民間部門に運用すればマネーストックが増加する．

(2)　強いコミットメントへの強調と期待・予想

　以上のように，岩田氏が主張されるのとは異なり，日銀当座預金の供給量（マネタリー・ベース）を増加させても貸出を通じてのマネーストックの増加は生まれない可能性があり[4]，また，銀行等の政府からの国債購入がマネーストックの増加をもたらすという十分な説明にはならないことから，リフレ派の「物価はすべて貨幣的現象である」というフリードマン流の主張の根拠は次第に変わっていく．貨幣数量的な根拠から岩田氏も強調されていた中銀によるコミットメントを重要視する考えへの移行である．

　金利がゼロ近傍にある中では，名目金利をさらに下げることは難しいことから予想物価上昇率を上げて実質金利を下げようという考え方が強調され始める．現在，日銀政策委員会審議委員に就かれている原田泰氏は次のように論じられている．「そもそも長いデフレと経済停滞で，金利はほとんどゼロになってしまいました．このため名目金利を下げるのは難しいですが，量（ここで言われている「量」とはマネタリー・ベースのこと——引用者）を動かすことによって予想物価上昇率を引き上げ，実質利子率の引き下げにつなげるという考え方に基づくのが QQE です」（『激論』361 ページ）．つまり，原田氏にあっては，実質金利＝名目金利－予想物価上昇率であり，日銀が「量」＝マネタリー・ベースを増加させることが予想物価上昇をもたらすというのである．確かに，日銀が国債等の購入によってハイピッチでマネタリー・ベースを増加させるという強い表明を行なえば，金融市場関係者，企業の財務担当者，富裕層などは，その根拠はともかくも物価が上昇するという予想・期待をもつであろう．しかし，もともと，実質金利＝名目金利－予想物価上昇率であろうか．予想物価上昇率は実現された物価上昇率ではない．それは金融市場関係者，企業の財務担当者，富裕層などが「予想」する物価上昇率で，期間中に実現された「実体的」な率ではない．したがって，ここで「実質金利」といわれるものは，語弊

があるが「予想実質金利」ともいえるものである．本来の実質金利は，名目金利マイナス実体的な物価上昇率で，後日確認できるものである．

　さらに，「予想」には明確な経済学的な根拠が乏しい．小宮隆太郎氏は，「「予想」は……重要な役割を演じる．各種の資産・信用手段に対する人々の需要・供給は，各人の予想に依存するからである．……しかし予想は気まぐれに変動することもあり……多くの場合，予想は“ファンダメンタルズ”の動きに支配されるものである」（『争点』244 ページ）と言われ，さらに同書の注において「その種の「予想誘導」戦術がどれくらい実効のあるものか，また，その効果が長続きするものか，私は概して懐疑的である」（『争点』245 ページ）と述べられる．

　「非リフレ派」の論者も小宮氏の言われることと同様に「予想」について懐疑的である．元日銀副総裁の山口泰氏は「為替・株式を含む世界の金融市場では，実に雑多な理屈・期待・思惑が渦巻いており」（『激論』132 ページ），「予想」に依拠した政策は「理論的には効かないはずだが，現実には（短期間）効いてしまうことがある」（同，133 ページ）と述べられる．さらに，研究者の池尾和人氏（「非リフレ派」）は「人々の予想が合理的に形成されているわけではない」（『激論』303 ページ）と主張される．それらの氏の主張とともに，われわれが強調しなければならないことは，予想・期待が短期的に物価，為替相場，株価などの諸指標を動かしうるのは，世界の諸金融市場に過剰な資金が存在し[5]，金融市場関係者等が短期に巨額の資金を移動させることが容易に可能だからである．そもそも過剰資金がなければ，「予想・期待感」で為替相場，株価は変動するはずはない．

　2013 年初めにみられた予想物価上昇率の高さは 14 年後半になってくると低下し，16 年 1 月にかけてさらに低下している[6]．そもそも 2016 年 1 月のマイナス金利政策は，予想物価上昇が見込めなくなった時点で導入されたものである．前出の現日銀審議委員の原田氏は次のように述べている．「2016 年 1 月には世界的な金融市場の変調，デフレ心理復活のリスク，実体経済の悪化という事態に至りましたので，名目利子率をマイナスにして実質金利を引き下げる，いわゆるマイナス金利付き QQE を導入した」（『激論』361 ページ）．2012 末のアベノミクスの表明，13 年 4 月からの QQE によって予想物価上昇率が高まり

「実質金利」が下がっていったのであるが，それが経済の好循環をもたらすに至らず「実体経済の悪化という事態」（原田氏，『激論』361 ページ）が生まれて，「予想は“ファンダメンタルズ”の動きに支配され」（小宮氏，『争点』244 ページ）てきたのである．小宮氏がいわれたように「（予想の）効果が長続きするものか，……概して懐疑的」（『争点』，245 ページ）といわれることを受け止め，何故，物価上昇の予想が消滅していったかの検討が本来は必要なのであった．

（3） 予想物価上昇率の低下からマイナス金利へ

　以上のように，「リフレ派」の理論のいう 2 つの根拠，1 つはマネタリー・ベースの増大によるマネーストックの増大は現実化しないことがはっきりしたし，もう 1 つの，予想・期待へ依拠する金融政策も合理性をもたず妥当しないことが明確になった．結局，名目金利の低下＝マイナス金利の導入に戻ってしまう．

　前出の原田氏は次のようにいわれる．「どうしたら家計の貯蓄を減らしたり，海外投資を拡大したり，企業に借り入れを増やさせたりできるでしょうか．これはそう簡単ではありません．……しかし，金融政策はこれらの変数に働きかけることが可能です」（『激論』373 ページ）．「金利が低下すれば家計の貯蓄は少しは低下するでしょう．企業の投資が少しは拡大し，海外資産が魅力的になり，政府の借り入れ意欲も拡大するでしょう」（同，373 ページ）．「要するに，実質金利が低いのは，企業も貯蓄を増やし，海外投資の意欲も低いからです．また，政府が借り入れても人々が将来の財政不安からさらに貯蓄を増やしてしまうかもしれません．この状況を簡単には変えられません．名目金利を切り下げ，それで不足ならインフレ率を高めて実質金利を下げるしかありません．QQE もマイナス金利政策も，これ以外にない政策だということです」（同，374 ページ）．つまり，13 年以来インフレ率を高めるためにマネタリー・ベースを拡大してきたが，その効果がなくなってきたので 16 年 1 月には名目金利の低下＝マイナス金利を導入したのだといわれているのである．

　これでは，金利低下の一点に還元する考えではないだろうか．「物価はすべて貨幣的現象である」というフリードマン流の「リフレ派」の主張はマイナス金利の導入を主張するまでにきたということができよう．これまでにみてきた

ように，もともとのフリードマン流の「リフレ派」の主張は，マネタリー・ベースを増加させることでマネーストックが増加し，もって物価が上昇するというもので，貨幣数量説的な考えである．しかし，マネタリー・ベースを増加させても貸出が思ったように伸びず，マネーストックも大きく増加しないことから，次にマネタリー・ベースの増大が予想物価の上昇をもたらすとの期待感に依存する考えを強調し始める．さらに，その期待感も長続きしないことから，最後に名目金利自体をマイナスにする以外になくなってしまった．

一般企業，個人などの経済主体は金利の低下，それもせいぜい1%未満の金利からゼロ近傍への低下だけで行動を起こすものだろうか．現実を見失ってはいないだろうか．実際の経済活動を引き起こす諸要因は多様であろう．金利のゼロ近傍への低下は実際の経済活動を左右する多くの諸要因の中で小さな一要因に過ぎなくなっている．そうであれば，QQE，マイナス金利の導入時期以後の現実の日本経済のあり様を，異次元の金融緩和，マイナス金利政策の効果面からだけで評価することに意味がなくなってしまうのではないだろうか．QQE，マイナス金利以外の諸要因がより強く実際の日本経済を左右しているのであろう[7]．物価上昇率が目標の水準に達していない事態を，また成長率もQQE以前と比べてもほぼ同じ水準である事態を，多様な要因の分析で明らかにする必要があろう．

QQE，マイナス金利の導入の「負の遺産」については本書の第11章の第3節において指摘した．日銀の大量の国債購入と国債市場の歪み，マイナス金利による諸金融機関の利益基盤の縮小，対内外投資環境の変化，日銀資産の増大と劣化，「出口」政策への困難などである．小論では繰り返しはせず，QQEの「出口」について簡単に記しておきたい．

『激論』において元日銀副総裁の山口泰氏は，QQEを評価する基準として2つあるとして，「ひとつには，QQE政策の『コスト』の考察が抜け落ちて（いる）……この政策に特有な『コスト』には，異常な規模の国債買入れによる市場機能の抑圧なども含まれますが，主たる懸念はやはり大規模な資金供給と肥大化した日銀バランスシートを，円滑に収束・縮小できるだろうか，特にその時に生じる金利上昇にうまく対処できるか，という点です」（『激論』122-123ページ），「出口で混乱をきたすようであれば，QQE政策の全過程を通じた収

支がコスト超過になりかねない」（同，123ページ）と述べられている．QQE
からの「出口」は極めて難しいと言わざるを得ない．現在，QQEからの「出
口」については「リフレ派」の人たちは口をつぐんでいる．FRBはQEから
の「出口」を13年春から追及し14年10月にQEの終了を宣言し，15年12
月にゼロ金利政策も解消した．これによって，FRBは今後起こるかもしれな
い経済・金融の混乱に対する政策手段を確保しつつある[8]．しかるに，日銀は
国内外においてそれらの混乱が発生しても，混乱に対する金融政策手段をもっ
ていない．現在の日銀幹部，「リフレ派」らの人たちのこれらについての意識
はどのようなものだろうか[9]．

注

1) 同書は，2016年2月から8月にかけて「論争・マイナス金利政策」と題して12
回にわたって日本経済研究センターが行なったセミナーの概要である．

2) 異次元金融緩和の主唱者である浜田宏一氏は，岩田氏が「インフレ期待を通ずる
実質金利の低下による需要創出」（『激論』192ページ）を唱えていたと氏を称賛し
ている．また，岩田氏の『争点』での掲載論文名も「予想形成に働きかける金融政
策を」となっている．

3) ここで非金融・民間部門というのは，日銀がマネーストック統計において「通貨
保有主体」という以下の部門である（以下でも同じ）．居住者のうち一般法人，個人，
地方公共団体，地方公営企業であり，一般法人とは預金取扱機関，保険会社，政府
関係金融機関，証券会社，短資会社等を除く法人のこと．なお，マネーサプライ統
計では「通貨保有主体」に含まれていた証券会社，短資会社，非居住者はマネース
トック統計では「通貨保有主体」から除外された（日本銀行「マネーストックの概
要」より）．

4) マネタリー・ベースが増加しても貸出が増えない理由については，本書第11章
第3節の第1項の末尾をみられたい．

5) 世界の過剰資金の存在については，拙稿「アメリカ量的金融緩和政策と新たな国
際信用連鎖の形成についての覚書」『立命館国際研究』26巻3号，2014年2月，第
8，9図をみられたい．同論文は本書の第4章に収められている．図4-8，図4-9を
みられたい．

6) 第11章の図11-1参照．

7) マネタリー・ベースを増加させても貸出が増加しないことを「貨幣的現象」で説
明するのは無理であろう．貸出の低調は，設備投資の伸び悩み，内部留保金の累積，
個人消費の停滞から説明せざるを得ないだろう．

8) 2013年6月にBISが『83回年報』において「非伝統的金融政策」の持続不可能
を論じ，それからの脱却を提案したのも，「次の金融・経済危機が勃発したときに再

び対応力をもちうる」（BIS, *83rd Annual Report*, p. 8）ためである（前掲拙稿「アメリカの量的金融緩和と新たな国際信用連鎖の形成についての覚書」, 同論文は本書の第 4 章に収められている）.

9）補論 I での「非リフレ派」の人たちの引用は最低限のものにとどまった. しかし, いくつか, 今後検討しなければならない指摘がある. それを注において示しておこう. 翁邦雄氏は「金融政策の本質が, いまお金を使うか, 将来お金を使うかに働きかける政策である……その効果は, 家を来年建てる代わりに今年建てるように働きかけるということにすぎません. 今年に前倒しさせると, その分来年になると建てたい家の数は減ります」（『激論』63 ページ）,「金融政策では, 人口動態に規定される」（同, 64 ページ）と述べられている. また, 吉川洋氏は「貨幣数量説が『他の事情が等しければ一般物価水準は貨幣数量によって決まる』と説いているのに対し, マーシャルは『他の事情は等しくないと述べている』」（同, 148 ページ）と主張され, マクロ経済学の根本を問われる. さらに, 池尾和人氏は,「中長期的には現実が経済学の論理から大きく乖離することはない, それゆえ経済学は学ぶ価値のある有益な学問である」（同, 302 ページ）.「銀行部門が国債を購入すると預金が増えるということは, nominal なレベルの信用創造としては起こります. ただし, 問題は創造されたマネーストックを裏付ける貯蓄が存在しているかどうかです」（同, 317 ページ）.「信用創造はいわば貯蓄の「先取り」です」（同）. これらの発言は補論では検討できなかったが, 意味深長であり, 今後掘り下げられるべき論点である. しかし, 彼らの発言にもいくつかの疑問は残る. 例えば, 池尾氏は「銀行部門が国債を購入すると, 常にマネーストックが増えます」（317 ページ）と述べられる. したがって, 彼らの興味ある指摘も十分注意しながらの検討が必要となろう.

補論 II　財政赤字とマネーストック[1]

(1)　マネーストックの増加の諸要因

　マネーストックはほとんどの場合，マネタリー・ベースをもとに銀行等の貸出による預金創造（信用創造）によって増加するものと考えられている．フリードマンの「哲学」においてもそうである．また，補論 I でみたように，岩田規久男氏の「銀行の国債購入によってマネーストックが増加する」という趣旨の文章にみられるように，マネーストックの増加についてのより詳しい説明が必要な理解がある．ところが，この 20 年近くの日本におけるマネーストックの増加の大部分は財政赤字のもとでの銀行等による国債購入によって生み出されているのである．このことは補論 I での『激論』『争点』においても論じられていない．そこで，マネーストックの増加についての正確な把握が求められる．マネーストック統計における「通貨保有主体」は，補論 I の注 3 で示されている．このことを踏まえて，以下，マネーストックの増加についての正確な過程について論じよう．

　マネーストック統計でいう「通貨保有主体」（以下では便宜的に非金融・民間部門という）の預金取扱金融機関（以下では銀行等と呼ぶ）における預金が増加するのは，第 1 に現金による預金（＝「本源的預金」）がある場合，第 2 に銀行等の貸出による預金創造がある場合，第 3 に財政赤字による非金融・民間部門の政府からの資金の受取と税等の支払の「差額」がある場合である．その場合にこの補論でみるように国債の購入機関次第でマネーストックの状況が異なる．第 4 に，通貨当局による為替市場介入が行なわれる状況下ではマネーストックに影響が現われる．

　第 1 の場合，非金融・民間部門の保有する現金が減少し預金が増加するので，この限りではマネーストックの増減はない．しかし，現金による預金だけでなく，預金は非金融・民間部門が銀行等に不動産などの現物資産を売却しても生まれる．第 2 の場合については改めて論じる必要はないであろう（補論 I の注

396

9にみた池尾氏の発言と関連させて，信用創造の再生産論的な意味合いについて論じることは今後の課題である）．第3の場合については少し詳しく論じなければならない．補論Ⅰでは銀行等が政府から国債を購入する場合，「日銀当座預金」[2]が何らかの理由によってすでに形成されていることが前提であったが，補論Ⅱでは財政的諸要因によって「日銀当座預金」と非金融・民間部門の預金の変化が生じる過程を示そう[3]．しかし，その前に，経常収支，民間の対内外諸投資の状況によってマネーストックがどのように変化するか，通貨当局による為替介入が行なわれる事態の中でのマネーストックの状況はいかなるものかについて簡単に検討を加えておきたい．

経常収支黒字があり，当局の為替市場介入がなければ，基本的には経常収支黒字額に相当する民間部門の何らかの対外投資が生まれている．このことを前提にすればマネーストックは以下のようになる．非金融・民間部門（一般法人，個人）が対外投資を行なった場合，非金融・民間部門のマネーストックは減少する．非銀行・金融機関は金融仲介機関であるから，非銀行・金融機関が行なう対外諸投資の原資は非金融・民間部門の保有していた資金であり，非銀行・金融機関の対外投資に先んじて非金融・民間部門のマネーストックが減少しているはずである[4]．

また，銀行等の対外投資は「総合持高」を基本的にゼロにして行なわれるから，短期の為替スワップを利用した投資以外には円建か，海外から外貨を調達しそれを対外投資に当てるかである．後者についてはマネーストックに関係ないが，前者の円建対外投資については「預金創造」によって行なうことができる．したがってマネーストックの減少はおこらない．

さて，非金融・民間部門，非銀行・金融機関の対外投資の一部は円建である（マネーストックの減少）．その場合，「代わり金」が生まれていったん投資収支は均衡するが，日本の場合，経常黒字は円建であるから，「代わり金」は円建経常黒字の決済によって発生した外銀の円建資産の減少の回復になるだけである．次のようにもいえる．「代わり金」は日本への円建支払に使われ，非居住者には債務だけが残って日本の円建投資となる．その結果，全部門のネット対外資産残高は円建対外投資の分，増加している．対外投資が外貨建である場合，円を外貨に転換しての投資であり，マネーストックは減少する．しかし，

第 11 章補論 II　財政赤字とマネーストック　　　　397

「代わり金」は発生しないから円建経常黒字の決済によって発生した外銀の円建資産の減少の回復にはならず，外銀には別途為替調達が必要となる．邦銀も外貨の売持になっているから相互での為替調整が必要である．上の過程が続き，全部門のネットの対外資産残高は非銀行部門の投資分，増加する．かくして円建，外貨を問わず，非銀行・民間部門の対外投資によってマネーストックは減少し，全民間部門のネットの対外資産残高は増加する．

　以上のことから，経常収支黒字額＝民間・対外投資収支額とすれば，経常黒字を生み出す財の生産，サービスの提供，海外からの所得の受取によっていったん増加したマネーストックは，そのうちの銀行等の円建対外投資分を除いて対外投資によって減少し，最終的にマネーストックの金額は経常収支が均衡している状況下のそれに近い金額となる．

　しかし，通貨当局による為替市場介入があるようなときはマネーストックが大部分増加したままになってはずである．日本の場合，経常収支が黒字であり，そのほとんどは円建である（第 8, 9, 10 章参照）．他方，円建対外投資がもともと少なく，しかも円高の中で円を外貨に換えての投資も少なくなったとき，さらなる急激な円高が生じ為替介入が行なわれる．その事態のもとでは，非銀行部門による円を外貨に換えての対外投資が少ないから非銀行部門の円売・外貨買が少なくなっている（図 3-4 参照）．非金融・民間部門には経常黒字に照応して増加したマネーストックが対外投資によって減少しないまま残り，全体としてマネーストックが増加しているのである．また，為替市場介入によってマネタリー・ベースが増加するから銀行からの借手があれば，信用創造が進行してマネーストックがさらに増加することもありうる．なお，為替市場介入のための当局による円資金調達とそれに伴うマネーストックの変化について（これには「外為資金特別会計」の分析が必要）は補論では論じられなかった．円資金の調達でマネーストックが一部減少しているはずである．後日，論じよう．

　したがって，為替市場介入があった 2011 年については為替介入を考慮に入れなければならないが，11 年を除いては為替介入がなかったから，マネーストックを変化させる要因は経済成長などの実態経済要因を別にすれば，マネタリー・ベースの変化による信用創造と財政の状況の 2 つである．

(2) 財政とマネーストック，マネタリー・ベースの変化

まずは非金融・民間部門による税等の政府への支払である．以下の過程が進行する．①税等の支払により非金融・民間部門の預金が引き落とされ，②同時に銀行の「日銀当座預金」が減少し，政府の日銀預金が増加する．つまり，税等の支払によってマネーストック，マネタリー・ベースが減少する．他方，政府による歳出（政府部門による非金融・民間部門からの財・サービスの購入）には以下の過程が進行する．③政府支出によって政府の日銀預金が減少し，銀行の日銀当座預金が増加する．④同時に，銀行に非金融・民間部門が保有する預金が増加する．つまり，歳出によってマネタリー・ベース，マネーストックが増加する．今，財政が赤字だとすると，歳出による非金融・民間部門が保有する預金が増加し，それが税等支払による預金減少を上回り，非金融・民間部門が保有する預金（マネーストック）が差額分増加する．同時に銀行が保有する「日銀当座預金」もいったん同額増加する．

国民経済計算体系によると，経常収支＝$(S-I)+(T-G)$であった[5]．経常収支が黒字あるいは均衡していると，財政赤字（$T-G<0$）は民間部門の（$S-I$）の黒字（貯蓄余剰）によってファイナンスされるということであるが，上に記したように，財政赤字があると歳出による非金融・民間部門の預金増加が税等の支払による預金減少を上回り，非金融・民間部門が保有する預金（マネーストック）と日銀当座預金（マネタリー・ベース）が差額分増加する．つまり，財政赤字は，マネーストックを増加させ，マネタリー・ベースをいったん増加させるのである．個人・法人には税以外にも年金，保険等の社会保障費の支払があるから，実際に増加する預金額はこれよりもかなり少なくなる．これら社会保障費も考慮すると，マネーストックの増加は，

　　政府の歳出額−（税支払額＋社会保障費の支払額）
　　　＝（財政赤字額−社会保障費の支払額）

となる．なお，非金融・民間部門の保有する預金の増加が財政赤字のファイナンスの原資となっていく．

(3) 国債発行とマネーストック，マネタリー・ベースの変化

財政赤字には国債等の発行が伴う．国債等の発行によって政府の日銀預金，

第 11 章補論 II　財政赤字とマネーストック　　　　399

銀行の日銀当座預金，非金融・民間部門の預金がさらに変化していく．

　非金融・民間部門が国債を購入する場合（実際は証券会社，銀行等を通じて），①非金融・民間部門のバランスシートの資産が預金から国債に替わる（マネーストックの減少）．②銀行のバランスシートでは債務の預金が減少し，同時に資産としての「日銀当座預金」も同額減少する．③日銀のバランスシートでは負債側において日銀当座預金が減少し，政府の預金が増加する．④政府のバランスシートでは，負債として国債発行が，資産に日銀への預金が発生する．かくして，非金融・民間部門の預金と「日銀当座預金」が減少し，マネーストック，マネタリー・ベースが減少する．発行された国債がすべて非金融・民間部門によって購入されれば，財政赤字によっていったん増加したマネタリー・ベース，マネーストックは全額減少し，元の姿に戻るのである．

　上の例では，非金融・民間部門が預金を引き落として国債を購入するとしたが，現金で国債を購入した場合も同じで，非金融・民間部門保有の現金が少なくなり国債保有が増加するのでマネーストックが少なくなる．現金によるか預金によるかにかかわらず，非金融・民間部門が国債を購入する過程は，実際は銀行，証券会社等の仲介によるものである．

　上の例は，非金融・民間部門が国債を購入した例であるが，非金融・民間部門が金融仲介機関に資金を供給し（保険に加入するなど），金融仲介機関がその資金で国債を購入しても同様である．金融仲介機関による国債の購入によってバランスシートが変化する過程は，税支払と同様である[6]．マネーストックもマネタリー・ベースもともに減少する．

　次に銀行等が政府から国債を購入する場合には以下の過程が進行する．①銀行等が政府から国債を購入することにより，銀行等のバランスシートでは資産側の日銀当座預金が減少し，替わって国債保有が生まれる．②日銀のバランスシートの負債側では日銀当座預金が減少し，政府の預金が増加する．③非金融・民間部門の預金には変化がない（マネーストックには変化がない）．しかし，この過程は基本的には銀行等の金融仲介である．財政赤字の結果として非金融・民間部門に預金増が生まれていたが，それが銀行等のバランスシートの負債側に預金としてそのまま残り，銀行等のバランスシートの資産側には日銀当座預金に替わって国債が存在しているからである．黒字部門である民間部門

の「貯蓄余剰」が銀行等に預金され，それを原資に銀行等が国債を購入して赤字部門である政府へ資金を仲介しているのである．つまり，財政赤字が継続し，銀行等が国債を購入していくと，財政赤字によっていったん増加した日銀当座預金が減少していくが，財政赤字によって増加したマネーストックはそのまま残ることになる．

かくして，

　　　財政赤字−（非金融・民間部門の国債購入＋銀行等の国債購入）＝0

となり，銀行等の日銀当座預金は最後には元の額に戻ってしまうのである（なお，非金融・民間部門の国債購入には金融仲介機関の分を含む，また，銀行等の国債購入は発行市場での購入と二次市場での仲介金融機関からの国債購入を含む）．これが，経常収支の黒字，または均衡下での民間部門の黒字（余剰）による財政ファイナンスのバランスシートにおける表現である．財政赤字によって生まれたマネタリー・ベースはすべて減少していくが，財政赤字によって生まれたマネーストックの増加額のうち，銀行等による国債購入分がそのまま残るのである[7]．

ところが，QQE によって日銀が銀行等をはじめ諸金融機関から多額の国債購入を始めた．日銀による銀行等からの国債購入によって，日銀当座預金（マネタリー・ベース）は増加するがその時点ではマネーストックは変化しない．銀行等の資産が国債から日銀当座預金に代わるだけで銀行等の預金（マネーストック）には変化が生まれないからである．ということは，国債発行が続き，そのかなりの部分を銀行等が購入し続けると財政赤字によって増加したマネーストックは減少していかないし，その国債を銀行等が二次市場で日銀に売っても，マネーストックは変化なしということである．

ところが，日銀が金融仲介機関から国債を購入した場合にはマネーストックは変化していく．金融仲介機関が非金融・民間部門から集めた資金がいったん国債に投資されていたが，それが日銀の金融仲介機関からの国債購入によって日銀当座預金，銀行等への預金に代わっていく[8]．金融仲介機関が非金融・民間部門から資金を集めた時点でマネーストックは減少しているが，金融仲介機関が国債を売却すると，非金融・民間部門から集めた資金の運用対象が種々に変わっていくのである．金融仲介機関が日銀に国債を売り，その資金で非金

401

表補-1　マネーストックの状況と増加の諸要因

(兆円，%)

	マネーストック（M3）の増加	貸出[1]の増加	日銀当座預金の増加	参考：財政赤字	物価上昇率[2]
2009	18.7	−4.8	5.1	48.9	−1.4
10	21.9	−9.1	5.3	44.9	−0.7
11	48.4	1.7	12.1	46.3	−0.3
12	25.1	5.0	11.6	41.6	0.0
13	38.9	10.5	58.3	41.0	0.3
14	33.7	12.2	70.8	30.0	2.8
15	31.0	10.8	73.5	26.0	0.8
16	40.6	12.9	75.7	26.3	−0.3

注：1)　銀行・信金の総貸出（平残）.
　　2)　生鮮食品を除く（%）.
出所：『日本銀行統計』，日銀「マネタリーサーベイ」（マネーストック，日金当座預金の増加），
　　　http://ecodb.net/country/jp/imf-ggxcnl.html（2017 年 2 月 2 日——財政の赤字），日銀・時系
　　　列データ（貸出の増加），http://ecodb.net/country/jp/imf-inflation.html（2017 年 2 月 4 日——
　　　物価上昇率）.

融・民間部門へ運用したり，返済すればマネーストックが回復する.

　かくして，日銀による銀行等から多額の国債の購入が行なわれた場合には，日銀当座預金（マネタリー・ベース）が増加するだけで，マネーストックには変化は生じない. それ以後，日銀当座預金（マネタリー・ベース）を基礎に銀行等の貸出が増加しマネーストックが増加していくかが次に問われなければならない. しかし，それが生じるには銀行等からの借り手の存在が不可欠である. 非金融・民間部門が銀行等から借入を増加させるかどうかは「貨幣的現象」ではなく，非金融・民間部門の設備投資，国内消費が増大していくかどうかなのである. そして，これはすでに明らかになっている. 第 11 章の第 3 節で論じたように，日銀による銀行等からの国債購入によって日銀当座預金が急増しているにもかかわらず，貸出はそれほど増加せず，マネーストックの増加もたいしたものになっていない（表 11-5）. 銀行等の貸出よりも，財政赤字によって生じたマネーストックの増加をそのまま残存させる銀行等の国債購入（購入額で，日銀への販売額を差し引いたネットの保有額ではない. 注 9 をみられたい）によって，マネーストクが年々増加していると考えられる. そのことを示したのが表補-1 である. この表の「財政赤字」は銀行等の国債の購入額ではなく財政赤字そのものであり，参考としてみられたい[9].

13 年以後の「異次元の金融緩和」の時代の状況をみておこう．以下のことが確認できる．マネーストック（M3）の増加額が 11 年を除く 12 年までかなり少なくなっているのは，日銀当座預金の増加がのちに比べ少ないとはいえ増加しているにもかかわらず，貸出がリーマン・ショック後においてマイナスになっていることが主要因であろう．それでもマネーストックが増加しているのは財政赤字下における銀行等による多額の国債の購入があるからだと思われる．11 年はすでに論じたようにそれに為替介入が加わって増加している[10]．

さて，13 年以後マネーストックの増加額が大きくなる．日銀当座預金の増加とリーマン・ショック後の停滞から経済状況がある程度持ち直し，貸出が増加しているのも一因である．貸出の増加は 12 年には 5.0 兆円であったのが，13 年には 10.5 兆円，15 年には 10.8 兆円，16 年に 12.9 兆円になっている．信用創造もある程度進展しているのである．しかし，「日銀当座預金」の増加と比べてはるかに少なく，16 年の貸出増加幅は 13 年の増加幅に比べて 2.4 兆円の増加にとどまっている．貸出の若干の増加は「日銀当座預金」が増加したからというのではなく（表 11-5 のように信用乗数が低下している），むしろ，12 年から進んでいた日本経済の本来の基調に従って増加しているのであろう．

しかし，13 年以後のマネーストックの増加は貸出の増加をはるかに上回っている．貸出の増加以上に，財政赤字下における銀行等による多額の国債の購入（保有額ではない）がマネーストックの増加をもたらしていると考えられる．

だが，マネーストックがある程度増加しているもかかわらず目立った物価上昇は起こっていない．それはマネーストックが蓄蔵性，貯蓄性を強くし，「貨幣」（＝購買・支払手段）としての機能を果たす部分が減少しているからであろう．統計に表われるマネーストックの全額が「貨幣」の量ではないのである．もう 1 点，最後に以下のことを記しておかなければならない．前述のように財政赤字によってマネーストックが増加する可能性があり，そうだからこそ，国債の直接的な日銀引受などが実施され財政ファイナンスが進むと，まさに財政赤字によるインフレーションが進むことになる．非金融・民間部門の貯蓄余剰を前提しなくても財政ファイナンスが行なわれる形をとるからである[11]．

注

1) 補論 II は以下の拙稿の第 2 節を大幅に加筆・修正したものである．「「リフレ派」の「理論」と QQE の時期の為替相場の規定諸因」『立命館国際研究』30 巻 1 号，2017 年 6 月．この拙稿でも財政赤字によって増加したマネーストックが，銀行等が国債を購入すれば「残存」することを指摘しているが，補論 II ではその過程をより詳細に論じた．また，通貨当局による為替市場介入によってマネタリー・ベースが増加することはよく指摘されるが，介入によってマネーストックが減少しないで「残存」することを指摘した．

2) 日銀当座預金口座を開設している金融機関は銀行（在日外銀支店を含む），信金，協同組織金融機関の中央機関，証券会社，短資会社で，保険会社は開設していない（日銀「公表資料・広報活動」より）．

3) ここでは，論述を簡単にするために，財・サービスを生み出すのは非金融・民間部門のみとし，銀行等は貸出によって「預金創造」を行なうほか，金融仲介業務を行なうものとし，「通貨保有主体」から除外されているその他の金融機関は金融仲介業務のみを行なうものとする．

4) 経常収支の中には，証券投資収益，その他投資収益，サービス収支などの一部において非銀行・金融機関，銀行等の経常収支項目があるから，経常黒字のすべてが非金融・民間部門に帰属するものではない．しかし，議論を簡単にするために，ここでは経常収支黒字のすべてが非金融・民間部門によって生み出されたものとしておく．

5) S：民間部門の貯蓄，I：民間部門の投資，T：税収入，G：政府支出．

6) それぞれのバランスシートは以下である．①非金融・民間部門の銀行等への預金が金融仲介機関（例えば保険会社）への資産に，同時に，銀行等の預金が非金融・民間部門のものから金融仲介機関のものに代わる，②金融仲介機関の債務として非金融・民間部門からの資金が，金融仲介機関の資産として国債が記帳される，③金融仲介機関による国債購入によって，銀行等に保有されている金融仲介機関の預金が減少し，他方で銀行等の日銀当座預金が減少する，④日銀の負債が銀行からのものから政府のものへ，⑤政府の日銀預金が増加し，債務として国債がそれぞれ記帳される．

7) 補論 I で岩田氏が銀行等による国債購入でマネーサプライ（マネーストック）が増大すると述べられていることを記したが，本文のような過程の説明が必要であったのである．銀行等による国債購入がマネーストックを増大させるというよりも，財政赤字によって生まれたマネーストックが銀行等の国債購入分そのまま残るというのが，より正確な表現であろう．

8) 保険会社，年金基金等は日銀に口座設定を認められていないので，保険会社による日銀への国債の売却は銀行等への預金の増加になり，それは，銀行等の日銀当座預金の増加となる．また，保険会社の銀行等への預金はマネーストックには算入されない．

9) 銀行等の国債の購入額（発行市場での購入と二次市場での金融仲介機関からの購入を合わせた額であり，これから日銀への販売額を差し引いた保有額ではない）を

統計的に把握する必要が今後ある.

10)　2011 年の為替市場介入は，かつての経常黒字に対する居住者の対外投資の少なさによるものではない．東北の大地震をきっかけとする多額の外資の流入によるものである．表 11-1 によると，2011 年下半期に投資収支が 8.8 兆円ものマイナス（＋－は 14 年以後の発表形式に準拠，マイナスは資金流入），とくに対内短期債投資（大部分は短期国債），短期借入（現先取引等）が増加している（財務省「国際収支状況（速報）」より）．非居住者はドル等の外貨を円に転換して，その円を居住者に運用しているのであるが，非居住者の運用の一部は非金融・民間部門にも及んでマネーストックが増加していよう．いずれにしても，投資収支が多額の資金流入であるから，外銀のドル売・円買が進み，円高が進んで為替市場介入に至ったのである．

11)　日銀の銀行等の諸金融機関からの国債購入には経常収支黒字または均衡下での民間部門の「余剰」が形成されていることが前提になっているが，日銀による銀行等の金融機関を経ない政府からの直接的な国債購入（＝日銀引受）はその前提がない．したがって，インフレが発生する．以下の拙稿をみられたい．「経常収支と財政収支の基本的な把握」『立命館国際研究』26 巻 2 号，2013 年 10 月，230-232 ページ参照.

あとがき

　本文で論じてきた現代国際通貨体制の 2010 年以後 16 年までの現状と動向を簡単にまとめ，さらに，今後の動向を展望してみよう．

　ドル体制は，リーマン・ショック後のこの間，FRB の「非伝統的・量的金融緩和政策」の採用とそれからの「出口政策」の実施により，相対的に安定しているといえよう．しかし，アメリカの石油関連の輸入額が減少してきているとはいえ，経常収支は 5000 億ドル近い赤字で，それはファイナンスされ続けられなければならない．今後，当面はオイルマネー，中国の外貨準備が対米ファイナンスの役割を果たさないとすると，EU，日本からのファイナンスが進展しよう．1990 年代末までの事態の復活である．そのファイナンスは「債務決済」ではなく，ユーロ，円等をドルに替えてのものであり，先進諸国間の国際マネーフローがしばらくは主流となろう．

　一方，ユーロ体制もギリシャ危機から発生した動揺が小康状態で推移している．しかも，ユーロ体制はドル体制と，現在は対立的にはならず補完しあっている．ユーロ諸国からアメリカへの投資が 2015，16 年に急増し，ユーロ諸国は対米ファイナンスの役割を担っている．しかし，シェール・オイルの開発によってアメリカと原油産出国との間の軋轢がきびしくなり，産油国がヨーロッパへの輸出をユーロ建に大きく転換していけば，ドル体制とユーロ体制の現在の併存・補完の関係に変化が出てくることはありえるであろう．

　さらに，ユーロ体制について指摘しなければならないのは，ユーロ体制の維持にはユーロ地域の黒字諸国から赤字諸国への何らかのファイナンスが必要で，この点でドル体制とは異なるということである．ドイツ等は多額の経常黒字，南側の諸国は赤字であり，北側の諸国から南側のユーロ諸国地域への何らかの資金移動が継続されなければならない．その中には民間資金，TARGET Balances，ESM などの支援機関の資金だけでなく，今後，財政の統合も視野に入ってくる可能性があろう．

なお，日本で筆者以外の研究者が TARGET Balances について論議を始めたのはユーロ登場後，かなりのちのこと，アイルランド，ギリシャ危機が問題になるころである．それは，この分野に限らず日本の研究者が主に海外文献（著書，論文）に頼って研究していることの一端が現われたからではないだろうか．為替，決済についての基本的な理解を踏まえれば，TARGET Balances はユーロ登場にあわせて論じなければならないことではなかっただろうか．

さて，円，ポンド，オーストラリア・ドル，カナダ・ドル，スウェーデン・クローナ，ノルウェー・クローネなどの他の先進諸国通貨は，ドル体制，ユーロ体制の下にある地域の先進諸国通貨として自国の貿易，対内外投資の一部に利用され，ドル，ユーロとの裁定取引の対象通貨としての地位を保持している．また，これら諸通貨の間の直物での直接交換も一定程度進んできている．これらの地位，役割は今後もある程度進展しよう．

他方，この 10 年ほどの間に人民元の国際化が進んだが，人民元相場が 16 年には下落し，香港における人民元預金が大きく減少してきており，「管理された国際化」も遅れ，進展が 16 年には見られない．人民元の本格的な国際化・国際通貨化には，当局が自国の銀行への外銀の口座設定，振替，口座残高の補充と運用を認めるまでの自由化が必要である．それらが自由化するということは，変動相場制への移行，短期資本取引の自由化であり，中国が西側諸国と同様の資本主義体制へ移行することにならないか．そうであれば，現政権がそこまでの自由化を承認するであろうか．現政権がそこまでの自由化を承認しないのであれば，人民元の本格的な国際化・国際通貨化は不可能であり，国際化が進展しても，それは何らかの「管理のもと」でのものであろう．

以上が，ドル体制，ユーロ体制の現状，および世界の主要諸通貨の動向であるが，本書では日本の国際収支の諸項目の通貨区分を，いくつかの推定を加えながら明らかにし，その分析の意義を示した．諸項目の通貨区分を明らかにすることで日本の対外諸取引の具体的諸相がより鮮明になるとともに，それらを「総括する」銀行部門の短期対外取引，とくに本支店取引の重要な役割も把握できたであろう．

また，本書では「異次元の金融政策」の時期に原油価格の変動が起こって貿易金融額の増大と減少を生じさせ，それが時間的ズレを伴って為替相場に反映

したことを論じた．12年末から15年末までの円安と16年の円高には，日米の金融スタンスの表明，金融政策の実施が影響しているだけでなく，原油価格の上昇に伴う1年近くの長期にわたる貿易金融の額の増大および原油価格の急落による貿易金融額の減少が基底的に影響を与えたのである．今後，しばらくは原油価格の上昇は予想できないから，原油輸入の為替相場への影響の時間的ズレは小さくなり，円相場を規定する要因としては「円投」と日米間の金融スタンス（アメリカの「出口」政策の進展，異次元の金融政策の「手直し」）に注目しなければならないだろう．

　さらに，本書の補論においてマネーストックを左右する諸要因を示した．マネーストックの変化については，ともすれば，「信用創造」の進展が強調されがちであるが，この10年間の日本のマネーストックの増加要因のうち最も大きいのは財政赤字であるということを論じた．経常収支のマネーストックへの影響も含め，今後，マネーストックの増減を規定する諸要因の全体的分析を行ない，それが，金融政策はどこまで有効なのかを考察する際の基礎になることを示す必要があろう．

　以上が，本書での分析で明らかになった諸点と今後の展望，課題である．筆者は本書で明らかになった解明点を踏まえ，さらなる研究を進展させたいと思っている．また，若い研究者が，これらのテーマについて取り組んでくれることを願っている．

　2017年10月8日

奥 田 宏 司

初出一覧

第1章
「2016年の世界の外国為替取引」『立命館国際地域研究』第45号，2017年3月に加筆・修正，とくに第1節を大幅に修正・加筆.

第2章
以下をもとに，新たに執筆.
1)「ドル体制の変遷と現状」奥田，代田，櫻井編『現代国際金融第3版』（法律文化社，2016年）の第4章.
2)「ユーロ危機，対米ファイナンス，人民元建貿易などについて」『立命館国際研究』25巻1号，2012年6月の第3節.

第3章
「グローバル・インバランス論と対米ファイナンスにおける日本と中国のちがい」『立命館国際研究』28巻1号，2015年6月.

第4章
「アメリカの量的金融緩和政策と新たな国際信用連鎖の形成についての覚書」『立命館国際研究』26巻3号，2014年2月.

第5章
「原油価格の低落と中国のドル準備の減少の中での対米ファイナンス」『立命館国際研究』29巻1号，2016年6月.

第6章
「南欧危機とユーロ体制の現実」『立命館国際研究』29巻2号，2016年10月.

第7章
1)「香港での人民元取引と対外的な人民元決済の限界」『立命館国際地域研究』第36号，2012年10月.
2)「人民元の現状と「管理された国際化」」『立命館国際地域研究』第43号，2016年3月.
以上をもとに，加筆・修正して再構成.

第8章
「ドル建貿易赤字，投資収益収支黒字，「その他投資」の増大」『立命館国際研究』21巻3号，2009年3月，をもとに大幅に加筆・修正.

第 9 章

「2013 年の日本の国際収支構造と為替需給」『立命館国際研究』27 巻 1 号，2014 年 6 月，をもとに加筆・修正.

第 10 章

「国際収支の通貨区分と為替需給の分析の意義」『立命館国際研究』28 巻 2 号，2015 年 10 月.

第 11 章

1）「量的・質的金融緩和政策と予想物価上昇，為替相場，株価」『立命館国際研究』2017 年 2 月.

2）「「リフレ派」の「理論」と QQE の時期の為替相場の規定諸要因」『立命館国際研究』30 巻 1 号，2017 年 6 月.

以上をもとに再構成，加筆・修正.

補論 I

前掲「「リフレ派」の「理論」と QQE の時期の為替相場の規定諸要因」の第 1 節に加筆.

補論 II

前掲「「リフレ派」の「理論」と QQE の時期の為替相場の規定諸要因」の第 2 節に加筆・修正.

索引

［あ行］

秋山貞雄　355
アクチュアル・ポジション　315, 317, 321, 322, 329
アジア・インフラ投資銀行（AIIB）　72, 94, 99, 149, 237, 239
アジア通貨危機　193, 205, 239
安東盛人　336
池尾和人　394, 396
一国二制度　199, 203
一帯一路構想　72, 149, 237, 239
岩田規久男　385, 386, 387, 388, 393, 403
岩間剛一　141, 161
岩村充　383
インパクトローン　330, 332, 333, 337, 350, 354, 381
「円－円」投資　305, 311
円キャリートレード　254, 258, 259, 260, 264, 282
円投　57, 71, 84, 85, 88, 90, 94, 97, 254, 283, 357, 358, 374, 376, 407
オイルマネー　51, 52, 54, 55, 133, 134, 138, 139, 141, 142, 143, 150, 156, 405
翁邦雄　394

［か行］

「外貨－外貨」投資　86, 91, 97, 98, 159, 374
貝塚啓明・中嶋敬雄　336
介入通貨　1, 37
貨幣数量説　382, 387, 392
神澤正典　160
空売り　323, 325
為替介入通貨　iii
為替需給　268, 287, 295, 299, 310, 311, 315, 319, 320, 321, 325, 328, 330, 333, 346

［さ行］

為替調整取引　302, 304, 307, 309, 314, 315, 316, 321, 325, 326, 327, 328, 329
為替媒介通貨　iii, 1, 13, 16, 18, 22, 24, 26, 27, 34, 37, 38
代わり金　47, 67, 91, 93, 97, 117, 126, 151, 396, 397
関志雄　204
基軸通貨　iii, 1, 37
基準通貨　iii, 1, 37
行天豊雄　70
金利平価　201, 224, 225, 282, 323, 328, 330, 334, 349, 358
久保満利子　242
クリアリング銀行　199, 204, 206, 207, 208, 209, 210, 212, 213, 215, 220, 221, 222, 223, 224, 232, 234, 235, 238, 240
グローバル・インバランス論　71, 72, 75, 78, 161
クロスボーダー人民元決済　86, 200, 207, 209, 210, 215, 217, 218, 222, 224, 227
黒田東彦　101
小宮隆太郎　385, 386, 390, 391

［さ行］

最後の貸し手　175, 176, 180, 185, 194
財政赤字ファイナンス　371, 373, 374, 402
最適通貨圏　166, 191, 192, 194
再投資収益　356, 382
斉藤史郎　385, 386
在米外国公的資産　41, 43, 44, 50, 51, 90, 119, 120, 130
債務決済　47, 66, 71, 82, 84, 87, 89, 93, 115, 116, 124, 151, 155
指値オペ　383
佐藤明義　335
佐藤幸典　335

索引　411

徐奇淵　242, 243
シェール・オイル　134, 135, 138, 140, 141, 143,
　　144, 150, 155, 161, 405
持高調整取引　234, 303, 311, 320, 323
自動的ファイナンス論　58
清水聡　205, 243, 244
ジャパン・プレミアム　334
上海・香港相互株式投資制度（上海・香港ス
　　トックコネクト）　14, 147, 148, 200, 201, 230,
　　231, 238
宿輪純一　196
主要リファイナンシング・オペレーショ
　　ン　186
準備通貨　iii, 1, 37
証券市場プログラム（SMP）　182, 187, 189,
　　192
代田純　98, 195, 197
人民元建適格外国機関投資家（RQFII）制
　　度　14, 147, 148, 200, 228, 231
人民元建適格国内機関投資家（RQDII）制
　　度　14, 147, 148, 200, 229
信用乗数　137, 140, 361
信用創造　137, 138, 361, 364, 387, 395, 396, 397,
　　403
寿崎雅夫　335
須田美矢子　74, 75
政府系ファンド，SWF　94, 237
関根栄一　202, 230, 231, 242, 243, 244

［た行］

竹中正治　59, 61, 62, 63, 65, 69, 70
田中綾一　196, 312, 335
チェンマイ・イニシャティブ　205
張秋華　241, 242
長期リファイナンシング・オペレーショ
　　ン　186
張斌　242, 243
貯蓄・投資バランス論　74, 78, 95, 96, 317, 372
通貨スワップ協定　48, 49, 50, 54, 205, 206, 238
通貨別対外証券投資　252, 253, 296
通貨別貿易収支　246, 247, 248, 249, 288, 290
通貨保有主体　393, 395, 403
露口洋介　241, 242

適格外国機関投資家（QFII）　14, 147, 148,
　　199, 200, 227, 228, 229, 238
適格国内機関投資家（QDII）　14, 147, 148,
　　199, 227, 228, 238
出口政策　3, 36, 101, 128, 153, 343, 344, 359,
　　370, 374, 392, 393, 405, 407
照山博司　73, 74, 96
巴曙松　243
ドル・キャリートレード　118, 125, 126, 127
ドル体制　iii, iv, vi, 163, 164, 405, 406

［な行］

中島真志　196
中俊文　129
中村正嗣　186, 188, 197
荷為替手形　347, 348, 352

［は行］

バーナンキ前 FRB 議長　101, 128, 160, 344
浜田宏一　393
原田泰　389, 390, 391
非伝統的な金融政策（＝量的金融緩和政策，
　　QE）　101, 102, 106, 133, 135, 136, 137, 140,
　　155
福田慎一　73, 74, 96
ブラウン，ブレンダン　76, 77, 78, 88, 96
フリードマン，ミルトン　385, 386, 387, 389
米の対外国公的機関債務　43, 44, 50, 158
米連邦公開市場委員会（FOMC）　128
米連邦準備制度理事会（FRB）　106
ヘリコプター・マネー　371, 374
貿易取引通貨別比率　246, 247, 288
星野郁　195, 198
本支店勘定　261, 262, 280, 281, 294, 300, 301,
　　302, 303, 304, 307, 309, 311, 314, 406
本邦ローン　349, 354, 355, 381

［ま行］

マイナス金利　334, 367, 368, 385, 390, 391
マッキノン，R.I.　96

［や行］

山口泰　390, 392

ユーザンス　347, 349, 350, 351, 352, 354, 358, 381

ユーロ円債　269, 273, 274, 293, 297, 300, 301, 302, 306, 308, 313

ユーロ決済機構（TARGET）　164, 166, 170, 172, 191

ユーロシステム　173, 175, 176, 181, 184, 185, 187

ユーロ体制　iii, iv, vi, 163, 164, 191, 405, 406

余永定　243

吉川洋　386, 387, 394

吉冨勝　95, 96

［ら行］

リフレ派　361, 362, 369, 370, 385, 389

量的緩和政策（QE政策）　115, 116, 117, 122, 124, 127, 133, 135, 136

［わ行］

ワールドダラー　106, 107, 111, 112, 113

［欧文］

BCユーザンス　350, 381

CNH　32, 213, 215, 218, 219, 220, 225, 226, 231, 240

CNPS（中国国内の人民元決済制度）　208, 213

CNY　32, 213, 218, 219, 225, 226, 240

ESM　190, 192, 405

LTRO　187, 188, 197

NDF（ノンデリバラブル・フォワード）　226, 235

SDRの構成通貨　36, 235, 244

TARGET Balances　iv, 168, 169, 170, 171, 172, 173, 174, 175, 176, 177, 179, 184, 185, 190, 192, 194, 196, 197, 405, 406

［著者紹介］

奥田宏司
おく だ ひろ し

立命館大学特任教授（2018年3月末まで，以後名誉教授）．1947年，京都市に生まれる．京都大学経済学研究科博士課程単位取得退学（1977年）．大分大学経済学部助教授，立命館大学国際関係学部教授を経て現在に至る．経済学博士．

主な著書

『多国籍銀行とユーロカレンシー市場』同文舘，1988年
『途上国債務危機とIMF，世界銀行』同文舘，1989年
『日本の国際金融とドル・円』青木書店，1992年
『ドル体制と国際通貨』ミネルヴァ書房，1996年
『両大戦間期のポンドとドル』法律文化社，1997年
『ドル体制とユーロ，円』日本経済評論社，2002年
『円とドルの国際金融』ミネルヴァ書房，2007年
『現代国際金融 第2版』（神澤正典氏と共編著）法律文化社，2010年
『現代国際通貨体制』日本経済評論社，2012年
『現代国際金融 第3版』（代田純氏，櫻井公人氏と共編著）法律文化社，2016年，ほか

国際通貨体制の動向

2017年11月10日　第1刷発行

定価（本体6400円＋税）

著 者	奥 田 宏 司	
発 行 者	柿 﨑 均	
発 行 所	株式会社 日本経済評論社	

〒101-0051　東京都千代田区神田神保町3-2
電話 03-3230-1661　FAX 03-3265-2993
E-mail: info8188@nikkeihyo.co.jp
振替 00130-3-157198

装丁・徳宮峻　　　　　　　太平印刷社・高地製本所

落丁本・乱丁本はお取替えいたします　　Printed in Japan
ⓒ OKUDA Hiroshi 2017
ISBN 978-4-8188-2479-9

・本書の複製権・翻訳権・上映権・譲渡権・公衆送信権（送信可能化権を含む）は，（株）日本経済評論社が保有します．
・ JCOPY 〈（社）出版者著作権管理機構　委託出版物〉
本書の無断複写は著作権法上での例外を除き禁じられています．複写される場合は，そのつど事前に，（社）出版者著作権管理機構（電話 03-3513-6969，FAX 03-3513-6979，e-mail：info@jcopy.or.jp）の許諾を得てください．

国際金融史－国際金本位制から世界金融危機まで－

上川孝夫　本体 5200 円

IMF と新国際金融体制　　　　　　　　　大田英明　本体 4900 円

再建金本位制と国際金融体制　　　　　　平岡賢司　本体 7000 円

グローバル資金管理と直接投資　　　　　小西宏美　本体 4200 円

米国の金融規制変革　　　　　　　　　　若園智明　本体 4800 円

EU 経済・通貨統合とユーロ危機　　　　　星野郁　本体 5600 円

IMF 8 条国移行－貿易・為替自由化の政治経済史－

浅井良夫　本体 7600 円

IMF と世界銀行の誕生－英米の通貨協力とブレトンウッズ会議－

牧野裕　本体 6400 円

イングランド銀行－1950 年代から 1979 年まで－

F. キャピー著／イギリス金融史研究会訳　本体 18000 円

現代国際通貨体制　　　　　　　　　　　奥田宏司　本体 5400 円

日本経済評論社